Karsten Kunibert Krüger-Kopiske

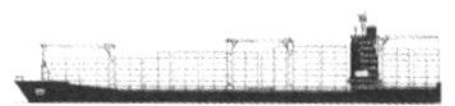

Schifffahrt im 21. Jahrhundert

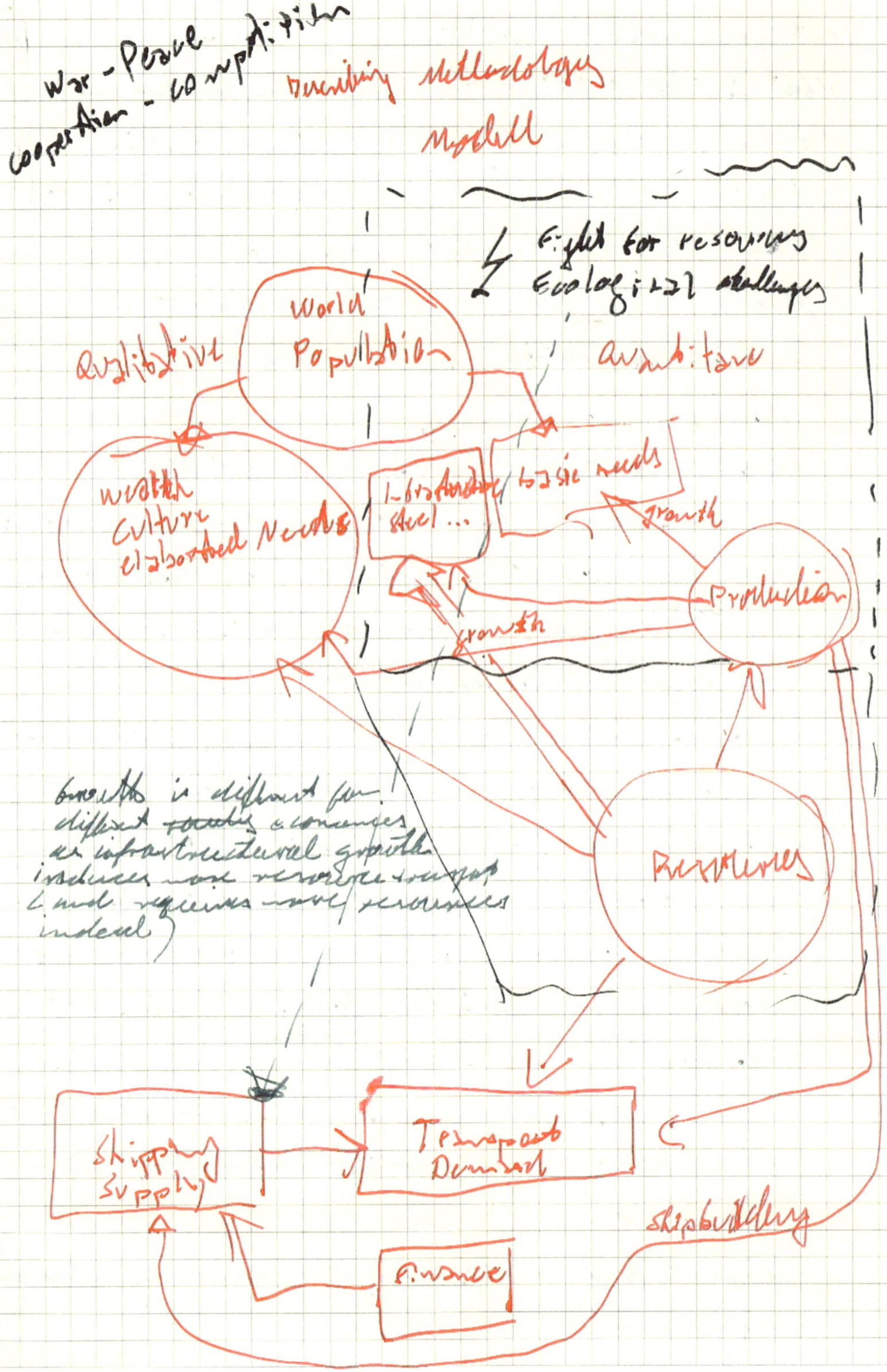

War – Peace

cooperation – competition

Describing methodology

Modell

Fight for resources

Ecological challenges

World Population

Qualitative

Quantitative

wealth
culture
elaborated Needs

Infrastructure
steel …

basic needs

growth

Production

growth

Resources

Growth is different for
different ~~society~~ economies
as infrastructural growth
induces more resource transport
(and requires more resources
indeed)

Shipping
Supply

Transport
Demand

Shipbuilding

Finance

Karsten Kunibert Krüger-Kopiske

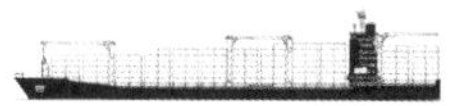

Schifffahrt im 21. Jahrhundert

Coverfoto: © fotolia/chrisberic

Ein Gesamtverzeichnis der lieferbaren Titel schicken wir Ihnen gerne zu.
Bitte senden Sie eine E-Mail mit Ihrer Adresse an: vertrieb@koehler-books.de
Sie finden uns auch im Internet unter: www.koehler-books.de

Bibliografische Information der Deutschen Nationalbibliothek
Die Deutsche Nationalbibliothek verzeichnet diese Publikation in der Deutschen Nationalbibliografie; detaillierte bibliografische Daten sind im Internet über www.dnb.de abrufbar.

ISBN 978-3-7822-1300-4

Gestaltung: Anita Böning
Druck und Bindung: druckhaus köthen

Printed in Germany

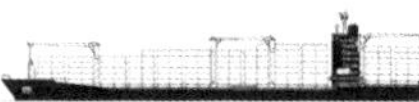

Inhalt

 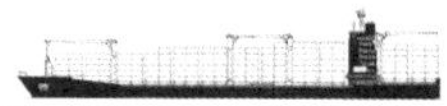

Vorwort

Im Folgenden wird die jetzige Lage in der Welthandelsschifffahrt beschrieben. Anhand statistischen Materials der letzten 20 Jahre wird deren Entwicklung beleuchtet, um deutlich zu machen, welches die Auslöser der Schifffahrtskrise sind, die die Branche weltweit nun seit fast neun Jahren in die Knie zwingt. Dieses Buch breitet Thesen aus, die zum Weiterdenken und zur Diskussion anregen sollen. Es würde dem Ziel des Werks entsprechen, wenn eine Auseinandersetzung in Gang kommt, die Ideen weiterträgt und fortentwickelt. Es geht also auch um Widerspruch und um die Frage, wie gerade die deutsche maritime Wirtschaft diese Krise überstehen kann, was die Beteiligten in der Schifffahrt tun müssen und welche Handlungsoptionen sie haben. Schifffahrt wird es auch in Zukunft geben. 3D-Drucker werden den günstigen Seetransport – zumal von Rohmaterialien – nicht ersetzen. Die Frage ist allerdings, wie der Seetransport in Zukunft gestaltet wird und von wem. Werden europäische Marktteilnehmer weiterhin Akzente setzen, und wird die deutsche maritime Wirtschaft ihre herausgehobene Position verteidigen können?

Diesem Buch liegen folgende Arbeitshypothesen zugrunde:

1) Die Schifffahrtskrise wird noch mindestens weitere drei Jahre bis 2020 anhalten, und wenn ein langfristiges Marktgleichgewicht erreicht sein wird, werden die Fracht- und Charterraten nicht wieder das Niveau von vor der Schifffahrtskrise erreichen. In dieser neuen Normalität werden die Renditen der Schifffahrtsunternehmen hinter denen vieler anderer Branchen zurückbleiben – wie in den Jahrzehnten vorher.
2) Aufgrund der Verfügbarkeit von Kapital sind zurzeit alle Teilmärkte der Schifffahrt überbaut, gibt es in allen Bereichen zu viele Schiffe für zu wenig Ladung. Schifffahrtsfremdes Kapital hat – angelockt von der Aussicht auf überdurchschnittliche Verzinsung – das Wachstum des Welthandels ermöglicht. Infolge dieser Überinvestition haben aber viele Anleger ihr Geld verloren, mussten viele Schifffahrtsunternehmen Insolvenz anmelden.
3) In Ostasien in den letzten Jahren aufgebaute Werftkapazitäten führen zu zusätzlichen Neubauten, die der Markt zurzeit nicht braucht. Banken, die vor allem wirtschaftspolitische Interessen verfolgen, stützen die nationale Werftindustrie, indem sie günstiges Geld an Reeder verleihen, die Schiffe bestellen, die das Tonnageüberangebot nicht substanziell reduzieren.
4) Die Welthandelsflotte ist im Durchschnitt noch zu jung, als dass Abwrackungen zu einer Entspannung auf der Angebotsseite führen können. Während unter normalen Bedingungen ein Handelsschiff nach 25 Jahren verwertet wird, hat nach der Neubautätigkeit in der letzten Dekade nur noch ein relativ kleiner Teil der Flotte dieses Alter überschritten. Jüngere Schiffe sind hoch verschuldet, sodass Abwrackungen zu Kapitalverlusten führen, auch wenn dies dem Markt insgesamt nützen würde.
5) Es wird weiter zu Konzentrationsschüben kommen, größere Schifffahrtsunternehmen oder Kooperationen werden entstehen. Dies ist insbesondere in der Containerlinienschifffahrt festzustellen. Disponierten im Jahr 2000 die zehn größten Linienreeder 52 % der Kapazität, so sind es im Frühjahr 2017 75 %.

6) Kleine und mittelständische Reeder werden die Hauptlast der Krise tragen, viele von ihnen vom Markt verschwinden, es sei denn, sie kooperieren miteinander oder stellen ihre Schiffe Unternehmen zur Verfügung, die aufgrund ihrer Größe die geforderten technologischen und organisatorischen Standards erfüllen können und die von der Ladungsseite als Partner akzeptiert sind. Bei diesen Unternehmen werden das Angebot moderner Tonnage mit zeitgemäßer Technik und energiesparender und umweltschonender Technologie sowie eine hervorragende Betriebsorganisation über ihr Überleben entscheiden.
7) Der Schwerpunkt »Handelsströme« der Schifffahrtsdienstleistung wird sich weiter nach Asien verlagern. Über 50 % des Containerumschlags werden heute dort abgewickelt. Darüber hinaus gilt dies seit Langem für den Schiffsneubau und zunehmend auch für die Bereitstellung von Fremdkapital für Reedereien. Aber auch die Disposition und der Betrieb von Schiffen werden zunehmend dort erfolgen, wo die wirtschaftlichen Aktivitäten angesiedelt sind. Der Bau und der Betrieb von Schiffen ist seit Jahrzehnten schon keine »Kunst« mehr. Er richtet sich nach strikten Regeln, die sich aus der Anwendung von Qualitätsmaßstäben ergeben und die weltweit gültigen Standards entsprechen. Wenn die deutschen und europäischen Unternehmen hier noch eine Rolle spielen wollen, müssen sie diese Lehre gelernt haben – in den westeuropäischen Ländern müssen sie besser sein als ihre asiatischen Mitbewerber, insbesondere, um die bestehenden Lohnkostenunterschiede auszugleichen.
8) Für die traditionellen Schifffahrtsunternehmen und die Schifffahrtsnationen wird es um eine Änderung ihrer Haltung gehen. In einer weltweit vernetzten Branche geht es darum, im Wettbewerb die Marktführerschaft – und das heißt auch Kostenführerschaft – zu sichern oder sich auf Nischen zurückzuziehen. Machen, was alle machen, ist nicht mehr ausreichend, um zu bestehen.
9) Die deutsche Handelsflotte und insgesamt die maritime Wirtschaft werden an Bedeutung verlieren. Das deutsche KG-Modell, das den einzigartigen Aufstieg der deutschen Handelsflotte in den letzten zwei Dekaden ermöglicht hat, wird auf absehbare Zeit für Kapitalanleger nicht attraktiv sein. Bestehende Investitionen werden über einen absehbaren Zeitraum abgewickelt werden – die Schiffe entweder ins Ausland verkauft oder verschrottet.

Damit ist klar – die Schifffahrtskrise wird Spuren hinterlassen, und sie wird bleibende Veränderungen hervorrufen. Die europäische und die deutsche maritime Wirtschaft werden sich verändern müssen, um im internationalen Wettbewerb bestehen zu können. Eine neue Normalität bedeutet eben keine Rückkehr zu den »goldenen« Zeiten der Schifffahrt.

Dass gerade Schifffahrtskrisen so verheerende Auswirkungen haben und teilweise eine so lange Dauer, beschreibt schon Sven Helander 1928. »Die Konjunkturentwicklung in der Schifffahrt unterscheidet sich durch die Intensität ihrer Bewegung von der allgemeinen Konjunkturentwicklung. Das Tonnageangebot ist wenig elastisch; eine starke Steigerung der Frachten führt nur eine relative geringe Steigerung des Transportangebots mit sich – es nimmt viel Zeit in Anspruch, Tonnage bauen zu lassen –, und eine Verminderung der Frachten wird andererseits nur langsam zu einer Auflegung von Tonnage führen, da die Reeder auch die verlustbringende Fracht vorziehen, wenn der Verlust geringer ist als bei der Auflegung selbst ... Die geringe Elastizität des Angebots und die hohe Elastizität der Nachfrage nach Tonnage führen nun zu besonders starken Konjunkturschwankungen in der Schiffahrt.« (Helander, 1928, S. 1)

Die gegenwärtige Schifffahrtskrise hat 2008 mit der Finanz- und Wirtschaftskrise begonnen. Schifffahrt ist als vom Handel abgeleitete Dienstleistung an diese weltwirtschaftlichen

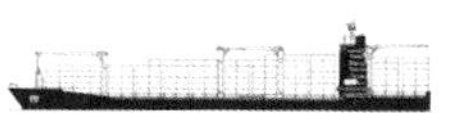

Konjunkturschwankungen gebunden, und viele Experten verweisen gerade auf diesen Aspekt zur Erklärung der Lage. Dennoch ist ein guter Teil der schwierigen Situation, in der sich die Branche befindet, auf die überzogene Neubautätigkeit, also das Überangebot an Tonnage, zurückzuführen, denn die Weltwirtschaft und mit ihr der (See)Handel wachsen seit 2009 weiterhin, wenn auch zurzeit etwas langsamer. Auch in der Krise haben viele Reeder weiter Schiffe bestellt, und es ist damit nicht zur notwendigen Beseitigung des Überangebots gekommen. Jede auch nur etwas ausgeprägtere zeitlich begrenzte Aufwärtsentwicklung wird als Ende der Krise gedeutet und führt wieder zu einer Belebung der Neubautätigkeit. Beide Momente, das sich verlangsamende Handelswachstum, das im wesentlichen Seetransport nach sich zieht – immerhin werden ca. 90 % des internationalen Handels mit Schiffen abgewickelt –, und der Reiz für viele Reeder, gerade in der Krise billig Schiffe zu erwerben (als Neubauten oder Zweithandschiffe), haben zu ihrer Tiefe und Länge beigetragen und werden dazu führen, dass in den nächsten (drei?) Jahren diese nicht ausgestanden sein wird. Und sollte diese überwunden sein, so darf erwartet werden, dass die Charter- und Frachtraten kaum wieder auf den Stand vor Ausbruch der Krise 2008 kommen werden.

Auch wenn ich dieses Buch allein verantworte und für alle Fehler einstehe, so haben mir doch eine Reihe von Freunden und Kollegen mit wertvollen Hinweisen zur Seite gestanden. Ihrer Kritik ist es zu verdanken, dass einige Dummheiten hier nicht mehr gedruckt erscheinen und dass der Text am Ende lesbar geworden ist. So hat meine Frau, Sabine Stuth versucht, mir die endlos langen Bandwurmsätze abzugewöhnen, hat immer wieder auf Unklarheiten hingewiesen und mich vor allen Dingen motiviert, wenn ich das Werk in die unterste Schublade meines Schreibtisches verbannen wollte. Gert Uwe Detlefsen hat sich der Mühe unterzogen, den Text mehrfach zu lesen. Er selbst hat einige Dutzend Bücher geschrieben und weiß am besten, wie man Inhalte an den Mann oder die Frau bringt. Stefan Bülow konnte mir nicht nur helfen, den Überblick zu behalten, sondern hat insbesondere, was die aktuellen technischen und ökologischen Herausforderungen betrifft, unschätzbar wertvolle Hinweise gegeben.

Jochen Döhle, der über eine der größten Flotten in der deutschen Handelsflotte gebietet und in dieser schwierigen Zeit sicher andere Probleme hat, hat nicht nur mein Manuskript gelesen, sondern sich auch die Zeit genommen, mir seine Sicht der Dinge zu erläutern. Meine Kollegin Sandra Litzkow hat das Manuskript mit nach Hause genommen und mich mit ihren kritischen Anmerkungen herausgefordert. Nicht unerwähnt bleiben darf das Team vom Maximilian Verlag, bei dem ich mich die letzten 15 Jahre sehr gut aufgehoben fühle. Peter Tamm trägt wieder einmal das verlegerische Risiko und hat dieses Buch schnell in sein Programm aufgenommen. Anita Böning hat mit Verstand und einem guten Gefühl für Gestaltung dieses Werk einfach wunderschön gemacht. Achim Klede hat so vielen sprachlichen und grammatikalischen Unsinn gefunden, dass es mir schon fast peinlich ist.

Allen – auch den hier nicht namentlich genannten – danke ich von ganzem Herzen.

In den vielen Gesprächen, die die Entstehung dieses Buch begleitet haben, habe ich vor allen Dingen viel über das Thema hinzugelernt. Es hat mir viel Freude gemacht, sich die Zeit zu nehmen, die Schifffahrt einmal grundsätzlich zu betrachten.

1. Einleitung – Schifffahrt und deren Beteiligte

Seit Jahrtausenden gibt es Schiffe, die Güter und Menschen über See transportiert haben. Jedoch kann man von einer Schifffahrtsbranche erst seit ca. 200 Jahren sprechen. Bis dahin wurde Schifffahrt entweder aus militärischen Gründen – ein Sachverhalt, der uns in diesem Buch nicht interessiert, auch wenn er heute noch gegenwärtig ist – oder unter der ausschließlichen Kontrolle und Aufsicht des jeweiligen Händlers betrieben. Um Waren aus fremden Ländern zu kaufen und über See auf den jeweilig heimischen Markt zu transportieren, musste der Kaufmann ein Schiff besitzen und betreiben. In der Regel expedierte er im eigenen Namen dieses nach Übersee und verkaufte und kaufte dort Güter über seinen Vertreter, den Kapitän. Der Verkehr war gefährlich und auch langwierig, sodass sich nur die Verschiffung hochpreisiger Güter wirklich lohnte – nicht umsonst war der despektierliche Begriff für einen Kaufmann der eines Pfeffersacks. »Seeschiffahrt ist jahrtausendelang bis ins 19. Jahrhundert hinein fast ohne Ausnahme als Eigenverkehr betrieben worden. Meist war es der Handelskaufmann, der Seeschiffahrt im Rahmen und für die Zwecke seines Handelshauses trieb, das Schiffahrtsgeschäft, die Reederei, stellte eine innige Verquickung von Handels- und Verkehrsunternehmung dar.« (Sanmann, 1965, S. 17) Bis zu diesem Zeitpunkt kann man also noch nicht von Schifffahrtsbetrieben als Reedereien sprechen. Es gab auch hiervon schon im Mittelalter und in der frühen Neuzeit Ausnahmen. So war die Hanse eine Händlergilde, die auch auf ihren Schiffen Waren von Händlern mitnahm, die über kein eigenes Schiff verfügten. Dies war jedoch die Ausnahme und nicht die Regel. Die Vereinigte Ostasiatische Compagnie der Niederlande war als eine der ersten Aktiengesellschaften der Welt eine Händlergemeinschaft, in die nicht jeder Aktionär ein eigenes Schiff einbrachte.

Mit der Entwicklung der Produktivkräfte haben sich dann jedoch auch die Verhältnisse der Erbringung der Dienstleistung geändert. Modernere und größere Schiffe, die mit Dampf betrieben wurden und deren Schiffskörper nicht mehr aus Holz, sondern aus Eisen und später aus Stahl war, waren Investitionsobjekte, die nicht mehr im Eigenverkehr eingesetzt werden konnten, denn diese produktiveren Schiffe waren zu groß, um den Bedürfnissen eines einzelnen Kaufmanns zu genügen. Ab Mitte des 19. Jahrhunderts wurden in allen schifffahrtstreibenden Ländern spezielle Gesellschaften gegründet, die die Dienstleistung Seetransport Dritten anboten. Interessant ist in diesem Zusammenhang, dass es vor allen Dingen die Kaufleute waren, die diese Reedereien gegründet haben – meist mit regionalem Hintergrund.[1]

Als Reederei im eigentlichen Sinn bezeichnet man ein Unternehmen, das sich mit dem Betrieb von Schiffen befasst. Es bildeten sich also selbstständige Firmen, die Reedereien, die die Investition in diese Schiffe bewerkstelligten und diese dann – ganz oder teilweise – den Händ-

1 So befanden sich unter den Gründungs-Aktionären der HAPAG, die Handelshäuser Godeffroy und Laeisz. Die Gründung des Norddeutschen Lloyd wird maßgeblich von den Handelshäusern Kulenkampff und Melchers unterstützt. Ähnliche Beispiele lassen sich für alle deutschen und auch britischen (Linien)Reedereien nachweisen.

lern zur Verfügung stellten. Die Reedereien nun zeigten die Fahrpläne ihrer Schiffe öffentlich an und luden alle Händler ohne Schiffe ein, auf diesen zu verladen. Diese Abkehr vom Eigenverkehr, in der Handel und Schiffsbesitz ineinanderfiel, hatte zur Konsequenz, dass Schiffe größer, schneller und vor allen Dingen zuverlässiger sein konnten. Es wurde möglich, konstant vorhersagbare Liniendienste zu allen wesentlichen Teilen der Welt aufzubauen.

Neben den Linienreedereien entstanden auch Unternehmen, die ihre Schiffe bei Bedarf dorthin expedierten, wo Ladung zu erwarten oder vorhanden war – in der Regel wurden dann die Schiffe komplett für eine homogene Ladung angeboten –, zum Beispiel Kohle oder Getreide. Diesen sogenannten Trampreedern kam es bei der Konzeption ihrer Schiffe nicht so sehr auf Geschwindigkeit und besondere Ladungseigenschaften an – die Schiffe sollten ja nicht permanent in einem bestimmten Verkehr eingesetzt werden, sondern darauf, dass die Schiffe günstig und vielseitig einzusetzen waren, um so ihren Konkurrenten die Ladung abzunehmen. Trampschiffe waren also langsamer und hatten ein weniger komplexes Ladegeschirr. Es ging nicht um die Einhaltung eines festen Fahrplanes und den Transport von hochwertigen Gütern, wie bei Linienschiffen.

Dennoch kam es im Einzelfall auch schon im vorletzten Jahrhundert vor, dass eine Linienreederei sich einfachere Trampschiffe zucharterte, um zum Beispiel saisonale Spitzen im Verkehr bedienen zu können oder wenn es um den Aufbau eines neuen Verkehrs ging, bei dem der Linienreeder noch nicht sofort das Risiko des Einsatzes eines eigenen Schiffsparks eingehen wollte. Darüber hinaus gab es auch damals schon Linienreeder, die nicht über das erforderliche Eigenkapital verfügten, um ausschließlich eigene Schiffe zu erwerben.

Bis zur Mitte des letzten Jahrhunderts war der Schifffahrtsmarkt in drei große Teile gegliedert. Zum einen die Linienschifffahrt, die sich auf den Transport von hochwertigen Stückgütern nach festgelegten Fahrplänen konzentrierte. Andererseits die Passagierschifffahrt, bei der es sich in der Regel um den Transport von Auswanderern, Soldaten und Geschäftsreisenden handelte. Viele große Linienreedereien unterhielten neben ihren Frachtlinien auch Passagierdienste. Schlussendlich gab es die Massengutfahrt, in der die Trampschiffe, Tanker und Erzfrachter zum Einsatz kamen. Die in diesem Segment tätigen Reedereien waren meist Trampreeder, teilweise jedoch auch große Rohstoffkonzerne, die den eigenen Transportbedarf mit eigenen Schiffen abdeckten. Bei diesem sogenannten Werksverkehr fallen also – wie in den alten Zeiten – Handel und Schiffsbesitz zusammen. Ab dieser Periode kann jedoch festgehalten werden, dass die meisten Reeder keinen direkten Zugang mehr zu den transportierten Waren hatten.

Mit dem nach dem Zweiten Weltkrieg sich schwunghaft entwickelnden Welthandel ergab sich nun eine neue Situation. Immer mehr Schiffe wurden benötigt, um den Warenaustausch zu bewältigen. Darüber hinaus kamen mit den Containerschiffen ganz neue Einheiten auf den Markt, die den klassischen Linienschiffen an Produktivität deutlich überlegen, jedoch auch sehr viel teurer als diese waren. Der Aufbau eines Containerliniendienstes erfordert darüber hinaus auch die Investition in den Container als wiederverwendbaren Transportbehälter und den Unterhalt von Containerdepots im Hafen und im Inland. Dies überforderte das Eigenkapital vieler Reedereien. In der Schifffahrt ist es üblich, eine Schiffsinvestition mit ca. 30 % Eigenkapital zu unterlegen, der größere Rest kommt dann von der finanzierenden Bank. So gab es mit der aufkommenden Containerschifffahrt größere Zusammenschlüsse von Unternehmen, um gemeinsam das erforderliche Kapital aufbringen zu können. In der Bundesrepublik Deutschland fusionierten die beiden größten Reedereien HAPAG und der Norddeutsche Lloyd; in den Niederlanden schlossen sich fast alle großen Liniengesellschaften zum Nedlloyd zusammen, und britische Reedereien gründeten die »Overseas Container Lines (OCL)«, um Containerschiffe zu finanzieren und zu betreiben.

Um dieses enorme Investitionsvolumen zu bewältigen, wurde zunehmend auch auf Eigenkapital von schifffahrtsfremden Investoren zurückgegriffen. Zuerst öffneten sich die Trampreedereien dieser Eigenkapitalquelle, sie gründeten Ein-Schiff-Gesellschaften, um Geld für die Schiffe einzuwerben. Diese Schiffe wurden dann entweder weiterhin »getrampt« oder, vor allen Dingen im Falle von Rohöltankern und Containerschiffen, den Ölgesellschaften oder Linienreedern zu Vercharterung angeboten, nun teilweise für sehr lange Zeiträume, oft bis zu zwölf Jahre. Diese lange Mietdauer sollte den Rückfluss des eingebrachten Kapitals der Investoren absichern. Auf der Eigenkapitalseite beteiligte sich der Trampreeder selbst auch am Schiff, jedoch meist nur mit einem sehr kleinen Anteil. Der Reeder war vor allen Dingen verantwortlich für den Betrieb und die Vercharterung und erhielt hierfür von der Schiffsgesellschaft eine Gebühr. Dass sich von diesen Einnahmen aus den sogenannten maritimen Dienstleistungen rund um das Schiff in guten Zeiten glänzend leben lässt, zeigt sich daran, dass gerade die Flotten der Trampreeder in den letzten Jahrzehnten erheblich gewachsen sind. Die für eine Schiffsinvestition notwendige Eigenkapitalbeschaffung verselbstständigte sich immer mehr, und spezielle Unternehmen, sogenannte Emissionshäuser, begannen, sich ausschließlich dem Aufbringen von Geldmitteln zur Finanzierung der Schiffe zu widmen. Zunächst entdeckten mehr oder weniger wohlhabende Menschen die Schifffahrt als einen Bereich, der ihnen helfen konnte, Steuern zu sparen und auskömmliche bis gute Renditen zu generieren. Diese großzügigen Abschreibungsmöglichkeiten und Verlustzuweisungen waren ein staatlicherseits angewendetes Mittel, um die jeweiligen nationalen Handelsflotten zu unterstützen. Hier verfolgte die öffentliche Hand vor allem devisenwirtschaftliche, regionalökonomische und militärstrategische Ziele. Insbesondere ging es um die Sicherung der Versorgung mit Rohstoffen im Krisenfall, der Bereitstellung von Transportkapazitäten für die Marine und Einnahmen zur Verbesserung der Außenhandelsbilanz. Später wurde dann der steuerlich getriebene Ansatz durch eine (weitgehende) Steuerbefreiung der Schifffahrt ersetzt, um mit anderen schifffahrtstreibenden Nationen gleichzuziehen. Mit der Einführung der sogenannten Tonnagesteuer stand – und steht bis heute – die Rendite und die Liquidität der Schifffahrtsunternehmen im Vordergrund. Für Bevölkerungsschichten mit durchschnittlichem Einkommen wurden nun erwartete steuerfreie Geldrückflüsse aus der Schifffahrt als Alterssicherung oder Vermögensbildung zunehmend attraktiv. Aufgrund ihrer meist geringeren individuellen Steuerlast hätten sie von Verlustzuweisungen nicht ausreichend profitieren können. Mit vergleichsweise geringen Beträgen konnte der sprichwörtliche Mann auf der Straße Teilhaber an einem Schiff werden. Und obschon die jeweilige Einzelinvestition klein war, so konnten über die große Zahl der Kleinanleger enorme Kapitalquellen erschlossen werden. Diese Modelle, die als geschlossene Schiffsfonds bekannt geworden sind, haben gerade in Deutschland zu einem bedeutenden Wachstumsschub der Flotte geführt, der heute die Schifffahrtskrise verstärkt hat.

So gibt es heute in der Schifffahrt ein vielschichtiges Bild von Beteiligten. Zum einen sind dies die Verlader, die als Käufer, Verkäufer oder Spediteure den Zugang zur Ladung haben. Dann gibt es die Anbieter der Seetransportleistungen, die Schiffe disponieren. Betreiben sie die Schiffe, über die sie verfügen, auch selbst, so kann man sie ebenfalls als Reeder bezeichnen. Die Reeder, also die Anbieter des Schiffssystems, das die Betreiber (engl.: operator) nutzen, sind nicht auf dem im Folgenden beschriebenen Seeverkehrsmarkt tätig. Sie erbringen keine direkte Seetransportleistung, operieren also kein Schiff, und teilweise besitzen sie dieses nicht einmal oder nur zu einem geringeren Anteil. Ihre eigentliche Expertise besteht darin, einen professi-

onellen technischen und wirtschaftlichen Betrieb zu gewährleisten, der es ihnen ermöglicht, ihr Schiff gegenüber den Mitbewerbern günstiger anzubieten.

»Wird der Reeder in dieser Weise tätig, so ist sein Schiff für ihn nicht Produktionsbetrieb, mit dem er Seetransportleistungen produziert, sondern Nutzungsgut, das ›gegen Entgelt auf Zeit zur Nutzung überlassen‹ wird oder wie wir auch sagen können, dessen Nutzleistungen veräußert werden. Was vom Reeder verkauft wird, ist also die ›Tonnagenutzung‹, mithin etwas ganz anderes als die [...] Seetransportleistung. Den Teilmarkt, auf dem die Tonnagenutzung umgesetzt wird, nennen wir ›Tonnagemarkt‹.« (Sanmann, 1965, S. 45)

Doch noch mehr Beteiligte versuchten, in und an der Schifffahrt zu verdienen. Die Emissionshäuser verstehen sich als finanzieller Dienstleister für die Reedereien und vermitteln das erforderliche Eigenkapital für die Investition. Zusammen mit diesen konzipieren sie die Investition, die meist als geschlossener Fonds in Kommanditgesellschaften (GmbH & Co. KG) strukturiert ist. Dies ist der Grund dafür, dass in Deutschland Schiffsanlagen als sogenanntes KG-Modell bezeichnet werden.

Börsennotierte Schifffahrtsgesellschaften versuchen, Investoren über die Ausgabe von Aktien eine hochrentierliche Anlage in der Schifffahrt zu verkaufen. Über die Zusammenfassung von mehreren Schiffen in einer Flotte sollte sich eine Risikostreuung ergeben. Als Publikumsgesellschaften sind Aktiengesellschaften darüber hinaus auch für den Anleger transparenter organisiert, sind zur Veröffentlichung ihrer Zahlen und zur Abgabe eines Marktberichts verpflichtet.

Private Equity Funds wollen – möglichst am unteren Wendepunkt eines Schifffahrtszyklus – günstig kaufen, um mit Gewinn ihr Engagement wieder zu veräußern.

Werften, die in den Zeiten des Aufschwungs neue Kapazitäten aufgebaut haben, kämpfen gerade jetzt um Aufträge und offerieren den Reedern günstige Baupreise und ebenso günstige Finanzierungskonditionen. Teilweise beteiligen sie sich auch am Eigenkapital der von ihnen gebauten Schiffe. Gerade in Ländern, in denen der Schiffbau in den letzten Jahren einen enormen Aufschwung genommen hat, sichern staatliche Stellen die finanzielle Unterstützung der Werften für die Reeder ab, um Beschäftigung und Arbeitsplätze zu sichern. Dies gilt insbesondere für die Volksrepublik China und Südkorea.

Die letztendlichen Geldgeber sind heute Personen, die häufig kaum noch eine Verbindung zur Schifffahrt haben und diese in erster Linie an der Höhe der in der Vergangenheit erzielten Rendite messen. Ihnen fehlt teilweise das Verständnis für die Zusammenhänge in dieser Branche, und gerade in den Phasen, in denen die Schifffahrt lang anhaltende Krisen durchzustehen hat, werden sie nervös und versuchen, ihr Kapital wieder abzuziehen. Sie haben nicht immer den langen Atem, der traditionelle (Privat)Reeder auszeichnet, die wissen, dass es sowohl Zeiten gibt, in denen enorme Gewinne gemacht werden, als auch solche, in denen die Substanz des Unternehmens zusammenschmilzt, also Eigenkapital vernichtet wird.

Schifffahrt erfordert große Investitionen, die langfristig zu betrachten sind. Teilweise entscheidet erst der Verkaufserlös nach vielen Jahren über Erfolg oder Misserfolg einer Investition. Der klassische Reeder weiß um diesen Sachverhalt. Er steuert sein Unternehmen auch durch Krisenzeiten, die er selbst schon häufig erlebt hat. Mit seinem Wissen und seiner Erfahrung sucht er den besten Weg durch alle zyklischen Phasen. Er erkennt neue Entwicklungen und versucht, sich diesen anzupassen.

Schaubild der an der Schifffahrt Beteiligten und ihrer Beziehungen

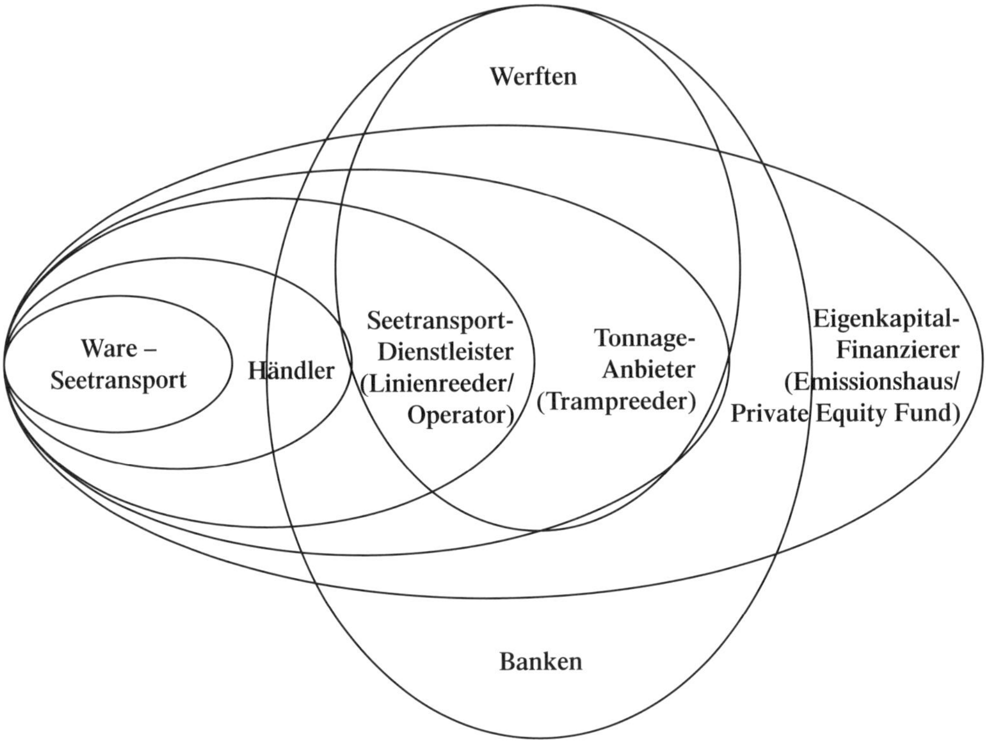

Werften

Ware – Seetransport

Händler

Seetransport-Dienstleister (Linienreeder/Operator)

Tonnage-Anbieter (Trampreeder)

Eigenkapital-Finanzierer (Emissionshaus/Private Equity Fund)

Banken

Aber der eigentliche Reeder (oder Händler) ist heute nicht der einzige Beteiligte im Seetransport. In einer wertorientierten Wirtschaftsordnung versuchen auch andere Akteure, in diesem Bereich ihr Kapital zu verwerten – Akteure, deren Ziel nicht in erster Linie die Erzeugung von Gebrauchswerten ist, sondern die Verwertung des Werts, das heißt die Erzielung einer erwarteten Rendite, unabhängig vom Produkt oder von der Dienstleistung.

Darum ist eine zentrale These dieses Buches, dass zu viel – schifffahrtsfremdes – Geld in die Schifffahrt geflossen ist und teilweise heute noch fließt. Dieses Kapital war in der Aufschwungsphase hochwillkommen und hat das rasante Wachstum der Handelsflotte ermöglicht und damit die Reeder in die Lage versetzt, die Nachfrage nach Transportdienstleistungen zu befriedigen. Es war die entscheidende Unterstützung für den Welt(See)Handel, hat dem Globalisierungsschub der letzten Jahrzehnte die Grundlage bereitet. Heute führt dieses Geld dazu, dass die gegenwärtige Schifffahrtskrise verschärft und verlängert wird. Je mehr Beteiligte je weniger direkt mit der eigentlichen Dienstleistung – also dem Transport von Waren, der auf Handel beruht – zu tun haben, desto weniger der Schifffahrt angemessen und rational ist deren Verhalten. Schon leichte Anzeichen einer wirtschaftlichen Entspannung der Lage in der Schifffahrt werden als Trendwende gedeutet und führen zu weiteren Neubauten oder dazu, dass Schiffe, die ursprünglich abgewrackt werden sollten, weiter in Fahrt gehalten werden.

Ein Transport über See, die Verschiffung einer Ware über eine bestimmte Distanz, wurde also zu einer marktfähigen Dienstleistung. In diesem Prozess der Kommodifizierung wird das Schiff, mit dem diese Leistung erbracht wird, ebenfalls zu einem (Finanz)Produkt.

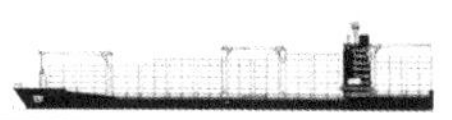

Mit der erhöhten Produktivität der Schifffahrt und der relativen Verbilligung der Transportkosten wurden mehr und mehr Waren international wirtschaftlich handelbar. Auch in der Vergangenheit hat es Lohn(stück)kostenunterschiede zwischen unterschiedlichen Volkswirtschaften gegeben. Doch wenn der (See)Transport zu aufwendig und teuer war, hat er diese wirtschaftlichen Vorteile zunichtegemacht. Waren mussten in extra angefertigten Kisten verpackt werden. Im Inland wurden sie mehrfach unter Einsatz von Handarbeit umgeladen, bevor sie den Seehafen erreichten. In den Häfen wurde eine große Anzahl Arbeiter benötigt, um die Ware aufs Schiff zu laden. Erst als größere und effizientere Schiffe gebaut werden konnten, erst als neue Transportsysteme entwickelt wurden, erst als die Häfen produktivere Umschlagsanlagen einsetzten, konnten Seetransportkosten zu einer vernachlässigbaren Größe werden.

Seetransport findet dort statt, wo einerseits Güter nur in bestimmten Regionen vorhanden sind, sie aber an anderen Orten gebraucht werden oder wo unterschiedliche Produktionskosten es nahelegen, diese unter günstigeren Bedingungen zu erzeugen oder zu fördern und dann zu transportieren, was voraussetzt, dass die Seetransportkosten dann diesen Vorteil nicht ausgleichen. Neben den lokalen gegebenen Kosten der Produktion einer Ware sind also die Kosten für den Transport – hier Seetransport – von entscheidender Bedeutung, ob diese dann vom Endverbraucher auch gekauft wird. Und hier haben die Schifffahrtsunternehmen sehr viel zur Verkaufbarkeit beigetragen.

»2004 betrugt der Wert aller Importe 9,2 Billiarden $, wobei die Frachtkosten bei 270 Milliarden $ lagen, was nur 3,6 % des Werts des Welthandels entspricht«[2]

Der Seeverkehr entwickelte sich somit deutlich dynamischer als die Produktion der Güter. Heute kann es ökonomisch sinnvoll sein, selbst billigste Produkte über See zu verschiffen und auf weit entfernten Märkten anzubieten. Heute wird ein Produkt vielfach an räumlich weit auseinanderliegenden Standorten erzeugt, indem Vorprodukte und Halbfertigerzeugnisse zur Weiterverarbeitung über See zwischen den Fabrikationsstätten befördert werden – es wurde berechnet, dass eine Jeanshose und deren Vorprodukte eine Strecke von 48.000 km zurücklegen, bevor sie dem Endkunden angeboten wird.

Der Handel zwischen den Volkswirtschaften nahm und nimmt immer mehr zu. Das, was wir als Globalisierung bezeichnen, ist nur durch effiziente Schifffahrt möglich geworden. Gäbe es diese nicht, hätten die Volkswirtschaften und Unternehmen eine höhere Fertigungstiefe, würden viel mehr Güter vor Ort produzieren und würden die Endverbraucher sehr viel mehr für die jeweiligen Produkte aufwenden müssen. Es ist unnötig, darauf hinzuweisen, dass dies erst vielen Bevölkerungsschichten den Zugang zu vormals unerschwinglichen Produkten ermöglicht hat und dass sich bei Kleidung, Elektronikartikeln, Möbeln und Spielzeug – um nur einige zu nennen – in den westlichen Industrieländern auch so etwas wie eine Wegwerfmentalität entwickelt hat. Ein Blick in den heimischen Kleiderschrank oder das Wohnzimmer beweisen dies.

Schiffe werden gebaut, um in unterschiedlichsten Schifffahrtsmärkten ihre Dienste anzubieten. Jeder Markt gehorcht anderen Gesetzen, unterliegt anderen Bedingungen. Die Transportbedürfnisse haben jeweils andere treibende Momente. Es gibt also weder »das Schiff« noch »den Schifffahrtsmarkt«, sowenig wie es – und dies ist auch jedem Binnenländer klar – nicht »das Auto« gibt, wenn man an die unterschiedlichen Fabrikate, Größen und Typen denkt.

Viele größere Schifffahrtsunternehmen sind mit ihren Schiffen auf verschiedenen Märkten tätig. Trampreeder bieten verschiedene Schiffstypen an, vor allen Dingen, um ihr Risiko zu

2 »In 2004 the value of world import trade was $ 9.2 trillion and the cost of freight was $ 270 billion, representing only 3.6 % of the total value of world trade.« (Stopford, 2007, S. 73).

streuen. Dieser Risikoansatz gilt vor allen Dingen für die Unternehmen, die mit eigenem Geld in die Schifffahrt investiert haben. Das Motiv ist hier, dass wenn ein Teilbereich von der Krise erfasst ist, dies für andere Bereich nicht unbedingt gelten muss, also in diesem noch Gewinne erwirtschaftet werden können, um die anderen Teilbetriebe zu stützen.

Auch wenn die betriebswirtschaftliche Entscheidung, ein Schiff zu erwerben, in vielen Fällen letztendlich dem Gefühl des Unternehmers folgt, so lohnt es sich, immer die volkswirtschaftlichen Zusammenhänge im Auge zu behalten und somit diese Entscheidung zu verifizieren. Schifffahrt ist eine abgeleitete Dienstleistung und schafft keine Märkte selbst, wie dies zum Beispiel für die Informations- und Kommunikationstechnologie gelten mag, wo neue Produkte neue Konsumentenansprüche hervorbringen können.

Ganz vereinfacht gesagt, sind die Seetransportmärkte in zwei Gruppen geteilt – zum einen die für Massengüter, für deren Transport in der Regel jeweils ein Schiff zur Verfügung gestellt wird. Hierbei handelt es sich um Rohstoffe, wie Erz, Kohle und Getreide oder auch Öl und Ölprodukte. Zum anderen die für Fertig- und Halbfertigwaren, die meist nicht ein ganzes Schiff alleine füllen und wo der Verfrachter nur einen kleinen Teil für den Transport benötigt. Im ersten Fall handelt es sich um die Trampschifffahrt, für die spezielle Schiffe zur Verfügung gestellt werden – Tanker und Massengutfrachter; im zweiten um Linienschifffahrt, die heute meist mit Containerschiffen abgewickelt wird.

Daneben gibt es noch Schifffahrtsmärkte, die gar keinen Transport von Gütern nach sich ziehen. Hier handelt es sich um Hilfsschiffe, die zum Beispiel in der Ölförderung auf See Verwendung finden, oder um Passagierschiffe, die heute eher als schwimmende Hotels für Touristen Dienst tun, denn der eigentliche Transport von Menschen aus beruflichen Gründen wird im Interkontinentalverkehr mit Flugzeugen abgewickelt.

In der folgenden Tabelle wird versucht, – sehr vereinfacht – die wichtigsten Schifffahrtsmärkte darzustellen und das Angebot (Schiffe) mit der Nachfrage (Ladung) zu verbinden, wobei je nach (Teil)Markt andere Bedingungen, Einschränkungen und Treiber eine Rolle spielen.

Markt (-Segment)	Schiffstyp (Angebot)	Transportgüter (Nachfrage)	Bedingungen	Treibende Kräfte	Hintergrund	Ladungsgebiete
Alle Schifffahrtsmärkte	Diverse	Diverse (Trockene und flüssige Massengüter; Stückgüter; Spezialladung etc.)	Weltseehandel getrieben von Grundbedürfnissen; Entwickelte Bedürfnisse; Handelsbarrieren; Politische Beziehungen; Geografische Bedingungen (Häfen, Wasserwege)	Wirtschaftliche Entwicklung; Wohlstand; Angebot/Nachfrage nach Handelsgütern	Komparative Kostenvorteile unterschiedlicher Ökonomien; Exklusives Vorkommen von Rohstoffen	Diverse
Trockene Massengüter	Capesize	Eisenerz; Kohle	Infrastrukturprojekte (politische Entscheidung, diese zu entwickeln); Erhalt der Infrastruktur; Bedarf von Stahl und Energie	Vergleichsweise geringe Produkt- und Transportkosten	Könnten durch lokale Quellen ersetzt werden, wenn Preis/Qualität stimmen; könnte zu geringerer Nachfrage nach Transport führen. Ökologische Probleme könnten zu Substitution führen	AUS; BRA; USEC; RSA; Indonesien; Indien
	Panamax	s. oben und Getreide	Nahrungsmittelerzeugung (Tierhaltung); Menschliche Ernährung	Wohlstandsniveau; Lagerhaltung; Ernteüberschüsse/-ausfall	»Non-Food«-Monokulturen führen zu Importen von Getreide (Ägypten)	USG; WSA; AUS; BS
	Handymax; Handysize	Kohle; Getreide; »Minor Bulks« (Stahl, Eisen, Düngemittel, Forstprodukte etc.)	Industrielle Produktion; Baugewerbe; Landwirtschaft		Kostenunterschiede; Exklusivität von Ressourcen	Indonesien; Afrika; Südamerika; BS; EUR

Markt (-Segment)	Schiffstyp (Angebot)	Transportgüter (Nachfrage)	Bedingungen	Treibende Kräfte	Hintergrund	Ladungsgebiete
Flüssige Massengüter	VLCC; Suezmax; Aframax	Rohöl	Energieerzeugung erfordert ein gewisses Niveau der Entwicklung, um Öl(-Produkte) zu nutzen; Wohlstandsniveau (Individualverkehr, Autos); Rohölpreis; Lagerhaltung; Chemische Industrie	Konkurrierende Produzenten; »Politischer« Ölpreis	Transport ist notwendig (regionales Vorkommen), hängt vom Preis ab (Konsum); Contango-Situation	VLCC: AG; WAF; RS SUEZM: AG; MED; WAF; RS AFRAM: EUR; MED; CAR; SEA; BS
	LR2; LR1; MR; Handy	Ölprodukte: Fuel Oil; Diesel; Benzine; Jet Fuel; Naphta; Vegetabile Öle	Preisniveau und saisonale Schwankungen (kalte Winter, Reisezeiten)	Transportnotwendigkeit hängt von der Lage der Raffinerien und deren Kapazitäten ab	Abhängigkeit vom Ölpreis und den Raffineriemargen; Arbitrage	LR2: AG, Indien LR1: AG, Indien, USAG, UKC MR: USG, Indien, UKC, MED, SEA Handy: SEA, MED, BS, UKC
LNG	160.000m³ Tanker (~115.000tdw)	Methan	Weltseehandel abhängig vom Bedarf Energieerzeugung; Transportgewerbe (Straße – zukünftig See); Wettbewerb mit Pipelines; Verflüssigungs-Projekte	Ökonomische Entwicklung; Energiebedarf; Verzögerung von Projekten	Vergleichsweise hohe Transport- und Strukturkosten	Katar, Indonesien, Malaysia, Brunei, Australien, Trinidad, USA
	Kleinere Schiffe			Lokale Versorgung von »Regasification«-Anlagen		Diverse

Markt (-Segment)	Schiffstyp (Angebot)	Transportgüter (Nachfrage)	Bedingungen	Treibende Kräfte	Hintergrund	Ladungsgebiete
LPG	>60.000 m³	Propan; Ethan; Butan	Nachfrage nach Heizmitteln; Transport; Ausgangsstoff für die petrochemische Industrie	Infrastruktur vorhanden oder im Aufbau für Endverbraucher (z.B. Heizgas in Südeuropa)	Lokale Preisdifferenzen in der petrochemischen Industrie; Wettbewerb mit Naphta als Ausgangsstoff; Politische Entscheidungen zur Umstellung auf Gas	Saudi-Arabien, Trinidad
	20.000 – 60.000 m³	Ammoniak	Landwirtschaft – Umweltbedingungen	Nachfrage nach Düngemitteln	Produktivitätssteigerung in der Landwirtschaft	Russland, Kanada, Trinidad, Indonesien
	5.000 – 20.000 m³	Ethylen, Propylen, Vinylchloride	Nachfrage nach Plastikprodukten, Gummi	Nachfrage nach haltbaren Konsumgütern	Technisch – »Plastik-Revolution«	Mittlerer Osten, Europa, Südamerika, USA
Container	> 13.300 TEU (neo-Postpanamax)	Diverse Waren – hauptsächlich (vor)fabrizierte Industrie- und Konsumgüter; Kühlgüter; Projektladung »90% von allem«	Nachfrage nach Industrieerzeugnissen; Komparative Kostenvorteile; Wirtschaftswachstum; Verdrängung anderer Schiffe (Stückgutfrachter)	Globalisierung; Handelsströme; Wohlstandsniveau; Massenkaufkraft	Skaleneffekte; Hafen- Kanalbeschränkungen	Europa – Fernost
	10.000 – 13.300 TEU (very large)				Skaleneffekte; Hafen- Kanalbeschränkungen, Kaskadeneffekte	Europa – Fernost; Mittlerer Osten – Fernost; Nord-Süd – Verkehre
	7.500 – 10.000 TEU					Transpazifik
	5.100 – 7.500 TEU (post-Panamax)					Europa-USWC
	3.000 – 5.100 TEU (Panamax)					Transatlantik; Asien – ESEC
	2.000 – 3.000 TEU (Sub-Panamax)					Interregionale Dienste
	< 2.000 TEU (Feeder/ Feedermax)				Hafen- Kanalbeschränkungen	Regionale Dienste

2. Weltseehandel und Weltbevölkerung

Mit weltweit steigendem Wohlstand und engeren wirtschaftlichen Verflechtungen wird sich die Menge der Güter, die über See transportiert wird, auf absehbare Zeit weiter erhöhen. Wurden 1970 statistisch gesehen für jeden Menschen knapp 0,7 Tonnen Waren verschifft, so waren es 2011 bereits 1,3 Tonnen. Während der Zeit von 1970 bis 2015 hat sich die Weltbevölkerung von 3,7 Mrd. Menschen auf etwas unter 7,4 Mrd. verdoppelt. Dies entspricht einem durchschnittlichen jährlichen Wachstum von 1,5 %. Allerdings nimmt die Wachstumsgeschwindigkeit kontinuierlich ab – von 1,9 % zwischen 1970 und 1980 auf 1,2 % im Zeitraum 2010 bis 2015.[3] Für die Zukunft bis zum Jahr 2100 rechnen die Vereinten Nationen mit einem jährlichen Bevölkerungswachstum zwischen –0,03 % und 0,95 % – also weit weniger als in der Vergangenheit.

Weltbevölkerung 1970–2015

	in ,000		Jährliches Wachstum					
Region	**1970**	**2015**	**1970–2015**	**1970–1980**	**1980–1990**	**1990–2000**	**2000–2010**	**2010–2015**
Welt	3.701	7.383	1,5 %	1,9 %	1,8 %	1,4 %	1,3 %	1,2 %
Afrika	366	1.194	2,7 %	2,7 %	2,8 %	2,6 %	2,5 %	2,6 %
Asien	2.138	4.420	1,6 %	2,1 %	2,0 %	1,5 %	1,2 %	1,1 %
Europa	657	741	0,3 %	0,5 %	0,4 %	0,1 %	0,1 %	0,1 %
Lateinamerika	288	632	1,8 %	2,4 %	2,0 %	1,7 %	1,3 %	1,1 %
Nordamerika	231	356	1,0 %	1,0 %	1,0 %	1,1 %	0,9 %	0,8 %
Ozeanien	20	40	1,6 %	1,6 %	1,6 %	1,4 %	1,6 %	1,5 %
Ausgewählte Länder								
China	825	1.397	1,2 %	1,9 %	1,7 %	0,9 %	0,6 %	0,5 %
Indien	554	1.309	1,9 %	2,3 %	2,2 %	1,9 %	1,6 %	1,2 %
USA	210	320	0,9 %	0,9 %	0,9 %	1,1 %	0,9 %	0,7 %
Indonesien	115	258	1,8 %	2,5 %	2,1 %	1,5 %	1,4 %	1,3 %
Brasilien	95	206	1,7 %	2,4 %	2,1 %	1,6 %	1,2 %	0,9 %
Pakistan	58	189	2,7 %	3,0 %	3,3 %	2,6 %	2,1 %	2,1 %
Nigeria	56	181	2,6 %	2,8 %	2,6 %	2,5 %	2,6 %	2,7 %
Russland	130	144	0,2 %	0,6 %	0,7 %	-0,1 %	–0,2 %	0,1 %
Japan	105	128	0,4 %	1,2 %	0,6 %	0,2 %	0,1 %	–0,1 %
Philippinen	36	102	2,3 %	2,8 %	2,7 %	2,3 %	1,9 %	1,6 %
Ägypten	35	94	2,2 %	2,3 %	2,7 %	2,0 %	1,9 %	2,2 %
Deutschland	79	82	0,1 %	–0,0 %	0,1 %	0,3 %	-0,1 %	0,2 %

Quelle: United Nations, Department of Economic and Social Affairs, Population Division (2017)

3 Vergl.: United Nations, Department of Economic and Social Affairs, Population Division (2017)

Darüber hinaus hat sich der weltweite Wohlstand – ausgedrückt in der Entwicklung des Sozialprodukts – noch stärker entwickelt[4]. Mit dem Wohlstand hat sich der Handel weiterentwickelt und ist insbesondere seit Beginn der 1990er-Jahre stärker gewachsen als das Sozialprodukt, was auf eine Intensivierung der Wirtschaftsbeziehungen zwischen den Ländern schließen lässt. Der Weltseehandel hat sich von 2,5 Mrd. Tonnen auf mehr als 10 Mrd. Tonnen vervierfacht. Die Weltbevölkerung ist, wie man aus der Grafik auf der nächsten Seite ersehen kann, kontinuierlich gewachsen, während das Transportvolumen Anfang der 1980er-Jahre, nach dem zweiten Ölpreisschock leicht zurückging und sich, im Zuge der Finanzkrise 2008, kurzzeitig ebenfalls reduzierte.

Hinter dem Weltseehandel verbergen sich viele Produkte und Produktgruppen, von denen einige wenige Massengüter die bedeutendsten sind. Neben dem Rohöl, immer noch die am meisten verschiffte Ladung weltweit, sind dies Eisenerz, Kohle und Getreide. Veränderungen in der Nachfrage dieser Güter wirken sich stark auf den Seehandel aus. Insbesondere nach der zweiten Ölpreiskrise ist die Menge des über See transportierten Öls stark zurückgegangen, vor allen Dingen, weil die Stromerzeugung von diesem Energieträger auf Kohle oder Kernkraft umgestellt wurde. Hatte Rohöl 1970 noch einen Anteil von 39 % am Seetransport, so ist es 2016 nur noch 17,5 %.

Überblick Weltseehandel (in Mio. Tonnen) über die letzten zehn Jahre

	2007		2016		Veränderung		
Warengruppe	**mto**	**in %**	**mto**	**in %**	**absolut**	**in %**	**% pro Jahr**
Rohöl	1.913	22,5 %	1.943	17,5 %	31	1,6 %	0,2 %
Ölprodukte	799	9,4 %	1.073	9,7 %	275	34,4 %	3,0 %
Öl Total	**2.711**	**31,9 %**	**3.016**	**27,2 %**	**305**	**11,3 %**	**1,1 %**
Eisenerz	777	9,2 %	1.412	12,7 %	635	81,7 %	6,2 %
Kohle	772	9,1 %	1.135	10,2 %	363	47,0 %	3,9 %
Getreide	306	3,6 %	476	4,3 %	170	55,6 %	4,5 %
Minor Bulks	1.637	19,3 %	1.851	16,7 %	214	13,1 %	1,2 %
Bulk Total	**3.492**	**41,1 %**	**4.874**	**43,9 %**	**1.382**	**39,6 %**	**3,4 %**
Container	1.215	14,3 %	1.721	15,5 %	506	41,6 %	3,5 %
Andere Trockenladung	640	7,5 %	844	7,6 %	204	31,9 %	2,8 %
Trockenladung Total	**5.347**	**63,0 %**	**7.439**	**67,1 %**	**2.092**	**39,1 %**	**3,4 %**
Gas	226	2,7 %	356	3,2 %	130	57,5 %	4,6 %
Chemikalien	205	2,4 %	283	2,6 %	78	38,0 %	3,3 %
TOTAL	**8.489**	**100,0 %**	**11.094**	**100,0 %**	**2.605**	**30,7 %**	**2,7 %**

Quelle: Clarkson, Shipping Review & Outlook, Frühjahr 2017, S. 141

Von diesem – relativen – Verlust haben andere Warengruppen profitiert, im Wesentlichen Kohle (von 4 % 1970 auf 10,2 % 2016). Einerseits, weil der Bedarf aufgrund der beschriebenen Umstellung der Energieerzeugung gewachsen ist, andererseits, weil in vielen Industrieländern der Abbau dieses Rohstoffs unwirtschaftlich geworden ist. Kohle, obwohl fast überall

4 Die Datenreihe der weltweiten Entwicklung des Sozialprodukts (seit 1981) entnommen aus: International Monetary Fund http://www.imf.org/external/pubs/ft/weo/2015/01/weodata/index.aspx

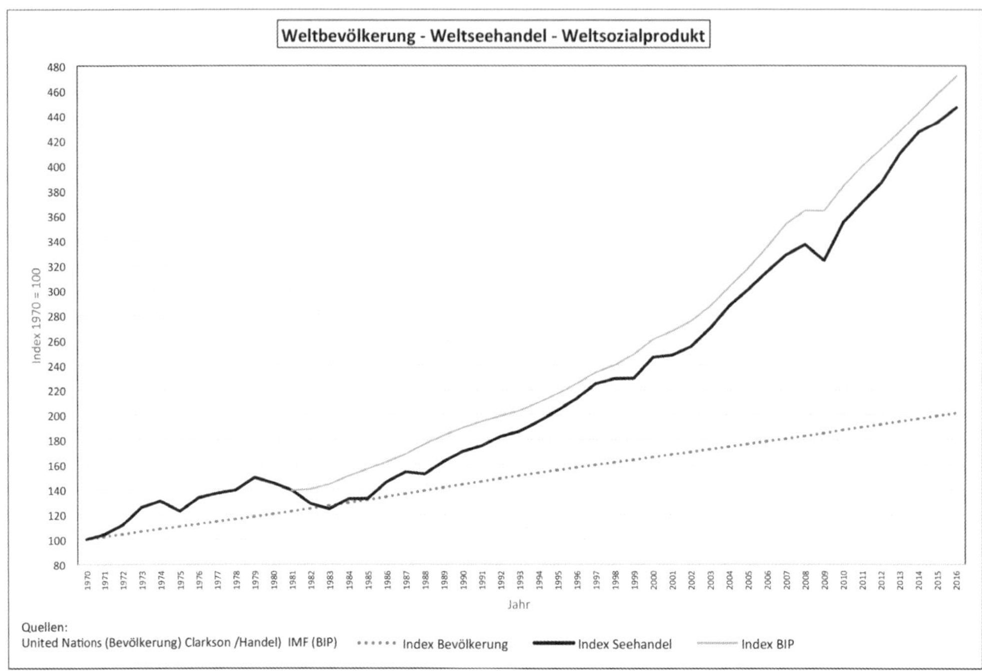

auf der Welt vorhanden, wird also aufgrund der Kostenunterschiede über See importiert. Der Transport von Eisenerz konnte ebenfalls seinen relativen Anteil erhöhen – von 10 % 1970 auf nunmehr 14 %. Hier sind die erheblichen Investitionen in eine industrielle Infrastruktur der sogenannten Schwellenländer der Treiber.

Mit der Intensivierung der Handelsbeziehungen hat sich der Transport von »anderen Gütern«, hinter denen sich unter anderem Konsumartikel, die in Containern verschifft werden, verbergen, besonders dynamisch entwickelt. Ihr Anteil ist von 35 % auf 44 % gestiegen.[5] Die Wachstumsdynamik der Containerverkehre verlangsamt sich jedoch seit einigen Jahren. Wuchsen sie gegen den gesamten Welthandel für den Zeitraum 1999 bis 2004 noch im Durchschnitt pro Jahr um den Faktor 3, so hat sich dieser Faktor zwischen 2004 und 2013 auf 1,5 reduziert, und es ist für die Jahre 2012 und 2013 kein verändertes Wachstumsbild mehr feststellbar, der Containertransport wächst also wie der gesamte Seetransport.[6]

Insbesondere das erhöhte Wachstum des Welthandels ab den 1990er-Jahren ist der Einbindung des größten Landes der Welt – der Volksrepublik China – in die internationale Wirtschaft geschuldet. China ist heute der mit Abstand größte Abnehmer für Massengüter und größter Produzent von Industriegütern. Im Jahre 2016 importierte China mit mehr als einer Million Tonnen 71 % des Eisenerzes weltweit, ca. 14 % aller verschifften Hüttenkohle (zur Stahlerzeugung), 19 % aller Heizkohle sowie 18 % allen Rohöls.[7] Von den 601 Millionen weltweit beweg-

5 Fearnley Review – div. Ausgaben – nach ISL Statistical Yearbook 2008, S. 102 – für die Jahre 2008 bis 2010 ISL Shipping Statistics and Market Review, Volume 54 No 12-2010 sowie Volume 55 No 12-2011 bis 2012, Clarkson, Shipping Review Outlook, Herbst 2014

6 Vergl. ISL Shipping Statistics and Market Review, Volume 58 No 12-2014, S. 7

7 Vergl: Clarkson Research, »Dry Bulk Trade Outlook« sowie »Oil & Tanker Trades Outlook«, jeweils Ausgaben vom Mai 2017

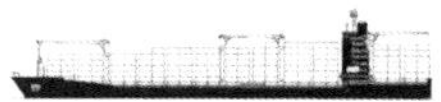

ten Containern wurden 2014 168 Millionen (28 %) in China umgeschlagen.[8] Unter den zehn führenden Häfen im Umschlag von Containern liegen sieben in China.[9]

Eine genauere Betrachtung des Welt(See)Handels ist geboten, ergibt sich hieraus konsequenterweise die Nachfrage nach bestimmten Schiffstypen. So mag der Handel mit trockenen Massengütern stärker wachsen als der Durchschnitt des Seehandels, was aber für Tank- oder Containerschiffe nicht zu einer erhöhten Nachfrage führt, denn diese Schiffe können solche Güter nicht wirtschaftlich transportieren, bewegen sich also in anderen Teilmärkten. Auch innerhalb einer Ladungsart können sich Strukturveränderungen ergeben, die für einen Schiffseigner von erheblicher Bedeutung sein können, wenn er weiterhin mit seinen Schiffen im Markt bleiben will. Hierbei spielen dann Größe und technische Auslegung der Einheiten eine gewichtige Rolle.

Ölverkehre

Rohöl – Seetransport 1973 (Mio. Tonnen)

Von/Nach	Europa	USA	Japan	China	Andere	Total
Arab.Pers. Golf Naher Osten	505	38	194		190	927
Nordafrika	124	15	1		18	159
Westafrika	57	25	6		16	105
Karibik	14	20	1		29	63
Sowjetunion (s. andere)						
Andere	35	13	48		9	104
Total	**736**	**111**	**249**		**262**	**1.357**

Quelle: Fearnleys World Bulk trades 1973, Oslo 1974

Rohöl-Ölprodukte – Seetransport 2014 (Mio. Tonnen)

From/To	Europa	USA	Japan	China	Andere	Total
Arab.Pers. Golf Naher Osten	102	93	157	172	455	979
Nordafrika	59	6	1	3	18	87
Westafrika	78	17	3	57	65	220
Karibik	23	79	3	37	52	194
Frühere Sowjetunion	296	18	16	46	63	439
Andere	62	242	34	58	473	869
Total	620	455	214	373	1.126	2.788

Quelle: ISL, Shipping Statistics Yearbook 2015, Bremen 2016

Die weltweiten Ölverkehre unterlagen in den letzten Jahrzehnten einem starken regionalen Strukturwandel. Wurde 1973 noch 68 % des Rohöls aus dem Mittleren Osten exportiert und bezog Europa zwei Drittel seines Öls aus dieser Region, so hat sich 2014 der Anteil des

8 Laut ISL Containerumschlagsdatenbank (in TEU) wurden in den Seehäfen 601.792.173 Container bewegt – hier wird auch der Umschlag von leeren Einheiten gezählt. Clarkson berichtet für dasselbe Jahr (»Container Intelligence Monthly«, Mai 2017, S. 3) den Transport von 171 Millionen vollen TEU.

9 Vergl. ISL Shipping Statistics and Market Review, Volume 58 No. 12-2014, S. 26

Mittleren Ostens als Lieferant von Rohöl und Ölprodukten auf 35 % nahezu halbiert – Verschiffungen nach Europa machen nur noch 17 % aus. Weit bedeutender für die Ölversorgung der EU sind heute Russland (47 %) und die Nordsee.

Rohöl- und Ölproduktenverkehre 2014

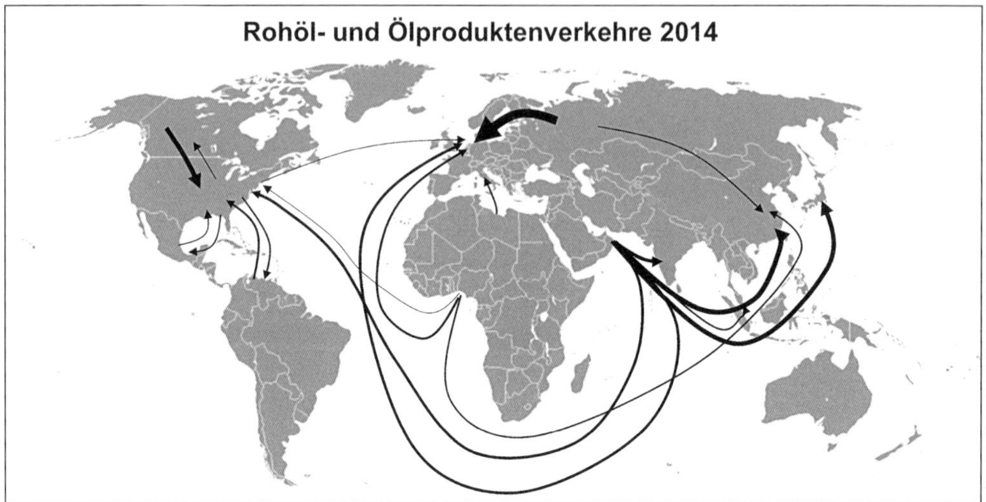

Für die USA ist der bedeutendste Lieferant, noch vor dem Mittleren Osten, Kanada. Die Volksrepublik China erhält 45 % aus dem Arabisch-Persischen Golf und ist hinter den USA der zweitgrößte Einzelnachfrager.

Laut BP reichen die zurzeit bekannten, wirtschaftlich ausbeutbaren Reserven noch für mehr als 51 Jahre. (BP, 2016)[10] Hinter diesem Durchschnittswert verbirgt sich jedoch eine Ungleichverteilung der Vorkommen. Während die Bestände in der Nordsee wohl in zehn Jahren aufgebraucht sein werden, geht man für den Mittleren Osten noch von durchschnittlich 73 Jahren aus. Diese Reserven machen knapp 45 % der gesamten bekannten Menge von weltweit 240 Mrd. Tonnen aus. Unter anderem mit der Ölgewinnung aus Schieferöl, dem sogenannten »Fracking«, sind die USA 2015 zum weltweit größten Produzenten aufgestiegen. In jenem Jahr wurden in den USA 12,704 Millionen Barrel pro Tag gefördert[11]. Dicht dahinter folgen Saudi-Arabien mit 12,014 Mio. Barrel und die Russische Föderation mit 10,980. Verglichen mit dem Jahr 2004, liegt die Produktion in den USA um 60 % höher, während die im Mittleren Osten lediglich um 15 %, die Russlands um 14 % gewachsen ist.

Zwar ist die USA mit einem Verbrauch von 19,396 Mrd. Barrel am Tag der größte Verbraucher (20 % des Gesamtverbrauchs 2015), noch weit vor dem Zweiten, der Volksrepublik China, die 12,6 % des Weltverbrauchs auf sich zieht, aber die USA sind in der Lage, einen immer größeren Teil dieses Bedarfs aus eigenen Quellen zu decken. Hat sich der Ölverbrauch in den USA von 2004 bis 2015 um 9 % verringert, so sind die Ölimporte um 27 % zurückgegangen. 43 % dieses Öls erhielten die USA 2015 aus Kanada, meist über Land. Aus dem Mittleren Osten kamen noch ca. 20 %. Darüber hinaus tritt die USA immer stärker als Exporteur von Rohöl auf.

10 Diese Zahl, die häufig auch von der Presse zitiert wird und es teilweise sogar in die »Tagesschau« schafft, ändert sich von Jahr zu Jahr nicht nur in eine Richtung, d. h., sie wird nicht immer kleiner. Denn es werden die beiden Parameter »aktueller Verbrauch« und »wirtschaftlich sinnvoll ausbeutbare Vorkommen« ins Verhältnis gesetzt. Beide können sich in unterschiedliche Richtungen bewegen.

11 Ein Barrel entspricht – je nach spezifischem Gewicht des Öls – 0,1367 Tonnen, mithin sind ca. 7,33 Barrel eine Tonne.

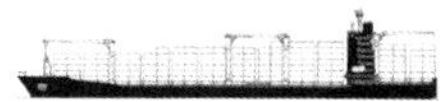

Im obigen Vergleichszeitraum sind die Exporte von 27 Tsd. Barrel pro Tag auf 465 Tsd. Barrel um das 17-Fache gestiegen.[12]

Wie sehr gerade der Seetransport von Öl auch an politische Bedingungen geknüpft ist, zeigen die Vereinigten Staaten. Hier wurde nach der ersten Ölpreiskrise 1973 der Export von Rohöl verboten, um eine gewisse Versorgungssicherheit der amerikanischen Bevölkerung sicherzustellen. Dieses Verbot wurde Ende 2015 dann aufgehoben, da die USA mit dem Fracking über genügend eigene Ressourcen verfügen. Ob die USA damit wirklich erhebliche Mengen Rohöl exportieren werden, hängt natürlich vom Produktpreis ab.

Ölverbrauch pro Region

000' Barrels p.d.	2004	2015	Veränd. 2015 gegen 2004
Nordamerika	25.023	23.644	–5,5 %
Europa/Eurasien	20.076	18.380	–8,4 %
Süd-/Zentralamerika	5.058	7.083	40,0 %
Mittlerer Osten	5.940	9.570	61,1 %
Japan	5.270	4.150	–21,3 %
China	6.740	11.968	77,6 %
Indien	2.556	4.159	62,7 %
Rest Asien/Pazifik	9.666	12.167	25,9 %
Afrika	2.777	3.880	39,7 %
Gesamt Welt	**83.106**	**95.001**	**14,3 %**

Quelle: BP Statistical Review of World Energy, June 2016, S. 9

Öltransport in Mio. Tonnen

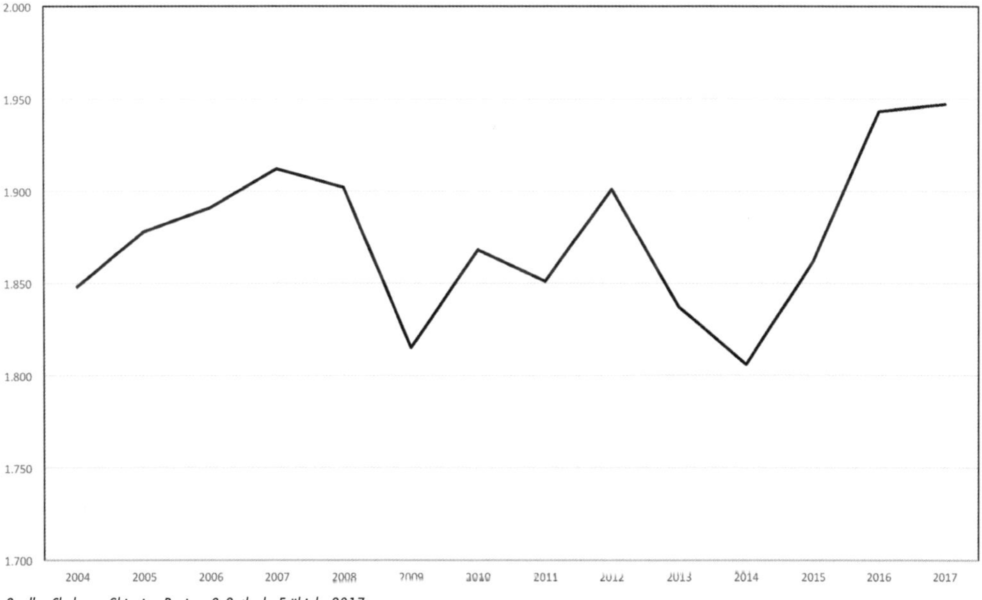

Quelle: Clarkson, Shipping Review & Outlook, Frühjahr 2017

12 Vergl: Energy Information Administration, U.S. Exports of Crude Oil (Thousand Barrels per Day), 31.07.2017 – Aus dem Internet unter: http://tonto.eia.gov/dnav/pet/hist/LeafHandler.ashx?n=PET&s=MCREXUS2&f=M

Während der Konsum der entwickelten Volkswirtschaften in den letzten Jahren eher abgenommen hat, vor allen Dingen aufgrund des verlangsamten Wachstumspfads und weil immer mehr fossile Energieträger durch alternative ersetzt wurden, sind die sogenannten Schwellenländer China und Indien hier verstärkt aufgetreten. So ist der Verbrauch zwischen 2004 und 2014 leicht gestiegen, im Jahresdurchschnitt um weniger als 1 %, der Seehandel ist jedoch zurückgegangen, und zwar um 2 % über den Betrachtungszeitraum. Für die Schifffahrt ist dies insofern fatal, da sich mit den neuen Nachfragern China und Indien auch die Transportstrecken verkürzt haben. So misst die Transportstrecke zwischen Saudi-Arabien (Ras Tanura) und dem US-Golf ca. 11.100 sm, während es nach China nur 6.000 sind.

Der Verfall des Rohölpreises in der letzten Zeit hat die weltweiten Verschiffungen beflügelt und den Tankerreedern anfangs auch erhöhte Frachtraten beschert. Dieser Preisrückgang ist zum einen der Preispolitik der OPEC-Länder geschuldet, die vor allen Dingen die US-Förderunternehmen in die Knie zwingen wollen, denn diese können langfristig nicht bei einem Ölpreis von unter 80 US-$ profitabel produzieren. Andererseits sind mit dem fallenden Ölpreis auch die Margen der Raffinerien gestiegen, deren Produktpreise nicht im selben Verhältnis wie der Einstandspreis gesunken sind. Im Zuge der Einigung im jahrelang andauernden Atomstreit mit dem Iran kann auch dieser Produzent wieder deutlich mehr Öl am Markt anbieten, was sicher einen weiteren Preisdruck erzeugt hat. Experten gehen davon aus, dass diese Phase relativ billigen Öls noch mindestens ein bis zwei Jahre anhalten wird. Für eine langfristige Investitionsentscheidung eines Schifffahrtsunternehmens bieten sie allerdings keine gesicherte Basis. Die erhöhte Neubautätigkeit im Großtankerbereich hat auch hier die Erlössituation deutlich verschlechtert. So liegen Mitte 2017 die Reiseeinnahmen für die Strecke vom Arabisch-Persischen Golf nach Ostasien, die für die VLCC-Großtanker als Richtgröße gelten kann, mit 16.510 $ pro Tag um 75 % unter dem Durchschnitt des Jahres 2015 (65.865 $). Für die kleineren Suezmax-Tanker ist die Situation noch dramatischer. Hier sind die Tageseinnahmen von 40.265 $ um 82 % auf 7.243 $ eingebrochen.

Rohölpreisentwicklung 2004–2017 – Brent Spot Price in US-$ pro Barrel

Quelle: Thompson/Reuters

Im Gegensatz zum Transport von Rohöl unterliegen die Verschiffungen von Ölprodukten anderen Gegebenheiten. Ölprodukte – also verarbeitetes Rohöl – wird von den Raffinerien zur Weiterverarbeitung oder zum Endverbraucher transportiert, wobei die Verarbeitungsstätten nicht notwendigerweise dort liegen, wo auch Rohöl gefördert wird. Die Raffinerien verarbeiten das Öl zu unterschiedlichen Produkten: vor allen Dingen Bitumen, schweres und leichtes Heizöl, Diesel, Benzin und Kerosin. Darüber hinaus fallen im Prozess noch Gase wie Methan und Butan an. Raffinerien erzeugen zwingend immer mehr als nur ein Produkt, sodass der Produktmix eben auch verkauft werden muss. Wichtig ist, wie viel der jeweiligen Produkte aus dem Vorprodukt, also Rohöl, gewonnen werden kann. Rohöl hat im Grundsatz zwei Eigenschaften: seine Viskosität und seinen Schwefelgehalt. So erzielt ein leichtes und »süßes« Öl wie WTI (West Texas Intermediate, welches leicht und »süß« ist, also einen geringen Schwefelgehalt aufweist) tendenziell einen höheren Preis gegenüber dem Nordseeöl »Brent« oder russischem Öl, dass zähflüssiger und schwefelhaltiger ist. Insbesondere ältere Raffinerien bevorzugen leichtes und süßes Öl.

Aufgrund des unterschiedlichen Produktmixes und des regional unterschiedlichen Bedarfs sind die Produktenverkehre nicht so klar vorhersehbar wie beim Rohöl. Darüber hinaus spielen auch Wetterverhältnisse und generell das Preisniveau eine Rolle. So führt ein kalter Winter zu einem verstärkten Heizölbedarf. Ein niedriger Benzin- oder Dieselpreis führt insbesondere in der Urlaubssaison zu einem erhöhten Verbrauch dieser Produkte. In Europa wird häufiger Diesel in Pkw als Treibstoff eingesetzt, sodass hier der in den USA anfallende Überschuss in Tankern exportiert wird. Umgekehrt wird Benzin westwärts über den Nordatlantik verschifft. Der Preisunterschied zwischen den Regionen begründet das Phänomen der Arbitrage – ist der Preisunterschied so hoch, dass diese Differenz die Transportkosten übersteigt, so kann Transport stattfinden.

Darüber hinaus erwirtschaften die Raffinerien ihr Geld mit der Marge zwischen dem einzukaufenden Rohöl und dem zu verkaufenden Produkt. Fällt der Rohölpreis stärker als der Preis der Ölprodukte, lohnt es sich für Raffinerien, deutlich mehr zu produzieren. Aufgrund der oben genannten Tatsache, dass ein Produktionsbetrieb immer mehr als ein Produkt herstellt, bauen sich gegebenenfalls große Mengen von Produkten auf, die dann zum Endverbraucher gebracht werden müssen. Dies ist seit der Phase des geringen Rohölpreises der Fall, wo vor allen Dingen von den US-amerikanischen Raffinerien Diesel erzeugt wird, das in dieser Menge auf den lokalen Märkten keinen Absatz findet. In den USA hat in den letzten Jahren der Verbrauch von Diesel eher abgenommen, mit der Konsequenz, dass dieses Produkt in MR-Tankern (»Mid Range«, also Schiffe mit einer Ladekapazität meist zwischen 37.000 und 55.000 Tonnen) nach Europa gebracht wird. Sollte allerdings Europa oder auch die schwächelnden Ökonomien in Asien Diesel nicht in der verfügbaren Menge benötigen, so bleibt meist nur, dies in Tankern zwischenzulagern. Anders sieht es beim Benzin aus. Hier hat der geringe Preis insbesondere in den USA die Nachfrage erhöht, die lokal nicht gedeckt werden kann. Meist setzt die Hauptsaison hier im Mai ein, sodass Reeder von Produktentankern sich für den Transport von Europa nach USA hierauf vorbereiten.

In China und Indien haben sich in den letzten Jahren strukturelle Änderungen ergeben. So wird der lokale Markt in der Volksrepublik zu fast einem Drittel durch die sogenannten »Teapot«-Raffinerien, kleinere Erzeuger vor Ort, bedient – zulasten des Seetransports von Produkten. Indien, das mit seinen Großanlagen einen bedeutenden Anteil exportiert hat, verkauft immer mehr im eigenen Land und könnte – so rechnen Experten – in den nächsten Jahren zu einem Importland für Ölprodukte werden. Die größte Unsicherheit jedoch ergibt sich aus dem

Aufbau von Mega-Raffinerien im Mittleren Osten, Indien und China, die viel zur Selbstversorgung (d.h. ohne Seetransport) oder aber zumindest zur Verkürzung der Transportstrecken beitragen könnten. Auch wenn der Produktentankermarkt in den letzten Jahren recht gut durch die Krise gekommen ist, so dürfte dies mittelfristig nicht so bleiben.[13]

Trockene Massengutverkehre

Insgesamt machen trockene Massengüter 44 % des gesamten weltweiten Ladungsvolumens aus. Die Waren(gruppen) eignen sich aufgrund ihrer einheitlichen physikalischen Eigenschaften als homogene Ladung zum Transport innerhalb eines Schiffes. Eine Ladung nimmt hier (meist) das gesamte Schiff in Anspruch und wird zum Transport nicht verpackt.

Kommt die Ladung in granulöser Form vor, bezeichnet man sie als Schüttgut, wie zum Beispiel Erze, Kohle, Getreide oder Zement. Andere Waren werden einzeln oder in Partien verladen (Stückgüter), wie Baumstämme, Stahlrollen, Papier. Allen Waren ist gemeinsam, dass sie nicht für Endverbraucher transportiert werden, sie also noch einen Produktions- oder Veredelungsprozess durchlaufen, nachdem sie verschifft wurden.

In der Schifffahrt unterscheidet man zwei grundsätzliche Warengruppen – zum einen die sogenannten »Major Bulks«, also die Hauptladungen, zu denen Eisenerz, Kohle und Getreide zählen. Diese machen 2016 mehr als 60 % des gesamten Volumens aus. Es handelt sich hier (s.o.) um Schüttgut, das in großen Ladungseinheiten meist in den größeren Schiffen (Panamax und größer) zur Verschiffung kommt.

Neben den »Major Bulks« werden eine Vielzahl von anderen Gütern in Massengutfrachtern verladen, die insgesamt als »Minor Bulks« bezeichnet werden. Viele dieser Güter werden nicht geschüttet, sodass die Schiffe häufig über eigene Umschlagseinrichtungen verfügen.

Die folgende Tabelle gibt einen Überblick über die Bedeutung der einzelnen Massengutladungen und deren Entwicklung in den letzten zehn Jahren.

Hieraus wird deutlich, dass insbesondere aufgrund des erheblich gestiegenen Bedarfs der Schwellenländer China und Indien die »Major Bulks« an Bedeutung gewonnen haben – ihr durchschnittliches jährliches Wachstun betrug 5 % in der letzten Dekade, während die »Minor Bulk«-Verkehre nur 1,3 % pro Jahr gewachsen sind. Einzelne Warengruppen sind sogar weniger zur Verschiffung gekommen, wie Zement und Koks.

Massengutverkehre 2007–2016 (in Mio. Tonnen)

	2007		2016		Veränderung		
Warengruppe	mto	in %	mto	in %	absolut	in %	% pro Jahr
Eisenerz	777	22,2 %	1.412	28,9 %	635	81,7 %	6,2 %
Kohle (Heizkohle)	575	16,5 %	890	18,2 %	315	54,8 %	4,5 %
Kohle (Hüttenkohle)	198	5,7 %	249	5,1 %	51	25,8 %	2,3 %
Getreide (Weizen/ Grobgetreide)	232	6,6 %	342	7,0 %	110	47,4 %	4,0 %
Getreide (Sojabohnen)	74	2,1 %	134	2,7 %	60	81,1 %	6,1 %

13 Vergl. Lloyd's List »Top five product tanker trends« vom 13.04.2016

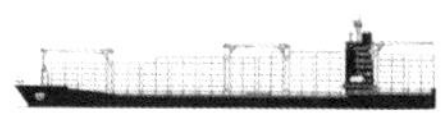

Massengutverkehre 2007–2016 (in Mio. Tonnen)

	2007		2016		Veränderung		
Warengruppe	mto	in %	mto	in %	absolut	in %	% pro Jahr
»Major Bulks«	1.856	53,1 %	3.027	61,9 %	1.171	63,1 %	5,0 %
Stahlprodukte	388	11,1 %	404	8,3 %	16	4,1 %	0,4 %
Forstprodukte	308	8,8 %	354	7,2 %	46	14,9 %	1,4 %
Agribulks	121	3,5 %	162	3,3 %	41	33,9 %	3,0 %
Zucker	49	1,4 %	62	1,3 %	13	26,5 %	2,4 %
Düngemittel	135	3,9 %	151	3,1 %	16	11,9 %	1,1 %
Bauxit	64	1,8 %	81	1,7 %	17	26,6 %	2,4 %
Alumina	31	0,9 %	35	0,7 %	4	12,9 %	1,2 %
Zement	127	3,6 %	109	2,2 %	–18	–14,2 %	–1,5 %
Schrott	94	2,7 %	99	2,0 %	5	5,3 %	0,5 %
Petroleum Coke	45	1,3 %	69	1,4 %	24	53,3 %	4,4 %
Anthrazit	52	1,5 %	50	1,0 %	–2	–3,8 %	–0,4 %
Nickelerz	21	0,6 %	41	0,8 %	20	95,2 %	6,9 %
Manganerz	15	0,4 %	25	0,5 %	10	66,7 %	5,2 %
Coke	23	0,7 %	20	0,4 %	–3	–13,0 %	–1,4 %
Andere Ladung	164	4,7 %	199	4,1 %	35	21,3 %	2,0 %
»Minor Bulks«	1.637	46,9 %	1.861	38,1 %	224	13,7 %	1,3 %
TOTAL	3.493	100,0 %	4.888	100,0 %	1.395	39,9 %	3,4 %

Eisenerzverkehre

Deutlich dynamischer als der Rohölverkehr hat sich der mit Eisenerz entwickelt, insbesondere seit China sich industriell entwickelt hat und zum weltweit größten Importland aufgestiegen ist. Die Volksrepublik ist darüber hinaus ebenfalls das mit Abstand größte Förderland. Insgesamt wurden 2014 3.220 Mio. Tonnen gefördert, 1.500 Mio. Tonnen allein in China. Weltweit verschifft wurden 1.868 Mio. Tonnen (2014)[14]. Anders als beim Rohöl ist Eisen eines der am häufigsten vorkommenden Elemente auf der Erde. Bei der Frage, ob Eisenerz über See transportiert wird, spielen Verarbeitungsstandorte, Abbaukosten, Eisengehalt und Transportkosten eine wichtigere Rolle als beim Öl. Aus diesen Gründen unterlagen in den letzten Jahrzehnten die Seetransportstrecken einer erheblichen Veränderung. Im Gegensatz zum Öl werden immer noch bedeutende Mengen Eisenerz nicht über See transportiert, sondern lokal verhüttet.

14 Vergl. die auf den Zahlen von IHS Global Insight basierenden Zahlen aus dem World Trade Navigator – in: Institut für Seeverkehrswirtschaft und Logistik, Shipping Statistics Yearbook 2015, Bremen 2016, S. 108. Clarkson Research errechnet für den Erzverkehr über See lediglich 1.332 Mio. Tonnen, wobei hier wahrscheinlich nur Verschiffungen in großen Massengutfrachtern gezählt werden.

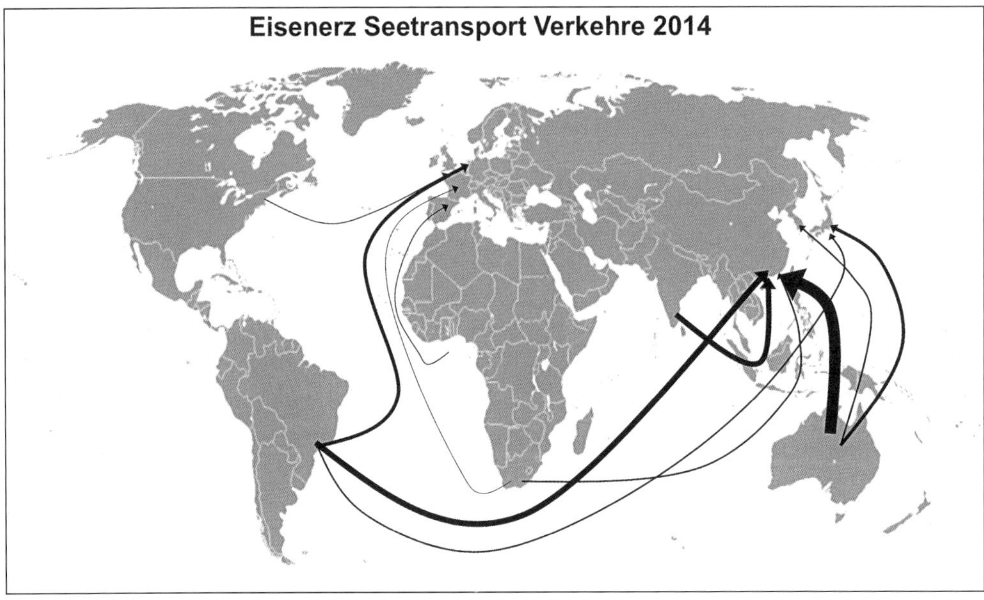

Australien hat seit der Jahrtausendwende Brasilien als das größte Exportland überholt, insbesondere aufgrund der Nähe zu China, das 2016 für 71 % der Importe steht.[15] So beträgt die Seestrecke von Port Hedland (Australien) nach Qinhuangdao (China) mit 3.811 sm nur ein Drittel zu der von Tubarao (Brasilien) – 11.343 sm.

Eisenerz Seetransport 1973 (Mio. Tonnen)

Von/Nach	Europa	USA	Japan	China	Andere	Total
Europa	39	0	2		0	40
Nordamerika	12	6	4		0	22
Südamerika	35	19	27		3	84
Asien	3	0	23		0	26
Australien	9	0	64			73
Afrika	34	3	13		0	50
Andere	1		2			3
Total	**132**	**28**	**135**		**3**	**298**

Quelle: Fearnleys World Bulk trades 1973, Oslo 1974

15 Laut Clarkson Research, »Dry Bulk Trade Outlook« (Ausgabe Mai 2017) wurden von den gesamten 1,41 Mrd. Tonnen Eisenerz 1,00 nach China exportiert.

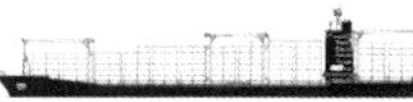

Eisenerz Seetransport 2014 (Mio. Tonnen)

From/To	Europa	USA	Japan	China	Andere	Total
Europa (n. berichtet)						0
Nordamerika	6	5	2	25	42	80
Südamerika (Brasilien)	33	4	42	181	106	367
Asien (Indien)			1	12	1	14
Australien	2	2	124	500	129	756
Südafrika	7	2	16	108	26	159
Andere	24	7	15	321	126	492
Total	72	19	200	1.147	430	1.868

Quelle: ISL, Shipping Statistics Yearbook 2015, Bremen 2016

Mit Abstand der größte private Produzent von Eisenerz ist die brasilianische Vale-Gruppe, die ca. 16 % fördert, gefolgt von den britisch/australischen Konzernen Rio Tinto (10 %) und BHP Billiton (9 %), womit die großen drei ca. 35 % der Fördermenge auf sich vereinigen.[16]

China ist der Dreh- und Angelpunkt für den Erzverkehr, von dem die aufgebauten Förderkapazitäten Australiens, Brasiliens und Indonesiens besonders abhängig sind. Sollte der chinesische Wachstumspfad die gleiche Entwicklung wie in allen sich entwickelnden Ökonomien von der Schwer- zur Konsumgüterindustrie und möglicherweise auf lange Sicht auch zu den Dienstleistungen nehmen, so wird sich auch das Wachstum der Importe von Eisenerz verlangsamen. Diese Tendenz ist schon sichtbar. Lagen die jahresdurchschnittlichen Steigerungsraten zu Beginn des Jahrtausends noch bei 25 %, so ist das Wachstum der Importe in den Jahren bis 2013 auf ca. 16 % zurückgegangen. Im Jahr 2014 ist die Stahlproduktion in China nur um 1 % gewachsen. Dass die Importe Chinas dennoch um 15 % gewachsen sind, liegt vor allen Dingen daran, dass die stark gewachsene Förderkapazität Australiens zu einem Preisverfall für Erz geführt hat, mit dem lokale chinesische Produzenten nicht konkurrieren können. Darüber hinaus ist chinesisches Eisenerz von minderer Qualität. Australien wiederum ist auf mittlere Sicht zur Steigerung der Produktivität der Minen verdammt, um seinen wesentlichen Absatzmarkt bedienen zu können.

Kohleverkehre

Kohle ist auch heute noch eine der wichtigsten Energiequellen auf der Erde. In Tonnen Öl-Äquivalent gemessen, liegt ihr Anteil weltweit bei ca. 30 %, womit sie hinter Öl der zweitbedeutendste Energieträger ist. Dies ist regional jedoch unterschiedlich. Während in Deutschland und in Westeuropa Kohle insgesamt eine untergeordnete Rolle spielt, ist sie in Ostasien der wichtigste Energieträger. Insbesondere die Volksrepublik China, die das größte Förderland ist, verbraucht enorme Mengen dieses Rohstoffs. In China beträgt der Anteil der Kohle an den Energieträgern 64 % – allerdings leicht abnehmend, da mittlerweile mehr Wasserkraft und Gas eingesetzt werden.

16 Vergl. Alexei Mojarov, The Iron Ore Market Situation – views of UNCTAD, 2013 – http://www.oecd.org/sti/ind/Item%207.%20UNCTAD%20-%20Mr.%20Alexei%20Mojarov%20%E2%80%93%20July%202013.pdf

China ist mit insgesamt 3.014 Mio. MTOE[17] der weltweit größte Energiekonsument. Aufgrund des – auf das ganze Land gesehen – noch geringen Individualverkehrs liegt der Anteil von Öl nur bei 19%. In den USA beträgt der Anteil des Öls an der Gesamtbilanz 37%. In Deutschland liegt dieser Anteil mit 34% nur leicht darunter. Deutschland setzt jedoch weniger stark auf Kohle (24% des Gesamtverbrauchs an Energie), denn hier spielen Gas und auch regenerative Energieträger eine überdurchschnittliche Rolle. Das Land mit dem höchsten relativen Kohleanteil an der Energieversorgung ist Südafrika. Hier trägt die Kohle mit 68% zur Versorgung bei.

Energieverbrauch pro Energieträger 2004

in Mio. Tonnen Öl-Äquivalenten und %

	Welt		Deutschland		Europa/Eurasien		China		Asien/Pazifik	
Energie	MTOE	in %	MTOE	in %	MTOE	in %	MTOE	in %	MTOE	in %
Öl	3.767	36,8%	124	37,4%	957	32,3%	309	22,3%	1.091	34,1%
Gas	2.420	23,7%	77	23,4%	998	33,7%	35	2,5%	331	10,3%
Kohle	2.778	27,2%	86	25,9%	537	18,1%	957	69,0%	1.507	47,1%
Nuklear	624	6,1%	38	11,4%	287	9,7%	11	0,8%	119	3,7%
Wasserkraft	634	6,2%	6	1,8%	185	6,2%	74	5,4%	152	4,8%
Erneuerbar *		0,0%		0,0%		0,0%		0,0%		0,0%
TOTAL	**10.224**	**100,0%**	**331**	**100,0%**	**2.964**	**100,0%**	**1.386**	**100,0%**	**3.199**	**100,0%**

* inklusive biofuels

Energieverbrauch pro Energieträger 2015

in Mio. Tonnen Öl-Äquivalenten und %

	Welt		Deutschland		Europa/Eurasien		China		Asien/Pazifik	
Energie	MTOE	in %	MTOE	in %	MTOE	in %	MTOE	in %	MTOE	in %
Öl	4.331	32,9%	110	34,4%	862	30,4%	560	18,6%	1.501	27,3%
Gas	3.135	23,8%	67	20,9%	903	31,9%	178	5,9%	631	11,5%
Kohle	3.840	29,2%	78	24,4%	468	16,5%	1.920	63,7%	2.799	50,9%
Nuklear	583	4,4%	21	6,5%	264	9,3%	39	1,3%	95	1,7%
Wasserkraft	893	6,8%	4	1,4%	194	6,9%	255	8,5%	362	6,6%
Erneuerbar *	365	2,8%	40	12,5%	143	5,0%	63	2,1%	111	2,0%
TOTAL	**13.147**	**100,0%**	**321**	**100,0%**	**2.834**	**100,0%**	**3.014**	**100,0%**	**5.499**	**100,0%**

* inklusive biofuels

Veränderung 2004–2015

	Welt		Deutschland		Europa/Eurasien		China		Asien/Pazifik	
Energie	abs.	in%	abs.	in%	abs.	in%	abs.	in%	abs.	in%
Oil	564	15,0%	−13	−10,8%	−95	−9,9%	251	81,4%	411	37,7%
Gas	715	29,5%	−10	−13,1%	−95	−9,5%	143	406,0%	300	90,7%
Coal	1.062	38,2%	−7	−8,6%	−69	−12,9%	964	100,7%	1.292	85,7%
Nuclear Energy	−41	−6,6%	−17	−45,2%	−23	−8,1%	27	241,6%	−24	−20,2%
Hydro Electr.	259	40,7%	−2	−27,9%	10	5,3%	181	243,5%	210	138,1%
Renewable	365		40		143		63		111	
TOTAL	**2.923**	**28,6%**	**−10**	**−2,9%**	**−130**	**−4,4%**	**1.628**	**117,4%**	**2.300**	**71,9%**

Quelle: BP Statistical Review of World Energy June 2005/June 2015

17 MTOE = Million Tones Oil Equivalent. Um die Leistungen der unterschiedlichen Energieträger miteinander vergleichen zu können, geht man vom Brennwert des Öls aus. Eine Tonne Rohöl hat einen Brennwert von 42 Gigajoule (GJ). Für Steinkohle beträgt dieser Wert ca. 35 GJ – der Heizwert von Braunkohle liegt nur bei 25 bis 28 GJ pro Tonne. Somit liegt der Brennwert einer Tonne Steinkohle bei ca. 83% einer Tonne Öl.

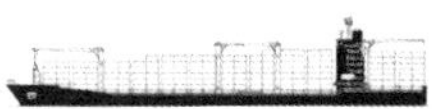

Kohle wird überwiegend zur Energieerzeugung, bei der Stahlherstellung und als Heiz- und Energiequelle im privaten und industriellen Bereich genutzt, wobei nur hochwertige Steinkohle als Hüttenkohle infrage kommt. Aus diesem Grund gibt es darüber hinaus auch einen direkten Zusammenhang zwischen Eisenerzförderung/Stahlerzeugung und Kohlenachfrage.

Die weltweiten Kohlevorkommen reichen noch – unterstellt man den gegenwärtigen Verbrauch – für 114 Jahre[18]. Europa kann noch auf Bestände für mehr als 273 Jahre zurückgreifen, da hier die Kohleförderung in den letzten Jahrzehnten stark reduziert wurde. Die Reserven Asiens liegen im Vergleich hierzu nur noch bei 53 Jahren, wobei China alleine noch über Bestände verfügt, die in 31 Jahren aufgebraucht sein werden. Neben den USA, die über 237 Mrd. Tonnen verfügen, und der Russischen Föderation, die 157 Mrd. Tonnen abbaufähige Kohle hat, hat die Volksrepublik die drittgrößte Menge an Vorkommen – 115 Mrd. Tonnen.

Nachdem das billige Öl in den 1960er-Jahren gegenüber der Kohle deutlich an Bedeutung zugenommen hatte, konnte die Kohle nach den beiden Ölpreiskrisen in den 1970er-Jahren wieder an relativer Stärke als Energieträger gewinnen.

Insbesondere bei der Erzeugung von Elektrizität wurden Ölkraftwerke immer unwirtschaftlicher, sodass viele Energieerzeuger auf Kohlekraftwerke umgestellt haben. Die gewachsene Bedeutung der Kohle nach der Jahrtausendwende ist vor allen Dingen auf die wirtschaftliche Entwicklung Chinas zurückzuführen, wo über Jahre hinweg dort jede Woche ein neues Kohlekraftwerk in Betrieb genommen wurde.

Trotz dieses relativen Reichtums an Kohle und trotz der Tatsache, dass fast jedes Land auf der Welt über Kohle verfügt, wird sie international gehandelt. Dies liegt zum einen an den unterschiedlichen Förderkosten, die es – zum Beispiel im Falle Westeuropas – wirtschaftlicher machen, sie über See zu transportieren, als die heimische Förderung aufrechtzuerhalten. So ist die deutsche Steinkohleförderung im Zeitraum von 1960 bis 2010 um mehr als 90 % zurückgegangen – von 143,3 Mio. Tonnen auf 12,9 Mio. Tonnen. Die Zahl der Beschäftigten ist von 490.190 auf 24.207 geschrumpft.[19]

Darüber hinaus unterscheiden sich die beiden Hauptsorten – Steinkohle und Braunkohle, erheblich. So hat Steinkohle einen Brennwert von durchschnittlich 35.000 kJ pro Kilo, während Braunkohle nur auf maximal 28.000 kJ kommt. Dies macht Braunkohle für die Eisen- und Stahlerzeugung weniger geeignet, sie wird meist zur Stromerzeugung verwendet. Deutschland verfügt nur noch über spärliche Vorkommen der höherwertigen Steinkohle – 48 Mio. Tonnen gegenüber 40.500 Mio. Tonnen Braunkohle. Im Tagebau spielen die Lohnkostenunterschiede zu anderen Ländern eine untergeordnete Rolle, da hier die Produktivität über eine höhere organische Zusammensetzung des Kapitals durch den Einsatz von Maschinen hergestellt werden kann, weshalb hierzulande auch noch Braunkohle abgebaut wird.

18 Vergl. BP Statistical Review of World Energy, London, a.a.O.

19 Vergl. Bundesministerium für Wirtschaft und Technologie, http://www.bmwi.de/BMWi/Navigation/Energie/Energietraeger/kohle,did=190804.html?view=renderPrint2012.

Kohle Seetransport 1973 (Mio. Tonnen)

Von/Nach	Japan	S-Amer.	UK/Kont	Mediter.	And. Europ.	Andere	Total
Osteuropa	4	0	8	5	9	0	**25**
Europa (Rest)			3	3	0	0	**6**
Nordamerika	27	3	6	4	2	1	**43**
Australien	25		1	1		0	**27**
Kolumbien (n. gemeldet)							
Andere	1	0	2	0	0	-0	**3**
Total	**57**	**3**	**19**	**13**	**12**	**1**	**104**

Quelle: Fearnleys World Bulk trades 1973, Oslo 1974

Kohle Seetransport 2014 (Mio. Tonnen)

From/To	Japan	China	Indien	Korea	EU	Andere	Total
Indonesia	36	119	118	40	10	83	405
Australia	111	37	49	49	16	96	358
South Africa	1	12	27	3	12	20	74
Colombia	0	2	0	0	45	14	61
Russia /East Europe	12	11	2	12		15	52
Other	24	39	15	23	51	66	218
Total	183	220	211	128	133	293	1.168

Quelle: ISL, Shipping Statistics Yearbook 2015, Bremen 2016

Aufgrund der oben schon erwähnten Aspekte einer Energiewende vom Öl zur Kohle, der Industrialisierung weiter Teile Kontinentalasiens, allen voran China, Indien und Südkorea, und der Reduzierung des Abbaus in den Hochlohnländern ist der Weltseehandel mit diesem Rohstoff in den letzten Jahren so stark gewachsen wie kein anderer. Gegenüber 1973 (104 Mio. Tonnen) wurde 2014 die 11-fache Menge über See verschifft (1.168 Mio. Tonnen). Der Seehandel mit Kohle ist im Durchschnitt um 6,6 % pro Jahr gewachsen. Allerdings verlangsamt sich auch hier die Dynamik – 2014 lag das Wachstum bei knapp 2 %, und für 2015 wird ebenfalls kein Schub erwartet. »Während die Aussichten für indische Kohleimporte fest bleiben, werden sich wahrscheinlich Chinas Importe in den nächsten Jahren weiter rückläufig entwickeln, da das Land sich steigender Umweltverschmutzung stellen muss und darüber hinaus mit der Unterstützung der heimischen Förderung die Abhängigkeit von Importen reduzieren will.«[20] So will die chinesische Regierung insgesamt den Energieverbrauch pro Einheit des Sozialprodukts um 16 % gegenüber 2010 senken. Der Anteil der Kohle an der Energieerzeugung soll auf 65 % fallen. Gekoppelt mit der Bevorzugung heimischer Kohle über Zollhemmnisse, dürfte dies in Zukunft zu einer Reduzierung der Importe führen.

Die größten Exportländer für Kohle über See sind Indonesien, Australien, Kolumbien und Südafrika. An fünfter Stelle folgen die USA, die, obschon hinter der Volksrepublik China der zweitgrößte Produzent, die überwiegende Menge selbst verbrauchen. Häufig ist der Inlandstransport über Land teurer als der Seetransport, sodass sowohl China als auch die USA Export- wie Importnationen sind.

20 Zitiert nach: Clarkson, Shipping Review & Outlook Spring 2015, a.a.O., S. 60

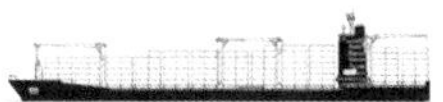

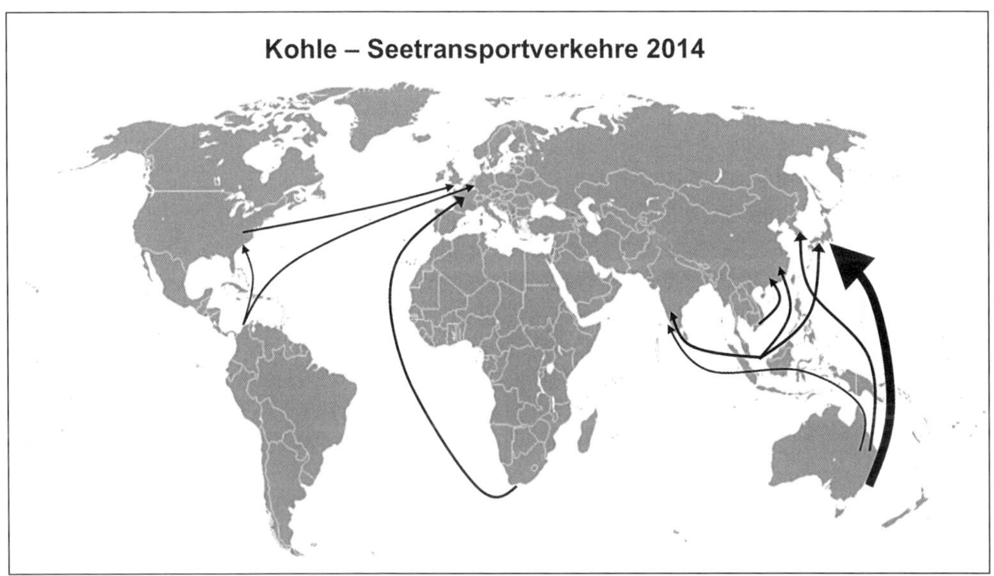

Kohle – Seetransportverkehre 2014

Die weltweiten Verschiffungen lassen sich noch detaillierter betrachten. Von den mehr als 800 Mio. Tonnen, die über See transportiert werden, sind ca. 600 Mio. Tonnen Heizkohle, der Rest ist die sogenannte Hüttenkohle, also verkokbare Kohle zur Stahlherstellung (englisch Coking Coal). Während Australien lange Zeit der größte Exporteur wurde, wurde es 2004 von Indonesien bei der Ausfuhr der niedrigwertigen Heizkohle (englisch Thermal Coal) überholt. Indonesien exportiert heute doppelt so viel Heizkohle wie Australien. Hüttenkohle kommt jedoch zum überwiegenden Teil aus Australien – mehr als 70 %. Aufgrund der günstigen Abbaubedingungen in Queensland und New South Wales – beide im Osten des Kontinents gelegen –, wo die Kohle im Tagebau gefördert werden kann, bleibt Australien als Hochlohnland im internationalen Wettbewerb konkurrenzfähig.

Insbesondere die erwarteten eingeschränkten Kohleimporte Chinas treffen Indonesien, das 2010 Australien als weltweit größter Produzent aufgrund der günstigeren geografischen Lage abgelöst hat, hart. Auch Indien wird diese Nachfragelücke nicht vollständig füllen können. Zwar erwartet man dort einen weiter steigenden Kohleimport – allein von 2009 (63,3 Mio. Tonnen) bis 2014 (210,6 Mio. Tonnen) ist dieser um 333 % gestiegen, und seit 2014 hat Indien mit China als Importeur für indonesische Kohle gleichgezogen. Aber auch Indien wird zukünftig auf lokale Förderung setzen. Indonesien wird deshalb versuchen, seine Kohle an andere südostasiatische Länder zu verkaufen – im Wesentlichen Malaysia, Thailand, die Philippinen und Vietnam. Insgesamt werden sich damit jedoch die Transportstrecken verkürzen, wird die Produktivität der Schifffahrt sinken.[21]

Getreideverkehre

Im weltweiten Getreideverkehr werden im Wesentlichen Weizen, Mais, Hafer, Soja, Roggen und Gerste verschifft. Auch dieser Handel sagt etwas über die Entwicklung von Wohlstand aus.

21 Verg.: I Boonzaier, Darkening outlook for dry bulk as coal loses some of its lustre, In: tradewinds, 26. Juni 2015, S. 19

So finden – außer Weizen – alle anderen Getreidesorten vor allen Dingen in der Tieraufzucht Verwendung. Die veränderten Ernährungsgewohnheiten haben in den sich entwickelnden Ländern seit 1970 zu einer Verdoppelung des Fleischverzehrs geführt, ist also der Konsum von tierischem Eiweiß in den letzten Jahrzehnten stark angestiegen. »Steigende Einkommen führen dazu, dass immer mehr Menschen Nahrungsmittel kaufen können. Millionen Familien erweitern ihren Speiseplan um Brot, Fleisch und Geflügel. Tier- und Geflügelzucht, mehr noch als das Bevölkerungswachstum, werden zu wichtigen Märkten für den amerikanischen Getreide-, Sojabohnen- und Maisexport, die mit Flugzeugen und Computern um die Position als wichtigste Ausfuhrgüter konkurrieren.«[22]

Der enge Zusammenhang zwischen Getreideverkehr und Fleischkonsum ergibt sich aus der Tatsache, dass zur Erzeugung eines Kilos Rindfleisch ca. acht Kilo Getreide benötigt werden – bei Schweinefleisch liegt dieser Faktor bei drei.

Die Weltgetreideproduktion konnte in den vergangenen Jahrzehnten deutlich gesteigert werden – von ca. 880 Mio. Tonnen in den 1950er-Jahren auf ca. 2.000 Mio. im Jahr 2006/07. Wobei meist Erzeugung und Konsum lokal erfolgen – nur etwa 10 % der jährlichen Produktionsmenge werden auf dem Weltmarkt gehandelt.[23] (Hahn, 2009, S. 99)

Getreideseetransport 1973 (Mio. Tonnen)

Von/Nach	Japan	E-Europa	W-Europa	Afrika	Ind-Ozean	Andere	Total
USA/Kanada	13	19	19	2	5	31	89
Argentinien	0	0	7		1	-0	8
Brasilien						0	
Australien	1	1	0	1	0	2	5
Andere	1	2	3	3	0	6	15
Total	15	21	29	6	6	39	116

Quelle: Fearnleys World Bulk trades 1973, Oslo 1974

Getreideseetransport 2014 (Mio. Tonnen)

Von/Nach	Japan	China	Ägypten	Korea	Netherlnd.	Other	Total
USA/Canada	18	27	3	6	1	51	107
Argentina	1	10	4	1	3	4	24
Brazil	1	19	1	1	4	22	47
EU-27	0	0	1	1		42	45
Australia	3	3	2	2	2	12	24
Indonesia	0	3	1	1	2	18	24
Other	14	22	11	10	6	173	236
Total	38	82	22	20	15	329	506

Quelle: ISL, Shipping Statistics Yearbook 2015, Bremen 2016

22 Morgan, D., Merchants of Grain, London 1979, S. 137, zitiert nach Stopford, Maritime Economics (2007), a.a.O., S. 454. Im englischen Original »Rising incomes put more money into people's pockets for buying food. Millions of families ›stepped-up‹ to diets that include more bread, meat and poultry. Livestock and poultry rather than people become the main market for American grain and soya bean and corn ranked with aircraft and computers as the country's major exports. As more countries aspired to this grain based diet, the need for grain increased.«

23 Vergl. Hahn, Barbara, Welthandel – Geschichte, Konzepte, Perspektiven, Darmstadt 2009, S. 99

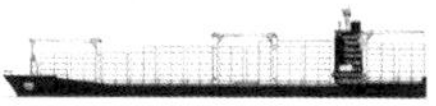

Im Gegensatz zu den anderen Massengütern ist der Handel mit Getreide weniger linear und stark gestiegen. Dies liegt daran, dass es sich bei den Waren um Ernteprodukte handelt, die immer auch saisonalen Schwankungen unterliegen. Missernten aufgrund von Trockenheit, wie dies 2013 in den USA der Fall war, können die Handelsströme stark beeinflussen. Die Marktvorhersagen sind also mit großen Unsicherheiten behaftet. Für die Schifffahrt bedeutet dies, dass Schiffe häufig in sehr kurzer Zeit benötigt werden, es kommt zu längeren Liegezeiten aufgrund von Hafenüberlastungen. Die Charterraten sind dann für kurze Zeit lokal meist deutlich über dem Markt.

Im umgekehrten Fall kann es auch sein, dass zu viele Schiffe in Erwartung einer großen Nachfrage spekulativ in eine Getreideexportregion wie die La-Plata-Mündung disponiert werden und dort keine Ladung finden.

Nach wie vor ist Nordamerika die bedeutendste Exportregion der Welt – 2013 betrug der Anteil am Getreidehandel jedoch nur 22 % (Dürre in den USA, s.o.); 2012 waren dies 29 % und 2004 52 %. Neben den USA und Kanada sind die beiden großen Länder Lateinamerikas – Argentinien und Brasilien – in den vergangenen Jahrzehnten ebenfalls zu wichtigen Lieferanten aufgestiegen. Neben China, welches in den letzten Jahren zu einem wesentlichen Nachfrager geworden ist, ist Japan traditionell ein Importland. Interessant sind die erheblichen Einfuhren Ägyptens, ein Land, das einmal Selbstversorger war, jedoch – nachdem die Landwirtschaft sich verstärkt auf die Ausfuhr von Baumwolle konzentriert – zu einem Käufer geworden ist, mit all den problematischen Abhängigkeiten vom Weltmarkt.

Erdgasverkehre

Der Seetransport von Erdgas ist über die letzten 15 Jahre einer der dynamischsten Seeverkehre. Hierbei handelt es sich um Methan, neben Öl und Kohle der drittbedeutendste Energieträger. Zwischen 2000 und 2015 ist der Seetransport jährlich um 5,4 % gewachsen, die Produktivität in Tonnenmeilen sogar um 6,3 %. Damit übertrifft das Wachstum dieses Marktes das der Erz- und Kohleverschiffungen. Dennoch wird Erdgas zum überwiegenden Teil nicht in Schiffen, sondern über Land in Pipelines zum Empfänger gebracht. Kann Erdgas jedoch nicht über Rohrleitungen zum Kunden gebracht werden, muss es zu LNG verflüssigt werden. Hier werden dann meist Schiffe eingesetzt. Der Seetransport machte 2014 nur etwa ein Drittel des gesamten internationalen Warenaustauschs aus. Auch regional sind eindeutige Schwerpunkte zu erkennen – die fünf großen asiatischen Importländer (Japan, Südkorea, Indien, China und Taiwan) stehen zusammen für 71 % des Seehandels (2014). Obwohl auch andere Länder mittlerweile Erdgas nutzen, ist Japan immer noch der herausragende Importeur – insbesondere nach der Reaktorkatastrophe von Fukushima im Jahr 2011 sind die Einfuhren in den beiden Folgejahren um jeweils mehr als 10 % gestiegen. Dennoch ist der relative Anteil Japans als Abnehmer (über See) zwischen 2001 und 2015 von 52 % auf 35 % gefallen.

LNG-Seetransport 2001

Von/Nach	Japan	S-Korea	Taiwan	Spanien	Andere	Total
Qatar	8	7	0	1	1	**17**
Malaysia	15	3	3	0	–0	**21**
Australien	10	0	1	0	–1	**10**
Nigeria	0	0	0	2	6	**8**
Indonesien	23	5	4	0	0	**32**
Andere	18	7	–1	7	25	**56**
Total Seetransport	**74**	**22**	**6**	**10**	**31**	**143**
		Total Landtransport (i.e. Pipeline)				**411**
		Seetransport in %				**26 %**

In Mrd. m³ – Quelle: BP Statistical Review of World Energy, Juni 2002

LNG-Seetransport 2015

Von/Nach	Japan	S-Korea	Indien	China	Taiwan	Spanien	UK	Andere	Total
Qatar	20	16	14	7	9	3	12	26	**106**
Malaysia	21	5	0	4	3	0	0	0	**34**
Australien	26	3	1	7	0	0	0	3	**40**
Nigeria	6	2	3	0	0	4	0	12	**28**
Indonesien	9	5	0	4	3	0	0	1	**22**
Andere	35	13	4	4	4	6	1	42	**109**
Total Seetransport	**118**	**44**	**22**	**26**	**19**	**13**	**13**	**84**	**338**
					Total Landtransport (i.e. Pipeline)				**704**
					Seetransport in %				**32%**

In Mrd. m³ – Quelle: BP Statistical Review of World Energy, Juni 2016

Zum Transport wird das Gas auf –163° Celsius heruntergekühlt und damit das Volumen auf $^1/_{600}$ reduziert. Erst damit wird der Seetransport wirtschaftlich sinnvoll. Zur Verschiffung im transkontinentalen Verkehr kommt Erdgas meist in Tankschiffen mit einem Volumengehalt von 150.000 bis 180.000 m³ – die größten, für spezielle Projekte gebauten Schiffe können bis zu 260.000 m³ fassen. Die zum Transport über See erforderliche Infrastruktur ist jedoch aufwendig und teuer, sodass es sich hierbei um langfristig entwickelte Projekte handelt, deren Realisierung insbesondere vom Ölpreis als Alternative abhängt und die aus diesem Grund auch häufig verschoben wurden und werden.

»Der LNG Transport umfasst vier Operationen. Zunächst den Transport des Erdgases vom Gasfeld zur Exportanlage. Zweitens werden LPG und Kondensate getrennt und das Methangas verflüssigt und für den Seetransport gelagert. Drittens wird das Flüssiggas zum Transport zum Empfänger auf ein Schiff verladen. Zuletzt wird die Ladung am Empfängerterminal gelöscht, gelagert und regasifiziert. Die Kosten bestehen zu 15 % aus Förderung und Transport zum Exportterminal, 40 % aus Verflüssigung, 25 % aus Seetransport und 20 % aus Regasifizierung.«[24] (Information von LNG Solutions, London) (Stopford, 2007, S. 486) Dieser Prozess macht den Erdgastransport nicht nur teuer, sondern auch unflexibel, ist er doch abhängig von langfristigen Lieferarrangements. Insbesondere wenn Projekte nicht realisiert oder verschoben werden, liegen diese hochpreisigen Schiffe, die mit Baukosten bis zu 200 Millionen US-$ zu den teuersten Handelsschiffen zählen, oft jahrelang ohne Beschäftigung.

Wie viel Geld hier investiert wird, zeigt das Yamal-LNG-Projekt auf der gleichnamigen Halbinsel im nordwestlichen Sibirien. Hiermit soll vor allen Dingen China über See mit Gas versorgt werden. Der Aufbau der LNG-Anlage im Nordosten der Landzunge soll 2021 abgeschlossen sein, wobei Teile hiervon schon Ende 2017 mit der Produktion beginnen könnten. Die Gesamtkosten werden auf 20 Milliarden US-$ – andere Quellen sprechen von ca. 27 Milliarden US-$ – geschätzt. Für den Transport wurden bei der koreanischen Werft Daewoo Shipbuilding and Marine Engineering (DMSE) seit 2014 insgesamt 15 eisbrechende LNG-Tanker von verschiedenen Reedern bestellt. Jedes dieser Schiffe, das 170.000 m³ fassen kann, soll ca. 320 Millionen US-$ kosten – insgesamt ein Investitionsvolumen von nahezu fünf Milliarden US-$, die nicht in den Investitionen für die Anlage enthalten sind[25]. Die russische Sovcomflot, die selbst sechs Schiffe abzunehmen gedenkt, wird alle Einheiten nach Inbetriebnahme der Anlage

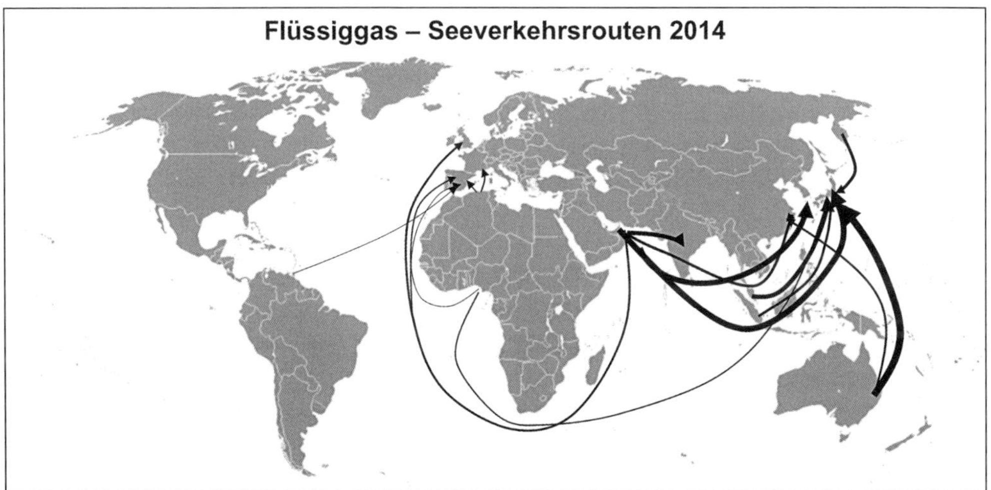

24 Im englischen Original: »LNG transport involves four operations. Firstly, the natural gas is transported by pipeline from the gas field to the plant. Secondly, the LPG and condensates are separated out and the methane gas is liquefied and stored ready for sea transport. Thirdly, the liquid gas is loaded onto ships for transport to its destination. Finally, the receiving terminal unloads the cargo, stores it and regasifies it. The costs are around 15 % for production and transport to the export terminal, 40 % for liquefaction, 25 % for sea transport, and 20 % for regasification.«

25 So veröffentlichte die Tankerreederei TEEKAY, dass sie 2014 sechs Schiffe zu einem Gesamtpreis von 2,1 Mrd. US-$ bestellt hat. Internet: http://teekay.com/blog/2014/07/09/teekay-lng-partners-finalizes-contracts-for-six-yamal-lng-carrier-newbuildings/

chartern. Neben Sovcomflot können diese enormen Investitionen in Schiffe nur ganz große Reedereien bewältigen. Partner sind die japanische MOL und die kanadische Teekay-Gruppe.

Erdgas kommt meist zusammen mit Rohöl vor, sodass 43 % der bekannten Reserven im Mittleren Osten liegen, allen voran Iran und Katar. Ebenfalls bedeutende Vorkommen gibt es in Russland, der Transport erfolgt hier jedoch zumeist über Pipelines.[26] (BP, 2016, S. 20)

Aufgrund des hohen Importbedarfs Japans werden 20 % der Tonnage (nach Ladekapazität) und 21 % der Schiffe (nach Anzahl) von japanischen Reedern kontrolliert – gefolgt von Katar und Griechenland.[27]

Nicht vorhanden in der obigen Karte der wesentlichen Verschiffungsrouten sind die USA, die erst im Jahre 2016 begonnen haben, bedeutende Mengen zu exportieren. Hier werden vor allem Südamerika und Europa als Abnehmer infrage kommen. Ob auch Ladung durch den verbreiterten Panamakanal gehen wird oder ob mögliche Verschiffungen nach Asien um das Kap der Guten Hoffnung gehen werden, hängt im Wesentlichen von den Treibstoffpreisen ab, also ob es günstiger ist, die deutlich längere Seestrecke zu benutzen oder die Kanalgebühren zu bezahlen. Darüber hinaus muss der Produktpreis in den USA generell so wettbewerbsfähig sein, dass erhöhte Transportkosten gegenüber Mitbewerbern in Australien oder dem Mittleren Osten diesen nicht überkompensieren.

Containerverkehre

Im Containerverkehr unterscheidet man neben den Ost-West-Routen, von denen der Nordatlantikverkehr der älteste und heute kleinste ist, die Nord-Süd-Dienste von und nach Südamerika, Afrika und Ozeanien, Verkehre, die zum Mittleren Osten gehen (Ost-West-Nebenrouten), und Verschiffungen innerhalb der jeweiligen Regionen/Kontinente. Es fällt auf, dass in den elf Jahren zwischen 2006 und 2016 der Anteil der im asiatischen Raum verladenen Container sich am schnellsten entwickelt hat. Dies liegt vor allen Dingen daran, dass die asiatischen Länder zu Industriezentren geworden sind, die nicht mehr nur Rohstoffe voneinander beziehen, sondern auch Industrieerzeugnisse miteinander tauschen. Darüber hinaus kann man für alle Nebenrouten unterstellen, dass sich – gegenüber den Hauptrouten – eine nachgeholte Containerisierung vollzogen hat, dass also auch auf diesen Strecken konventionelle Schiffe vom Containerschiff verdrängt wurde.

Somit wird aus der folgenden Tabelle deutlich, dass die Hauptrouten relativ an Bedeutung verloren haben. Wurden 2006 noch 37 % aller Container über diese transportiert, so sind es 2016 nur noch 29 %. Obgleich alle Verkehre gewachsen sind, ist die Veränderung insbesondere in den Nebenrouten zu verzeichnen.

26 Laut BP Statistical Review of World Energy, June 2015 verfügen von den Ende 2014 bekannten Reserven von 6.806 Billion m³ der Iran über 1.201 (=18,2 %), Russland über 1.152 (=17,4 %) und Katar über 866 (=13,1 %).

27 Ende 2015 waren 417 LNG-Tanker mit zusammen 33,9 Millionen tdw in Dienst – eigene Datenbank.

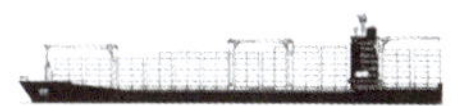

Containerverkehre 2006 in Mio. TEU

Verkehr	Ost- oder südgehend		West- oder nordgehend	Total	in %
Transpazifik	14,4		5,8	20,2	17%
Fernost–Europa	5,0		11,6	16,6	14%
Transatlantik	2,6		3,8	6,4	5%
HAUPTROUTEN	**22,0**		**21,2**	**43,2**	**37%**
Nord-Süd	9,5		10,7	20,2	17%
Ost-West-Nebenrouten		11,8		11,8	10%
Intra-Asien		28,3		28,3	24%
Andere Intra-Regional		13,5		13,5	12%
TOTAL	**85,1**		**31,9**	**117,0**	**100%**

Quelle: Clarkson, Shipping Review & Outlook, Frühjahr 2015, S. 106

Containerverkehre 2016 in Mio. TEU

Verkehr	Ost- oder südgehend		West- oder nordgehend	Total	in %
Transpazifik	16,4		7,8	24,2	13%
Fernost–Europa	7,0		15,1	22,1	12%
Transatlantik	2,6		4,3	6,9	4%
HAUPTROUTEN	26,0		27,2	53,2	29%
Nord-Süd	18,9		11,9	30,8	17%
Ost-West-Nebenrouten		23,4		23,4	13%
Intra-Asien		52,0		52,0	29%
Andere Intra-Regional		21,6		21,6	12%
TOTAL	**141,9**		**39,1**	**181,0**	**100%**

Quelle: Clarkson, Shipping Review & Outlook, Frühjahr 2017, S. 144

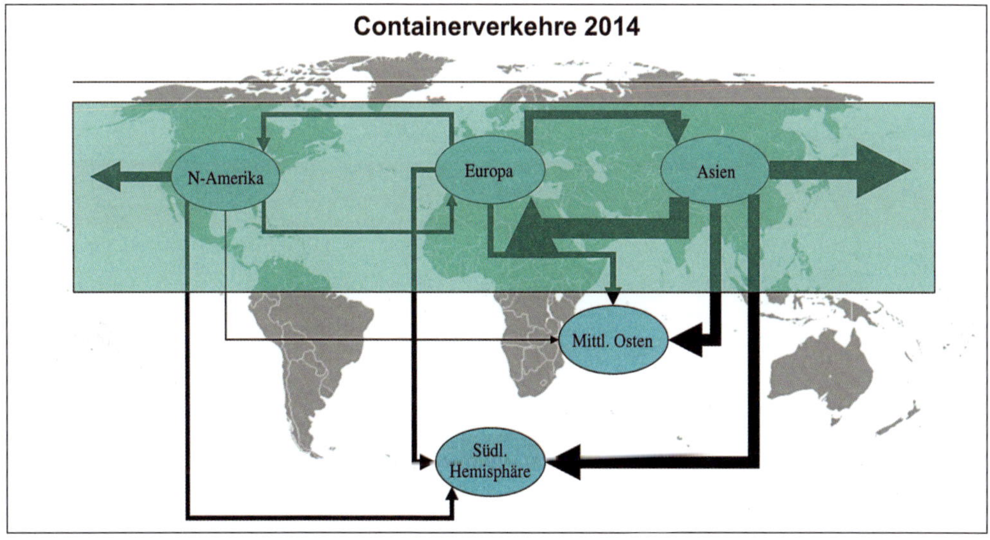

Quelle: Clarkson

Im Gegensatz zu den Massengütern handelt es sich beim Containerverkehr nicht um bestimmte Waren oder Warengruppen, sondern in der Regel um den Transport von Fertig- und Halbfertigwaren, die, bevor sie in Containern gefahren wurden, in Linienfrachtern verschifft wurden. Mit der fast 100%igen Umstellung auf Container in allen Verkehren hat der klassische Stückgutfrachter ausgedient.

Der Container-/Linienverkehr hat nicht nur eine andere regionale Ausrichtung, er folgt auch anderen technischen und wirtschaftlichen Gesetzen. So werden die großen Massengüter in der Regel als Ein-Schiff-Ladungen gefahren, während ein Containerschiff pro Abfahrt eine Vielzahl von Containern unterschiedlicher Ablader transportiert. Die statistische Rückverfolgung dieses Verkehrs ist schwieriger als bei den Massengütern, denn erstens wurden über einen längeren Übergangs- und Einführungszeitraum Container auch auf konventionellen Schiffen verladen, woraus sich zweitens ergibt, dass erst seit den 1980er-Jahren der Containerverkehr insgesamt weltweit statistisch separat dargestellt wird. Darüber hinaus liegen teilweise Daten in transportierten Tonnen, teilweise in verschifften Containern – meist in TEU – vor, die nicht miteinander vergleichbar sind.

Für den hier vorliegenden Zeitraum von 1986 bis 2014 hat sich der Containerverkehr (in Mio. Tonnen) von 167 Mio. Tonnen auf 1.629 Mio. Tonnen fast verzehnfacht.[28] Hierbei muss allerdings berücksichtigt werden, dass viel Ladung – insbesondere in den weiter zurückliegenden Jahren – von anderen Frachtern auf Containerschiffe übergegangen ist. So sind die Kühlverkehre 1997 bis 2014 um mehr als 80 % gewachsen, die Flotte der reinen Kühlschiffe hat sich aber im gleichen Zeitraum um 40 % verringert (von 371 Mio. cu.ft. auf 224 Mio. cu.ft.). Die Containerschiffe boten bereits 1997 insgesamt eine Kapazität von 500 Mio. cu.ft. Kühlladung an. 2015 waren dies 4.000 Mio. cu.ft.[29] Außer in bestimmten Spezialverkehren und im Werks-

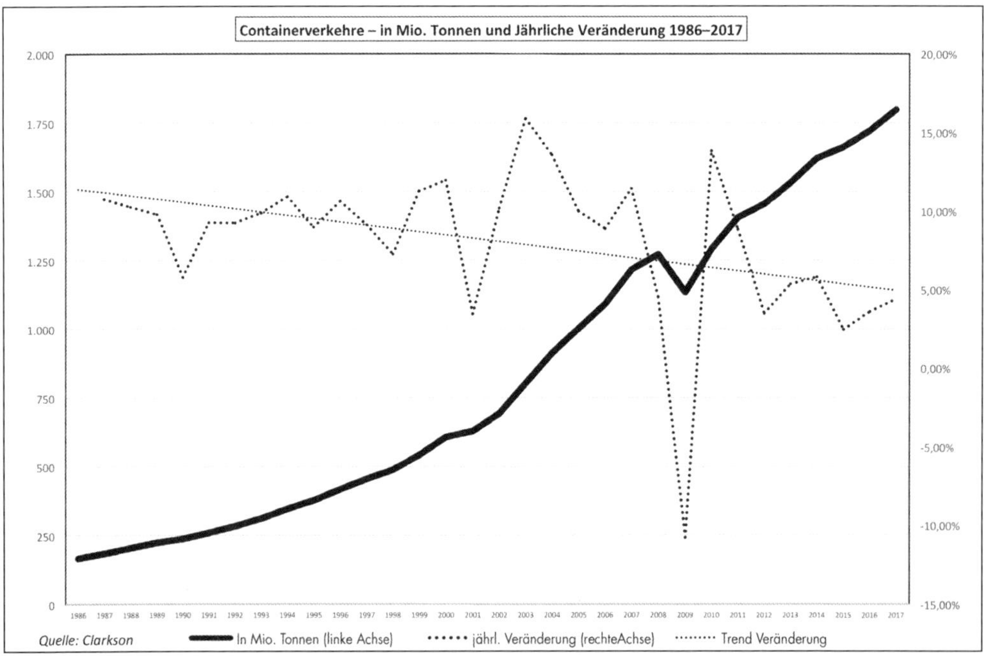

28 Vergl. Clarkson, Shipping Review & Outlook, Spring 2015, S. 103

29 cu.ft. = Kubikfuß. 1 cu.ft = 0,0283 m³ – 1 m³ = 35,31 cu.ft. Dieses Volumenmaß gilt traditionell als Größenangabe für die Verschiffung von verderblichen Gütern (Früchte, Fleisch oder Fisch).

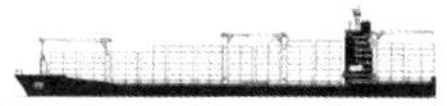

verkehr der großen Frucht- und Fischhandelsunternehmen kommen Kühlschiffe nicht mehr zum Einsatz, der Verkehr hat sich auf die Containerschiffe verlagert. In einer von Lloyd's List zitierten Studie von Dynamar lag der Anteil, der von den Containerlinienreedereien transportierten Kühlladung im Jahr 2016 bei 77 % des gesamten Transports.[30]

Die fast vollständige Umstellung der Stückgutverkehre auf den Container hat zu einem Sättigungsgrad geführt – die Wachstumsraten des Verkehrs nehmen ab und gleichen sich denen des globalen Handelsvolumens an.

Dies lässt sich an der vorigen Grafik erkennen, die die Wachstumsraten pro Jahr darstellt. Insgesamt ist seit 1986 der Trend rückläufig, wobei für den Zeitraum um die Jahrtausendwende bis zur Finanz- und Wirtschaftskrise, also mit der verstärkten Einbindung Chinas in die Weltwirtschaft, das Land trat im Dezember 2001 der WTO bei, teilweise Steigerungsraten von über 10 % erzielt worden sind.

Für die Schifffahrt bedeutet diese Entwicklung des Handels innerhalb Asiens zunächst einmal, dass bei im Durchschnitt verkürzten Transportstrecken unter sonst gleichen Bedingungen die Produktivität abnimmt und ein Tonnageüberhang entsteht.

Dennoch ist die Entwicklung der Containerverkehre in den vergangenen Jahrzehnten eine Erfolgsgeschichte. Stellt man auf die umgeschlagenen Container in den einzelnen Ländern ab, so ist dieser in den zehn Jahren zwischen 2005 und 2014 um 5 % jährlich gewachsen – von 369 Millionen TEU auf 602 Million. Das Bremer Institut für Seewirtschaft und Logistik (ISL) führt seit mehr als 25 Jahren eine Hafenumschlagsstatistik, die für die weiter zurückliegenden Jahre sicher auch Lücken aufweist, jedoch für die letzte Dekade ein weitgehend umfassendes Bild des Containertransports bietet. Aus dieser lässt sich die Dynamik der Volkswirtschaften ableiten.

Containerumschlag (Voll/Leer) in TEU nach Regionen

in ,000 TEU

				Veränderung 2005–2014		
Rang	**Region**	**2005**	**2014**	**in '000 TEU**	**in % p.a.**	**Anteil 2014**
1	Ostasien	128.080	229.607	101.526	6,0 %	38,2 %
2	EU	71.651	97.668	26.018	3,1 %	16,2 %
3	Südost-Asien	45.767	82.748	36.981	6,1 %	13,8 %
4	Nordamerika	46.185	48.091	1.906	0,4 %	8,0 %
5	Mittlerer Osten	24.084	44.130	20.045	6,2 %	7,3 %
6	Südamerika	11.535	18.849	7.314	5,0 %	3,1 %
7	Indische Subkontinent	9.324	16.360	7.036	5,8 %	2,7 %
8	Zentralamerika	10.570	21.072	10.502	7,1 %	3,5 %
9	Nordafrika	5.142	12.908	7.766	9,6 %	2,1 %
10	Ozeanien	6.718	10.464	3.745	4,5 %	1,7 %
11	Zentralafrika	4.183	9.664	5.481	8,7 %	1,6 %
12	Südliches Afrika	3.118	5.131	2.013	5,1 %	0,9 %
13	Europa (Rest)	2.414	5.100	2.686	7,8 %	0,8 %
	TOTAL	**368.771**	**601.792**	**233.021**	**5,0 %**	**100,0 %**

Quelle: ISL Hafendatenbank

30 Vergl. Lloyd's List vom 24.02.2017 – »Rate war chills reefer market«

Immer noch sind die EU-Staaten mit mehr als 16 % (letzte Spalte) in großem Umfang am Containertransport beteiligt. Dennoch haben die asiatischen Regionen die traditionellen Wirtschaftsgebiete abgehängt. Ostasien (u.A. China, Korea und Japan) ist die bedeutendste Region für den Containertransport, sowohl was die Umschlagsmenge, als auch was das Wachstum betrifft. Es liegt mit jährlich 6 % ungefähr doppelt so hoch wie das der EU und deutlich höher als das von Nordamerika (0,4 %).

Unter den 25 größten Containerhäfen der Welt sind 16 asiatische. Hamburg liegt auf Platz 15 – der größte europäische Hafen, Rotterdam, auf Platz 11. Weit abgeschlagen auf Platz 268 liegt das Hafengroßprojekt Wilhelmshaven. Eine Steigerung des Umschlags kann hier nur zulasten anderer westeuropäischer Häfen erfolgen.

Selbst wenn man die großen vier europäischen Häfen zusammenzählt (Rotterdam, Hamburg, Antwerpen und Bremen), so würde man gerade mit Shanghai gleichaufziehen.

Im Jahr 2005 lagen die Häfen Rotterdam (Platz 7) und Hamburg (Platz 8) noch deutlich weiter vorn.

Der größte Containerhafen ist Shanghai (vor zehn Jahren noch auf dem dritten Platz). Hier werden an jedem Tag fast 97.000 TEU, also mehr als 50.000 Boxen, umgeschlagen. Um diese Menge zu bewegen braucht es 70 Containerbrücken, die Tag und Nacht im Einsatz sind – 365 Tage im Jahr.

Die größten Containerhäfen der Welt (2014) nach Umschlag

in ,000 TEU (Voll und Leer)

Rang	Hafen	Land	'000 TEU
1	Shanghai	China	35.285
2	Singapore	Singapur	33.869
3	Shenzhen	China	24.030
4	Hong Kong	China	22.226
5	Ningbo	China	19.450
6	Busan	Südkorea	18.683
7	Qingdao	China	16.624
8	Guangzhou	China	16.363
9	Dubai Ports	Vereinigte Arabische Emirate	14.750
10	Tianjin	China	14.050
11	Rotterdam	Niederlande	12.298
12	Port Kelang	Malaysia	10.946
13	Dalian	China	10.805
14	Kaohsiung	Taiwan	10.593
15	Hamburg	Deutschland	9.783
16	Antwerpen	Belgien	8.978
17	Xiamen	China	8.572
18	Los Angeles	USA	8.340
19	Tanjung Pelepas	Malaysia	8.232

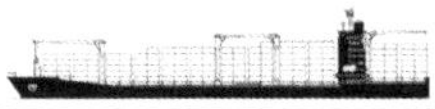

Die größten Containerhäfen der Welt (2014) nach Umschlag

in ,000 TEU (Voll und Leer)

Rang	Hafen	Land	'000 TEU
20	Long Beach	USA	6.821
21	Laem Chabang	Thailand	6.583
22	Saigon Port	Vietnam	6.334
23	Bremen/Bremerhaven	Deutschland	5.777
24	New York/New Jersey	USA	5.772
25	Tanjung Priok	Indonesien	5.034
...			
268	Wilhelmshaven	Deutschland	127
...			
	TOTAL		601.792

Quelle: ISL Hafendatenbank

Zusammenfassung der Gütermärkte

Wie schon oben angedeutet, ist die Veränderung der Transportstrecken für ein Marktgleichgewicht in der Schifffahrt von großer Bedeutung. Es lohnt also, die Entwicklung der Mengen (in Tonnen) zusammen mit der Entwicklung der Produktivität in Tonnenmeilen zu betrachten. Für den Zeitraum 1975 bis 2000 wird auf Daten von Fearnleys Review, aufbereitet vom Institut für Seeverkehrswirtschaft & Logistik, für 2000 bis 2015 auf Daten von Clarkson Research Daten zurückgegriffen.[31] Eine durchgängige Analyse, die einer einheitlich aufbereiteten Datenbasis folgt, kann nicht präsentiert werden. Darüber hinaus ergeben sich aufgrund der verschiedenen Datenerhebungen statistische Brüche, wie man am Vergleich der beiden folgenden Tabellen für das Jahr 2000 sehen kann. Dennoch können kohärente Aussagen für den Zeitraum 1975 bis 2000 und dann für 2000 bis 2015 getroffen werden.

In der Zeit zwischen 1975 und 2000 ist das Wachstum des Weltseehandels etwas schwächer als danach. Im Zeitraum 1975 bis 1980 erfolgt eine partielle Umstellung von Rohöl auf Kohle, während jenes nur noch mit jahresdurchschnittlich unter einem Prozent wächst, steigt es für den Kohlemarkt stark an. Ab den 1980er-Jahren entwickelt sich die Nachfrage nach Transportleistungen schwächer – für Öl und Ölprodukte ging sie sogar zurück. Es ist die Zeit der zweiten Ölkrise, die Weltwirtschaft befindet sich insgesamt in einer lang anhaltenden Rezession. Vor allen Dingen beim Rohöl geht neben der Transportmenge die Produktivität stärker zurück – die Industrienationen versorgen sich aus näher gelegenen Quellen.

Mit der beschleunigten Wirtschaftsentwicklung der Schwellenländer, allen voran China, ändert sich das Bild grundlegend. Handel und Produktivität nehmen Fahrt auf. Der Handel wächst um 3,17 % pro Jahr, die Produktivität nur leicht geringer (3 %).

31 Vergl. ISL, Statistical Yearbook, Bremen, diverse Ausgaben sowie Clarkson Research, Shipping Review & Outlook – Spring 2015, London 2015, S. 103

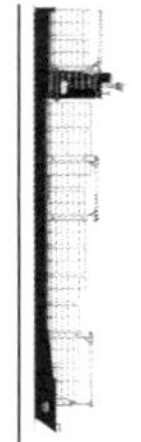

1975–2000 Weltseeverkehr in Mio. Tonnen sowie in Milliarden Tonnenmeilen

Jahr		Rohöl	Ölprodukte	TOTAL Öl	Eisenerz	Kohle	Getreide	Andere Ladung	GESAMT
1975	Mio. mto	1.263	233	1.496	292	127	137	995	**3.047**
	Mrd. tm	8.885	845	9.730	1.471	621	734	2.810	**15.366**
1980	Mio. mto	1.320	276	1.596	314	188	198	1.310	**3.606**
	Mrd. tm	8.219	1.020	9.239	1.651	957	1.087	3.720	**16.654**
1990	Mio. mto	1.190	336	1.526	347	342	192	1.570	**3.977**
	Mrd. tm	6.261	1.560	7.821	1.978	1.849	1.072	4.400	**17.120**
2000	Mio. mto	1.608	419	2.027	454	523	230	2.200	**5.434**
	Mrd. tm	8.180	2.085	10.265	2.545	2.509	1.244	6.453	**23.016**

1975–2000 Durchschnittliches jährliches Wachstum (Tonnen sowie Tonnenmeilen)

Wachstum		Rohöl	Ölprodukte	TOTAL Öl	Eisenerz	Kohle	Getreide	Andere Ladung	GESAMT
CAGR 1975–2000	Mio. mto	0,97 %	2,38 %	1,22 %	1,78 %	5,82 %	2,09 %	3,22 %	**2,34 %**
	Mrd. tm	–0,33 %	3,68 %	0,21 %	2,22 %	5,74 %	2,13 %	3,38 %	**1,63 %**
CAGR 1975–1980	Mio. mto	0,89 %	3,45 %	1,30 %	1,46 %	8,16 %	7,64 %	5,65 %	**3,43 %**
	Mrd. tm	–1,55 %	3,84 %	–1,03 %	2,34 %	9,03 %	8,17 %	5,77 %	**1,62 %**
CAGR 1980–1990	Mio. mto	–1,03 %	1,99 %	–0,45 %	1,00 %	6,17 %	–0,31 %	1,83 %	**0,98 %**
	Mrd. tm	–2,68 %	4,34 %	–1,65 %	1,82 %	6,81 %	–0,14 %	1,69 %	**0,28 %**
CAGR 1990–2000	Mio. mto	3,06 %	2,23 %	2,88 %	2,72 %	4,34 %	1,82 %	3,43 %	**3,17 %**
	Mrd. tm	2,71 %	2,94 %	2,76 %	2,55 %	3,10 %	1,50 %	3,90 %	**3,00 %**

CAGR = Compound Annual Growth Rate = Durchschnittliches Wachstum pro Jahr

Quelle: ISL, Shipping Statistics Yearbook, div. Ausgaben

32

32 Die CAGR, die »Compound Annual Growth Rate«, berechnet sich als $CAGR = \left(\frac{\text{Ending Value}}{\text{Beginning Value}}\right)^{\left(\frac{1}{\text{Beg\# of year}}\right)} - 1$

2000–2015 Weltseeverkehr in Mio. Tonnen sowie in Milliarden Tonnenmeilen

Jahr		Rohöl	Öl-produkte	TOTAL ÖL	Eisenerz	Kohle	Getreide	Bauxit/ Alu	Phosphat	Minor Bulks	TOTAL BULK	Container	Andere Trocken	Gas	Chemi-kalien	Total Handel
2000	Mio. mto	1.676	572	2.248	450	508	261	54	30	890	2.193	609	837	149	154	**6.190**
	Bn. tm	8.056	1.553	9.609	2.446	2.519	1.551	268	112	5.779	12.675	3.184	4.377	577	540	**30.962**
2010	Mio. mto	1.868	888	2.756	991	930	343	96	23	1.221	3.604	1.291	742	276	229	**8.898**
	Bn. tm	8.627	2.613	11.240	5.854	4.045	2.460	374	92	7.764	20.589	6.833	3.922	1.147	919	**44.650**
2015	Mio. mto	1.872	1.026	2.898	1.365	1.135	447	108	29	1.604	4.688	1.686	845	327	274	**10.718**
	Bn. tm	9.151	3.067	12.218	7.578	4.959	3.176	427	115	9.494	25.749	8.771	4.397	1.441	929	**53.505**

2000–2015 Durchschnittliches jährliches Wachstum (Tonnen sowie Tonnenmeilen)

Wachstum		Rohöl	Öl-produkte	TOTAL ÖL	Eisenerz	Kohle	Getreide	Bauxit/ Alu	Phosphat	Minor Bulks	TOTAL BULK	Container	Andere Trocken	Gas	Chemi-kalien	Total Handel
CAGR 2000–2015	Mio. mto	0,74 %	3,97 %	1,71 %	7,68 %	5,51 %	3,65 %	4,73 %	–0,23 %	4,01 %	5,20 %	7,02 %	0,06 %	5,38 %	3,92 %	**3,73 %**
	Bn. tm	0,85 %	4,64 %	1,61 %	7,83 %	4,62 %	4,89 %	3,15 %	0,18 %	3,36 %	4,84 %	6,99 %	0,03 %	6,29 %	3,68 %	**3,71 %**
CAGR 2000–2010	Mio. mto	1,09 %	4,50 %	2,06 %	8,21 %	6,23 %	2,77 %	5,92 %	–2,62 %	3,21 %	5,09 %	7,80 %	–1,20 %	6,36 %	4,05 %	**3,70 %**
	Bn. tm	0,69 %	5,34 %	1,58 %	9,12 %	4,85 %	4,72 %	3,39 %	–1,95 %	3,00 %	4,97 %	7,94 %	–1,09 %	7,11 %	5,46 %	**3,73 %**
CAGR 2010–2015	Mio. mto	0,04 %	2,93 %	1,01 %	6,61 %	4,06 %	5,44 %	2,38 %	4,75 %	5,61 %	5,40 %	5,48 %	2,63 %	3,45 %	3,65 %	**3,79 %**
	Bn. tm	1,19 %	3,26 %	1,68 %	5,30 %	4,16 %	5,24 %	2,69 %	4,56 %	4,11 %	4,57 %	5,12 %	2,31 %	4,67 %	0,22 %	**3,68 %**

CAGR = Compound Annual Growth Rate

Quelle: Clarkson Research Service, Shipping Review and Market Outlook, Frühjahr 2015

Über den zweiten Betrachtungszeitraum wuchs der mengenmäßige Seehandel um 3,79 % pro Jahr, die Produktivität in Tonnenmeilen um 3,92 % – die durchschnittlichen Transportstrecken haben also zugenommen. In der ersten Dekade dieses Millenniums (2000 bis 2010) war das Wachstum niedriger, unter anderem wegen des absoluten Rückgangs der Transportmenge nach Ausbruch der Finanzkrise 2008. Seit 2010 ist das Wachstum wieder höher.

Treiber dieser Entwicklung waren die Märkte für trockene Massengüter, allen voran Eisenerz und Kohle – dahinter steht der »China-Effekt«. Für Eisenerz nehmen die Wachstumsraten seit 2010 jedoch ab, und hier ist eine noch größere Verminderung des Produktivitätswachstums festzustellen. Die Importeure setzen also mehr auf eine nahe Versorgung (im Falle Chinas also Australien gegen Brasilien). Für Kohle gilt schon seit dem ersten Jahrzehnt dieses Jahrtausends, dass die Produktivität schwächer wächst als die Menge. Ein wesentlicher Grund hierfür ist, dass Indonesien seinen Anteil am Seehandel mit Kohle von 14 % (86,4 Millionen Tonnen) 2003 auf 35 % (405,1 Millionen Tonnen) in 2014 steigern konnte. Indonesien liefert 92 % seiner Exporte an asiatische Länder, also über vergleichsweise kürzere Strecken.

Die »Minor Bulks« haben sich seit 2010 besser entwickelt, sowohl was das Wachstum der Menge also auch die Transportstrecken betrifft. Die Containerschifffahrt ist seit 2010 auf einem verlangsamten Pfad. Das Mengenwachstum nimmt ab, das Wachstum der Produktivität noch stärker.

Betrachtet man die Entwicklung ohne die trockenen Massengüter, so darf geschlossen werden, dass von der Nachfrage(= Ladungs-)Seite her die goldenen Zeiten vorbei sind. Es kann weiteres Mengenwachstum unterstellt werden, die Transportstrecken werden sich aber verkürzen, mithin werden nicht im gleichen Maß mehr Schiffe benötigt, wie der Transportbedarf wächst. Signifikant lässt sich das beim Transport von Eisenerz feststellen (letzte Tabelle oben). Neben dem Containerverkehr sind hier seit dem Jahr 2000 die Steigerungsraten am dynamischsten. Seit 2010 wachsen aber nicht nur die Mengen schwächer, das Produktivitätswachstum geht noch stärker zurück. Hier wirkt sich – hierauf wurde schon hingewiesen – der verstärkte Erzimport Chinas aus Australien gegenüber Brasilien aus.

Im trockenen Massengutbereich stehen noch weitere Veränderungen an, wenn Chinas Wirtschaft mehr auf Industrieerzeugnisse als auf Infrastruktur setzt, wenn die Einhaltung von Klimazielen sich nachhaltig auf den Kohleverkehr auswirkt.

Für industriell gefertigte Güter, die vor allen Dingen in Containern transportiert werden, kann man ebenfalls diese zwei Tendenzen feststellen. Einerseits ist der seewärtige Handel stark gewachsen, jedoch in letzter Zeit mit abnehmender Tendenz. Darüber hinaus hat sich der Handel innerhalb Asiens, also zwischen den Wachstumsländern, intensiviert, was zu verkürzten Transportstrecken, also vermindertem Produktivitätswachstum, führt. Die Containerschifffahrt korrespondiert bis zu einem gewissen Maß auch mit dem Transport von »Other Dry«, es geht also um die Frage, ob Projektladung im Container oder in Mehrzweckfrachtern befördert werden. Tatsächlich waren die Phasen des hohen Wachstums im Containerbereich die mit geringeren Steigerungen bei den »Other Dry«. Auch auf den Nebenstrecken dürfte jedoch die Containerisierung abgeschlossen sein, sodass hier keine Verdrängung anderer Schiffstypen zu erwarten steht. Für die Containerschifffahrt wird zusätzliches Wachstum nur noch über die Nachfrage nach Transport zu generieren sein, nicht mehr durch Substitution, wie dies in den vergangenen Jahrzehnten im Bereich der Kühlschifffahrt zu beobachten war.

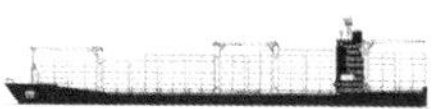

3. Asien als neues Zentrum des Seehandels

Mit der Verschiebung der wirtschaftlichen Dynamik zu den asiatischen Zentren und möglicherweise auch nach Lateinamerika werden sich auch die Ladungsströme verändern. Die World Trade Organization[33] führt ihre Statistiken wert-, nicht mengenmäßig (also in Milliarden $). Dennoch gibt dies einen Hinweis auf sich verändernde Handelsströme, abzulesen aus einem Vergleich der Jahre 2001 und 2013. Die folgende Tabelle zeigt nicht das Handelsvolumen (in $), sondern die relative Bedeutungsveränderung, die die jeweiligen Import/Export Relationen in diesem Zeitraum erfahren haben, d.h., sie haben mit der allgemeinen Handelsentwicklung Schritt gehalten, diese überflügelt oder sind hinter sie zurückgefallen. 100 bedeutet keine Veränderung, eine kleinere Zahl einen relativen Bedeutungsverlust, eine größere eine Bedeutungszunahme.

Veränderung der relativen Bedeutung von Handelsströmen 2001 gegen 2014

100 = keine Veränderung/< 100 = Bedeutungsverlust/> 100 = Bedeutungszunahme

Von Region ↓	Nach Region → Nord-amerika	Süd- und Zentral-amerika	Europa	Ehemalige Sowjet-union	Afrika	Mittlerer Osten	Asien	WELT
Nordamerika	104	42	65	81	108	122	79	**81**
Süd- und Zentralamerika	26	98	88	101	143	136	251	**65**
Europa	69	66	90	48	114	114	123	**89**
Ehemalige Sowjetunion	76	38	79	56	168	91	228	**83**
Afrika	51	185	89	67	289	196	234	**127**
Mittlerer Osten	82	117	122	109	128	203	200	**176**
Asien	92	150	116	241	279	217	139	**128**
WELT	**79**	**72**	**90**	**66**	**163**	**155**	**137**	**100**

Quelle: WTO, Intra- and inter-regional merchandise trade 2001 und 2014

In der letzten Spalte der Tabelle ist dies recht einfach darzustellen. Die Bedeutung Europas als Exporteur für »die Welt« liegt hier bei 89 – ein Bedeutungsverlust. Bei Asien beträgt diese Zahl 128 – der Kontinent liefert also relativ mehr an »die Welt«.

Die klassischen Industrieländer (West)Europas und Nordamerikas haben über diesen Zeitraum an Bedeutung verloren. So ist Westeuropa als Exporteur von einem Anteil von 41,5 % auf 36,8 % gefallen, als Importeur von 40,6 % auf 36,7 %. Nordamerikas Anteil an den gesamten Exporten hat sich von 16,6 % auf 13,5 % reduziert, bei den Importen von 21,9 % auf 17,3 %.

33 WTO siehe Internet unter: https://www.wto.org/english/res_e/statis_e/its2014_e/its14_world_trade_dev_e.htm

Für Japan lässt sich hier keine detaillierte Aussage treffen, da es unter Asien subsumiert wird. Auffällig ist die Veränderung von Asien, dem Mittleren Osten und Afrika. Hier spielen auch Preisveränderungen z.B. beim Rohöl eine Rolle (Mittlerer Osten und Afrika). Die Steigerung in Bezug auf Afrika muss insofern relativiert werden, als dass diese Region auch heute noch einen recht kleinen Anteil am Welthandel hat (Importe 3,5 %, Exporte 3,0 %). Der Intra-regionale Handel der Regionen Asien, Mittlerer Osten, Lateinamerika und Afrika hat sich also in den letzten Jahren deutlich stärker entwickelt als der Welthandel – im Unterschied zu Europa, wo der Binnenhandel relativ abgenommen hat.

Anteil am Welthandel 2001

Von Region ↓ / Nach Region →	Nordamerika	Süd- und Zentralamerika	Europa	Ehemalige Sowjetunion	Afrika	Mittlerer Osten	Asien	WELT
Nordamerika	6,53 %	2,74 %	3,14 %	0,12 %	0,22 %	0,35 %	3,46 %	16,56 %
Süd- und Zentralamerika	3,53 %	0,99 %	0,70 %	0,05 %	0,07 %	0,07 %	0,37 %	5,80 %
Europa	4,26 %	0,97 %	28,02 %	2,46 %	1,05 %	1,09 %	3,26 %	41,53 %
Ehemalige Sowjetunion	0,20 %	0,10 %	2,64 %	1,27 %	0,05 %	0,13 %	0,32 %	4,78 %
Afrika	0,42 %	0,08 %	1,22 %	0,02 %	0,18 %	0,05 %	0,35 %	2,36 %
Mittlerer Osten	0,65 %	0,05 %	0,65 %	0,03 %	0,15 %	0,30 %	1,87 %	3,96 %
Asien	6,28 %	0,67 %	4,21 %	0,28 %	0,40 %	0,75 %	12,07 %	25,02 %
WELT	**21,86 %**	**5,60 %**	**40,59 %**	**4,21 %**	**2,12 %**	**2,72 %**	**21,69 %**	**100,00 %**

Quelle: WTO, Intra- and inter-regional merchandise trade 2001

Anteil am Welthandel 2014

Von Region ↓ / Nach Region →	Nordamerika	Süd- und Zentral amerika	Europa	Ehemalige Sowjetunion	Afrika	Mittlerer Osten	Asien	WELT
Nordamerika	6,77 %	1,16 %	2,05 %	0,09 %	0,23 %	0,43 %	2,72 %	13,48 %
Süd- und Zentralamerika	0,93 %	0,97 %	0,62 %	0,05 %	0,10 %	0,09 %	0,92 %	3,76 %
Europa	2,92 %	0,64 %	25,23 %	1,18 %	1,20 %	1,24 %	3,99 %	36,83 %
Ehemalige Sowjetunion	0,15 %	0,04 %	2,08 %	0,71 %	0,08 %	0,12 %	0,72 %	3,97 %
Afrika	0,21 %	0,15 %	1,09 %	0,01 %	0,53 %	0,10 %	0,82 %	3,00 %
Mittlerer Osten	0,54 %	0,06 %	0,80 %	0,04 %	0,19 %	0,61 %	3,75 %	6,96 %
Asien	5,76 %	1,00 %	4,86 %	0,68 %	1,12 %	1,63 %	16,73 %	32,00 %
WELT	17,28 %	4,02 %	36,72 %	2,77 %	3,45 %	4,22 %	29,66 %	100,00 %

Quelle: WTO, Intra- and inter-regional merchandise trade 2014 (table 14)

Der inner-asiatische Handel ist in den letzten Jahren erheblich gewachsen. Er hat sich –, relativ um 39 % erhöht und macht heute 16,7 % des Welthandelsvolumens aus. Auch die Bedeutung des Handels zwischen dem Mittleren Osten und Asien hat sich verdoppelt. Die im Herbst 2013 vom chinesischen Präsidenten Xi Jinping verkündete Initiative »One Belt, One

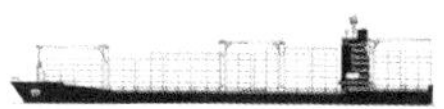

Road«, die auf einen stärkeren Wirtschaftsaustausch von Eurasien und Asien (China) setzt und dabei an die alte Tradition der Seidenstraße anknüpft, weist genau in diese Richtung. Hinter diesem Projekt, zu dem auch eine chinesisch geführte asiatische Infrastrukturbank gehört, steht die Strategie, Chinas Partnerschaft zu Südostasien und dem Mittleren Osten zu intensivieren, auch wenn Nordafrika und Europa in das Konzept miteinbezogen sind. Explizit wird den ASEAN-Staaten eine Partnerschaft angeboten.[34] Im maritimen Teil spielt vor allen Dingen der Ausbau von Häfen eine entscheidende Rolle. Einmal mehr versucht China somit, sich als Alternative anzubieten zu den bisher und immer noch von alten – teils kolonialen – Beziehungen geprägten Wirtschaftsbeziehungen der nördlichen Industrieländer und Südasien. Es darf daher erstens vermutet werden, dass dann europäische Unternehmen hier nur eine untergeordnete Rolle spielen, zweitens, dass sich damit auch Handelsströme und mit ihnen Transportstrecken verändern (verkürzen) werden und dass schlussendlich europäische Reeder und die von ihnen disponierten Schiffe kaum im Geschäft sein werden, denn hinter der Verkündung politischer (Langfrist)Strategien darf man im Falle Chinas auch immer wirtschaftspolitische Intentionen vermuten.

Nach wie vor spielt jedoch der innereuropäische Handel mit ca. 25 % des Welthandels die bedeutendste Rolle, hat aber über den Betrachtungszeitraum relativ abgenommen – er spielt für die Schifffahrt sicher eine gewichtige Rolle, aber viel Volumen wird hier über Landesgrenzen abgewickelt.

Anteil regionaler Warenströme am Welthandel (Basis Mrd. $)

Jahr	Asien – Asien	Europa – N-Amerika (und v.v.)	Europa – Asien (und v.v.)	Asien – Mittlerer Osten (und v.v.)
2001	12,1 %	7,4 %	7,5 %	2,6 %
2005	14,0 %	6,3 %	8,2 %	3,6 %
2007	13,9 %	5,8 %	8,4 %	4,0 %
2010	16,6 %	5,0 %	9,0 %	4,5 %
2013	16,8 %	4,8 %	8,3 %	5,3 %

Quelle: WTO, International Trade Statistics, div. Ausgaben

Dies hat Auswirkungen auf die Transportstrecken und mithin auf die Produktivität der Schifffahrt, da sich unter sonst gleichen Bedingungen die erbrachten Tonnenmeilen verändern werden. Die Strecke von Shanghai nach Rotterdam ist mit 10.525 Seemeilen ähnlich lang wie die nach Rio de Janeiro (10.925 sm), China und der Mittlere Osten liegen jedoch nur halb so weit voneinander entfernt (Shanghai–Dubai = 5.667 sm). Von Shanghai nach Durban sind es 7.015 Seemeilen.[35]

Ebenfalls mit den Transportstrecken verändern sich die Anforderungen an die technische Auslegung der Schiffe. Zumindest auf mittelfristige Sicht werden Schifffahrtsunternehmen mit den gegebenen Hafen-, Fluss- und Kanalbeschränkungen zurechtkommen müssen – erfordern die zu transportierenden Waren passende Schiffe. Hierbei geht es unter anderem um die Transportkapazität, die Länge, den Tiefgang oder die Anzahl von Kühlcontaineranschlüssen.

34 Siehe hierzu einen Artikel des »China Institutes of International Studies« unter: http://www.ciis.org.cn/english/2014-09/15/content_7231376.htm

35 Kalkuliert nach http://www.sea-distances.org/

In bestimmten Fällen spielen auch wirtschaftspolitische Erwägungen eine Rolle. So hat Indien den Aufbau von Containerhäfen in den 1980er-Jahren verzögert, um den indischen Reedern, die kurz zuvor noch stark in konventionelle Handelsschiffe investiert hatten, weiterhin die Marktteilnahme zu ermöglichen. (Shukla, 1984)

Auch anhand der Containerumschlagsdatenbank des ISL können die oben beschriebenen Verschiebungen nachvollzogen werden. So lag der Anteil der ostasiatischen Häfen am Containerumschlag 1990 bei 31 % und hat sich 2014 auf 38 % erhöht. Die EU-europäischen Häfen sind im gleichen Zeitraum von 26 % auf 16 % zurückgefallen. China allein hatte 1990 nur einen Anteil von 7,6 % und liegt heute bei 28 % – bei deutlich gestiegenem Volumen. Seit 1990 hat sich Chinas Containerumschlag jedes Jahr um 15 % gesteigert – von 5,6 auf 168,1 Millionen TEU.

Die oben schon beschriebene Stagnation der Produktivität – ausgedrückt in Tonnenmeilen und in den durchschnittlichen Transportstrecken pro Warengruppe – hat also unter anderem ihre Begründung in den veränderten Handelsströmen. Die Wachstumsländer orientieren sich nicht mehr in dem früheren Maße an den Industrieländern Europas oder Nordamerikas, sondern treiben verstärkt Handel untereinander. Eine zukünftige Betrachtung des Seetransports muss also zwingend diesen Aspekt berücksichtigen.

Die Transportstrecken werden sich wohl in den nächsten Jahren darum eher verkürzen, mithin die Produktivität sinken. Was diese Situation für die Anbieter von Seetransportdienstleistungen entspannen könnte, ist die bisher noch geringere Effektivität des Warenumschlags in den Häfen der weniger entwickelten Volkswirtschaften sowie eine mögliche Überlastung in den Häfen, die zu längeren Wartezeiten führen könnte und somit die Nachfrage nach Tonnage erhöht.

Die klimatische Veränderung der Erde macht wahrscheinlich auf absehbare Zeit auch die Nordostpassage, also den Seeweg nördlich von Russland durch das Weiße Meer und die Beringstraße, wirtschaftlich attraktiv. Von Nordeuropa bis nach Busan (Südkorea) sind es ca. 6.600 Seemeilen – verglichen mit 10.800 durch den Suezkanal. Auch wenn Schiffe, die diese Route befahren können, eisverstärkt sein müssen und auch wenn dies eine Veränderung der Hafenfolge nach sich ziehen wird und somit neue ökonomische Probleme aufwirft, so kann dies eine denkbare Alternative bisheriger Verkehre sein. Die Verkürzung der Transportentfernung und die damit verbundenen Einsparungen in Bezug auf Treibstoff- und Betriebskosten rechtfertigen Überlegungen in diese Richtung. Die arktische Region erwärmt sich zweimal so schnell wie der Rest der Welt, sodass also – zumindest zeitweise – ein Befahren der Routen nördlich von Russland oder auch Kanada möglich sein könnte. Darüber hinaus eröffnet eine Erwärmung dieser Regionen neue Perspektiven für die Ausbeutung von Rohstoffen, werden hier doch reiche Rohstoffquellen (Öl, Mineralien und Metalle) vermutet. (Lloyd's Register, QinetiQ, University of Glasgow, 2013, S. 47)

In ihrer 2013 veröffentlichten Studie »Global Marine Trends 2030« haben Lloyd's Register, das Forschungsinstitut QinetiQ und die Strathclyde University of Glasgow versucht, die Auswirkungen von erwarteten weltweiten Entwicklungen auf die maritime Industrie einzuschätzen (Lloyd's Register, QinetiQ, University of Glasgow, 2013).[36] Im Gegensatz zu einer linearen Vorhersage der Situation im Jahre 2030 unterbreitet die Arbeit drei Szenarien und versucht, hieraus abzuleiten, welche Entwicklung für alle Beteiligten die wünschenswerteste ist.

36 Diese Studie kann (Stand: September 2015) aus dem Internet heruntergeladen werden: http://www.futurenautics.com/wp-content/uploads/2013/10/GlobalMarineTrends2030Report.pdf

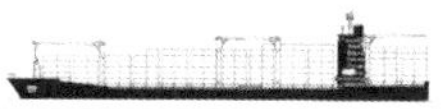

Im »Status-Quo«-Szenarium werden weiterhin kurzfristige Lösungen als Reaktion auf politisch-wirtschaftliche Probleme vorherrschend sein, es wird keine einzelne Handelsmacht die Märkte dominieren, und den Schifffahrtsmärkten wird ein Maximum an Flexibilität abgefordert.

Im Szenario »Global Commons« sind regulatorische Harmonisierung, die freiwillige Anpassung an Best-Practice-Codes und starke internationale Institutionen implementiert. Dieses Szenario könnte – so die Autoren – ein Optimum an Lebensqualität für alle Menschen erreichen.

Alternativ hierzu wird das Szenario »Competing Nations« unterbreitet, welches durch Protektionismus, Konkurrenz zwischen Nationen und Regionen und stärkere Militärpräsenz gekennzeichnet ist.

Grundsätzlich gehen die Wissenschaftler davon aus, dass die Weltwirtschaft und mit ihr auch die politische Macht sich von einer westlich zentrierten Welt hin zu einer asiatisch dominierten entwickeln wird, wobei Indien mit mehr als 1,5 Mrd. Menschen – noch vor China – die größte Nation sein wird. In allen oben angedeuteten Szenarien wird China die USA als größte Volkswirtschaft überholen, wobei diese immer noch den zweiten Platz belegen wird.

Der Welthandel wird (im Szenario »Status Quo«) zwischen 2010 und 2030 weiterwachsen. Die Experten errechnen hier über diesen Zeitraum ein Wachstum von 120 %, also von mehr als 9 Mrd. Tonnen auf ca. 22 Mrd. Tonnen. Jedoch ist dieses Wachstum ungleich verteilt. Insbesondere die Verkehre, die auf den Fernen Osten verweisen, werden einen stärkeren Wachstumspfad einschlagen. »Der Aufstieg von Handelsblöcken innerhalb von mehr Regionen könnte weiterhin den intra-regionalen Handel in den nächsten 20 Jahren beflügeln. Der globale Weltseehandel wird dominiert sein vom Inner-Fern-Ost-Handel [Wachstum ca. 170 %, K4], dem zwischen Ozeanien und dem Fernen Osten [Wachstum ca. 180 %, K4], dem zwischen dem Fernen Osten und Lateinamerika [Wachstum ca. 170 %, K4] und dem zwischen dem Fernen und dem Mittleren Osten [Wachstum ca. 300 %, K4]. Wir werden das stärkste Wachstum innerhalb dieser Handelsströme sehen, wobei Asien das Zentrum des Weltseehandels sein wird.«[37] (Lloyd's Register, QinetiQ, University of Glasgow, 2013, S. 28)

Die Hauptstrecken für Rohöltransporte werden sich auf den Bereich AG-East (Arabisch-Persischer Golf nach Osten, z.B. China) verlagern. Verglichen mit den klassischen Strecken AG-USA via Kap der Guten Hoffnung (12.300 Seemeilen) oder AG-Westeuropa via Kap der Guten Hoffnung (11.200 Seemeilen), bedeutet dies eine Halbierung der Distanzen (AG-China = 5.900 Seemeilen). Auch die engere Kooperation zwischen Australien und China könnte die Produktivität für Erztransporte vermindern und Brasilien ins Hintertreffen setzen.

Im Containerverkehr dürften die inner-asiatische Routen die mit den größten Wachstumspotentialen sein, gefolgt von den Verkehren zwischen Lateinamerika und Ostasien. Dies könnte bedeuten, dass auf diesen Strecken auch weiterhin vergleichsweise »kleine« Containerschiffe zum Einsatz kommen, da nicht nur die schiere Anzahl der zu transportierenden Container in die Betrachtung einzubeziehen ist, sondern auch die geografischen Verhältnisse (Meerenge, Tiefgänge der Wasserstraßen etc.) und die landseitige Infrastruktur, also die Auslegung der Häfen und die Aufnahmefähigkeit der Hinterlandverkehre.

37 In englischen Original: »The rise of trade blocks within more regions may continue to promote intra-regional trade for the next 20 years. Global seaborne trade will be dominated by Intra-Far East, between Oceania and Far East, Far East and Latin America, and Far East and the Middle East. We will also see the strongest growth within these trade routes with Asia taking centre stage in the global seaborne trade.«

Es darf also vermutet werden, dass mit dieser Verlagerung der Seehandelsströme sich auch die Produktivität der Schifffahrt – relativ – vermindern wird. Unterstellt man das oben angenommene Wachstum des Seehandels, so werden sicher auch mehr Schiffe benötigt werden, um dies zu bewältigen, aber ein Wachstum von 120 % (s. oben) wird eben nicht zu einer Verdoppelung der Nachfrage nach Schiffen führen. Umso erstaunlicher ist, dass die Wissenschaftler der hier zitierten Studie von einem doch insgesamt größeren Flottenwachstum ausgehen. »Die Gesamttonnage und die Anzahl der Schiffe werden für alle bedeutenden Teilflotten wachsen. Das Wachstum der Tankerflotte wird mit dem 1,7 bis 1,8-Fachen hierbei geringer ausfallen, verglichen zu dem der Massengutfrachter, Containerschiffe und LNG-Carrier, bei denen man von einem Wachstum auf das 1,8 bis 3-Fache über die nächsten zwei Dekaden ausgeht.«[38] (Lloyd's Register, QinetiQ, University of Glasgow, 2013, S. 78f) Dies ist, ausgehend von den dargelegten Argumenten, nicht nachvollziehbar.

38 Im englischen Original: »Total tonnage and vessel numbers will increase for all major ship types. The increases for tankers will be at a slower rate. The total tonnage of tankers is expected to grow only 1.7–1.8 times, compared to bulk carriers, containerships and LNG, which are expected to grow between 1.8 and 3 times over the next two decades.«

4. Welthandelsflotte und Weltseehandel

Die Beurteilung der Größe der Welthandelsflotte ist oftmals recht schwierig, insbesondere wenn man versucht, die Betrachtung über einen längeren Zeitraum anzustellen. Einige Statistiken setzen mit der Zählung bei 100 GT, andere wieder erst bei 300 GT auf. Ob Fischereifahrzeuge oder Spezial- und Behördenschiffe ein- oder ausgeschlossen werden, ob bestimmte wirtschaftliche Merkmale, wie die Teilnahme am internationalen Hande, berücksichtigt werden, all dies hat entscheidenden Einfluss auf die Anzahl und die Größe – ebenso, ob man auf den umbauten Raum der Einheiten (GT) oder deren Ladekapazität abstellt.[39] Da in diesem Text aus unterschiedlichen Quellen zitiert wird, sind diese Ungereimtheiten nicht zu vermeiden.

Mit dem Wachstum des seewärtigen Handels entwickelte sich auch die Welthandelsflotte – jedoch auf einem steileren Pfad. Hatte sich der Handel mehr als vervierfacht, ist die Flotte (gemessen in Bruttoraumzahl) 2014 fast fünfmal so groß wie 1970. Nimmt man dieses Basisjahr als 100, so erreicht der Weltseehandel Ende 2014 einen Index von 416, die Handelsflotte jedoch von 493. Hinter dieser Steigerung unberücksichtigt bleiben Effizienzaspekte, wie die höhere Geschwindigkeit der Schiffe und die – auf die Ladungsmenge gesehen – erhebliche Verkürzung der Hafenliegezeiten.

Dieses Phänomen ist nicht wirklich neu. Bereits 1928 hat dies Sven Helander beschrieben. Auch hier ging es um den Zusammenhang von Wachstum der Flotte und des Seehandels: »Man hat nachzuweisen versucht, daß der Wachstumsprozentsatz der Welttonnage seit 1913 nicht größer als vor dem Weltkriege, sondern ganz ›normal‹ gewesen sei, so daß man mit einer längeren Dauer der Schiffahrtskrise nicht zu rechnen brauche. Solche Beweisführungen sind vollkommen verfehlt. Wenn sich die Welttonnage ›normal‹ entwickelt hat und der Welthandel ungefähr stabil geblieben ist, so führt schon dies zu einer Disproportionalität. Die Vergrößerung des Welthandels, die ›normal‹ in dieser Zeit hätte kommen müssen, ist ausgeblieben, und das weitere ›normale‹ Wachstum der Welttonnage ist dann eine sehr ernste Angelegenheit.« (Helander, 1928, S. 60)

Darüber hinaus lässt sich aus dem Zusammenhang zwischen Wachstum des Seehandels und der Handelsflotte noch etwas ablesen (s. Grafik). In den Jahren 1975 bis 1981 drifteten beide stark auseinander. Infolge der ersten und der zweiten Ölpreiskrise brach insgesamt der Weltseehandel ein. Kurz darauf folgte in den 1980er-Jahren die Krise der trockenen Massengutschifffahrt, als Konsequenz einer insgesamt in Schieflage geratenen Weltwirtschaft. Die Welthandelsflotte wuchs jedoch weiter, da die Schifffahrtsunternehmen – in Erwartung stetig steigenden Wachstums – ihre Flotten vergrößerten. Da von der Planung einer Schiffsinvestition bis zur Ablieferung des

39 Die Welthandelsflotte in Tragfähigkeit darzustellen, ist eigentlich irreführend, da hierbei eine Reihe von Schiffstypen – insbesondere Passagierschiffe, Schlepper, RoRo-Schiffe, die zwar eine erhebliche Größe haben können, aber nur wenig Ladungskapazitäten haben – unterbewertet werden. Richtiger wäre die Bruttoraumzahl (BRZ) als Vergleichsmaßstab. Leider sind die Statistiken des ISL oder der UNCTAD so nicht angelegt. Aus diesem Grund kann der Flottenvergleich hier ungenau sein, werden Nationen, die besonders viele große Schiffe mit geringer Ladungskapazität haben, nicht korrekt dargestellt.

jeweiligen Schiffes zwischen zwei und vier Jahren vergehen, ist hier ein krisenverschärfender Tonnagenachlauf strukturell bedingt. In dieser Phase können die Reeder nicht schnell genug auf die neue wirtschaftliche Lage reagieren. Erst nach dem Tankerboom der frühen 1970er-Jahre und den Verschrottungen von Tankern nach nur wenigen Jahren im Dienst entspannt sich die Lage ab Mitte der 1980er-Jahre wieder etwas – die Wachstumskurven nähern sich an. Zwischen der Jahrtausendwende und 2007 bewegt sich das Wachstum des Handels und der Flotte auf einem ähnlichen und parallelen Pfad, das Wachstum der Handelsflotte lag hier teilweise unter dem des Seehandels – eine für die Reeder goldene Zeit von hohen Fracht- und Charterraten.

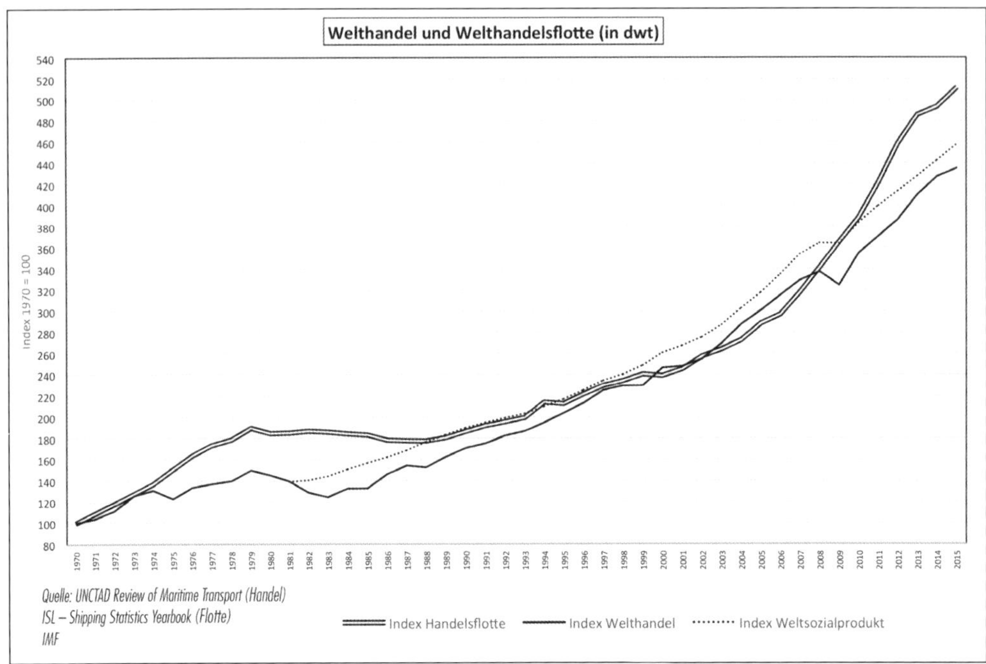

Diese Entwicklung wurde 2008 durch die Finanz- und Wirtschaftskrise beendet, die dann zu einem kurzzeitigen Rückgang des Welthandels führte, der sich aber – quasi als Parallelverschiebung – wieder auf gleichem Pfad fortsetzte. Die Kurve flacht aber gegen Ende des Betrachtungszeitraums langsam ab, im Wesentlichen, weil sich das Wachstum Chinas verlangsamt hat. Die Flotte wächst jedoch weiter und in stärkerer Geschwindigkeit – es ist die Schifffahrtskrise, in der wir uns jetzt befinden. Würde man die Linien der Grafik am rechten Rand weiterzeichnen, so würden beide Kurven erst in drei oder fünf Jahren wieder zur Deckung kommen, wäre also ein relatives Marktgleichgewicht erreicht. Dies ist sicher zu einfach und statisch, kann jedoch einen Hinweis darauf geben, dass die Schifffahrtskrise noch lange nicht überwunden ist. Für den Trockenmarkt im Bereich Massengut rechnet Peter Weernick, Gründer und CEO der Maklerfirma SwissMarine Services in Genua, noch mehrere Jahre mit wenig positiven Aussichten, insbesondere ob des verlangsamten Wachstums in China, welches zu geringeren Rohstoffimporten führen dürfte. Indien wird diese für die Schifffahrt schmerzliche Lücke nicht füllen können, selbst wenn die Transporte teilweise hierher umgeleitet werden können, ist die Tonnenmeilenbilanz deutlich schlechter.[40]

40 Vergl.: Tradewinds, 26.06.2015 – »Uncertainty in the dry bulk industry set to continue for years to come.«

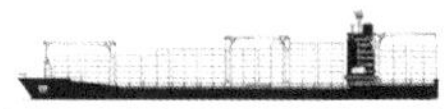

In eine ähnliche Richtung geht auch ein Bericht in Lloyd's List vom 5.10.2015, in dem auf die neue Handelsprognose der WTO verwiesen wird.[41]

Dass das Wachstum des Welthandels und dass der Flotte auseinanderdriften, ist grundsätzlich so lange für die Schifffahrtsunternehmen unproblematisch, wie sich die Transportstrecken verlängern, also mehr Schiffe benötigt werden, um Ladung über längere Distanzen zu transportieren. Insbesondere für die Verschiffung von Rohöl ist jedoch eine Verkürzung der Strecken festzustellen, und nachdem insgesamt die in Tonnenmeilen ausgedrückte Produktivität in den letzten 35 Jahren gestiegen ist, bleibt sie seit der Jahrtausendwende stabil.

Entwicklung der Produktivität in der Schifffahrt

	Rohöl			Eisenerz, Kohle, Getreide		
	Menge		Durchschnittl.	Menge		Durchschnittl.
Jahr	Mio. mto.	Mio. To-Meilen	Strecke (sm)	Mio. mto.	Mio. To-Meilen	Strecke (sm)
1970	996	5.598.000	5.620	437	2.049.000	4.689
1980	1.320	8.219.000	6.227	700	3.652.000	5.217
1990	1.133	6.261.000	5.526	907	4.900.000	5.402
2000	1.676	8.051.000	4.804	1.219	6.298.000	5.167
2005	1.879	8.607.000	4.581	1.609	8.779.000	5.456
2012	1.901	9.159.000	4.018	2.607	14.159.000	5.431
2014	1.806	9.151.000	5.067	2.971	15.648.000	5.267
1970–14	81 %	63 %	–10 %	580 %	664 %	12 %

	Andere Güter			Gesamter Seehandel		
	Menge		Durchschnittl.	Menge		Durchschnittl.
Jahr	Mio. mto.	Mio. To-Meilen	Strecke (sm)	Mio. mto.	Mio. To-Meilen	Strecke (sm)
1970	1.049	3.008.000	2.867	2.482	10.655.000	4.293
1980	1.586	4.740.000	2.989	3.606	16.611.000	4.606
1990	2.192	5.960.000	2.719	4.232	17.121.000	4.046
2000	3.219	16.298.000	5.063	6.114	30.647.000	5.013
2005	3.968	19.445.000	4.900	7.456	36.831.000	4.940
2012	5.081	25.433.000	5.006	9.589	48.751.000	5.084
2014	5.824	27.553.000	4.731	10.601	52.352.000	4.938
1970–14	455 %	816 %	65 %	327 %	391 %	15 %

Quelle: Clarkson – Shipping Review – div. Ausgaben

Weniger deutlich ist die Veränderung der Ladungsströme und somit der Transportstrecken für die neben dem Rohöl zweitwichtigste Ladungsart – Eisenerz. 2014 wurden 61 % aller Exporte in die Volksrepublik China verschifft. Der Anteil der Verschiffungen aus den beiden größten

41 »Banchero Costa shipping analyst Ralph Leszczynski is of the view that 2016 will also be a bad year for coal. ›China is importing 30 % less coal than last year due to its crackdown on pollution and strong hydropower output.‹ As Japan may also need less coal after restarting nuclear power plants, increased Indian imports will likely fail to offset falls in the world's second and third largest economies, Mr Leszczynski added.« (s. Inderpreet Walia »WTO confirms sharp Chinese slowdown« in: Lloyd's List v. 5.10.2015).

Exportländern Australien und Brasilien hat sich in den letzten Jahren zulasten des Letzteren entwickelt – hierauf wurde bereits hingewiesen. Obwohl beide Länder deutlich mehr Erz nach China exportiert haben, ist der relative Anteil Australiens an diesen Verschiffungen von 42 % (2005) auf 44 % (2014) gestiegen, der von Brasilien von 22 % auf 16 % zurückgegangen. Grund hierfür ist der Unterschied in der Transportstrecke, die sich in den Kosten pro Tonne niederschlägt. So ist diese von Brasilien ca. 11.500 sm und von Australien nur 3.800 sm.

Das Ausmaß des Überangebots an Tonnage in den letzten Jahren wurde durch bestimmte Aspekte, wie die Reduzierung der Schiffsgeschwindigkeit als Reaktion auf gestiegene Treibstoffpreise und längere Hafenliegezeiten als Folge der Überforderung der landseitigen Infrastruktur in den Wachstumsländern, zwar teilweise kompensiert, bleibt jedoch das vordringliche Hindernis bei der Erreichung eines langfristigen Marktgleichgewichts.

Ein Blick zurück in die Geschichte, also ein Vergleich mit der großen Schifffahrtskrise zu Beginn der 1930er-Jahre zeigt, dass die gegenwärtige Krise nicht, wie einige Experten behaupten, die schlimmste seit der großen Weltwirtschaftskrise ist, sondern, dass sie tiefer ist als jene.[42] So ist zwar feststellbar, dass auch in der Weltwirtschaftskrise die Handelsflotte noch wuchs, als der Handel bereits zusammenbrach, aber diese Entwicklung kam schnell zum Halt, und bereits 1932 antizipierten die Reeder die Entwicklung, beide Kurven verlaufen wieder parallel, und sowohl die Handelsentwicklung als auch der Flotte nähern sich an.

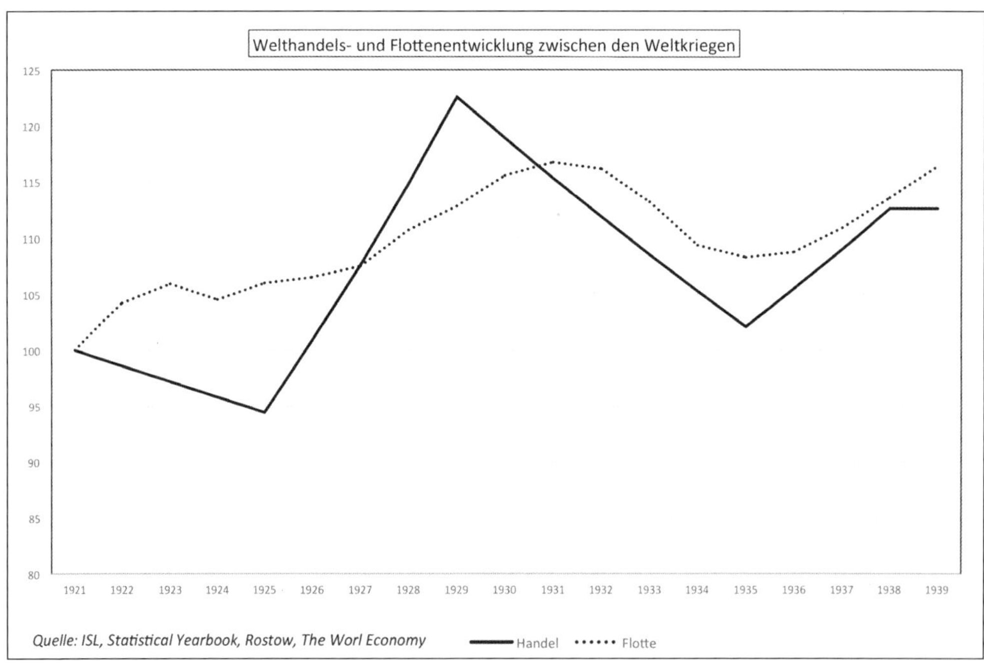

Zwar gehen diese dann kurz vor Ausbruch des Zweiten Weltkriegs auseinander, dies hat aber mit der politischen Entwicklung zu tun und dem in der Reaktion hierauf aufgelegten

42 Die Daten für den Welthandel sind für diesen Zeitraum nicht in derselben Güte aufbereitet, wie diese für die Zeit nach dem Zweiten Weltkrieg vorhanden sind. Für die Entwicklung des Welthandels s. W.W. Rostow, The World Economy – History & Prospect, Austin & London, 1978, S. 65, für die Flottendaten s. Institut für Seeverkehrswirtschaft und Logistik, Shipping Statistics Yearbook 1990, Bremen 1990, S. 15

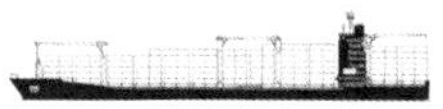

Neubauprogramm für die amerikanische Handelsflotte[43]. Darüber hinaus wurden zu dieser Zeit die Werftkapazitäten in den klassischen Schiffbauländern mit der Krise zurückgefahren. Insgesamt war die Krise für die Schifffahrt nach sieben Jahren im Wesentlichen ausgestanden, was für die heutige Situation nicht gilt.

Auch die Tankerkrise der 1970er-Jahre war ebenfalls ausgeprägter als die der 1930er-Jahre. »Die Krise der 1970er und 1980er-Jahre war die schwerste Depression in der Schifffahrt im 20. Jahrhundert. Verglichen mit anderen Episoden von Überkapazität, unterschied sich diese Krise in der Ausbreitung, Tiefe und Länge. Ausbreitung in Bezug auf die betroffenen Teilnehmer; Tiefe in Bezug auf die Schwere; während die Länge auf die Zeit bis zur Erholung verweist. Bezogen auf alle drei Dimensionen waren die Probleme größer als alles bisher Dagewesene.« (Tenold, 2006, S. 18)[44]

Insgesamt folgen die neueren Schifffahrtskrisen einem anderen Verlauf. Zwar ist für viele festzuhalten, dass der Auslöser ein externer Schock war – 1929 der sogenannte »Schwarze Freitag«; 1973 die dem Yom-Kippur-Krieg folgende erste starke Ölpreiserhöhung; 2008 der Zusammenbruch des Bankhauses Lehman – jedoch hat sich das Verhalten der Marktteilnehmer geändert. Schon für die Tankerkrise der 1970er- und 1980er-Jahre hält Tenold fest, dass die Krise im Wesentlichen eine Angebotskrise war und dass diese durch das Verhalten von Handelnden – auch außerhalb der Reedereibranche – deutlich vertieft wurde. »Der massive Ausbau der Tankerkapazität ist ein Schlüssel zum Verständnis der internationalen Schifffahrtskrise. Mehrere Elemente trugen zum hohen Niveau der Schiffsbestellungen vorm Marktzusammenbruch bei. Die Schiffbauindustrie hatte ihre Kapazitäten beachtlich ausgebaut und war in der Lage, eine große Menge neuer Tonnage zu liefern, allerdings mit einem zeitlichen Verzug zwischen Bestellung und Ablieferung. Reeder waren bereit, Schiffe zu bestellen. Eine Expansionsstrategie in der Wachstumsphase der ersten Nachkriegsjahrzehnte bewies die Profitabilität, und es war schwer vorstellbar, dass sich diese Entwicklung plötzlich ändern könnte. In den Finanzmärkten konkurrierte man um Marktanteile in der Schiffsfinanzierung, und aufgrund der Entwicklung in der Weltwirtschaft stand viel Kapital für Investitionen zur Verfügung.« (Tenold, 2006, S. 63)[45] Auf die durch die obigen Aspekte ausgelöste Krise reagierten die Beteiligten dann, indem sie zuerst nur von einer kurzen Dauer des schwachen Marktes und dass sie von einem weiter stark steigenden Ölbedarf ausgingen. Die Wachstumserfahrungen der vergangenen Jahrzehnte

43 1936 verabschiedete der amerikanische Kongress das »long-range Merchant Shipbuilding Programme«, unter dem bis Ende des Zweiten Weltkriegs ca. 6.000 Schiffe gebaut wurden – unter anderem die sogenannten »Liberty- und Victory-Ships« und die »T2-Tanker«. Dieses Programm hatte insbesondere militärische Gründe. Vergl. F.C. Lane, Ships for Victory, Boston 1951 sowie L.A. Sawyer und W.H. Mitchell, From America to United States (4 Bände), Kendal 1979–1986.

44 Im englischen Original: »The crisis of the 1970s and 1980s was the most severe depression in shipping in the twentieth century. Relative to other episodes of overcapacity, the crisis differed in breadth, depth and length. Breadth refers to the number of actors affected; depth is a measure of seriousness of the conditions; while length denotes the time elapsed before recovery. I all three dimensions, the problems were much larger than anything experienced previously.«

45 Im englischen Original: »The massive increase in tanker transport capacity is one of the keys to an understanding of the international shipping crisis. Several elements contributed to the high level of contracting prior to the market collapse. The shipbuilding industry had increased its capacity considerably and was able to supply a large amount of new tonnage, albeit with a lag between contracting and delivery. Shipowners were willing to order vessels. An expansive strategy had proved profitable in the growth of the first postwar decades, and it was hard to envisage a sudden change in the development. The financial community competed for market shares in the ship financing market, and due to developments in the international economy, a large volume of capital was available for investment.«

wurden einfach auf die Zukunft übertragen. Nur wenige Marktteilnehmer konnten sich vorstellen, dass sich infolge der Krise die Nachfrage langfristig ändern würde, insbesondere in Bezug auf die Transportstrecken und -mengen und dass mit den beiden Ölpreisveränderungen andere Energieträger (Kohle und Atomkraft) einen solchen Aufschwung erführen würden. »Die Konsequenz dieser strategischen Entscheidungen, sowohl vor als auch nach der Ölpreiserhöhung, war, dass die Tankertonnage deutlich wuchs – trotz stagnierender Nachfrage.« (S. 64)[46] Ein weiteres krisenverschärfendes Moment waren die staatlichen Subventionen für die Werften, die ihre Kapazitäten auslasten wollten und die als Arbeitgeber für westeuropäische Länder in den 1970er-Jahren von erheblicher Bedeutung waren.

»In Schweden erhielt die Schiffbauindustrie zwölf Milliarden schwedische Kronen an staatlicher Hilfe zwischen 1977 und 1979 – über die Subventionen zur Reduzierung der Stahlpreise hinaus. Dies kann verglichen werden mit zwei Milliarden schwedischen Kronen, die als Subventionen an die anderen Sektoren der schwedischen Industrie gewährt wurden. Darüber hinaus war der schwedische Bürgschaftsfonds bereit, Kredite bis zu 75 % der Schiffswerte für Schiffe zu geben, für die keine Bestellungen hereingenommen werden konnten.« (S. 38f)[47] Für Reeder wurde es also sehr attraktiv, weiterhin Schiffe zu bestellen, und für Werften, ihre Kapazitäten zu erhalten, insbesondere weil zwischen der Bestellung zu einem günstigen Baupreis und der erwarteten Ablieferung eine Zeitspanne lag, in der man auf eine Markterholung hoffte.

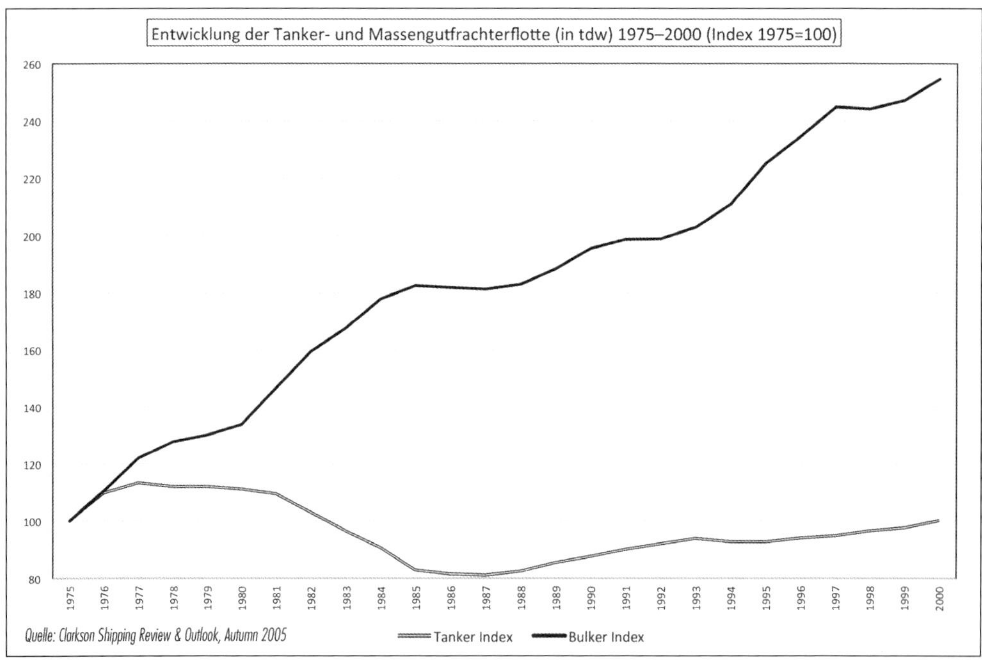

Quelle: Clarkson Shipping Review & Outlook, Autumn 2005

46 Im englischen Original:»The effect of the strategic decisions, both prior and after the oil price increase, was that the tanker tonnage grew considerably despite stagnating demand.«

47 Im englischen Original: »In Sweden the shipbuilding industry received SKr twelve billion in state support between 1977 and 1979, in addition to subsidies that reduced the price of steel. This can be compared with the SKr two billion in subsidies given to all sectors of the Swedish industry in the seven previous years. Moreover, the Swedish Guarantee Fund was willing to lend up to seventy-five percent of the value of vessels for which no order had been received.«

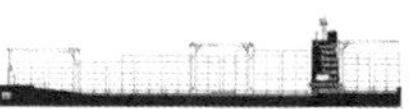

Darüber hinaus wurden etliche Baukontrakte für Tanker in Massengutfrachter umgewandelt. Aus der obigen Grafik kann klar ersehen werden, dass dieses Flotte über den Zeitraum zunimmt, während die Tankerflotte schrumpft. Aber auch der Markt für Massengutfrachter wurde überbaut, denn mit der Schwäche der Weltwirtschaft infolge der zweiten Ölpreiserhöhung Anfang der 1980er-Jahre brach auch hier die Krise aus. Insgesamt dauerte die Tankerkrise weit mehr als eine Dekade. Joachim Pein datiert in seinem 2011 erschienenen Buch das Ende der Krise auf 1986. »Endlich, nach zwölf düsteren Jahren war die Tankerkrise überstanden. Im Mai zogen die Reisechartern von Worldscale 27 auf 36 an, ein bescheidener Anstieg, aber ein vielversprechendes Signal. Es hatte jedoch des Abbruchs von ca. 80 Millionen Tonnen an Supertankertonnage sowie vieler bitterer finanzieller Verluste und Zusammenbrüche bedurft, um die Balance von Angebot und Nachfrage einigermaßen wiederherzustellen. Der Hauptgrund für die Erholung des Tankermarktes war ein weltweiter Zusammenbruch des Preises für Rohöl. Die Erdölförderungen außerhalb des Einflussbereichs der OPEC hatten Wirkungen gezeigt. Nicht zuletzt durch die selbst auferlegten Förderquoten war der weltweite OPEC-Anteil an der Förderung von 55 Prozent im Jahr 1973 auf 30 Prozent Ende 1985 gesunken. Die Monopolstellung war dahin, die Preise begannen nachzugeben und schließlich zusammenzubrechen. Nach einem Einbruch von 30 Dollar auf 24 Dollar pro Barrel Ende 1985 sackte der Rohölpreis im ersten Quartal 1986 auf nur 13,50 Dollar. Damit waren Rohöltransporte aus dem Persischen Golf plötzlich wieder interessant geworden.« (Pein, 2011, S. 73)

Die Struktur der Welthandelsflotte hat sich in den letzten Jahrzehnten erheblich verändert, und dies ist ein Indiz dafür, dass sich Verfrachter und Reeder – langfristig – auch den geänderten Bedingungen gestellt haben. Teilweise waren sie auch in der Lage, den Seetransport selbst zu beflügeln, so zum Beispiel durch die Einführung des Containerschiffs, das Globalisierung aufgrund von Transportkostendegression erst möglich gemacht hat. In diesem Fall wurde es wirtschaftlich möglich und sinnvoll, selbst billigste Güter über weite Strecken zu verschiffen, und es konnten Produktionsstandorte über die ganze Welt verteilt werden und somit Produktionskostenunterschiede genutzt werden.

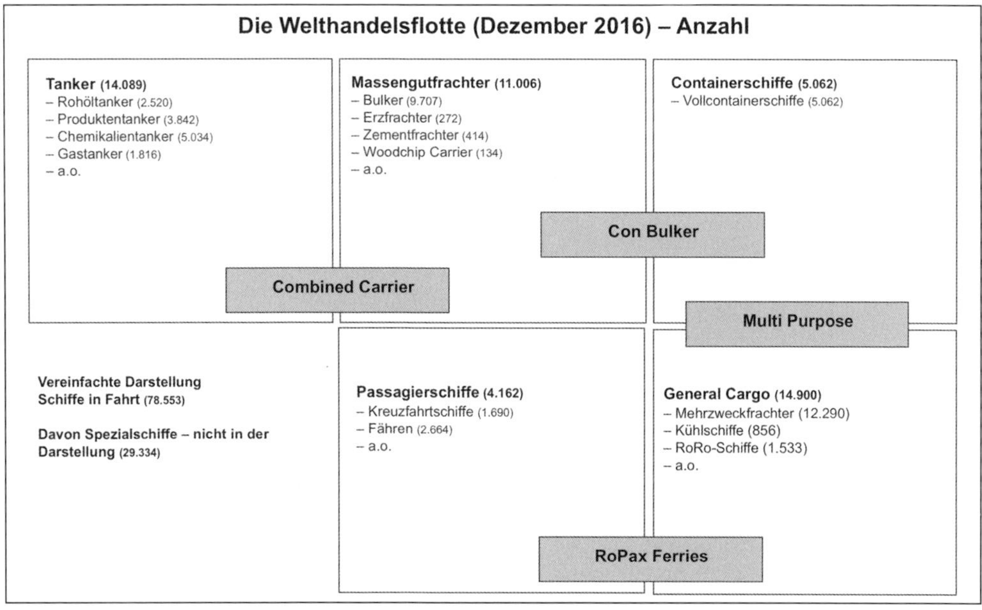

Im Dezember 2016 bestand die Weltflotte der Schiffe mit einer Größe von mehr als 300 GT aus 80.326 Schiffen, von denen 1.773 im Umbau befindlich oder zur Verschrottung vorgesehen waren.[48] Darüber hinaus waren 5.157 Schiffe bei den Werften bestellt oder bereits in Bau – insgesamt also 85.483 Einheiten, die eine Registrierung unter einer IMO-Nummer hatten, von denen 78.522 in Fahrt waren.

Aus einer anderen Darstellung lässt sich die Strukturentwicklung der letzten Jahrzehnte nachvollziehen. Insgesamt lässt sich hier eine Tendenz der Spezialisierung festhalten. So hat sich der Anteil der in vielen Ladungsbereichen eingesetzten Mehrzweckfrachter (»General Cargo«) von 20 % auf 10 % reduziert (gemessen in BRZ). Diese Schiffe wurden durch die Containerschiffe ersetzt, deren Anteil von 6 % auf 19 % gestiegen ist. Ebenfalls gestiegen ist die Bedeutung der trockenen Massengutfrachter, die 2016 36 % der Handelsflotte ausmachen, während die Tankschiffe von 35 % auf 26 % gefallen sind.

Struktur der Welthandelsflotte 1990 bis 2016 (ohne Spezialschiffe wie Schlepper/Offshore oder Fischereifahrzeuge)

	Tanker		Gastanker		Trockene Massengutfrachter		Containerschiffe	
Am 1.1. ...	Anz.	,000 BRZ	Anz.	,000 BRZ	Anz.	,000 BRZ	Anz.	,000 BRZ
1990	6.675	133.269	771	10.035	4.915	127.601	1.207	23.790
1995	7.774	151.097	918	13.986	5.581	139.951	1.590	34.859
2000	8.489	168.357	1.058	17.981	5.978	154.325	2.437	55.101
2005	8.962	193.578	1.164	24.865	6.347	178.744	3.220	85.798
2010	11.071	257.269	1.489	46.262	7.772	250.014	4.706	145.894
2016	12.269	303.687	1.770	61.357	10.919	413.996	5.239	215.116
Anteil 2016	**23,9 %**	**26,5 %**	**3,4 %**	**5,4 %**	**21,2 %**	**36,1 %**	**10,2 %**	**18,8 %**
Jährl. Wachstum	**2,4 %**	**3,2 %**	**3,2 %**	**7,2 %**	**3,1 %**	**4,6 %**	**5,8 %**	**8,8 %**

	General Cargo/RoRo/Kühlschiffe		Passagierschiffe		Fähren		Welthandelsflotte	
Am 1.1. ...	Anz.	,000 BRZ	Anz.	,000 BRZ	Anz.	,000 BRZ	Anz.	,000 BRZ
1990	16.836	75.256	220	2.699	2.568	8.312	33.192	380.961
1995	17.432	84.089	1.073	5.143	1.882	9.312	36.250	438.437
2000	17.459	90.110	1.323	8.028	2.173	12.639	38.917	506.541
2005	16.472	91.097	1.458	12.462	2.309	15.127	39.932	601.671
2010	17.715	104.951	1.571	16.351	2.624	17.367	46.948	838.108
2016	16.892	114.460	1.675	20.194	2.641	17.180	51.405	1.145.990
Anteil 2016	**32,9 %**	**10,0 %**	**3,3 %**	**1,8 %**	**5,1%**	**1,5%**	**100,0%**	**100,0%**
Jährl. Wachstum	**0,0 %**	**1,6 %**	**8,1 %**	**8,0 %**	**0,1%**	**2,8%**	**1,7%**	**4,3%**

Quelle: ISL – Shipping Statistics Yearbook – diverse Ausgaben nach Lloyd's/IHS – Schiffe über 300 BRZ

Die Welthandelsflotte lässt sich nach unterschiedlichsten Kriterien unterteilen. Hier interessieren zuallererst die wirtschaftlich bedingten Faktoren. Während Massengüter, also homogene Ladungspartien, in Mengen zwischen wenigen Hundert und mehreren Hunderttausend Tonnen in hierfür speziell entwickelten Schiffen transportiert werden, sind kleine Ladungspartien und hochwertigere Waren anderen Schiffen – meist Containerschiffen – vorbehalten. Hinter jeder Warengruppe stehen unterschiedliche Nachfrager – Energieerzeuger, Baukonzer-

48 Diese und die folgenden Daten sind der IHS-Fairplay-Datenbank entnommen. Die Firma gibt auch das sogenannte Lloyd's Register heraus und kann als die einzige allgemeine Referenz für die Welthandelsflotte gelten.

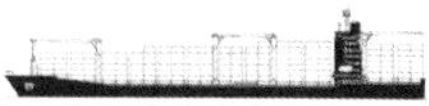

ne, Stahlwerke, Industrieunternehmen oder Einzelhandelskonzerne, die ihre Waren direkt an die Endverbraucher verkaufen wollen.

Auch die Größe eines Schiffes kann nicht endlos gesteigert werden, selbst wenn dies den Seetransport noch günstiger machen würde. Sie hängt ab von der Menge der wirtschaftlich nachgefragten Güter, die im Rahmen der Verarbeitungskette von den Kapazitäten (Fertigung und Lagerung bei »Just-in-time«-Produktion) der Nachfrager abhängt. Darüber hinaus sind bestimmte Küstenreviere nur in der Lage, bestimmte Größen von Schiffen aufzunehmen (Tiefgang, Breite etc.). Die Schnittstellen zum Land – also die Häfen – verfügen über bestimmte Möglichkeiten, die nur bedingt und dann erst nach längerer Zeit verändert werden können, wie im Fall der Elbvertiefung. Häufig ist die landseitige Logistik nicht in der Lage, die Waren wirtschaftlich umzuschlagen oder weiterzutransportieren.

Die Verladearten in den beiden Hauptsegmenten der Schifffahrt – Massen- und Stückgutfahrt – werden unterschiedlich betrieben. Während Massengüter in der Regel in der Bedarfsfahrt (Trampfahrt) verschifft werden, ist die Stückgutfahrt als Linienfahrt organisiert. Massengutschiffe suchen ihre Ladung meist Reise für Reise, es sei denn, sie sind für einen gewissen Zeitraum in größeren Ladungskontrakten beschäftigt, während Stückgutschiffe nach einem festen, vorher veröffentlichten Fahrplan fahren und der Ladung ihre Dienste regelmäßig anbieten.

Spezialschiffe werden in der Regel auf Kontraktbasis eingesetzt, dies gilt zum Beispiel für Fruchtschiffe und Autotransporter, die von großen Konzernen im internen Verkehr beschäftigt werden, oder für Chemikalientanker, die auf Kontraktbasis (Teil)Ladungen fahren.

Grundsätzliche Segmentierung in der Schifffahrt

Segment	Bauart/Typen (Beispiele)	Service Level	Konossomente pro Schiff/Jahr	Transportkosten pro Tonne	Ladung
Massengut-schifffahrt	Einfach (Tanker — Bulk Carrier)	Gering	6	6–10 $	Flüssig (Öl, Ölprodukte) »Major Bulks« (Erz, Kohle, Getreide) »Minor Bulks«
Linien-schifffahrt	Mittel (Containerschiffe, RoRo, Mehrzweckfrachter)	Hoch	1.000–50.000	50–150 $	Container, Stückgut, Trailer, Paletten
Spezial-schifffahrt	Hoch/Komplex (Autotransporter, Schwergut- und Kühlschiffe, Spezialtanker)	Mittel	< 1.000	> 50 $	Fahrzeuge, Projektladung Forstprodukte, Chemikalien, LNG, LPG

Entwickelt aus: Stopford, 2007, S. 77f

Tankschiffe

Das Tankschiff ist der älteste Massengutfrachtertyp. Schiffe dieses Typs gibt es seit dem Ende des 19. Jahrhunderts. Vordem wurden Ölprodukte (Rohöl wurde fast gar nicht befördert) in Schiffen transportiert, die sich lediglich nach Größe und Antriebsart unterschieden, nicht jedoch speziell für die flüssige Ladung konzipiert waren. Öle wurden in Kanister gefüllt und in Kisten verpackt in Schiffen über See expediert. 1886 wurde dann mit der GLÜCKAUF der erste wirkliche Tanker in Dienst gestellt – ein Schiff, das in der Lage war, Öl als Massengut in den Laderäumen zu transportieren. Seitdem kann man von Tankern als Schiffstyp sprechen.

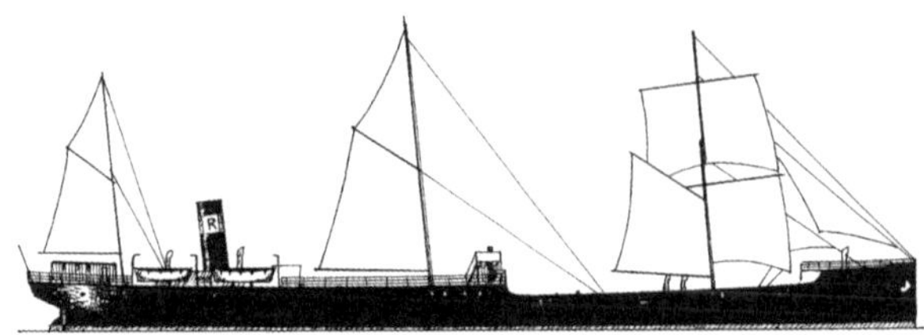

Die GLÜCKAUF – gebaut 1886 bei Sir W. G. Armstrong, Mitchell & Co., Low Walker 3.000 tdw Ladekapazität

Die Flotte der heutigen Tankschiffe wird je nach Größe und Art der transportierten Flüssigladung untergliedert. Hier sind gewisse Unschärfen und Überlappungen unvermeidlich, da Reeder oder Makler ihre Schiffe häufig nicht einheitlich bestimmen. Einen groben Überblick habe ich ebenfalls in meinem 2005 erschienen Buch gegeben. (Krüger-Kopiske K. K., 2005)

Auch für Tankschiffe gilt, dass die unterschiedlichen Typen in der Regel für bestimmte flüssige Ladungsarten oder Verkehre gebaut werden. Hierbei sind die größeren Einheiten, also Schiffe mit einem Ladungsvermögen von mehr als 80.000 Tonnen, in der Regel für den Transport von Rohöl gebaut. Für alle Tanker gilt, dass sie über mehrere voneinander getrennte Tanks verfügen. Die Ladung wird über ein System von Pumpen und Rohrleitungen zum Manifold gebracht. Hier sind die Anschlüsse zum landseitigen Be- und Entladen installiert. Seit 1993 werden Tanker nur noch als Doppelhüllenschiffe konstruiert, um im Falle einer Havarie die Menge des austretenden Öls zu begrenzen und somit die Gefahr für die Umwelt zu minimieren. In den 1970er-Jahren gab es eine Reihe von spektakulären Tankerunglücken, bei denen teilweise mehrere Hunderttausend Tonnen Öl ins Meer und an die Küsten gespült wurden. Die Havarie der EXXON VALDEZ 1990 führte dazu, dass Einhüllen-Tanker nicht mehr gebaut werden dürfen. Darüber hinaus wurde der Reeder für die Umweltverschmutzung oder andere Schäden an der Natur unbegrenzt haftbar gemacht. Dennoch darf festgestellt werden, dass der Transport von Öl in Schiffen für die Natur deutlich weniger gefährlich ist als der in landseitigen Pipelines, die immer wieder Leckagen aufweisen. Insbesondere die großen Rohölkonzerne, die sich in den letzten Jahrzehnten von großen Teilen ihrer eigenen Flotte getrennt haben und die die Schiffe von den unabhängigen Schiffseignern mieten, haben durch ein rigides Überprüfungssystem dafür gesorgt, dass die technischen Standards und die Qualifikation des Personals auf den Schiffen und an Land sich verbessert haben. So ist der bisher letzte technisch bedingte Tankerunfall, bei dem bedeutende Mengen Öl ins Meer gelangten, der Untergang der PRESTIGE vor der spanischen Küste 2002. Mit 63.000 Tonnen ausgetretenen Öls liegt er auf Platz 20 der größten Tankerunfälle. Die weit bekanntere EXXON VALDEZ verlor 37.000 Tonnen und liegt auf Platz 35. Der letzte Unfall, bei dem mehr als 200.000 Tonnen Öl die Umwelt verschmutzen, wurde durch die Havarie der ABT SUMMER 1991 ausgelöst (260.000 Tonnen).[49] Tankerunfälle mit großen Ölverlusten, wie bei der AMOCO CADIZ oder der ATLANTIC EMPRESS, gehören glücklicherweise der Vergangenheit an. Für Tanker gilt, was für alle anderen Schiffstypen auch bemerkt werden muss – sie sind sowohl vom Sicherheitsaspekt als auch von der Wirtschaftlichkeit das Transportmittel der Wahl.

49 Eine interessante Zusammenfassung der Tankerunfälle seit 1970 bietet die ITOPF, die INTERNATIONAL TANKER OWNERS POLLUTION FEDERATION LIMITED, unter: http://www.itopf.com/fileadmin/data/Photos/Publications/Oil_Spill_Stats_2016_low.pdf

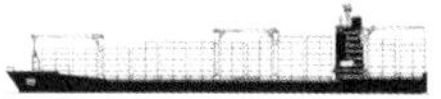

Die wichtigsten Tankertypen

Alle Tanker mit einer Tragfähigkeit zwischen 200.000 tdw und 320.000 tdw gelten als VLCCs (Very Large Crude Carriers). Diese Schiffe finden meist auf den langen Routen vom Arabischen-Persischen Golf in den Fernen Osten oder ums Kap der Guten Hoffnung nach Europa oder die USA ihre Beschäftigung. In den letzten Jahren werden vor allen Dingen Schiffe in einer Größe zwischen 280.000 tdw und 320.000 tdw gebaut.

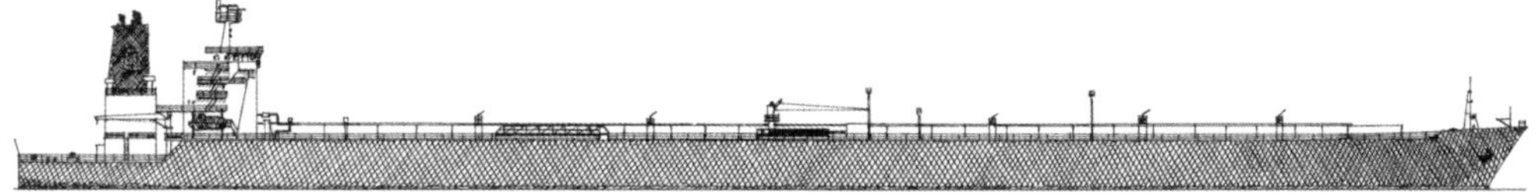

Die NEPTUNE GLORY – ein VLCC mit ca. 300.000 tdw – 331 Meter lang

Damit gelten diese Schiffe als Malaccamax, können also die Malakkastraße befahren. Sie sind deutlich mehr als 300 Meter lang und haben eine Breite von 60 Metern. Vollbeladen erreichen sie einen Tiefgang von 22 Metern, können somit dann den Suezkanal nicht mehr befahren. Während der Antrieb bis Ende der 1970er-Jahre meist über eine Dampfturbine erzeugt wurde, sind heutige VLCCs mit Dieselmotoren ausgestattet, die ca. 30.000 kW Leistung erbringen und eine Geschwindigkeit von 15 bis 16 Knoten ermöglichen. Die Ladung wird in 15 Tanks gefahren. Zwischen der Außenhaut und den Ladetanks ist zwingend eine Doppelhülle mit drei bis 3,5 Metern angelegt.

Ultra Large Crude Carriers (ULCCs): Im Grunde genommen handelt es sich um denselben Typ wie die VLCCs. Manche Experten unterscheiden die beiden Typen nicht. Wenn man diese Unterscheidung jedoch vornimmt, so versteht man unter ULCCs die Schiffe, die mehr als 320.000tdw Tragfähigkeit haben. Im Zuge der Gigantomanie der 70er-Jahre wurden Schiffe mit 550.000 tdw gebaut und weit größere geplant. Diese Schiffe haben sich jedoch als zu unflexibel erwiesen, u.a. was die Hafenanlaufmöglichkeiten betrifft, sodass heute kaum noch ULCCs im Dienst sind. Erst 25 Jahre nachdem die Letzten dieser Riesen in Fahrt gekommen sind, wurde 2002 mit der HELLESPONT ALHAMBRA wieder ein Schiff dieser Größe abgeliefert. Die Daewoo-Werft im südkoreanischen Okpo baute diesen 442.000 tdw großen, weiß gestrichenen Tanker, der natürlich im Gegensatz zu den früheren Superschiffen eine Doppelhülle erhielt. Ein moderner 2-Takt-Großdiesel mit 36.900 kW treibt das Schiff beladen mit bis zu 15 Konten Geschwindigkeit an, in Ballast sind es sogar 18 Knoten.

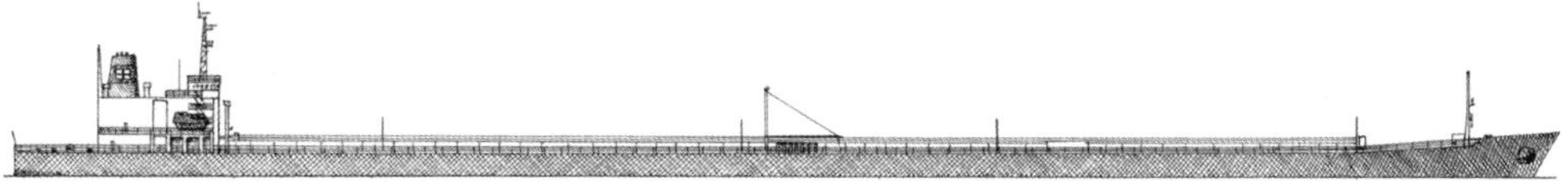

Die JAHRE VIKING – ein ULCC und mit 564.000 tdw Tragfähigkeit und 458,45 Metern Länge der größte jemals gebaute Tanker und das größte Schiff der Welt

Suezmax-Tanker verfügen über eine Tragfähigkeit von ca. 120.000 bis 150.000 Tonnen. Nach Vertiefung des Suezkanals auf 16,1 Meter 1980 waren diese Schiffe die größten Tanker, die diesen Wasserweg beladen passieren konnten. 2001 ist der Kanal jedoch auf 18,9 Meter ausgebaggert worden. Suezmax-Tanker, die auch als Eine-Millionen-Barrel-Tanker bezeichnet werden, werden insbesondere im Verkehr zwischen Westafrika und den USA eingesetzt – fahren somit nicht durch den Suezkanal. Moderne Schiffe dieser Klasse sind ca. 275 Meter lang und knapp unter 50 Meter breit, bei einem Tiefgang von ca. 17 bis 18 Metern. Die Antriebsanlage erbringt zwischen 17.000 und 19.000 kW.

Aframax-Tanker sind zwischen 75.000 tdw und 115.000 tdw groß. Ihre Bezeichnung resultiert aus der Abkürzung Average Freight Rate Assessment. Vormals war der 75.000-tdw-Tanker das Standardmaß der Worldscale-Frachtenberechnung. Auch wenn die Bezeichnung nichts mit Afrika zu tun hat, so verkehren diese Schiffe auf vielen Kurz- und Mittelstrecken, z.B. zwischen Nordafrika und Italien (Cross-Med). Darüber hinaus sind 100.000-tdw-Tanker, diejenigen Schiffe, die vollbeladen die US-amerikanischen Terminals direkt anlaufen können. Ein weiterer Teil der Flotte verkehrt zwischen den Offshore-Förderfeldern der Nordsee und Großbritannien, Norwegen oder Rotterdam. Die Schiffe sind bis 240 Meter lang und 42 Meter breit. Der Tiefgang liegt bei bis zu 15 Metern. In der Regel hat der Hauptmotor eine Leistung von 13.000 bis 15.000 kW

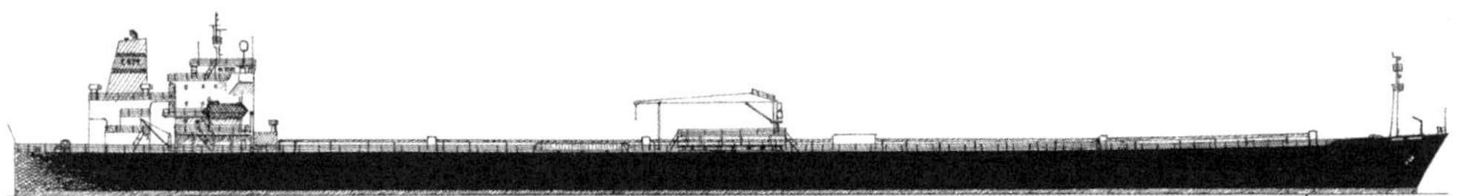

CAPE ENDEAVOUR – ein Aframax-Tanker mit 109.000 tdw Tragfähigkeit und 242,5 Metern Länge

Panamax-Tanker ist ein Tanker mit einer Tragfähigkeit von ca. 60.000 tdw. Als besondere Eigenschaft hat er eine maximale Breite von 32,2 Metern, welche die Passage der alten Schleusen des Panamakanals erlaubt. Aus der Natur des Rohölverkehrs ergibt sich, dass dieser Typ vor allen Dingen für Importe in die USA auf kürzeren Strecken zum Einsatz kommt. In der Regel spielt der Panamakanal als Verkehrsweg jedoch für den Öltransport eine untergeordnete Rolle, sodass das Panamax-Maß vor allen Dingen bei Massengut- und Containerschiffen relevant ist (s. unten). Zwischenzeitlich wurden die Schleusen dieses Seewegs vergrößert, sodass seit 2015 Schiffe mit einer Breite von 55 Metern diesen Seeweg befahren können.

Gegenüber Tankern, die ausschließlich für den Transport von Rohöl gebaut werden, weisen Tanker, die Ölprodukte transportieren können (sogenannte Produktentanker), noch zusätzliche Merkmale auf. Sie haben beschichtete Tanks und können ihre Ladung bei Bedarf auch heizen, sodass sie nicht nur Rohöl, sondern auch Ölprodukte transportieren können. Die Tanks sind mit Epoxy-Harz »gecoated«. Diese beiden Merkmale gelten für alle Produktentanker. Meist sind diese Tankschiffe, die für den Transport von Öl- oder Pflanzenprodukten ausgelegt sind, in der Lage, mehrere unterschiedliche Ladungen, sogenannte »Grades«, gleichzeitig zu transportieren, haben also gegenüber Rohöltankern ein höher entwickeltes Lade-, Löschsystem. Bei den Ladungen handelt es sich entweder um »dirty Products«, wie z. B. Schweröl, oder »clean Products«, u.a. Heizöl, Naphtha[50], Benzin etc., aber auch Pflanzenöle. Um diese unterschiedlichen Produkte

50 Rohbenzin

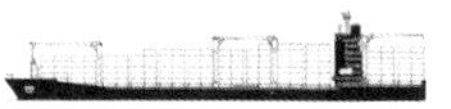

fahren zu können, zu denen auch ebensolche gehören, die letztendlich für den menschlichen Verzehr gedacht sind, müssen die Tanks der Schiffe nach jeder Ladungsreise gründlich gereinigt werden. Hierzu verfügen die Schiffe über in den Tanks fest installierte Tankwaschanlagen.

Die größten als Standardschiffe gebauten Produktentanker sind die LR2-Tanker (LR = Large Range). In ihren Ausmaßen und in Bezug auf ihre Tragfähigkeit ähneln sie Aframax-Tankern. Auch wenn es keine strikte Größenabgrenzung gibt, geben die meisten Schifffahrtsfachleute sie mit einer Tragfähigkeit zwischen 80.000 und 160.000 mto an. Weltweit sind zurzeit ca. 300 dieser Schiffe im Einsatz. Aufgrund ihrer technischen Auslegung werden sie jedoch nicht nur zum Transport von Ölprodukten eingesetzt, sondern auch in Rohölverkehren.

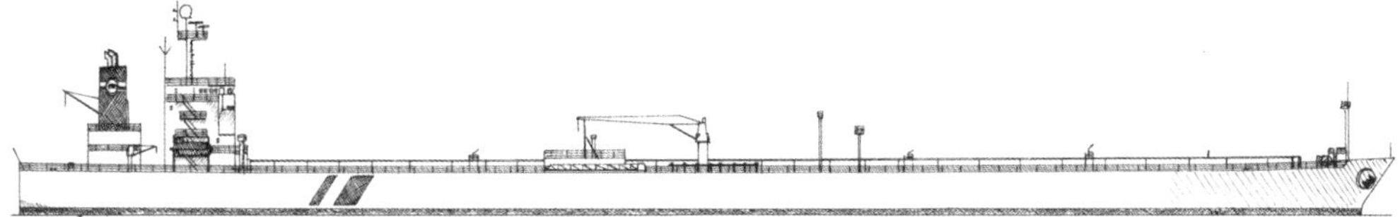

HELLESPONT PRIDE – ein LR1-Produktentanker, 73.727 tdw und 227,5 Meter lang

Den Panamax-Tankern vergleichbar sind die ca. 370 LR1-Tanker, die zwischen 55.000 und 80.000 tdw groß sind.

Zu den mittelgroßen Produktentankern zählen die MR2- und MR1-Tanker (MR = Mid Range).

MR2-Tanker werden mit einer Größe von 45.000 bis 55.000 tdw angegeben. Heute werden sie zumeist in Südkorea gefertigt – allein der Hyundai–Konzern hat seit 2010 bis Ende 2016 mehr als 180 Einheiten geliefert. Wie alle Standardschiffe, die für ein bestimmtes Marktsegment gebaut sind, haben sie alle sehr ähnliche Ausmaße. Sie sind etwas mehr als 180 Meter lang bei einer Breite von 32,2 Metern. Eine sechszylindrige Hauptmaschine verleiht ihnen eine Leistung von bis zu 9.500 kW.

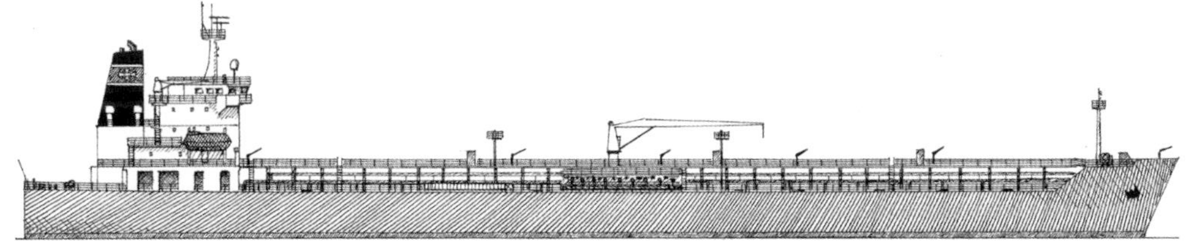

CPO JAPAN – ein MR2-Tanker, 51.763 tdw und 183,3 Meter lang

Die MR1 haben zwischen 35.000 und 45.000 Tonnen Tragfähigkeit. Die MR2-Tanker zwischen 45.000 und 55.000. Sie sind die klassischen Schiffe für den Transport von Benzin, Diesel und Heizöl. Ca. 600 Schiffe gibt es von diesem Typ. Die kleineren (MR1) sind in der Regel 180 Meter lang und haben mit 32 Metern Panamax-Breite.

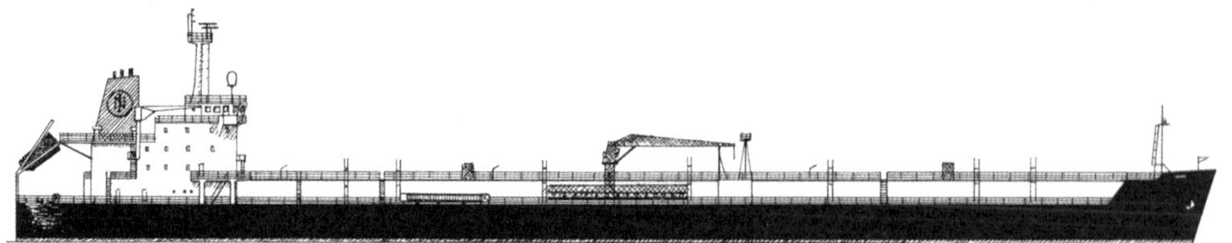

BALTIC CAPTAIN – ein MR1-Produktentanker der südkoreanischen Werft Hyundai Mipo, die von dieser Größenklasse 251 Einheiten gefertigt hat

Petrochemische Erzeugnisse werden erst seit den 1950er-Jahren im großen Stil über See transportiert. Chemikalientanker verkehren seitdem auf den unterschiedlichsten Routen, viele davon innerhalb eines Kontinents. In der Regel sind diese Schiffe nicht größer als 40.000 tdw, viele von ihnen weit unter 10.000 tdw. Die Konstruktion der Schiffe wird durch die Gefährlichkeit der Ladung, die Notwendigkeit, diese teilweise zu heizen, und die Möglichkeit, die Tanks schnell, gründlich und wirtschaftlich zu reinigen, bestimmt. Diese Anforderungen sind von der IMO definiert, wobei Tanker vom IMO Type I und II immer Doppelhüllenschiffe sind. Typ-III-Tanker müssen dieser Anforderung nicht genügen, werden jedoch kaum noch gebaut. Viele Chemikalientanker haben nicht mehr mit Epoxy-Harz beschichtete Tanks, sondern hochwertigere aus Edelstahl.

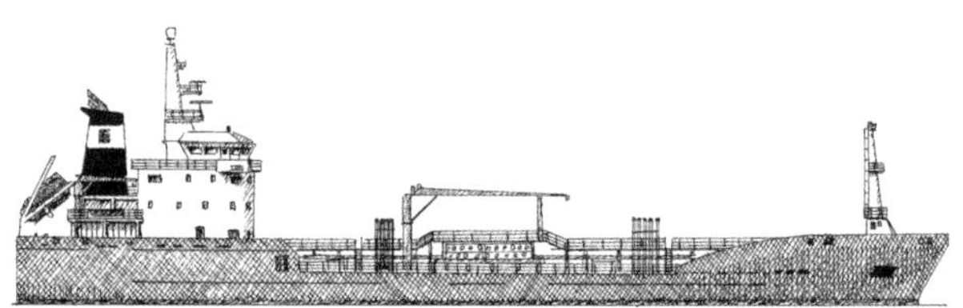

JOHANN ESSBERGER – Ein Parceltanker für den europäischen Verkehr mit 5.300 tdw Tragfähigkeit und ca. 100 Metern Länge

Die Ladungspartien bringen es mit sich, dass die Schiffe häufig viele kleine Tanks haben, in denen unterschiedlichen Ladungen »geparcelt« werden können, weshalb sie auch dementsprechend als »Parceltanker« bekannt sind. Das Manifold zum Be- und Entladen der Schiffe verfügt in der Regel über Einrichtungen zum Auffangen der in diesem Prozess anfallenden Abgase, um die Umwelt nicht zu kontaminieren.

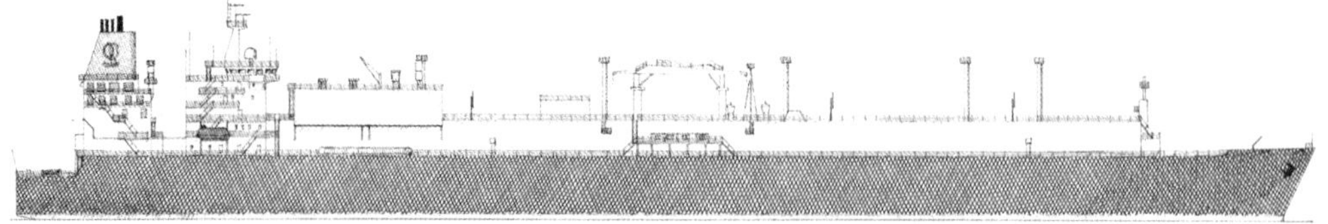

AL RUWAIS – 121.000 tdw und mit einem Transportvolumen von 250.941 m³ ein großer LNG-Tanker. Gemanagt von der deutschen PRONAV Auftrags katarischer Interessen.

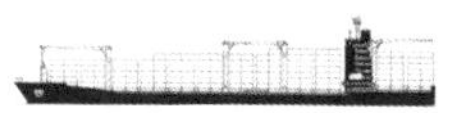

Liquified Natural Gas (LNG) Tanker: Ende 2016 zählten ca. 450 Einheiten zu diesem Schiffstyp. Erdgas kann entweder durch Abkühlung unter den Siedepunkt (minus 162° C) oder durch Druck verflüssigt werden. Der Vorteil liegt darin, dass die Flüssigkeit nur noch 1/600 des Volumens von Erdgas hat. Ob Schiffe zum Transport des verflüssigten Gases Druck oder Kühlung verwenden, hängt in der Regel von deren Größe ab, wobei kleinere Schiffe den flüssigen Aggregatzustand über die Herstellung von Druck erreichen, während bei größeren Schiffen Kälteverfahren angewendet werden. Die großen Überseeschiffe haben in der Regel eine Tragfähigkeit von zwischen ca. 70.000 und 90.000 tdw und können zwischen 135.000 und 145.000 m³ Methangas transportieren. Die größten Einheiten sind jedoch mit 250.000 tdw deutlich größer. Interessant ist, dass obwohl auch in der Großschifffahrt fast nur noch Dieselmotoren als Hauptantriebsaggregate Verwendung finden, LNG-Tanker heute immer noch häufig als Dampfturbinenschiffe ausgelegt sind. Dies liegt daran, dass während der Fahrt ein Teil der Gasladung verdampft. Dieser Teil wird dann über Rohrleitungen als Treibstoff für die Turbinen verwendet.

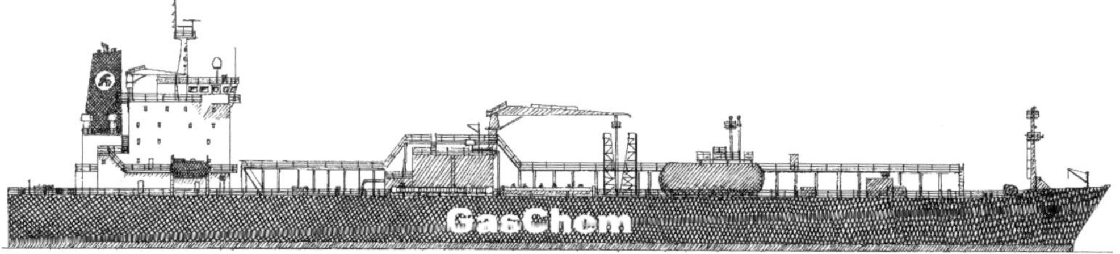

GASCHEM BREMEN – ein LPG-Tanker (34.527 m³ Kapazität) der deutschen Hartmann-Flotte, die ca. 40 dieser Schiffe disponiert [Maßstab 1:1250]

Liquified Petrol Gas (LPG) Tanker: In kleineren Einheiten wird LPG transportiert, hier vor allen Dingen Propan und Butan. Je nach Verflüssigungsart unterscheidet man folgende Typen:

- fully pressurised (FP) ships, Schiffe mit bis zu 3.000 m³ Kapazität, die die Ladung unter Druck fahren.
- semi-pressurised /fully refrigerated (semi-ref) ships, Schiffe, die die Ladung in Kombination von Druck und Kälte fahren. Die Einheiten haben zwischen 3.000 und 22.000 m³ Ladevolumen.
- fully refrigerated (FR) ships, Schiffe über 15.000 m³ Kapazität, die die Ladung ausschließlich kühlen.

Von 1990 bis 2015 ist der Verkehr mit Tankern, also Rohöl, Ölprodukte und Chemikalien, um 80 % gewachsen, ähnlich wie die Anzahl der Schiffe (79 %). Auch das gesamte Wachstum der Kapazität (in tdw) hat sich mit 108 % mehr als verdoppelt. Die Durchschnittsgröße der Schiffe hat sich von 38.133 tdw (1990) auf 44.239 tdw (2015) damit ebenfalls erhöht.

Ab Mitte der ersten Dekade des neuen Jahrtausends lässt sich eine beschleunigte Flottenentwicklung feststellen, während die Wachstumskurve des Transports langsam abflacht. Ein starkes Transportwachstum kann für die Jahre 2002 bis 2005 verzeichnet werden, dem dann ein um drei Jahre verzögertes Flottenwachstum folgt. Neue Schiffe kommen also in einem abgekühlten Markt in Fahrt. Die schwächere Handelsentwicklung wird noch verschärft durch eine seit 1990 gesunkene Produktivität. Die durchschnittlichen Transportstrecken sind im Rohölverkehr von 5.620 sm (1990) auf 4.998 zurückgegangen. Strukturell ist der Markt

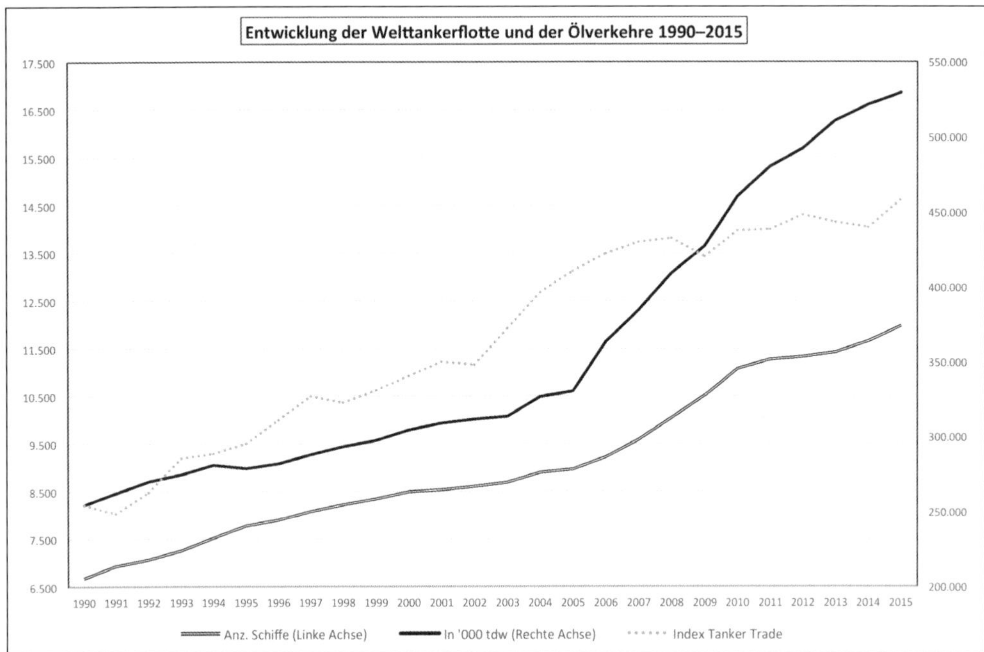

also überbaut, es sind zu viele Schiffe im Markt, die um Ladung konkurrieren, auch wenn Entwicklungen im Ölmarkt dies möglicherweise zeitweise überdecken können, wie in einer Contango-Situation, in der der Spotpreis unter dem zu erwartenden zukünftigen Lieferpreis liegt. Eine Reihe von Großtankern (VLCCs) werden in einer solchen Situation als Lagerschiffe verwendet, also der aktuellen aktiven Flotte entzogen.

Trockene Massengutfrachter

Massengutfrachter für trockene Ladungen – Bulk Carrier – werden erst seit den späten 1950er-Jahren als eigener Schiffstyp in den internationalen Flottenstatistiken geführt. Die Vorläufer der heutigen Massengutfrachter wurden nach dem Zweiten Weltkrieg maßgeblich von deutschen und schwedischen Schiffbauunternehmen entwickelt. Zuvor transportierten die traditionellen, meist mit Zwischendecks ausgestatteten konventionellen Trampfrachter auch die anfallenden Massengüter. Unabhängig von ihrer jeweiligen Größe sind bei fast allen heutigen Massengutfrachtern bestimmte einheitliche Merkmale anzutreffen. Sie sind in der Regel als Doppelhüllenschiffe gebaut. Bulk Carrier unterscheiden sind von Linien- und einer Großzahl von Trampfrachtern durch ihr einziges durchlaufendes (Wetter-)deck und Trimmbleche in unterschiedlichem Umfang. Massengutfrachter haben seit den 1950er-Jahren immer einen einheitlichen Ladebereich pro Laderaum und verfügen im unteren Bereich auf der Backbord- und Steuerbordseite über sogenannte Hopper-Tanks[51], die abgeschrägt sind und so ein Selbsttrimmen der Ladung ermöglichen.

51 Hopper = englisch für Trog, der Laderaum ist also ein trichterförmiger Behälter.

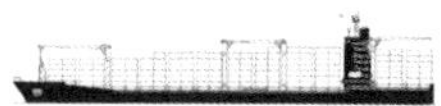

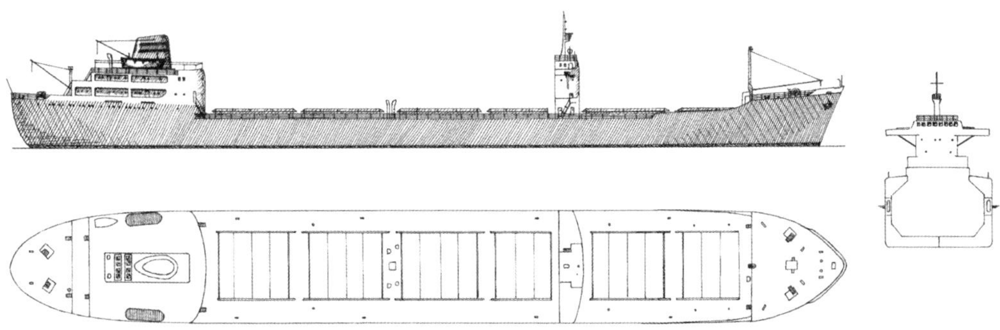

Die RIESA der Deutschen Seereederei Rostock war – 1955 als CASSIOPEIA gebaut – einer der ersten wirklichen Massengutfrachter.

Je nach Schiffstyp und den Anforderungen der Ladung, die mit ihnen gefahren werden soll, hat ein Massengutfrachter unterschiedlich breite Luken. Offene Bulk Carrier, die für den Transport von Massengütern mit leichterem spezifischem Gewicht ausgelegt sind oder die auf gewissen Nebenstrecken auch Container laden, haben oft Luken, deren Öffnungen 90 % der Schiffsbreite einnehmen. Bei den normalen Bulkern ist die Öffnung ca. 50 %. Bei den Schiffen, die für den Transport der besonders schweren Erzladung vorgesehen sind, gehen die Luken nur über 35 % der Schiffsbreite. Hier sind die Seiten-Ballastwasser-Tanks sehr groß ausgelegt, da die reinen Erzfrachter hohe Anforderungen an die Stabilität haben. Größere Schiffe ab der Panamax-Klasse haben meist Schiebeluken, die zur Seite über Schienen zu öffnen sind – teilweise sind die Lukendeckel geteilt. Bei Erzfrachtern, die nur eine relativ kleine Laderaumöffnung haben, ist dies nicht erforderlich.

Die nachfolgend aufgeführten Schiffsklassen sind als gängigste in den Marktberichten der Makler genannt und ermöglichen so einen Überblick über die jeweilige Marktsituation.

Capesize Bulk Carrier: Mit einer Größe von bis zu 400.000 tdw sind diese Schiffe auf den Transport von Eisenerz oder Kohle ausgelegt, transportieren jedoch meist Erz. Einheiten über 200.000 tdw werden in der Regel gegen langfristige Ladungskontrakte gebaut, während Schiffe mit einer Tragfähigkeit von 170.000 tdw für den Transport dieser Ladungen häufig spekulativ für eine Beschäftigung auf Reisebasis konzipiert wurden. Dies ist auch ein Grund dafür, dass nach dem Abflachen des Containerbooms gegen Ende des letzten Jahrzehnts viele deutsche Reeder sich auf den Bau dieser Schiffe verlegt haben. Innerhalb der Capesize-Größenklasse werden Schiffe geführt, die aufgrund bestimmter Abmessungen bedeutende Massenguthäfen anlaufen können – z.B. der Dunkirk-Max oder der Newcastle-Max – oder die bestimmte Wasserstraßen befahren können wie der Malacca-Max. Schiffe in diesem Segment haben in der Regel neun Luken/Laderäume. Der oben angesprochene Standardfrachter von 170.000 tdw ist 290 Meter lang und 45 Meter breit und wird von einem sechszylindrigen 2-Takt-Hauptmotor, der 15.000 bis 17.000 kW liefert, angetrieben. Dieser Schiffstyp wird auch als Dunkirk-Max bezeichnet, da er die Schleusen dieses für den Erztransport bedeutenden Hafens noch passieren kann.

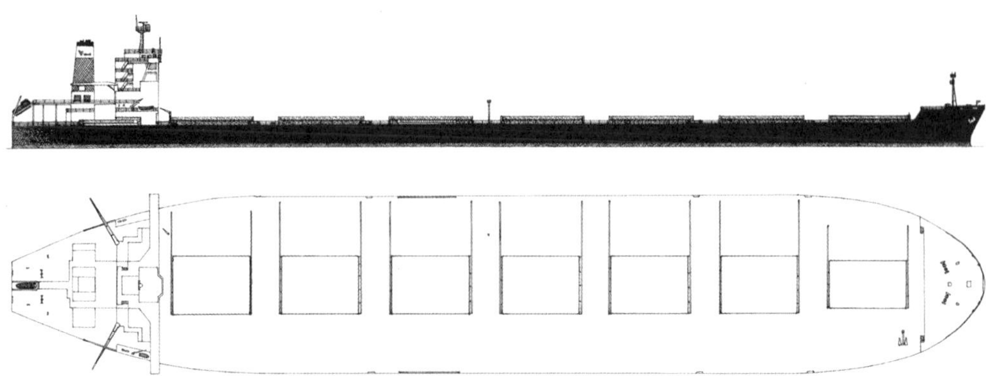

Mit mehr als 400.000 tdw Tragfähigkeit sind die vom brasilianischen Vale-Konzern in Auftrag gegebenen Massengutfrachter die größten Bulk Carrier der Welt.

Panamax Bulk Carrier: Schiffe dieser Größe sind in der Lage, die alten Schleusen des Panamakanals zu passieren – aufgrund ihrer Schiffsbreite von 32 Metern. Sie sind in der Regel ca. 225 Meter lang und haben sieben Luken/Laderäume. Auch diese Schiffe transportieren Kohle und Erz, zusätzlich jedoch auch Getreide, wofür sie durch den Panamakanal fahren, wenn Ladung vom US-Golf nach Ostasien zur Verschiffung kommt.

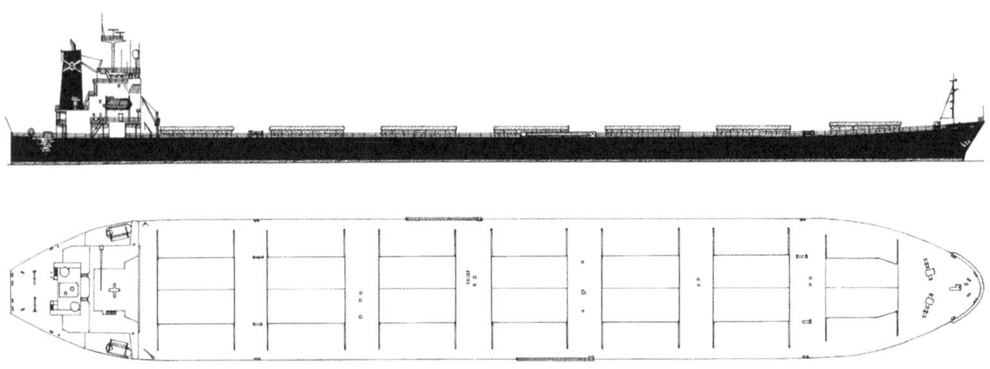

Die BALTIA, ein Panamax-Bulker der Reederei Orion-Bulkers aus Hamburg

Supramax, Handymax und Handysize Bulk Carrier: Gegenüber den vorgenannten Klassen sind diese Schiffe meist mit Ladegeschirr versehen (in der Regel vier Kräne mit einer Kapazität von je mindestens 30 Tonnen). Supramax-Schiffe haben sich in den letzten Jahren aus dem sogenannten Handymax entwickelt und sind zwischen 55.000 und 64.000 tdw groß. Die Schiffe haben fünf Luken/Laderäume und sind 180 bis 190 Meter lang; die kleineren Handysize-Schiffe bei ca. 35.000 tdw Kapazität sind jedoch nur 30 Meter breit, während Supramax-Frachter die Panamax-Breite von 32 Metern haben. Sprechen nicht bestimmte Einsatzrestriktionen – etwa Hafen- oder Kanalgrößen – dagegen, so ist die Anschaffung eines um 82 % größeren Supramax- Bulkers für einen Reeder attraktiv, liegen die Anschaffungskosten doch nur um 15 % über denen eines Handysize-Bulkers.

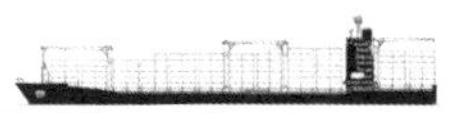

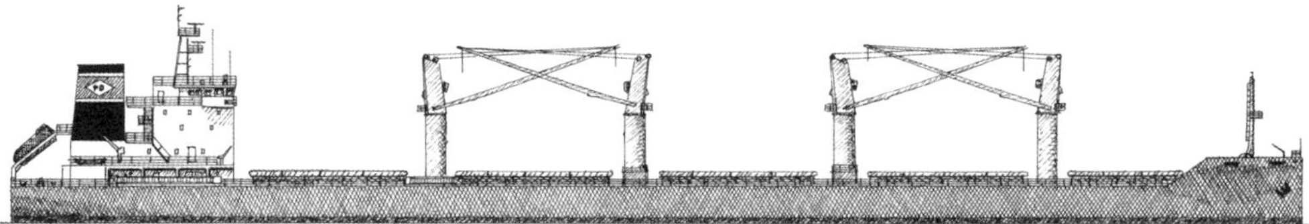

Die RANA, ein Handysize Bulk-Carrier von 38.000 tdw Tragfähigkeit

Auch wenn Schiffe dieser Größe im Prinzip alle Bulkladungen fahren, so sind sie doch spezialisiert auf den Transport der sogenannten »Minor Bulks«. In den letzten Jahrzehnten haben sich die Größen der unterschiedlichen Massengutfrachtertypen immer weiter nach oben verändert. So trägt der klassische Handysize Bulker heute bis zu 43.000 Tonnen, während dies vor 25 Jahren noch 25.000 waren. Neben die Handymax-Schiffe, die um die Jahrtausendwende als Schiffe mit einer Tragfähigkeit von 45.000 tdw definiert wurden, sind die sogenannten Ultramax-Schiffe getreten, die bis knapp 70.000 tdw tragen können und somit von der Größe her den alten Panamax-Bulkern entsprechen. Panamax-Schiffe sind heute – in der Klasse der Kamsarmax-Einheiten – 229 Meter lang und können 82.000 tdw tragen.[52]

Klassifizierung der Massengutfrachterflotte				
Ladung	Typ	Größe	Länge/Breite/HM kW/ Geschwindigkeit	Ladenregionen
Eisenerz/Kohle	Capesize	+100,000 bis zu 400,000 tdw – gängig 175,000 tdw	292 m/45 m/17,000 kW/ 14.5 Kn/keine Kräne	Australien, Brasilien, Südafrika, USA
Eisenerz/Kohle/Getreide/Bauxit	Panamax	65,000 bis unter 100,000 tdw – gängig 82,000 tdw	225 m/32.2 m/9,500 kW/ 14.5 Kn/keine Kräne	Australien, Brasilien, Südafrika, USA, Südamerika, Westafrika
Kohle/Getreide/Stahl/ Zement/Pottasche/ Phosphat/Reis/ Zucker/Forstprodukte/ Schrott/Nickelerz etc.	Supramax	40,000 bis 65,000 tdw – gängig 63,000 tdw	190 m/32.2 m/12-9,000 kW/14.5 Kn/vier Kräne	wie oben, sowie Indonesien, Afrika, Schwarzes Meer, Nordeuropa
	Handysize	10,000 bis 38,000 tdw – gängig 35,000 tdw	180 m/30 m/8,500 kW/ 14.5 Kn/vier Kräne	wie oben, sowie Indonesien, Afrika, Schwarzes Meer, Nordeuropa

Die Transportmengen für trockene Massengüter – Erz, Kohle, Getreide und die sogenannten »Minor Bulks« wie Stahl, Schrott, Düngemittel, Bauxit, Zucker, Forstprodukte – sind zwischen 1990 und 2014 um 164 % gestiegen. Die Flotte hat sich demgegenüber zahlenmäßig verdoppelt, jedoch verdreifacht, was die Kapazität betrifft. In den letzten fünf Jahren hat sich die Kapazität nochmals deutlich erhöht, da in den einzelnen Segmenten die Schiffsgrößen gestiegen sind und da, nach dem Zusammenbruch des Containermarkts, mehr spekulative Investitionen in große Massengutschiffe geflossen sind. Zählten 2010 3.486 zur Klasse der über 50.000 tdw großen Schiffe (= Supramax-, Panamax- und Capesize-Schiffe) zur Flotte, so waren es 2014 5.901 Einheiten, was einem jährlichen Wachstum von mehr als 14 % entspricht.

52 Kamsar ist ein Hafen im afrikanischen Guinea, von dem vor allen Dingen Bauxit verschifft wird.

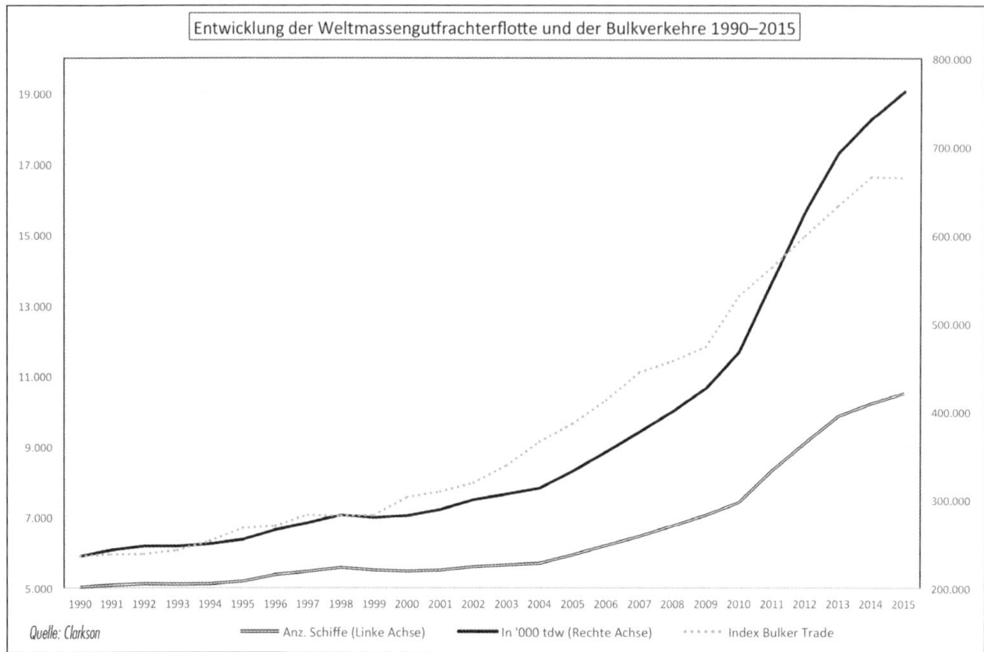

Die Handysize-Flotte ist im gleichen Zeitraum nur um 8 % gewachsen – auf 2.654 Schiffe, die Flotte der kleineren Bulkers und die der Handymax-Schiffe hat sogar abgenommen.[53]

Die Produktivität ist auch im Massengutverkehr in den letzten Jahren stagnierend, die durchschnittlichen Transportstrecken steigen nicht oder nur wenig. Die nachhinkende Hafeninfrastruktur in China hat bisher dazu beigetragen, einen Teil der Flotte in Beschäftigung zu halten, aber auch bei den Massengutfrachtern ist ein Überangebot an Tonnage evident. Dennoch beträgt das Orderbuch der Werften im Mai 2017[54] »nur« noch 7,9 % (und betrug im Mai 2015 noch 18,7 %) der bestehenden Flotte. Es bleiben jedoch die »Altlasten«, also die Tonnage, die spekulativ gebaut wurde und die die Überkapazitäten verursacht hat.

Wie schon angedeutet, wird China als der Hauptabnehmer für Massengüter in den nächsten Jahren tendenziell weniger Rohstoffe verarbeiten, mehr im eigenen Land fördern und sich ggf. aus örtlich näheren Quellen versorgen. Darüber hinaus zwingen ökologische Notwendigkeiten zu einem vorsichtigeren Umgang mit dem Rohstoff Kohle. Alles keine guten Nachrichten für die Bulkschifffahrt.

Problematisch ist es für Schifffahrtsunternehmen, wenn einseitig ausgerichtete Marktanalysen zur Grundlage einer Investitionsentscheidung gemacht werden. Oder anders formuliert, liest jeder gerade das, was seine Erwartungen über die Zukunft der Märkte bestätigt. So veröffentlichte die DVB Bank AG im Jahre 2004 eine Studie zum zukünftigen Bedarf von Massengutfrachtern, die einen Ausblick bis 2010 wagte. (DVB Research & Strategic Planning, 2004) Die Arbeit fasste für den Capesize-Markt Folgendes zusammen: »Das gegenwärtige Orderbuch von 124 Capesize-Schiffen vom Juli 2004 ist gerade ausreichend, um die projizierte Nachfrage,

53 Vergl.: ISL, Shipping Statistics Yearbook 2010 sowie 2014
54 Vergl. Clarkson, Shipping Intelligence Weekly vom 12.05.2017, S. 14

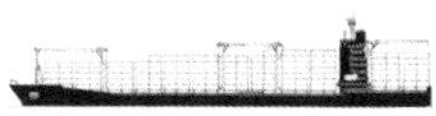

die sich aus den neuen Eisenerzminen, die gemäß ISSB und AME ihre Förderung aufnehmen werden, zu decken. Berücksichtigt man jedoch die Tatsache, dass der gegenwärtige Markt von einer Unterversorgung an Tonnage gekennzeichnet ist und dass die Neubauten gerade ausreichen, die zusätzliche Nachfrage an Tonnage zu decken, so ergeben sich klare Anzeichen, dass die Unterversorgung auch in Zukunft anhalten wird.«[55] (S. 6) Die Studie legte den Fokus vor allem auf die Nachfrageseite und den »China«-Faktor – in der Tat ist, wie oben beschrieben, der Markt erheblich gewachsen, und die Prognose der DVB Bank errechnete für das Jahr 2010 für alle drei »major bulks« (Erz, Kohle, Getreide) eine Transportmenge von ca. 1.800 Mio. Tonnen. Diese Entwicklung wurde in Realität sogar noch um 26 % übertroffen (2.264 Mio. Tonnen). Das errechnete Angebot an Schiffen über 80.000 tdw entwickelte sich jedoch noch schneller. Hier schätzte die DVB eine Flotte von 143 Mio. tdw. (S. 74) Tatsächlich lag die Gesamtkapazität der Flotte der Capesize-Schiffe 2010 mit 198 Mio. tdw um 38 % höher als im Basisjahr 2004. (Institut für Seeverkehrswirtschaft und Logistik, 2010, S. 58) Zu viel Geld hat den Bau zu vieler Schiffe möglich gemacht und damit für die Tonnageanbieter eine Situation des Überangebots mit geringen Charterraten erzeugt – in einem eigentlich gesund wachsenden Markt.

Containerschiffe

Am dynamischsten hat sich in den letzten Jahren die Flotte der Containerschiffe verändert. Und dies aus zwei Gründen. Zum einen ist aufgrund der intensivierten Handelsbeziehungen und den diversifizierten Produktionsstandorten zwischen den Regionen auch der Bedarf an Transportkapazitäten gewachsen – Fertig- und Halbfertigprodukte, die vormals lokal hergestellt werden mussten, weil die Transportkosten die lokalen Kostenunterschiede überkompensierten, werden jetzt über den gesamten Erdball transportiert –, Seetransportkosten spielen in der gesamten Produktkalkulation nur noch eine unbedeutende Rolle. Darüber hinaus hat in den letzten 40 Jahren das Containerschiff fast überall alle vordem im Einsatz befindlichen Seetransportmittel für den Transport von Fertig- und Halbfertigwaren vom Markt verdrängt. Der klassische Linienfrachter mit umfangreichem Ladegeschirr und Zwischendecks gehört der Vergangenheit an, letztlich, weil die Verfrachter mit dem Einsatz neuer Schiffe Skaleneffekte erreichen wollten. Darüber hinaus ist der Container ein sicheres und wiederverwendbares Transportmittel, mit dem eine durchgängige Logistikkette bis ins Inland aufgebaut werden kann.

Bis Mitte der 1980er-Jahre waren alle Containerschiffe in der Lage, den Panamakanal zu passieren – die gängige Größe auf den Ost-West-Routen lag bei etwas mehr als 3.000 TEU (Stellplatzkapazität) – , erst 1987/88 wurde mit der APL C10-Klasse (President-Truman-Klasse), die bei HDW in Kiel und beim Bremer Vulkan entstand, die Panamax-Breite überschritten. Die Kapazität dieser Schiffe lag bei ca. 4.400 TEU. Die Schiffsbreite und -länge spielt jedoch nicht nur bei den Schleusen des Panamakanals eine bedeutende Rolle, sondern muss auch bei der vorhandenen Hafeninfrastruktur in Erwägung gezogen werden, reichen doch häufig die landseitig installierten Kräne (Containerbrücken) nicht über die gesamte Breite des Schiffes, kann dieses also nicht komplett beladen oder gelöscht werden. Damit schränken Reeder, die

55 Im englischen Original: »The current orderbook of 124 Capesize vessels as of July 2004 will just about suffice to meet new projected demand from the new iron ore mines set to come on stream as per projections of the ISSB and AME. Taking into account the fact that the current market is facing an undersupply of tonnage and the new Orderbook is just sufficient to meet increased demand, there are clear indications that we may continue to face an undersupply situation in the future.«

in neue Größenklassen vorstoßen, das Einsatzgebiet ihrer Schiffe – zumindest zeitweise, d.h. bis die Hafenanlagen nachgezogen haben – ein.

1997 wurden erstmals Schiffe mit einer Stellplatzkapazität von mehr als 8.000 TEU in Dienst genommen. Maersk übernahm ab 2006 mit der EMMA-MAERSK-Klasse eine Serie, die mit ca. 15.500 TEU (offiziell damals lediglich 10.500[56]) für sechs Jahre die größten Containerschiffe der Welt waren. 2012 hat dann mit der CMA CGM MARCO POLO eine andere Reederei das größte Schiff in Dienst genommen (16.020 TEU), um dann ein Jahr später diese Position abermals an Maersk abzugeben – die dänische Reederei setzte ihre sogenannte Triple-E-Klasse mit 18.300 TEU in Fahrt. Im Januar 2015 übernahm MSC mit der MSC OSCAR ein Schiff mit mehr als 19.200 TEU. Im März 2017 übernahm die MOL TRIUMPH, ein Schiff mit einer Größe von 20.170 TEU, die Spitzenposition. Lange hat sie jedoch diesen Platz nicht halten können – bereits im April 2017 wird mit der MADRID MAERSK ein Schiff der neuen »Triple-E2-Klasse« mit 20.562 TEU übernommen. In der zweiten Jahreshälfte wird die in Hongkong ansässige Reederei OOCL Schiffe mit 21.394 TEU von der Samsung-Werft übernehmen.

Die Größe der in letzter Zeit in Fahrt gesetzten und in Bau befindlichen Schiffe hat die durchschnittliche Kapazität der Containerschiffe in den letzten Jahren vergrößert. So stellt die OECD hierzu fest: »Dieses Wachstum in Bezug auf die Maximalkapazität hat das durchschnittliche Kapazitätswachstum beschleunigt. Zwischen 2001 und 2008 oszillierte die Durchschnittskapazität eines Containerschiffsneubaus um ca. 3.400 TEU, stieg dann rapide an und erreichte ein Mittel von 5.800 TEU im Zeitraum zwischen 2009 und 2013. Die Durchschnittsgröße eines neu gebauten Containerschiffs ist auf ungefähr 8.000 TEU im Jahre 2015 gestiegen.«[57] (OECD/ITF, 2015, S. 17)

Mit kleineren Veränderungen am Design kann die Kapazität wohl noch auf ca. 22.000 TEU erhöht werden. Darüber hinaus wird es jedoch wahrscheinlich zu einer grundsätzlichen Neukonzeption kommen, insbesondere in Bezug auf die Festigkeit des Schiffskörpers bei den größeren Ausmaßen, was zu erhöhten Schiffbaukosten führen dürfte. Lloyds Register hat bereits eine Machbarkeitsstudie für ein 24.000-TEU-Schiff vorgelegt, das 430 Meter lang wäre, bei einer Breite von 62 Metern. (OECD/ITF, 2015)

Die Berater von Alphaliner erwarten in den nächsten Jahren keine rasante Größenentwicklung bei den Containerschiffen mehr, auch wenn dies technisch möglich wäre (s.o.). So sind die Linienschifffahrtsallianzen immer auch darauf bedacht, in den jeweiligen Diensten ähnliche Schiffsgrößen anzubieten, insbesondere weil dies eine gemeinsame Stauplanung in den jeweiligen Tonnage-Centers einfacher macht. Darüber hinaus ist die landseitige Logistik und Hafeninfrastrukur auf die zurzeit fahrenden Schiffe eingestellt. Letztendlich glaubt Alphaliner nicht, dass sich weitere wesentliche Stückkostensenkungspotenziale bei größeren Schiffen auftun werden.[58]

---

56 Bis vor einigen Jahren gab die Maersk-Line die Größe ihrer Containerschiffe immer deutlich niedriger an, um den Mitbewerbern eine Bewertung ihrer Transportkapazität zu erschweren.

57 Im engischen Original: »These increases in the maximum capacity have accelerated the growth of the average ship capacity. The average [size] of a newly built container vessel had been oscillating around approximately 3,400 TEU between 2001 and 2008, but increased significantly since then reaching a mean of 5,800 TEU between 2009 and 2013. The average size of a newly built containership has soared to approximately 8,000 TEUs in 2015.«

58 Vergl. Jan Tiedemann, »The container ship market in 2015 – ultra-large box vessels: scaling effects in the container trade« – Vortrag am 28./29.05. 2015 auf dem EHMC Seminar in Marseilles – aus dem Internet geladen unter www.harbourmaster.org

Zur Jahresmitte 2015 standen noch – gemessen in TEU – 18,2 % der bestehenden Flotte in den Auftragsbüchern der Werften. Dieser bereits vertraglich verpflichtete Zuwachs war jedoch auf die Größensegmente ungleich verteilt. So waren in der Klasse 8.000 bis 12.000 TEU 26,8 % der Flotte in Bau oder bestellt. In der Klasse darüber waren es 60,4 %.[59]

Mitte 2017 hat sich diese Situation leicht entspannt. Gemessen in TEU, beträgt der Zulauf zur Flotte »nur« noch 12,9 %. Von den Schiffen zwischen 8.000 und 12.000 TEU sind noch 8 % im Zulauf – bei den größeren Einheiten sind es noch 38,9 %. Interessant ist darüber hinaus, dass zu diesem Zeitpunkt in der Klasse der Panamax-Containerschiffe (3.000 bis 5.999 TEU) nur noch 2,7 % der Flotte im Zulauf ist. Die Zeiten für diesen von deutschen Reedern so geschätzten Schiffstyp scheinen vorüber.[60]

Containerschiffstypen

Die größten Containerschiffe bieten zurzeit für bis zu 21.500 TEU Platz. Diese ULCVs (Ultra-Large-Container-Vessels) sind sich von den Abmessungen sehr ähnlich, obwohl die Linienreeder diese mit unterschiedlicher Kapazität beschreiben.

Die Maschinenanlage und die Brücke sind hier getrennt. Die nach vorne gerückte Brücke ermöglicht hier das Stauen von Containern bis zu zehn Lagen, ohne die Sicht zu behindern. Bei einer Breite von 59 Metern können 23 Reihen nebeneinandergestaut werden. Die Schiffe haben 22 Laderäume und 24 40' Bays.

Die Tragfähigkeit beträgt, je nach Design, zwischen 185.000 und 210.000 tdw. Dies Schiffe sind 400 Meter lang und haben einen Tiefgang von 16 Metern.

Die MAERSK MC-KINNEY MØLLER (18.340 Stellplätze in TEU) war im Juni 2013 das erste Schiff einer Serie von 20 Schwestern, mit einer Länge von 400 Metern und einer Breite von 59 Metern kann diese Schiffsklasse den ausgebauten Panamakanal nicht mehr passieren.

Die Neo-Panamax-Containerschiffe sind in der grundsätzlichen Aufteilung denen der oben beschriebenen VLCCs ähnlich, jedoch mit zwischen 12.000 und 14.000 TEU Stellplätzen deutlich kleiner. Diese Schiffe sind auch die größten Einheiten der deutschen Handelsflotte. Auf 366 Metern Länge können sie zwei Bays weniger stauen und bei einer Breite von 48 Metern auch nur 19 Container nebeneinander.

59 Vergl. Clarkson Research, Shipping Intelligence Weekly, Issue No. 1,175 vom 12.06.2015, London 2015, S. 15 sowie Ernst Russ Shipbroker, The Maritime Overview, Issue No. 7 – 2015, Hamburg, S. 8

60 Vergl. Clarkson Research, Shipping Intelligence Weekly, Issue No. 1,284 vom 11.08.2017, London 2017, S. 15

Die AL RIFFA (13.296 TEU), gebaut 2012 bei Samsung in Geoje, Südkorea

Auch wenn die Linienreeder im Rahmen von Dienstumstellungen immer größere Schiffe auch in Nord-Süd-Verkehren oder auf Nebenstrecken einsetzen, so fahren die großen Einheiten in der Regel im Verkehr zwischen Europa und Fernost sowie im Transpazifik. Alle 59 Schiffe mit einer Kapazität von mehr als 18.000 Stellplätzen sind im Europa-Fernost-Dienst eingesetzt. In der Klasse darunter – also zwischen 13.300 und 17.999 TEU – verkehren von den 138 Schiffen 132 hier. (vergl. Alphaliner, Monthly Monitor September 2017)

Alle 59 Schiffe mit einer Kapazität von mehr als 18.000 Stellplätzen sind im Europa–Fernost-Dienst eingesetzt. In der Klasse darunter – also zwischen 13.300 und 17.999 TEU – verkehren von den 138 Schiffen 132 hier (vergl. Alphaliner, Monthly Monitor September 2017).

Post-Panamax-Containerschiffe können seit 2015 diese Wasserstraße befahren. Bei einer Breite von knapp 43 Metern sind sie 335 Meter lang – bei ihnen sind Brücke und Maschinenanlage noch zusammengefasst. Schiffe dieser Art werden nur noch selten zwischen Europa und Fernost, meist schon in den Nord-Süd-Verkehren eingesetzt.

Mit 8.749 TEU gehört die 2008 gebaute BREMEN EXPRESS von Hapag-Lloyd zu den Post-Panamax-Schiffen

Kleinere Post-Panamax-Schiffe (»Wide-Beams«), die also mehr als 13 Container nebeneinanderstauen, finden heute meist nur noch in den Nord-Süd-Verkehren Verwendung. Sie sind deutlich über 5.000 TEU groß. Auch wenn sie keinen Quantensprung gegenüber den Panamax-Schiffen darstellen, erlaubt es ihr Design, mehr volle Container als diese mitzunehmen.

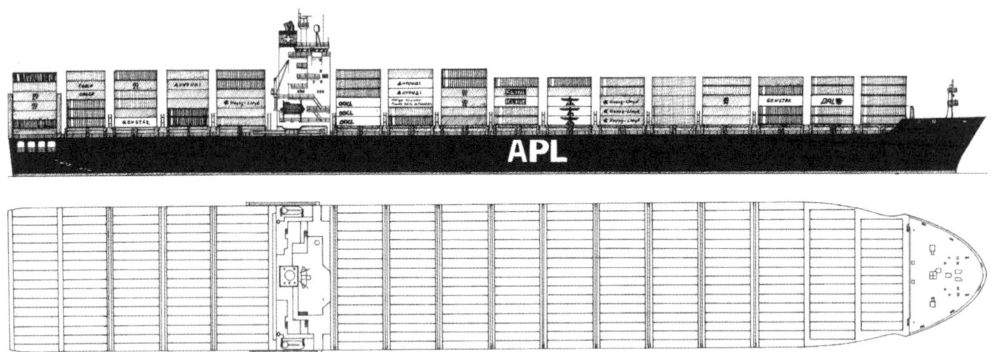

Die E.R. DENMARK, ein »Wide-Beam« mit 40 Metern Breite und 5.762 TEU

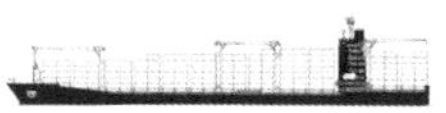

Panamax-Schiffe waren für viele Linienreeder lange Zeit die am häufigsten auf den Hauptrouten eingesetzten Schiffe. Dies lag vor allem daran, dass sich die Schifffahrtsunternehmen mit diesen Einheiten eine gewisse Flexibilität erhalten wollten, also die Möglichkeit, gegebenenfalls den Panamakanal passieren zu können. So stellte Hapag-Lloyd erst 2003 mit der "BERLIN-EXPRESS-Klasse" Schiffe mit mehr als 32 Metern Breite in Dienst – 16 Jahre nach APL (s.o.). Schon lange werden Schiffe dieser Größe nicht mehr in den längeren Ost-West-Verkehren eingesetzt und sind auch auf Nebenstrecken von effizienteren Schiffen verdrängt worden. Panamax-Schiffe haben Stellplätze für mehr als 3.000 TEU und sind zwischen 220 und 295 Metern lang.

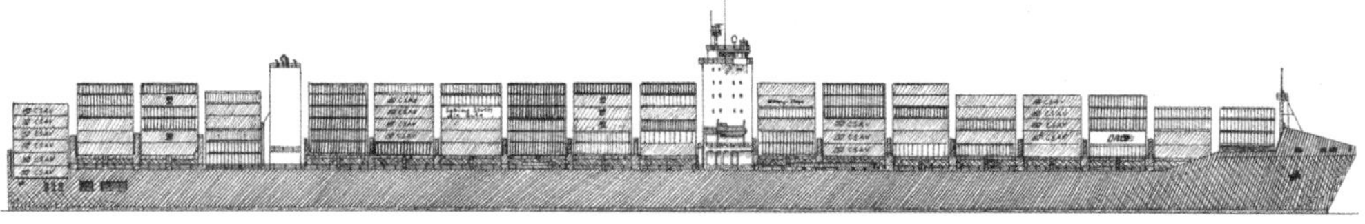

Die BERNADETTE, mit 5.300 TEU das größte Panamax-Containerschiff der Welt. Es gehört zur Flotte der Peter Döhle Schiffahrts-KG.

Auf den inter-regionalen Zubringerlinien werden Schiffe mit bis zu 3.000 TEU, die 27,5 Meter, teilweise aber auch Panamax-Breite haben, eingesetzt. Schiffe dieser Art haben häufig auch eigenes Ladegeschirr.

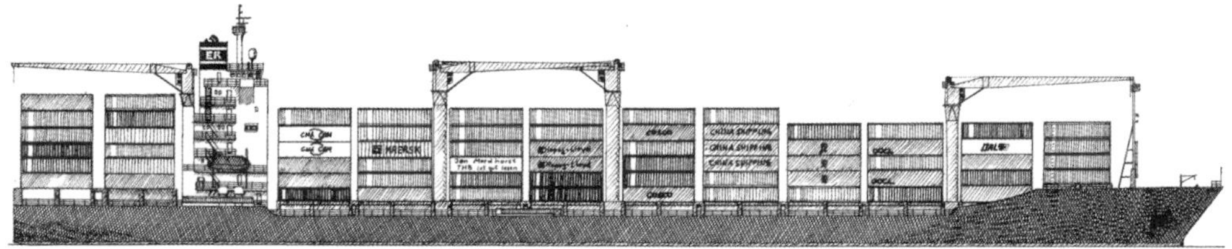

Die E.R. CAEN, ein Schiff mit 30 Metern Breite und 2.556 TEU Stellplätzen

Ab den 1990er-Jahren wurden für die (deutschen) Trampreeder Schiffe mit 1.700 Stellplätzen in großer Zahl geliefert, teilweise noch von europäischen Werften. Heute haben diese Einheiten als große Feederschiffe im regionalen Verkehr noch durchaus einen Markt, sind sie doch mit einer Länge von 185 Metern und einer Breite von 25 Metern in der Lage, auch kleinere Häfen anzulaufen.

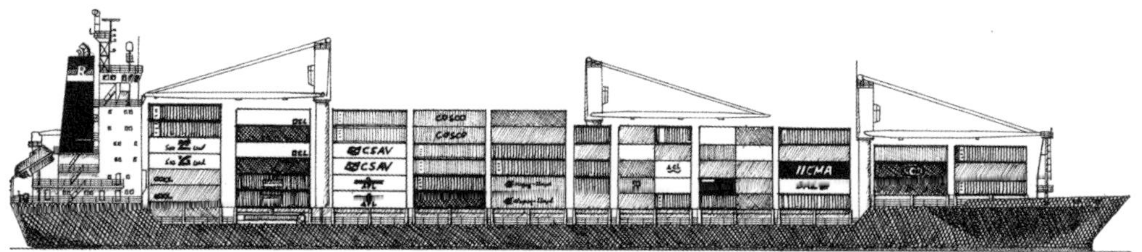

HELENE RICKMERS – 1.730 TEU, ein polnischer B170er

Schiffe, die als Zubringer auf kürzeren Strecken zwischen den Häfen der Industrienationen fahren, haben meist kein Ladegeschirr mehr, da die hafenseitige Infrastruktur dies nicht erfordert.

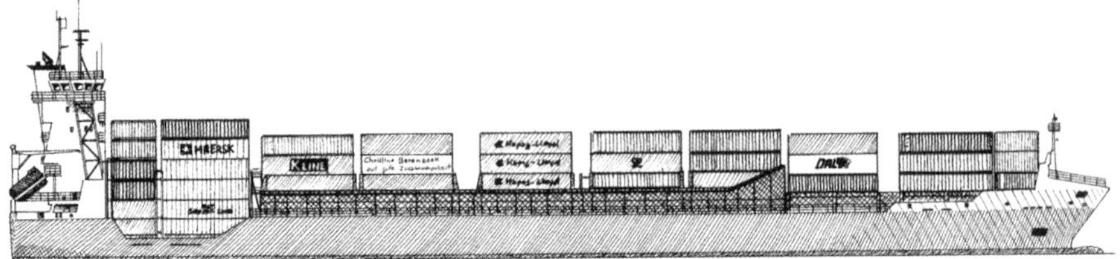

IDA RAMBOW mit 1.008 TEU eine verlängerte Version des bei deutschen Reedern vor zehn Jahren beliebten Sietas-168er-Typs. Bemerkenswert sind offene Laderäume in der Schiffsmitte, die zur Verkürzung der Hafenliegezeiten beitragen sollen.

Klassifizierung der Containerschiffsflotte			
Typ	Größe	Länge/Breite/HM kW/ Geschwindigkeit/Ladegeschirr	Verkehr
Ultra Large Container Vessels	> 14,000 TEU	399 m/59 m/59,000 kW/ 23.0 Kn/kein Geschirr	Europa–Fernost
New Panamax	10,000–14,000 TEU	366 m/48.2 m/58,000 kW/ 23.5 Kn/ kein Geschirr	Europa–Fernost, Transpazifik
Post Panamax	6,500–10,000 TEU	335 m/42.8 m/68,000 kW/ 25.25 Kn/kein Geschirr	Far-East–Europe, North-South
Wide Beams	5,000–6,500 TEU	276 m/42.8 m/55,000 kW/ 26.0 Kn/kein Geschirr	Europa–Fernost, Transpazifik, Nord-Süd
Panamax	3,000–5,100 TEU	264 m/32.2 m/37,000 kW/ 22.5 Kn/kein Geschirr	Nebenrouten, Nord-Süd
Feedermax	2,000–3,100 TEU	208 m/32.2 m/26,000 kW/ 22.4 Kn/drei Kräne	Inter Kontinental, Intra Regional,
Feeder	1,000–2,000 TEU	161 m/25 m/12,500 kW/ 19.1 Kn/2–3 Kräne	Intra Regional
Small Feeder	< 1,000 TEU	135 m/22.5 m/8.500 kW/18.5 Kn/ kein Geschirr oder bis zu drei Kränen	Zubringer kurze Strecken

Ein Blick zurück zeigt die Entwicklung der Durchschnittsgrößen der Containerschiffe. Bestand 1990 die Flotte aus 1.147 Schiffen mit einer gesamten Kapazität von 1,435 Mio. TEU, was einer Durchschnittsgröße von 1.251 TEU je Schiff entsprach, so liegt diese zum Jahresende 2016 bei 5.069 Schiffen mit 19,939 Mio. TEU, 3.934 TEU. Betrachtet man nur die in den letzten fünf Jahren in Dienst genommenen Schiffe (980 Einheiten), so liegt die Durchschnittsgröße bei 6.841 TEU. Am unteren Ende der Flotte, also bei den Schiffen kleiner 1.000 TEU Kapazität, ist das Wachstum konsequenterweise viel geringer ausgefallen, die Flotte stagniert in der letzten Dekade. Konnten 1990 558 Einheiten gezählt werden, waren dies im Jahr 2000 814, 2010 1.086 und Ende 2014 1.140.[61] Ende 2016 zählte Sea-Web/IHS nur noch 957 Einheiten.

61 Vergl.: ISL, Statistical Yearbook, div. Ausgaben, nach Clarkson, gezählt werden Schiffe ab einer Größe von 300 BRZ.

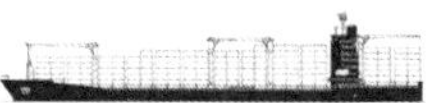

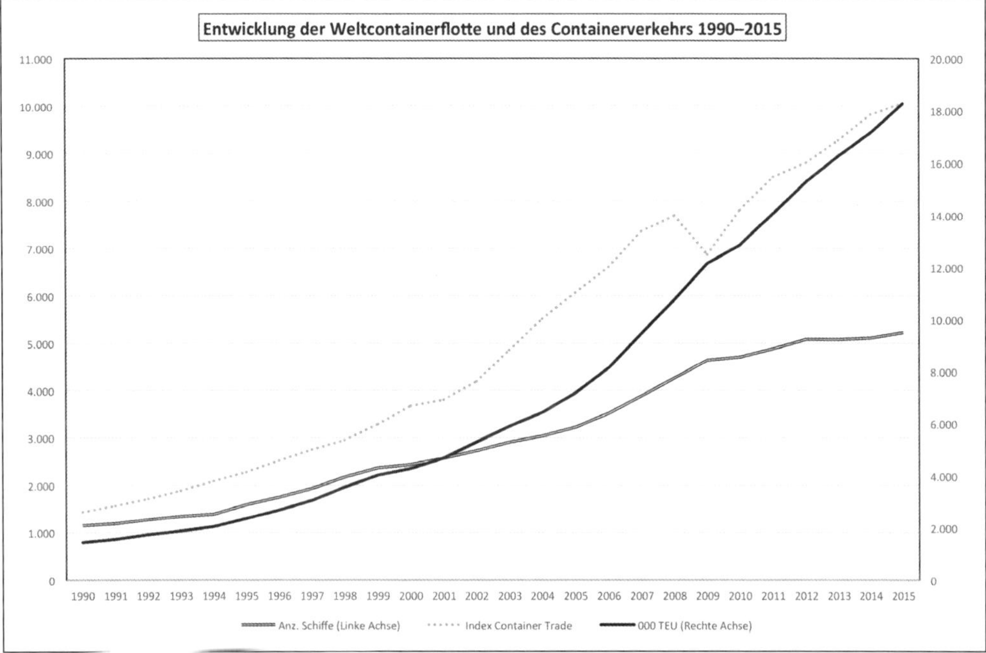

Die Anzahl der Containerschiffe ist zwischen 1990 und 2015 um 356 %, die Kapazität jedoch um 1.173 % gestiegen. Der Handel (in der Grafik oben als Index dargestellt) ist jedoch »nur« um 601 % gewachsen.[62] Bis zur Jahrtausendwende kann man hier noch von einer wachsenden Containerisierung, also von einem Wechsel von konventionellen oder Spezialschiffen hin zu den Containerschiffen ausgehen – für die Kühlschiffe gilt dies auch noch für einen längeren Zeitraum –, spätestens seit zehn Jahren dürfte aber kaum noch zusätzliche Ladung auf den Container entfallen, da der Containerisierungsgrad sich nicht mehr steigern lässt, einfach weil alle Waren, die wirtschaftlich in Containern zu transportieren sind, auch in diesen transportiert werden.

Die entfaltete Globalisierung und mit ihr die Verlagerung von Produktionsstätten nach Ostasien haben zu einer Verlängerung der Transportstrecken geführt. Allerdings bleibt die Produktivität – gemessen in Tonnenmeilen – für »Andere Waren«, unter die zu ca. einem Drittel auch Container fallen, ab der Jahrtausendwende recht stabil. Darüber hinaus hat sich die Durchschnittsgeschwindigkeit der Schiffe vermindert – viele neue Schiffe werden schon mit deutlich reduzierter Geschwindigkeit konzipiert, und die Linienreeder, die die Schiffe disponieren, lassen diese ob der erhöhten Treibstoffkosten langsamer fahren, was ein Teil der Flotte absorbiert.

Wie in kaum einem anderen Bereich der Schifffahrt denken die Reeder als Verfrachter (d.h. nicht unbedingt als Eigentümer der Schiffe) im Containerverkehr in Logistikketten. Hier spielt der Seetransport nur eine – wenn auch wichtige – Rolle. Die Gesamtkalkulation in der Logistik berücksichtigt immer auch den Vor- und Weitertransport der Ladung, die Gestellung von Containern, deren Pflege und Reparatur und den Umschlag an den Schnittstellen, also den Häfen. Der Seetransport macht – je nach Treibstoffpreis – deutlich weniger als 40 % der Gesamtlogistikkosten aus. Dennoch wird gerade hier versucht, über Stückkostenoptimierung,

62 Zahlen des Handels entwickelt aus Clarkson, Shipping Review & Market Outlook, div. Ausgaben

Wettbewerbsvorteile zu erzielen, denn diesen Teil der Transportkette haben die Verfrachter selbst in der Hand. Die Kalkulation geht also nicht vom einzelnen Schiff und dessen Kosten aus, sondern von der Transportkette und den über einen Zeitraum zu transportierenden Containern. Gedanklich sind die innerhalb eines Verkehrs eingesetzten Schiffe somit als ein einheitliches Fließband zu verstehen. Hier bieten – je nach Brennstoffpreis – größere Schiffe erhebliche Vorteile. Ein (theoretischer) Vergleich eines Liniendienstes mit 6.700-TEU- und 13.000-TEU-Schiffen zeigt eine Stellplatzkostendifferenz von 200 $ (bei Bunkerkosten von 700 $ pro Tonne), 120 $ (bei Bunkerkosten von 450 $ pro Tonne) und 90 $ (bei Bunkerkosten von 330 $/mto). Diese Kostendifferenz verändert sich, je nachdem, wie viele Container zu transportieren, also wie viele Schiffe im Dienst einzusetzen sind. Hier bietet ein Dienst mit kleineren Einheiten den Vorteil einer besseren Anpassung an die Transportmenge.[63]

Die schon erwähnte Studie der OECD und des ITF aus dem Jahr 2015 vergleicht ein 8.500-TEU- mit einem 15.000-TEU-Schiff sowie dieses mit einem von 19.000 TEU und kommt zu ähnlichen Ergebnissen Bei 24 Knoten Geschwindigkeit liegt der Kostenvorteil 8.500 zu 15.000 bei mehr als 120 $, der Kostenvorteil 15.000 zu 19.000 bei 75 $. Hierbei wird jedoch hervorgehoben, dass sich ca. die Hälfte dieses Kostenvorteils nicht auf die Größe, sondern auf ein verbessertes Design des Schiffes beziehen lässt, insbesondere die Optimierung in Bezug auf »slow steaming.« (OECD/ITF, 2015, S. 24) Darüber hinaus gehen Kostenvorteile, die sich auf den ursprünglichen Dienst, für den das jeweilige Schiff gebaut wurde, beziehen, häufig verloren, wenn es in einen anderen Dienst verbracht wird, um einem neuen – größeren – Platz zu machen. Dies bezeichnet man als den sogenannten Kaskadeneffekt.

Seit September 2010 veröffentlicht das Forschungsinstitut Alphaliner die Zuordnung der Containerschiffs-Größen zu den einzelnen Verkehren und kann damit diesen Kaskaden- oder Verdrängungseffekt über die letzten sieben Jahre darstellen. Immer schon wurden die größten Schiffe im Verkehr zwischen Europa und dem Fernen Osten eingesetzt. Die Einführung einer neuen Größe in diesem Dienst setzte kleinere Schiffe frei, die dann in anderen Regionen Beschäftigung fanden. 2010 waren von den 59 Schiffen zwischen 10.000 und 15.500 TEU 93% zwischen Europa und Fernost eingesetzt – damals die größten Einheiten. 2017 fahren »nur« noch 52 % der Containerschiffe mit einer Kapazität von 10.000 bis 18.000 TEU hier (194 von 370 Schiffen), jedoch alle, die größer als 18.000 TEU sind. Mittlerweile laufen 162 Schiffe Häfen an der US-Westküste (Transpazifik), den Mittleren Osten und Lateinamerika an – die meisten wurden vom bisherigen Dienst nach Fernost abgezogen. Die durchschnittliche Schiffsgröße hat sich in allen Verkehren erhöht, jedoch in keinem so stark wie zwischen Europa und Fernost – von 7.619 TEU (2010) auf 13.319 TEU (2017), also um 75%.

Während die Welt-Containerflotte sich im selben Zeitraum von 4.841 auf 5.153 Einheiten insgesamt um 6,4 % (48,1 % nach Kapazität) vergrößert hat, schrumpfen die Teilflotten der kleineren Schiffe. Die Panamax-Flotte (3.000 bis 5.100 TEU) hat 100 Schiffe (–11%) verloren, die Schiffsklasse darunter (2.000 bis 3.000 TEU) sogar 13,6 % (98 Einheiten). Von den Schiffen unter 1.000 TEU sind 11% (121 Einheiten) vom Markt verschwunden. Die größeren Einheiten haben demgegenüber zugelegt. Die Flotte der Schiffe über 10.000 TEU hat sich versiebenfacht.

63 Eigene Kalkulation auf Basis von (vertraulichen) Unterlagen einer großen Linienreederei. Im Beispiel werden ausgeglichene Verkehre (Ex-Import) unterstellt – es sind vier Häfen an beiden Enden angenommen. Die Berechnung basiert auf Kosten des Jahres 2012.

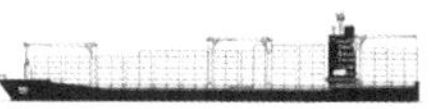

Entwicklung der Vollcontainerschiffsflotte nach Anzahl

	September		Veränderung	
Größenklasse	2010	2017	Absolut	in %
100–999	1.103	982	–121	–11,0%
1.000–1.999	1.280	1.287	7	0,5%
2.000–2.999	719	621	–98	–13,6%
3.000–3.999	319	245	–74	–23,2%
4.000–5.099	674	648	–26	–3,9%
5.100–7.499	426	462	36	8,5%
7.500–9.999	261	479	218	83,5%
>10.000	59	429	370	627,1%
TOTAL	**4.841**	**5.153**	**312**	**6,4%**

Entwicklung der Vollcontainerschiffsflotte nach TEU

	September		Veränderung	
Größenklasse	2010	2017	Absolut	in %
100–999	695.499	646.778	–48.721	–7,0%
1.000–1.999	1.806.752	1.813.465	6.713	0,4%
2.000–2.999	1.823.589	1.572.226	–251.363	–13,8%
3.000–3.999	1.087.518	853.415	–234.103	–21,5%
4.000–5.099	3.048.878	2.937.802	–111.076	–3,6%
5.100–7.499	2.594.160	2.864.678	270.518	10,4%
7.500–9.999	2.235.883	4.214.781	1.978.898	88,5%
>10.000	722.548	5.850.905	5.128.357	709,8%
TOTAL	**14.014.827**	**20.754.050**	**6.739.223**	**48,1%**

Quelle: Alphaliner Monthly Monitor (September 2010 & 2017)

Schifffahrt ist traditionell eine stark zyklische Branche. Auf Phasen, in denen enorme Gewinne erwirtschaftet werden, folgen solche, in denen oft nicht einmal die Betriebskosten gedeckt sind, in denen die Reeder aber auch, da sie eine nicht lagerbare Dienstleistung anbieten, weiterhin ihre Schiffe anbieten (müssen). Wenn dann die wirtschaftlich am wenigsten effizienten Schiffe vom Markt verschwinden, also abgewrackt werden, wenn die Schifffahrtsunternehmen sich mit den Bestellungen von neuen Schiffen zurückhalten, kann nach einigen Jahren wieder ein Marktgleichgewicht erreicht werden, was für die Reeder zu einer profitablen Situation führt. Erst in Erwartung einer solchen Lage oder bei deren Eintritt sollten dann wieder Schiffsneubauten kontrahiert werden. Die ist aber zurzeit nicht der Fall. Trotz oder gerade wegen der Krise in der Containerschifffahrt werden immer größere Schiffe bestellt. (OECD/ITF, 2015, S. 14) Die Logik dahinter ist, dass Schifffahrt – insbesondere die Containerschifffahrt – eine wenig unterscheidbare Dienstleistung anbietet und sich die Unternehmen darum vor allen Dingen in einem Preiswettbewerb befinden. Die Entscheidung eines Marktteilnehmers, in neue und größere Schiffe zu investieren, zieht Mitbewerber nach, die nicht zurückstehen wollen und dürfen. Es ist fast die einzige Handlungsalternative, die Schifffahrtsunternehmen haben, können sie doch die Märkte nicht selbst schaffen, sind also Kostenoptimierer. Der betriebswirtschaftlichen Logik der Kostendegression folgend, werden immer größere Schiffe in Fahrt genommen – mit fatalen Folgen für die gesamte Branche: Überkapazitäten und Vernichtung von Kapital.

So waren seit Ausbruch der Finanz- und Wirtschaftskrise eine Reihe von Containerschiffen zeitweise beschäftigungslos, während andere zu deutlich reduzierten Charterraten in Betrieb gehalten wurden.

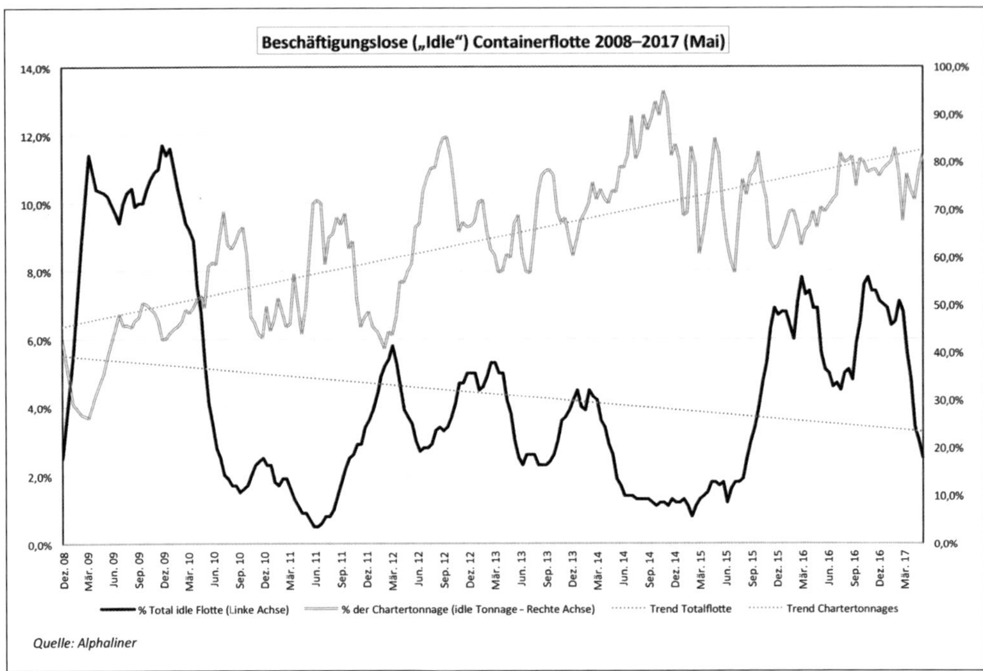

Kurz nach dem Beginn der Finanz- und Wirtschaftskrise, als der Welthandel ins Stocken geriet, waren ca. 12 % der Containerflotte (in TEU) ohne Beschäftigung (die schwarze Linie der obigen Tabelle mit der Skala auf der linken Seite). Über die Zeit nahm dies in der Tendenz ab, steigt allerdings seit Mitte des Jahres 2015 wieder stark an, sodass im Frühjahr 2016 7,4 % der Flotte »idle« sind. Interessant ist allerdings, dass die Schiffe, die den (Tramp-)Charterreedern gehören und die an die Linienreedereien vermietet werden, in diesem Bild sehr viel stärker von der Krise betroffen sind (die sogenannte »Chartertonnage« mit der Skala auf der rechten Seite). Seit 2012 sind immer mehr als 60 % der unbeschäftigten Containerschiffe diejenigen, die von den Linienreedern im Bedarfsfall zugechartert werden – wobei diese nur 50 % der Gesamtflotte ausmachen. Linienreeder versuchen also, sofern es sich um vergleichbare Containerschiffe handelt, in der Krise ihre eigenen Schiffe im Verkehr zu halten, während sie – nach Charterende – Fremdschiffe an den Eigner zurückgeben, der dann für diese häufig keine Beschäftigung findet. Darüber hinaus versuchen die Linienreeder, durch die Bildung von Konsortien ihre Tonnage effizienter auszunutzen – wir kommen hierauf noch weiter unten zu sprechen. Insbesondere für deutsche Reeder ist diese Lage fatal, sind sie es doch, die den Linienreedern ihre Schiffe andienen müssen, da sie keine eigenen Verkehre unterhalten. So sind unter den zehn größten Trampreedern sechs deutsche – unter den größten 20 sind dies 10.[64] Dieses für die deutschen Reeder so bedeutende Geschäftsmodell ist also durch neue Schiffe und die verstärkte Kooperation und Konzentration der Linienreeder hochgradig gefährdet.

64 Vergl. Alphaliner, Weekly Review, 2016 Issue 16 (13.4.2016 – 19.4.2016), S. 11

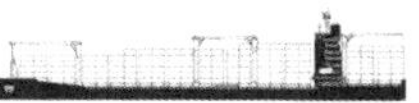

Auch wenn Linienreeder und (Container)Trampreeder unterschiedliche Geschäftsmodelle verfolgen – die einen transportieren Ladung, die anderen stellen Schiffe hierfür zur Verfügung –, so gibt es doch Zusammenhänge zwischen beiden. Die Frachtraten der Linienreeder entwickeln sich mit der allgemeinen konjunkturellen Lage, der Konkurrenz untereinander und saisonalen Aspekten wie zum Beispiel dem Weihnachtsgeschäft, in dem die Händler den Konsumenten volle Regale anbieten wollen. Seit 2005 veröffentlicht die Shanghai Shipping Exchange den Shanghai Containerized Freight Index (SCFI), der die wöchentliche Entwicklung der Export- Frachtraten dieses größten Containerhafens zu verschiedenen Destinationen abbildet.[65] Es ist der zentrale Index für die Einnahmen der Linienreeder.

Als für die Trampreeder wichtiger Index wird seit 2007 von der Vereinigung Hamburger Schiffsmakler und Schiffsagenten (VHSS) der ConTex (Container Ship Time Charter Assessment Index) errechnet, der Zeitcharterraten für eine Reihe von Containerschiffstypen darstellt. Dass dieser Index in Deutschland publiziert wird, ist folgerichtig, werden doch die meisten (Tramp) Containerschiffe von hier bereedert. Der Index wird durch Umfragen der wichtigsten Makler gebildet und monatlich veröffentlicht. Zu bemerken ist jedoch, dass er nicht alle Containerschiffsklassen beinhaltet – er zeigt nur die Marktentwicklung bis zur Panamax-Klasse –, da die größeren Schiffe in der Regel zwischen den Parteien auf vertraulicher Basis und ohne die Einschaltung eines unabhängigen Maklers geschlossen werden. Ein Vergleich des ConTex mit dem SCFI ist also nur mit gewissen Einschränkungen möglich. Dennoch lassen sich einige Schlüsse ziehen.

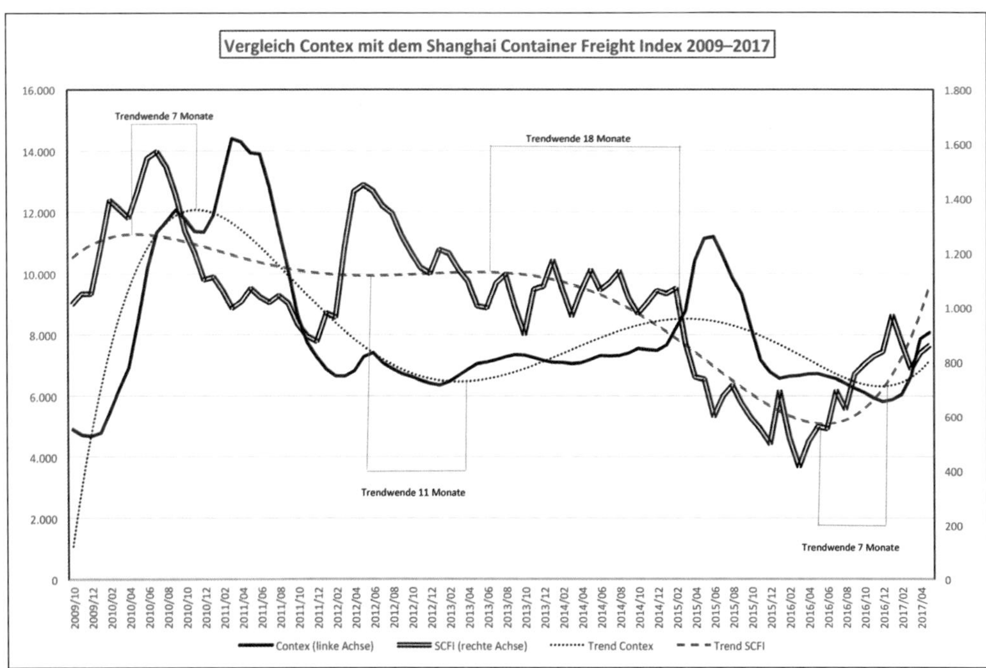

Zunächst einmal sind beiden Kennzahlen in den letzten Jahren im Trend gesunken – die Lage der Linien- wie auch der Trampreeder hat sich also verschlechtert. Die Linienreeder haben Kostenvorteile aus dem Einsatz größerer und effizienterer Schiffe an die Kunden weiter-

65 In diesen Index gehen als wichtigste Routen unter anderem ein: Nordwesteuropa (20 %); USA-Westküste (20 %); Mittelmeer (10 %); USA-Ostküste und Persischer Golf (je 7,5 %) sowie zehn weitere Verkehre.

gegeben; die Trampreeder mussten bei der Vercharterung ihrer Schiffe erhebliche Einbußen hinnehmen und diese oft unter den Betriebskosten verchartern, sodass sie weder (vollständig) ihren Fremdkapitalverpflichtungen nachkommen konnten geschweige denn Eigenkapital bilden konnten. Im Gegenteil – bei den Trampreedern kam es zur Vernichtung von Kapital bis hin zur Insolvenz.

Darüber hinaus zeigt sich aus der Betrachtung der beiden Trendkurven, dass die Charterraten der Trampreeder den Frachtraten der Linienreeder hinterhergelaufen sind – und dies mit einer Verzögerung von sieben Monaten bis zu eineinhalb Jahren. Ein Trampreeder kann also bei einer Trendumkehrung nach einer gewissen Zeit mit einer Veränderung der Charterraten rechnen. Dieser in der obigen Grafik rein visuell abgetragene Zeitverzug sollte bei einer anstehenden Vercharterung in Bezug auf die Ratenhöhe und die Charterdauer durch den Reeder berücksichtigt werden.

An der Flottenentwicklung der Containerschifffahrt zeigen sich aber auch die unterschiedlichen Sichtweisen zwischen Betriebs- und Volkswirtschaft. Mag es auch für die einzelne Reederei geboten, ja aus der Konkurrenzsituation zwingend erforderlich sein, in größere Schiffe zu investieren, so führt dies zwangsläufig zu höheren Kosten für die Gesellschaft. Denn wenn man in Betracht zieht, dass Schifffahrt immer auch in eine Logistikkette eingebunden ist, so erfordern andere – neue – Schiffe teilweise erhebliche Investitionen in – meist öffentliche – Infrastrukturen, angefangen von der Vertiefung oder Verbreiterung von Wasserstraßen über den Bau neuer Hafenanlagen und Schleusen, die Erweiterung von Straßen- und Schienennetzen und Maßnahmen zum Erhalt der regionalen Umwelt. Werden diese Aspekte in die Gesamtrechnung einbezogen, so darf bezweifelt werden, ob die neuen Containerschiffe Transportkosten per se wirklich reduzieren.

Die intensive Neubautätigkeit in der vergangenen Dekade und die nachlassende Wachstumsdynamik im Containerverkehr, auf die bereits oben schon hingewiesen wurde, haben nun in den letzten Jahren dazu geführt, dass eine Vielzahl von Containerschiffen ohne Beschäftigung war und ist. Zukünftig wird das Wachstum der Containerschifffahrt ausschließlich vom Wachstum des Konsums – Endverbraucher und Industrie – abhängen. Andere Wachstumsschübe zum Beispiel über die Verdrängung anderer Verkehrsträger (oder Schiffe) in bestimmten Fahrtgebieten wird es – wie schon ausgeführt – nicht mehr geben. Zwar sind auch hier noch Potenziale vorhanden – insbesondere wenn sich der allgemeine Wohlstand in Entwicklungs- und Schwellenländern erhöht, aber auf absehbare Zeit wird wohl keine Volkswirtschaft den Platz einnehmen, den bisher China innehat.

Die Handelsflotte allgemein

Die Welthandelsflotte ist – wie dargestellt – in den letzten Jahren stark gewachsen. Daraus folgt, dass sich die Altersstruktur verändert hat – die Flotte ist im Durchschnitt jünger geworden. Dies gilt nicht für alle Teilflotten, wie zum Beispiel Kühlschiffe, aber für die drei großen Teilsegmente, die für 87 % der Handelsflotte stehen. Auch das bestätigte Bestellvolumen, also das Orderbuch der Werften, zeigt, dass trockene Massengutfrachter und Containerschiffe hier tendenziell stärker wachsen werden als die Gesamtflotte. Würden alle Schiffe der drei großen Teilflotten, die jetzt älter als 20 Jahre sind, sofort verschrottet werden, würde dies immer noch zu einem Nettowachstum führen, wenn man das Bauprogramm dagegensetzt. Dies gilt im Prin-

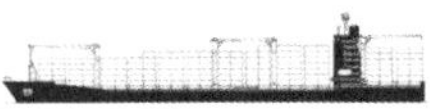

zip auch, wenn man alle Schiffe über 15 Jahre vom Markt entfernt. Lediglich die Tankerflotte würde sich etwas verkleinern.[66] Reeder, die neue Schiffe bestellt haben, versuchen, auf diese Situation zu reagieren, indem sie die ursprünglich mit den Werften vereinbarten Ablieferungstermine hinausschieben, in der Hoffnung, zu einem späteren Zeitpunkt mit den Einheiten dann in einem wirtschaftlich besseren Markt agieren zu können. Da Werften jedoch den Neubau in der Regel mit eigenem Geld vorfinanzieren und Produktionsverzögerungen somit zusätzliche Mittel in Anspruch nehmen, erwarten diese hier eine wirtschaftliche Kompensation, zumal – wenn, wie heute üblich – die Ratenfinanzierung meist so gestaltet ist, dass die großen Zahlungen erst bei Ablieferung zu leisten sind. Einige Reeder versuchen in dieser Krise auch, Zeit zu gewinnen, das heißt, das Schiff gar nicht abzunehmen, wenn abzusehen ist, dass es nicht zum vereinbarten Zeitpunkt geliefert werden kann und wenn alle zugestandenen Überziehungen seitens der Werft ausgeschöpft sind. In diesem Fall kann der Reeder seine »Refundment Guaranty« in Anspruch nehmen und erhält seine Anzahlungen zurück, wobei man mit der so in Not geratenen Werft dann doch noch über einen – erheblichen – Abschlag auf den Kaufpreis verhandeln kann und für den Reeder das Schiff unter den dann neu geltenden Bedingungen wieder eine höhere wirtschaftliche Attraktivität erlangen kann. Als dritte Option bleibt – insbesondere wenn erst 10 % bis 15 % der Kaufsumme angezahlt sind – die Stornierung des Auftrags. Die bisher dafür aufgewendeten finanziellen Mittel, also Eigenkapital, sind dann verloren.

Geht man von normalen Märkten und einer »klassischen« 70 %:30 %-Finanzierung aus, so wird ein Schiff nach zwölf Jahren seine Kredite (70 % des Gesamtkapitals), also sein Fremdkapital, zurückgeführt haben, sodass erst ab diesem Zeitpunkt der Reeder in der Regel sein Eigenkapital zurückerhält. Geht man ferner davon aus, dass der Schrottwert, also das »gesicherte« Einkommen am Ende der Lebensdauer, ca. 10 % des Investments ausmacht, so verbleiben nur wenige Jahre, in denen die Investition ihr Geld verdienen muss. Meist ist dies aber nach 15 Jahren in der gegenwärtigen Marktlage noch nicht der Fall, sodass eine Verschrottung solch junger Schiffe zu Kapitalverlusten führt, sie werden also weiter in Fahrt gehalten. Es ist dies einer der Gründe dafür, dass auch in der gegenwärtig schlechten Marktlage kaum Schiffe über 15 Jahren der Verschrottung anheimgestellt werden. Und dies führt eben dazu, dass sich die Lage auf den Schifffahrtsmärkten auf absehbare Zeit nicht entspannen wird.

Altersstruktur der Welthandelsflotte (April 2017)

	in Mio. tdw				in % der Flotte			im Zulauf	
Schiffsklasse	Total	>= 15 J.	>= 20 J.	>= 25 J.	>= 15 J.	>= 20 J.	>= 25 J.	in Mio. tdw	in %
Tankschiffe	654	145	53	21	22 %	8 %	3 %	86	13 %
Massengutfrachter	791	123	64	21	16 %	8 %	3 %	65	8 %
Containerschiffe	247	42	15	4	17 %	6 %	2 %	33	13 %
Andere Schiffe	210	111	85	66	53 %	41 %	31 %	15	7 %
Welthandelsflotte TOTAL	1.903	421	216	112	22 %	11 %	6 %	199	10 %

Quelle: Sea-Web, Schiffe > 300 BRZ

66 Dies ist sicher vereinfacht, denn die zu bauenden Schiffe kommen erst in einem Zeitraum von zwei bis drei Jahren und die Ablieferung wird teilweise bewusst »gestreckt«, wenn die aktuelle Marktlage einen profitablen Einsatz nicht erwarten lässt.

Wie schon oben angedeutet, wird eine »weiche« Verschrottung, also eine, die Schiffe bei Erreichen des fünften Klasselaufs (nach 20 Jahren) der Verwertung anheimstellt, nicht ausreichen, um das Wachstum der Welthandelsflotte nachhaltig zu vermindern. Nur 8 % der Tankerflotte fallen in diese Alterskategorie; 13 % der fahrenden Tankerflotte stehen jedoch in den Auftragsbüchern der Werften. Für die Massengutfrachter gilt ein besseres Verhältnis – hier sind ebenfalls 8 % älter als 20 Jahre, jedoch nur noch 8 % im Zulauf. Dramatischer ist die Situation bei den Containerschiffen, handelt es sich hier um einen relativ neuen Schiffstyp, bei dem darüber hinaus in den vergangenen Jahren eine erhebliche Größenentwicklung bezogen auf die einzelnen Einheiten zu beobachten war. Hier sind nur 6 % der Schiffe vor 1997 gebaut, während 13 % in den nächsten Jahren die Flotte ergänzen werden.[67] Bereits heute stellen Containerschiffe über 10.000 TEU Stellplatzkapazität 26 % der Flotte – eine Schiffsgröße, die es vor zehn Jahren noch nicht gegeben hat.

Bei Betrachtung der Altersstruktur der (Teil)Flotten und der hier zugrunde liegenden Neubautätigkeit muss eine Unterscheidung gemacht werden. Während das Wachstum der Containerflotte in den letzten Jahren stark von den Linienreedern selbst getrieben wurde, sei es, dass sie Schiffe selbst bestellt oder sich diese langfristig durch Charter- oder Leasingverträge gesichert haben, sind insbesondere Massengutfrachter spekulativ gebaut worden. Fast 30 % der Bulk Carrier – und dies gilt für fast alle Größenklassen in diesem Segment – sind jünger als fünf Jahre, d.h., sie sind nach Beginn der Schifffahrtskrise in Auftrag gegeben worden. Klassische Trampreeder, allen voran Griechen, konnten einerseits durch günstige Neubaupreise überzeugt werden, andererseits sind Bauaufträge für Containerschiffe in Massengutfrachter umgewandelt worden. Darüber hinaus sind auch neue publikumsfinanzierte Unternehmen entstanden, die ebenfalls mit attraktiven Werftpreisen gelockt wurden. Kommt man auf die oben angesprochene Finanzierung zurück und bezieht mit ein, dass mehr als 70 % aller Massengutfrachter jünger als zehn Jahre sind, so kann man davon ausgehen, dass kaum eines dieser Schiffe bisher seinen Fremdkapitalverpflichtungen vollständig nachgekommen ist, es sei denn, der Reeder hat sein eigenes Kapital aufgezehrt. Die Frage ist, ob gerade mittelständische Unternehmen diese Situation noch lange durchstehen können werden.

Dennoch zeigt der Neubaubestand der Massengutfrachterflotte, dass die Reeder bei diesem Schiffstyp im letzter Zeit etwas vorsichtiger geworden sind. Beträgt der erwartete Zulauf zur Bulker-Flotte im April 2017 8 %, so waren dies im August 2015 16 %, und dieser Wert lag schon erheblich unter den 23,3 %, die zur Jahresmitte 2014 im Zulauf waren.

67 Alle betrachteten Teilflotten werden in Deadweight gemessen, obschon für Containerschiffe die Betrachtung der Stellplatzkapazität in TEU richtiger wäre. Dennoch gibt auch für Containerschiffe die Ladekapazität einen guten Richtwert.

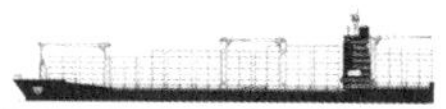

Altersstruktur der Welthandelsflotte nach Schiffstypen (April 2017)

	Gesamtflotte		Tankschiffe		Massengutfrachter		Containerschiffe	
Alter	Mio. tdw	in %	Mio. tdw	in %	Mio. tdw	in %	Mio. tdw	in %
0–5 J.	443	23%	125	19%	222	28%	67	27%
5–10 J.	690	36%	224	34%	343	43%	79	32%
10–15 J.	350	18%	161	25%	103	13%	60	24%
15–20 J.	204	11%	92	14%	60	8%	27	11%
20–25 J.	105	6%	32	5%	42	5%	11	4%
Älter 25 J.	112	6%	21	3%	21	3%	4	2%
Total Existierende Flotte	**1.903**	**100%**	**654**	**100%**	**791**	**100%**	**247**	**100%**
Über 20 Jahre alt	216	11%	53	8%	64	8%	15	6%
Flotte im Zulauf	199	10%	86	13%	65	8%	33	13%

Quelle: Sea-Web Datenbank April 2017

Altersstruktur der Welttankerflotte nach Größenklassen

	Gesamtflotte		VLCC		Suezmax		Aframax		Midrange		Andere	
Alter	Mio. tdw	in %	Mio. tdw	in %	Mio. tdw	in %	Mio. tdw	in %	Mio. tdw	in %	Mio. tdw	in %
0–5 J.	125	19%	43	20%	15	17%	25	20%	25	31%	16	12%
5–10 J.	224	34%	82	38%	33	37%	44	35%	27	32%	37	27%
10–15 J.	161	25%	44	20%	20	23%	36	29%	19	23%	41	30%
15–20 J.	92	14%	40	18%	15	17%	15	12%	6	7%	16	12%
20–25 J.	32	5%	9	4%	4	5%	5	4%	3	4%	10	7%
Älter 25 J.	21	3%	0	0%	1	1%	2	1%	2	3%	15	11%
Total Existierende Flotte	**654**	**100%**	**220**	**100%**	**89**	**100%**	**128**	**100%**	**83**	**100%**	**135**	**100%**
Über 20 Jahre alt	53	8%	10	4%	6	6%	7	5%	6	7%	25	19%
Flotte im Zulauf	86	13%	28	13%	13	15%	23	18%	9	10%	13	10%

Altersstruktur der Weltmassengutfrachterflotte nach Größenklassen

	Gesamtflotte		Capesize		Panamax		Handymax		Handysize		Andere	
Alter	Mio. tdw	in %	Mio. tdw	in %	Mio. tdw	in %	Mio. tdw	in %	Mio. tdw	in %	Mio. tdw	in %
0–5 J.	222	28%	93	26%	50	31%	56	31%	22	30%	1	6%
5–10 J.	343	43%	180	50%	52	32%	75	41%	32	43%	4	29%
10–15 J.	103	13%	47	13%	25	16%	22	12%	7	9%	2	11%
15–20 J.	60	8%	17	5%	23	14%	14	8%	5	6%	2	12%
20–25 J.	42	5%	18	5%	9	5%	9	5%	4	5%	2	16%
Älter 25 J.	21	3%	6	2%	3	2%	4	2%	5	7%	4	25%
Total Existierende Flotte	**791**	**100%**	**361**	**100%**	**162**	**100%**	**180**	**100%**	**74**	**100%**	**15**	**100%**
Über 20 Jahre alt	64	8%	24	7%	12	7%	13	7%	9	12%	6	42%
Flotte im Zulauf	65	8%	34	9%	12	7%	13	7%	6	8%	0	3%

Altersstruktur der Weltcontainerschiffsflotte nach Größenklassen

	Gesamtflotte		ULCV		Neo-Panamax		Post-Panamax		Wide-Beam		Panamax		Feedermax		Feeder	
Alter	Mio. tdw	in %	Mio. tdw	in %	Mio. tdw	in %	Mio. tdw	in %	Mio. tdw	in %	Mio. tdw	in %	Mio. tdw	in %	Mio. tdw	in %
0–5 J.	67	27%	18	76%	16	45%	20	30%	6	22%	1	3%	2	10%	3	10%
5–10 J.	79	32%	5	19%	19	52%	21	32%	7	24%	16	39%	5	21%	7	23%
10–15 J.	60	24%	1	5%	1	3%	20	30%	7	24%	15	39%	8	36%	8	25%
15–20 J.	27	11%	0	0%	0	0%	4	6%	7	25%	6	14%	5	21%	6	18%
20–25 J.	11	4%	0	0%	0	0%	1	1%	1	5%	2	4%	2	8%	5	17%
Älter 25 J.	4	2%	0	0%	0	0%	0	0%	0	0%	1	2%	1	4%	2	7%
Total Existierende Flotte	247	100%	23	100%	35	100%	66	100%	29	100%	40	100%	22	100%	32	100%
Über 20 Jahre alt	15	6%	0	0%	0	0%	1	1%	2	5%	2	5%	3	12%	8	24%
Flotte im Zulauf	17	7%	17	74%	8	22%	1	2%	0	0%	0	0%	0	0%	2	7%

Quelle: Sea-Web Datenbank April 2017

Interessant wird die weitere Entwicklung der Neubautätigkeit sein. Kapital, das immer mobiler wird, sucht auch in der Schifffahrt Anlagesphären. Nachdem die Investoren für einige Zeit einen besseren Markt für Öl- und Ölproduktentransporte erwartet haben, ist auch die Neubautätigkeit im Tankermarkt angezogen. Während im gesamten Jahr 2016 117 Öltanker bei den Werften bestellt wurden, sind dies in den ersten sieben Monaten des Jahres 2017 bereits 129 neue Aufträge. Die Bestellungen von Rohöltankern machen Anfang August 2017 12,4 % der bestehenden Flotte aus.[68] Der Tankermarkt wird in der Hoffnung auf nachhaltige Besserung überbaut.

Weiterhin wächst der Druck auf die Werften, Aufträge hereinzunehmen. Reeder werden mit Preisabschlägen und – insbesondere im Falle Chinas – mit Hilfen bei der Finanzierung gelockt, trotz trüber Marktaussichten weiterhin Schiffe zu bestellen und damit die Flotten zu vergrößern.

Was bewegt Reeder, in der größten Schifffahrtskrise weiterhin Schiffe zu bestellen? Der wichtigste Aspekt sind die mit dem Aufstieg Chinas zur größten Schiffbaunation erheblich erweiterte Werftkapazität und die daraus folgende Konkurrenz der Betriebe untereinander, die zu einem – wie oben angedeutet – günstigen Neubaupreis für ein Schiff führen. Die Werften sind gezwungen, kontinuierlich neue Aufträge zu akquirieren, und gerade in Krisenzeiten bereit, auf ihre Marge zu verzichten. Sie sind – wollen sie im Markt bleiben – gezwungen, Aufträge hereinzunehmen.

Der Schiffbaupreis bestimmt für die Reeder die während der Betriebsphase zu erbringenden Kapitalkosten. Und hier spielen günstige Preise – unterstellt, die Schiffe sind auch technisch vergleichbar – die entscheidende Rolle. Die hohen Kapitalkosten können so zum klassischen Geburtsfehler eines Schiffes werden, denn von diesen kommt der Eigner, solange er das Schiff betreibt, nicht mehr los. Insgesamt liegt der vom Reeder zu tragende Kapitaldienst in der Regel deutlich höher als die Schiffsbetriebskosten. Beide zusammen – Betriebs- und Kapitalkosten – machen die Bereitstellungskosten des Schiffes aus.[69] Zusammen sollten sie

68 Vergl. Clarkson Research, Shipping Intelligence Weekly, No. 1.284 vom 11.08.2017, S. 14

69 Reisekosten (Treibstoff-, Hafen und Kanalkosten etc.) und Ladungsumschlagskosten, die einen noch höheren Anteil an den Transportkosten ausmachen können, werden meist nicht vom Schiffseigner getragen, sondern liegen aufseiten des einsetzenden Unternehmens (»Operator«).

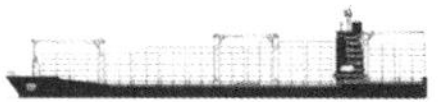

geringer sein als die Erlöse aus einer Zeitvercharterung, daher der hier gewählte Name »Time Charter Costs« in der nachfolgenden Tabelle.

Schiffbaupreise 2008 und 2012 sowie daraus folgende Kapitalkosten pro Tag (in $)

	Baupreis (inkl. Nebenkosten) in $ (im Bestelljahr)						Kapitalkosten pro Tag		
Schiffstyp	2008	2012	Diff	Lebens-Finanzie-rungsdauer	Leergewicht (mto)	Schrottwert	2008	2012	Diff
Tanker VLCC (320,00 dwt)	150.000.000	93.000.000	57.000.000	22	42.000	14.700.000	33.200	20.231	12.969
Tanker MR Tanker (51,000 dwt)	47.500.000	34.000.000	13.500.000	22	11.000	3.850.000	10.564	7.493	3.072
Bulker Capesize (180,000 dwt)	88.000.000	46.000.000	42.000.000	20	24.000	8.400.000	20.394	10.362	10.032
Bulker Supramax (62,000 dwt)	42.000.000	24.300.000	17.700.000	20	10.500	3.675.000	9.758	5.531	4.228
Container (13,000 TEU)	166.000.000	107.000.000	59.000.000	25	41.500	14.525.000	34.852	22.207	12.645
Container (2,750 TEU)	50.000.000	30.500.000	19.500.000	25	11.500	4.025.000	10.515	6.336	4.179

Zinsen auf Gesamtkapital 6% p.a. – unterstellt wird eine annuitätische Verzinsung

Quelle: Preise von Clarkson Research – Dezember 2011 und Mai 2015

Kosten, Erlöse und Tagesergebnis (2015) bei Schiffen unterschiedlicher Bestelljahre

alle Werte in US-$	Tagesbetriebskosten (inkl. Werftrückstellung und Administration)			Gesamtschiffssystemkosten (Betrieb und Kapital) pro Tag			Zeitcharter Erlöse pro Tag	Erlös-(Verlust-) Position pro Tag bestellt …	
Schiffstyp	2008	2012	Diff	2008	2012	Diff		2008	2012
Tanker VLCC (320,00 dwt)	11.770	11.270	500	44.970	31.501	13.469	45.479	509	13.978
Tanker MR Tanker (51,000 dwt)	8.270	7.770	500	18.834	15.263	3.572	18.349	–485	3.086
Bulker Capesize (180,000 dwt)	7.180	6.680	500	27.574	17.042	10.532	9.529	–18.045	–7.513
Bulker Supramax (62,000 dwt)	5.855	5.355	500	15.613	10.886	4.728	7.917	–7.696	–2.969
Container (13,000 TEU)	11.250	10.750	500	46.102	32.957	13.145	55.095	8.993	22.138
Container (2,750 TEU)	6.340	5.840	500	16.855	12.176	4.679	13.250	–3.605	1.074

TC-Earnings based on 6 months to one year charter

Quelle: Betriebskosten von Drewry Consultants – Zeitchartererlöse von Clarkson Research – Juni 2015

Wie aus der obigen Tabelle ersichtlich, führt zum Beispiel eine Kaufpreisdifferenz von 57 Mio. $ – wie im Falle eines Großtankers (VLCC)– zu geringeren Kapitalkosten pro Tag von ca. 13.000 $ für ein an sich vergleichbares, aber im hohen Markt bestelltes Schiff, wobei dieses neuere dann eventuell schon über eine verbesserte technische Auslegung, wie eine verbrauchsärmere Antriebsanlage, oder heute bereits erforderliche Einrichtungen zur Schiffssicherheit oder zum Umweltschutz verfügt. Der Reeder mit dem günstigen Schiff (2012 bestellt – 2014 geliefert) kann also noch profitabel seine Dienstleistung anbieten, während ein anderer schon Verluste einfährt. Es ist bei der obigen Kapitalkostenrechnung zu bemerken, dass es sich um eine annuitätische Betrachtung handelt und nicht um eine Liquiditätsrechnung. Bei einer gewöhnlichen Schiffsfinanzierung entspricht der oben errechnete Wert jedoch dem Fremdkapitaldienst (Zinsen und Tilgung) des Schiffes in den ersten Jahren.

Der Vergleich dieser beiden Jahre zeigt die Situation im Extrem. Clarkson errechnet in seinem »Newbuilding Price Index« für 2008 nie gekannt hohe Baupreise, während 2012 das Jahr mit den in der letzten Dekade geringsten Preisen war. Der Unterschied vom Indexwert 2008 (192) zu dem von 2012 (128) beträgt 33 %. Dieser Preisverfall wird von den oben genannten Schiffstypen – bis auf den MR-Tanker – sogar noch übertroffen.

Die 13.000-TEU-Containerschiffe werden von Clarkson in den Marktberichten als Referenzen für Großcontainerschiffe aufgeführt. Tatsächlich wurden Schiffe von 12.500 bis 13.500 TEU in der Regel nur zwischen 2010 und 2014 gebaut, heute haben Containerschiffe dieser Klasse eher eine Stellplatzkapazität von über 14.000 TEU.

Die in der letzten Spalte der Tabelle ermittelten Kostenvorteile veranlassen also viele Reeder, auch in Krisenzeiten weiterhin Neubauten zu ordern. Zählt man dann noch die Kosten des Betriebs hinzu (OPEX), die für das neuere Schiff 500 $ am Tag geringer angesetzt wurden, so ergibt sich, dass im gegenwärtigen Markt – wenn überhaupt – fast nur die neueren Schiffe noch Überschüsse erwirtschaften können, also profitabel sind. Natürlich trifft diese theoretische Rechnung nicht immer die Realität. Wenn Schiffe, die 2008 bestellt wurden, seit Infahrtsetzung langfristig für bis zu 12 Jahren verchartert worden sind und wenn der Charterer sich trotz des allgemein zurzeit niedrigen Ratenniveaus an den ursprünglichen Vertrag hält, so kann auch ein 2008 bestelltes Schiff in der heutigen Zeit rentabel fahren. Insbesondere für Containerschiffe, die in Kooperation mit den Linienreedereien in Auftrag gegeben wurden, kann dies der Fall sein.

Denn anders als bei den anderen fünf Schiffstypen, die hier als Beispiele aufgeführt werden, werden Großcontainerschiffe über 10.000 TEU Stellplatzkapazität kaum spekulativ, sondern in der Regel immer gegen eine langfristige Charter mit einem Linienreeder bestellt. Die Chartern gehen bis 15 Jahre, im Durchschnitt liegt die Vercharterung bei 11 Jahren. Aufgrund dieser Tatsache ergibt sich, dass die Chartereinnahmen ausreichen, um den Liquiditätsbedarf des Schiffes zu decken und für den Reeder ebenfalls eine Rendite zu erwirtschaften. Da diese Chartern allerdings nicht über die gesamte wirtschaftliche Nutzungsdauer des Schiffes gestaltet sind, besteht hier für den Eigner nach Ablauf der Anfangscharter immer auch das Risiko, dass das Schiff danach nicht mehr genügend auffährt, um alle anfallenden Kosten zu begleichen. Darüber hinaus – und dies gilt für alle langfristigen Verträge – besteht auch die Gefahr, dass steigende Betriebskosten aufgrund von technischen Problemen, neuen Anforderungen oder aus dem Ruder laufenden Kostenentwicklungen für Personal, Betriebsstoffe und Ersatzteile zu einer Verlustsituation führen können. Auch kann es sein, das im Konkurrenzkampf der Linienreeder untereinander einige auf der Strecke bleiben, die vereinbarten Chartervereinbarungen platzen. Der Eigner erhält dann sein Schiff zurück und muss es zu niedrigeren Marktkonditionen neu vermieten. Aber allein schon eine allgemein schlechte Marktlage und die wirtschaftlich schwierige Situation von Linienreedern können der Ansatz dafür sein, Charterverträge nachzuverhandeln, also die Raten zu reduzieren.

Sehr volatil hat sich in den letzten Jahrzehnten der Massengutmarkt entwickelt. Am Beispiel der Panamax-Schiffe lässt sich dies darstellen. Zunächst einmal ist festzuhalten, dass – mit Ausnahme des Jahres 1986 – die Verschrottungen (in tdw) immer unter den Ablieferungen gelegen haben, die Flotte ist also (fast) immer gewachsen[70].

Darüber hinaus reagieren Neubestellungen von Schiffen schnell auf den jeweiligen Markt – hier ausgedrückt im Ratenniveau einer Ein-Jahres-Zeitcharter. Neu abgeschlossene Bauver-

70 Für die Welthandelsflotte insgesamt weisen die drei aufeinanderfolgenden Jahre 1984 bis 1986 höhere Abwrackzahlen aus als Zugänge – siehe unten.

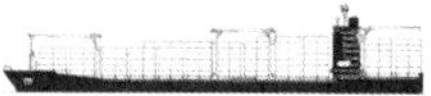

träge führen dann zwei bis drei Jahre später zu Ablieferungsspitzen, zu einer Steigerung der neu in Fahrt kommenden Schiffe.

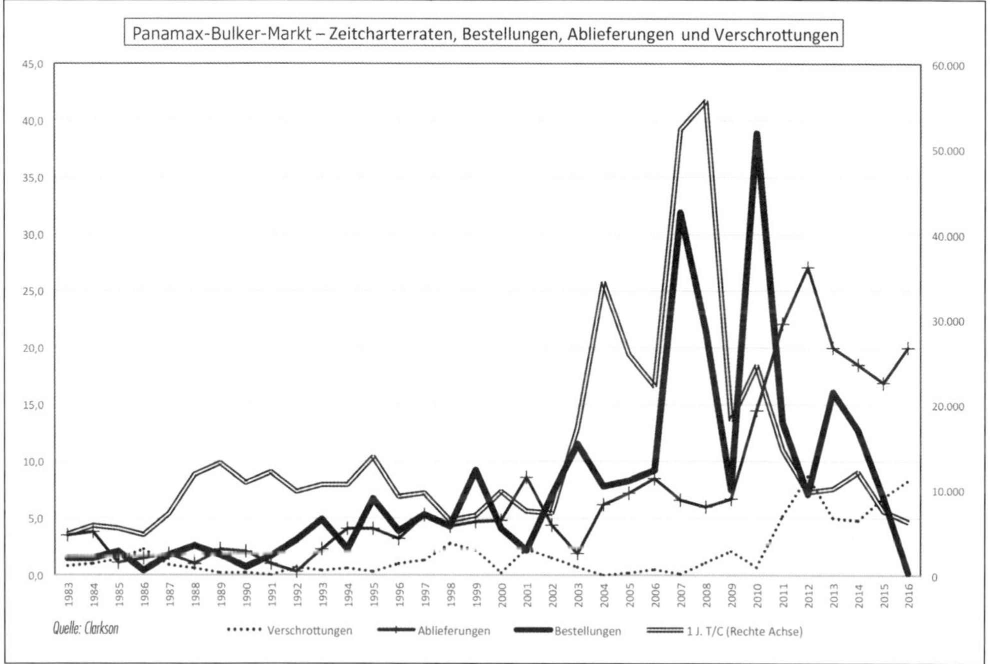

Eigentlich finden Reeder immer einen Grund, Neubauten in Auftrag zu geben. Erlauben die Märkte einen wirtschaftlichen Betrieb der Schiffe, geht man davon aus, dass die Schiffe auch langfristig angenommen werden, da ja steigende Charterraten für Indikatoren eines Wachstums des Transportvolumens gehalten werden. Fallen die Charterraten und sinken mit ihnen auch die Baupreise, gehen viele Reeder davon aus, dass die Märkte sich während der Schiffbauphase wieder erholen und dann – wenn das Schiff in Fahrt geht – dieses zu auskömmlichen Chartern beschäftigt werden kann. Darüber hinaus besteht immer die Möglichkeit, bei wieder steigenden Märkten, den Bauvertrag mit Gewinn zu veräußern. Letztendlich ist es in Krisenzeiten für einen Investor immer reizvoll, günstig zu erwerben, um dann später teuer abzustoßen.

Betriebswirtschaftlich möglicherweise sinnvolles Verhalten hat jedoch, handeln alle Marktteilnehmer gleich, die fatalen Konsequenzen, die wir seit einigen Jahren als erhebliche Überkapazitäten in fast allen Teilbereichen der Schifffahrt wahrnehmen.

Der Schiffsneubaumarkt

Nach wie vor dominieren die drei großen Schiffbauländer China, Südkorea und Japan den Schiffbaumarkt. Zusammen entstehen hier – in Bruttoraumzahl ausgedrückt – 88 % aller Neubauten.[71] Deutschland belegt den siebten Rang, hier werden überwiegend noch Passagierschiffe und RoRo-Fähren gefertigt.

Historisch hat sich in den letzten 60 Jahren eine erhebliche regionale Verschiebung des Schiffbaus nach Ostasien ergeben. Bereits Anfang der 1960er-Jahre war Japan die führende Schiffbaunation der Welt, die in den 1970er- und 1980er-Jahren teilweise mehr als die Hälfte aller Neubauten lieferte. Jedoch spielten auch die Bundesrepublik, Großbritannien und Schweden eine bedeutende Rolle – Länder, die 2014 gerade einmal 1 % der Ablieferungskapazitäten auf sich ziehen. In den 1980er-Jahren wurde dann Südkorea – zuerst mit japanischem Kapital – zum zweitgrößten Schiffbauplatz und überholte dann im Jahr 2000 Japan. Rasant gestaltete sich der Aufstieg der Volksrepublik China – zwischen 1996 und 2014 hat sich der Ausstoß der chinesischen Werften mehr als verzwanzigfacht!

Interessant ist die erhebliche Konzentration der Schiffbaukapazitäten. Während zum Beginn des Betrachtungszeitraums noch eine Vielzahl von Ländern über Neubauwerften verfügten, die auch große Teile der Handelsflotte lieferten – zu nennen sind hier Frankreich, die Niederlande, Italien und die Vereinigten Staaten von Amerika –, beherrschen heute die großen

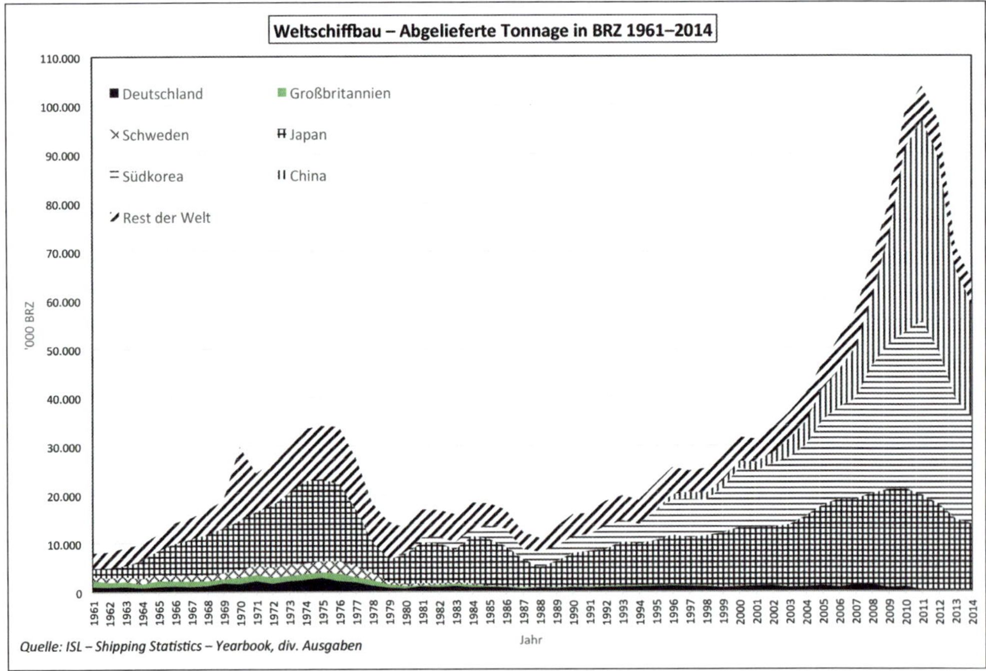

Quelle: ISL – Shipping Statistics – Yearbook, div. Ausgaben

71 Die Wertung von Schiffbautätigkeit in Bruttoraumzahl ist etwas irreführend, da sie die unterschiedliche Bauleistung und Wertschöpfung nicht genau wiedergibt. Schiffbaustatistiken geben hier meist eine gewichtete BRZ an (CGT – »Compensated Gross Tonnage«), da diese die unterschiedliche Arbeitsleistung bei – z.B. – der Fertigung eines hochwertigen Passagierschiffs oder LNG-Tankers der eines Massengutfrachters gegenüberstellt. Dennoch gibt auch die Messung in BRZ (GT) zumindest einen guten Hinweis auf die Größe der Schiffbauländer.

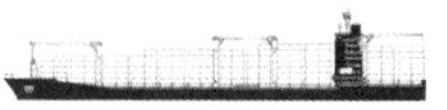

drei unangefochten den Markt. Darin wird die Tendenz sichtbar, dass nationale Präferenzen von Schiffseignern, in eigenen Land oder zumindest in der nahen Region zu bauen, verschwunden sind. Es wird dort gebaut, wo es wirtschaftlich – und das heißt preislich – vertretbar ist. Die Unterstützung nationaler maritimer Cluster spielt – außer vielleicht in Japan oder in der Volksrepublik China – keine Rolle mehr.

Noch ein weiterer Aspekt verdient hier Erwähnung: Die Werftkapazitäten haben sich in den letzten Jahrzehnten erheblich erweitert. Wurden 1961 noch 7,9 Millionen Bruttoregistertonnen an die Schiffseigner übergeben, so waren dies 2014 63,9 Millionen – also eine Steigerung um mehr als 800 %. Vergleicht man das Basisjahr mit dem Jahr des – bisher – größten Ablieferungsvolumens, 2011, so macht die Steigerung 1.300 % aus. Der ständig steigende Bedarf an Öl und Ölprodukten führte in den 1960er-Jahren bis Mitte der 1970er-Jahre zu einer ersten Ablieferungswelle, die mit der Ölkrise 1974 dann abbrach – Großtanker waren nicht mehr gefragt. Anfang der 1980er-Jahre setzte dann der Boom der Massengutfrachter ein, der schon Mitte der 1980er-Jahre mit der Weltwirtschaftskrise zum Erliegen kam. Die 1990er-Jahre lösten dann mit der Einbindung vor allem Chinas in die Weltwirtschaft und der Beschleunigung dessen, was wir heute als Globalisierung bezeichnen, einen erneuten Wachstumsschub aus. Dies kam mit der Finanz- und Wirtschaftskrise infolge des Lehmann-Zusammenbruchs zum Halt. So ist die mengenmäßige Entwicklung des Schiffbaus auch immer ein Spiegelbild der Weltwirtschaft und der Konjunktur, wobei zu berücksichtigen ist, dass – da zwischen der Bestellung eines Schiffes und dessen Ablieferung meist zwei bis drei Jahre vergehen – hier ein gewisser Zeitverzug in Erwägung gezogen werden muss.

Hauptschiffbauländer (Dezember 2016)

Rang	Land	Mio. BRZ	in %	Schiffe[1]	Bauplätze[2]
1	China	64,07	39,1 %	1.975	190
2	Südkorea	41,02	25,0 %	524	21
3	Japan	37,56	22,9 %	885	76
4	Philippinen	4,17	2,5 %	74	8
5	Deutschland	2,23	1,4 %	40	15
6	Italien	2,15	1,3 %	64	24
7	Brasilien	2,07	1,3 %	84	22
8	Rumänien	1,14	0,7 %	99	8
9	Vietnam	1,05	0,6 %	117	30
10	Frankreich	0,99	0,6 %	8	3
	Andere Länder (# 46)	*7,53*	*4,6 %*	*1.129*	*382*
	Total	**163,99**	**100,0 %**	**4.999**	**779**

Schiffe über 300 BRZ

1 Schiffe in Bau oder bestellt

2 Aktive Bauplätze (nicht Schiffswerftgruppen)

Quelle: Sea-Web Datenbank (Ende Dezember 2016)

Zu Ende des Jahres 2016 ist die Volksrepublik China beim Bau von fast allen Schiffsgruppen führend (nach Anzahl). So werden 59 % aller Containerschiffe, 50 % aller Tanker und 31 % aller trockenen Massengutfrachter hier gefertigt. In Südkorea stehen 30 % der Tanker in den Orderbüchern der dortigen Werften, während Japan 42 % aller trockenen Massengutfrachter baut. Insbesondere, dass der japanische Yen gegenüber dem US-$, der Hauptwährung bei Schiffsbestellungen, abgewertet hat, hat die Wettbewerbsposition dieses Hochlohnlandes wieder verbessern können. Im Jahr 2015 konnten japanische Werften Schiffe zu etwa den gleichen preislichen Bedingungen anbieten wie ihre Konkurrenten aus der Volksrepublik China – und dies bei in der Regel deutlich höherer Qualität, die sich insbesondere im besseren Wiederverkaufswert der Schiffe ausdrückt.[72] Darüber hinaus spielt den japanischen Werften das Bestreben japanischer Reedereien, im Rahmen ihres nationalen Netzwerks zu wirtschaften und bevorzugt mit Landsleuten Geschäfte zu machen, in die Hände – immerhin besitzt das rohstoffarme Land die zweitgrößte Handelsflotte der Welt.

Die Spezialisierungsanstrengungen europäischer Schiffbaubetriebe, die im Massenschiffbau auf großen Betriebsstätten schon lange nicht mehr mithalten können, zeigen sich bei den Passagierschiffen. 88 % dieser Einheiten (gemessen in BRZ) sind Produkte europäischer Werften, 30 % des Schiffsraums kommt aus Italien, dicht gefolgt von Deutschland (28 %). Weitere bedeutende Länder sind Frankreich (14 %) und Finnland (11 %). In den westeuropäischen Ländern werden meist die besonders großen Passagierschiffe gebaut, sodass bezogen auf die Anzahl der Schiffe nur 46 % in den Auftragsbüchern stehen (88 von 192 Schiffen).

Im Frühjahr 2017 werden in Deutschland weder Containerschiffe noch Massengutfrachter gebaut – lediglich ein Gastanker steht in den Auftragsbüchern. Neben zwölf Passagierschiffen werden elf Yachten und acht RoRo-Schiffe gefertigt. Insgesamt umfasst das deutsche Orderbuch 40 Schiffe.

In der Schifffahrtskrise haben auch die Schiffbaubetriebe Federn lassen müssen. Anhand der Unterlagen von Clarkson Research lässt sich dies darstellen.[73]

Beschäftigungsvolumen der Werften in Jahren

	Werften		In ,000 Tdw			In ,000 CGT		
Datum	Betriebe	Unter nehmen	Aufträge	Ablieferungen Vorjahr	Verhältnis (Jahre)	Aufträge	Ablieferungen Vorjahr	Verhältnis (Jahre)
2008 (Nov)	629	542	596.690	80.556	7,41	195.905	34.797	5,63
2009 (Nov)	603	511	500.224	91.086	5,49	156.867	42.492	3,69
2010 (Nov)	592	505	476.148	116.987	4,07	142.128	45.009	3,16
2011 (Nov)	587	490	374.729	151.096	2,48	120.550	51.912	2,32
2012 (Nov)	490	404	262.578	163.556	1,61	93.319	50.360	1,85
2013 (Nov)	469	367	268.879	153.994	1,75	100.477	46.631	2,15
2014 (Nov)	444	361	315.869	108.645	2,91	113.638	37.260	3,05
2015 (Nov)	411	321	295.065	91.122	3,24	107.314	35.019	3,06
2016 (Nov)	405	285	228.851	96.685	2,37	87.783	37.031	2,37
2017 (Apr)	395	271	192.075	100.496	1,91	78.236	34.753	2,25

Quelle: Clarkson Research, Shipyard Monitor – diverse Ausgaben

72 »Japanese Shipyards managed to offer prices for all size of bulkers on a par with their Chinese competitors whereas in previous years there had usually been a 10 to 20 % gap in favor of the Chinese Shipyards. Naturally many buyers went to Japan.« (Barry Rogliano Salles, Shipping and Shipbuilding Markets – 2016 Annual Review, S. 16)

73 Hierbei ist zu bemerken, dass Clarkson auf eine andere Datenbasis zurückgreift. So ist auf Schiffbauunternehmen und nicht Standorte reflektiert. Es werden auch nicht alle Schiffe über 300 BRZ berücksichtigt und Yachten sowie zivile Behördenschiffe nicht in die Zählung einbezogen. Dies ist der Grund, warum die beiden Statistiken voneinander abweichen.

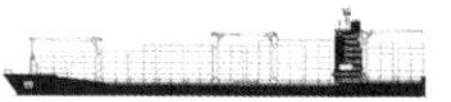

Im November 2008, als die Beteiligten noch davon ausgingen, dass die Krise bald überwunden sein würde, befanden sich in 542 Unternehmen (mit 629 Betriebsstätten) noch 10.195 Schiffe im Bau oder in den Auftragsbüchern. Mitte 2017 sind nur noch 271 Unternehmen (mit 395 Betrieben) aktiv mit dem Bau von Schiffen beschäftigt – die Anzahl der beteiligten Werftgruppen ist also um mehr als die Hälfte zurückgegangen, die Anzahl der Schiffbauplätze um 36 %. Um mehr als 60 % ist die Anzahl der Schiffsneubauten geschrumpft. Die Wertschöpfung der Tonnage – ausgedrückt in CGT (Compensated Gross Tonnage) – hat sich nur um 55 % verringert –, die Schiffe sind im Bau aufwendiger geworden.

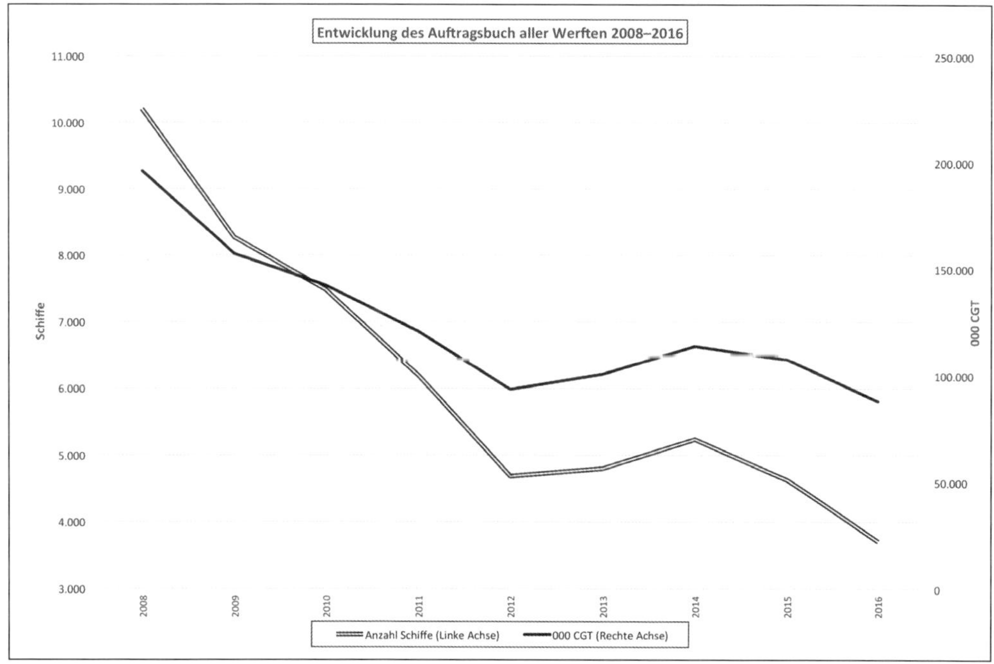

Für Werften ist es von entscheidender Bedeutung, ihr Beschäftigungsvolumen möglichst hoch zu halten. Aufträge müssen her, wenn absehbar ist, dass nur noch für wenige Monate Aufträge vorliegen. Aus der Grafik oben wird deutlich, wie stark sich das Auftragspolster in den letzten Jahren reduziert hat. So haben im Durchschnitt aller Werften diese nur noch für etwas mehr als zwei Jahre Arbeit. Für die Meyer Werft in Papenburg – den deutschen Vorzeigebetrieb in dieser Branche – gilt dies nicht. Dieses auf den Bau von großen Passagierschiffen spezialisierte Unternehmen hat Mitte 2017 zwölf Aufträge mit insgesamt 1,755 Millionen CGT – bei einer durchschnittlichen Ablieferung in den letzten fünf Jahren von 296,2 Tausend CGT entspricht dies rechnerisch 5,9 Jahren Arbeit. Allein am Hauptstandort Papenburg befinden sich zwölf Kreuzfahrtschiffe im Auftragsbuch, von denen das letzte 2023 abgeliefert werden soll. Der Tochterbetrieb im finnischen Turku hat mit acht Passagierschiffen noch bis 2024 Arbeit.

Mit der der Schifffahrtskrise, die auch eine Schiffbaukrise ist, hat sich eine Konzentration der Werften ergeben. Die Unternehmen sind – relativ – immer größer geworden. Viele kleinere Schiffbaubetriebe, die in die Krise geraten sind, sind bankrottgegangen, mussten sich zu größeren Einheiten verbinden oder haben diverse Standorte schließen müssen. Im September 2017 haben sich die italienische und die französische Regierung auf die Übernahme der französischen STX-Gruppe durch den italienischen Fincantieri-Konzern geeinigt. Damit hat der fünftgrößte Schiffbaubetrieb den auf dem 14 Platz befindlichen übernommen. Erklärtes Ziele ist die Schaffung eines global agierenden Unternehmens unter Berücksichtigung der wirtschafts- und arbeitsmarktpolitischen Interessen. Beide Werften sind führend im Bau von Kreuzfahrtschiffen.

Die zehn größten Schiffbauunternehmen im Vergleich zur Gesamtindustrie

	Auftragsbuch Top-10		Gesamtes Auftragsbuch		Top-10 in %	
Jahr	Schiffe	,000 CGT	Schiffe	,000 CGT	Schiffe	,000 CGT
2008	2.397	74.905	10.195	195.905	23,5 %	38,2 %
2012	1.323	40.421	4.688	93.319	28,2 %	43,3 %
2016	1.089	40.357	3.713	87.783	29,3 %	46,0 %

Quelle: Clarkson, World Shipyard Monitor, diverse Ausgaben (Daten aus der jeweiligen November-Ausgabe)

Hatten die größten Schiffbaukonzerne 2008 noch einen Anteil von 38,2 % am weltweiten Auftragsbuch (in CGT), so lag dieser 2016 bei 46 %.

Doch auch Größe schützt bei ausbleibenden Aufträgen nicht vor wirtschaftlichen Schwierigkeiten. Um die südkoreanischen Großwerften – unter den 2016 zehn weltweit größten Standorten sind fünf koreanische – zu retten, hat die Regierung Südkoreas Ende 2015 1,2 Milliarden US-$ zur Verfügung gestellt. Wie in keinem anderen Land hat sich die wirtschaftliche Situation des Offshore-Sektors hier ausgewirkt. Aufgrund des zurzeit relativ niedrigen Ölpreises ist die Exploration von Öl unter dem Meer wirtschaftlich nicht konkurrenzfähig. Schiffe und Bohrplattformen, die hierfür gebaut wurden, liegen auf. Neubauten sind kaum mehr geplant. Im Januar 2017 waren 1.800 Bohrinselversorgungsschiffe langfristig aufgelegt – fünf Jahr vorher waren dies nur etwas mehr als 200 Einheiten.

Im März 2017 zeichnet Clarkson ein düsteres Bild für die Werften. »2016 lieferten 117 Werften die letzte Einheit ihres Auftragsbuchs ab. [...] Indes ist bei 163 Betrieben vorgesehen, bis Ende 2017 ihre Aufträge abzuarbeiten (obwohl in der Realität viele durch Ablieferungsverzögerungen darüber hinaus noch Arbeit haben werden).«[74]

Diese Entwicklung blieb nicht ohne Auswirkungen auf die Schiffbaupreise. Für Tanker und Massengutfrachter lässt sich diese für eine Reihe von Jahren zurückverfolgen. Im Betrachtungszeitraum seit der Jahrtausendwende ergibt sich für beide Schiffstypen ein ähnliches Bild – die geringsten Baupreise waren in den ersten Jahren des Jahrtausends zu verzeichnen und die höchsten kurz vor der Krise, also 2007/08. Interessant ist jedoch, dass der nach dem Höchststand erfolgte Preisverfall bis Frühjahr 2016 bei den trockenen Massengutfrachtern deutlich ausgeprägter ist. Hier mussten die Werften Abschläge – je nach Schiffstyp – zwischen 47 % und 53 % hinnehmen, während bei den Tankern »nur« 33 % bis 38 % zu verzeichnen waren.

74 Clarkson Research, »Looking Ahead, But How Long For?, 10.3.2017; Internet: https://clarksonsresearch.wordpress.com/category/yard/. Im englischen Original: »In 2016, 117 yards delivered the final unit on their orderbook. [...] However, 163 yards are scheduled to deliver their current orderbook by the end of 2017 (although in reality slippage may mean some of the work runs on past the end of the year).«

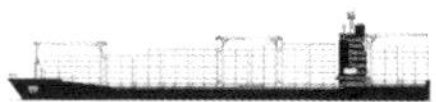

Neubaupreise (Mio $) für Tanker und Massengutfrachter 2000–2017

Jahr (Ende)	MR Tanker	Aframax Tanker	VLCC	Handy Bulker	Panamax Bulker	Capesize Bulker
2000	29,5	41,5	76,5	16,0	22,5	40,5
2001	26,3	36,0	70,0	15,5	20,5	36,0
2002	27,0	34,8	63,5	15,5	21,5	36,3
2003	31,5	41,5	77,0	18,5	27,0	48,0
2004	40,0	59,0	110,0	24,5	36,0	64,0
2005	43,0	58,5	120,0	26,5	36,0	59,0
2006	47,0	65,5	129,0	29,5	40,0	68,0
2007	52,5	72,5	146,0	38,0	55,0	97,0
2008	47,5	75,0	150,0	32,5	46,5	88,0
2009	35,0	49,0	101,0	25,0	33,8	56,0
2010	36,5	57,0	105,0	26,5	34,5	57,0
2011	35,5	52,5	99,0	22,5	29,0	48,5
2012	34,0	48,0	93,0	21,0	25,8	46,0
2013	34,8	52,3	94,0	22,3	27,8	53,5
2014	36,8	54,0	97,0	23,0	29,0	54,0
2015	35,5	52,0	93,5	20,5	25,8	46,0
2016	32,5	44,5	84,5	19,5	24,5	42,0
Feb-17	32,5	43,5	81,0	19,5	24,5	42,0
Höchster Preis	52,5	75,0	150,0	38,0	55,0	97,0
Diff to Feb 2016	20,0	31,5	69,0	18,5	30,5	55,0
Dif %	38 %	42 %	46 %	49 %	55 %	57 %

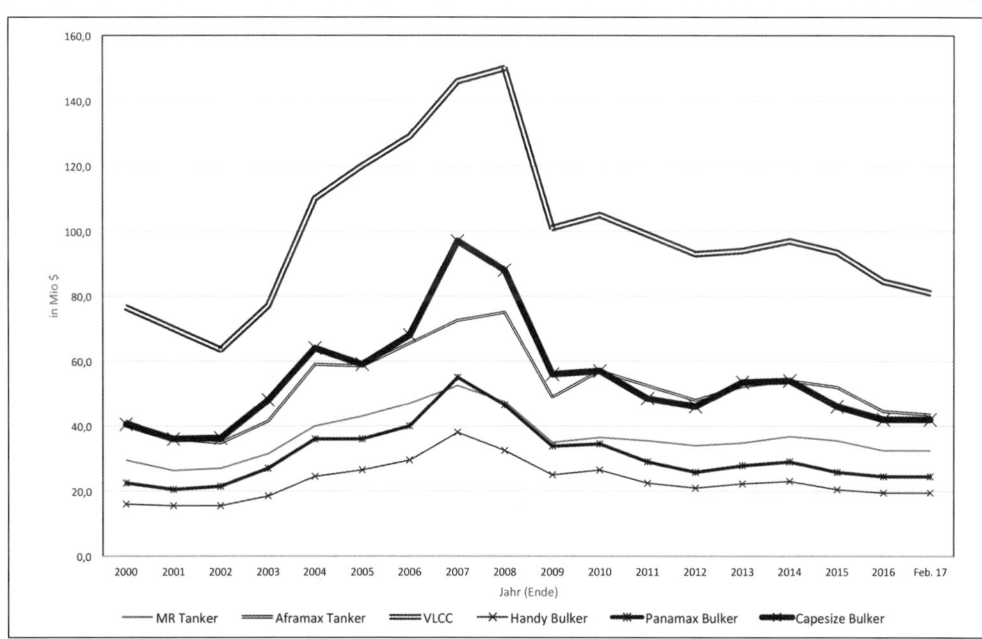

Preise beziehen sich auf asiatische Werften bei europäischer Spezifikation

Quelle: Clarkson – Shipping Review & Outlook, Frühjahr 2017

Der Verschrottungsmarkt

Der wirtschaftliche Lebenszyklus eines Handelsschiffes endet – sieht man von Havarien einmal ab – in der Regel mit der Verschrottung nach 20 bis 25 Jahren, bei einigen Schiffstypen kann dies auch länger dauern, oder wenn auch auf absehbare Zeit für die Reeder keine Chance mehr besteht, das Schiff wirtschaftlich zu betreiben, auch kürzer. Da ein Schiff sich neben einer jährlichen Überprüfung und einer Zwischenbesichtigung alle fünf Jahre einer Hauptuntersuchung (»Special Survey«) durch die vom Flaggenstaat beauftragten Klassifikationsgesellschaften stellen muss, können auf den Reeder gerade nach 20 oder 25 Jahren erhebliche Überholungskosten zukommen, um einen Weiterbetrieb zu ermöglichen. Übersteigen dann die Kosten einer Instandhaltung während eines notwendigen Aufenthalts in einer Reparaturwerft die in der Zukunft zu erwartenden Erlöse, insbesondere weil umfangreiche Stahlerneuerungen am Schiffskörper oder eine Maschinenreparatur ausgeführt werden müssen, so bleibt als Alternative oft nur der Schneidbrenner, das Schiff tritt seine letzte Reise zur Abwrackwerft an.

Leergewicht verschiedener Schiffstypen (long ton) und Verschrottungspreise 2011–2016 (Mio. $)

Containerschiffe	Ltd	2011	2016 (Ende)
1,100 TEU (Feeder)	5.000	2,49	1,45
2,700 TEU (Sub-Panamax)	12.000	5,97	3,47
4,500 TEU (Panamax)	20.000	9,95	5,78
8,500 TEU (Post-Panamax)	33.000	16,42	9,54
12,500 TEU (Very Large Container)	41.500	20,65	11,99
Massengutfrachter	**Ltd**	**2011**	**2016 (Ende)**
35,000 dwt (Handysize)	9.500	4,73	2,75
63,000 dwt (Supramax)	11.500	5,72	3,32
85,000 dwt (Panmax)	14.500	7,22	4,19
100,000 dwt (Baby Caper)	20.000	9,95	5,78
175,000 dwt (Capesize)	25.000	12,44	7,23
Tanker	**Ltd**	**2011**	**2016 (Ende)**
37,000 dwt (Product)	9.000	4,48	2,60
51,000 dwt (Mid Range)	10.300	5,13	2,98
115,000 dwt (Aframax)	19.500	9,71	5,64
157,000 dwt (Suezmax)	24.500	12,19	7,08
320,000 dwt (VLCC)	44.000	21,90	12,72

Soll ein Schiff abgebrochen werden, so geht der Eigner in der Regel nie eine direkte Beziehung zur Abwrackwerft ein, sondern verkauft das Schiff an einen sogenannten »Cash Buyer«, zwischen beiden steht ein An- und Verkaufsmakler. Der Cash Buyer zahlt für das Schiff in US-$, während die Abwrackwerften ihre Geschäfte in Landeswährung abwickeln. Der Preis für ein Verschrottungsschiff wird über das Leergewicht, das »light displacement«, berechnet in »long

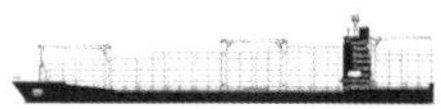

tons«[75], ermittelt. Auf den Preis wird sofort eine Kaution von 20 % bis zu 40 % fällig. Der Reeder bringt sein Schiff dann bis auf die Reede vor dem Abwrackbetrieb. Nachdem die Einklarierung durch die Behörden vor Ort erfolgt ist, erfolgt der Eigentumsübergang bei Restzahlung des Kaufpreises durch den Cash Buyer – das Schiff wird auf den Strand gesetzt, wo der Abbruch beginnen kann. Alternativ kann das Schiff auch in einem anderen Hafen verkauft werden, und der Käufer organisiert dann das »Last voyage management«. Verschrottungspreise schwanken stark, je nach Abbruchort und Marktlage. So lagen diese im September 2014 für Abwrackungen in Südasien bei 500 $ pro Tonne Leergewicht und fielen innerhalb von sechs Monaten auf 360 $. Für Eigner von Panamax-Massengutfrachtern (14.800 tons ltd[76]) ein Preisverfall von 7,4 Mio. US-$ auf nur noch 5,3 Mio. US-$. Clarkson Research führt dies einerseits auf den geringeren Bedarf an Altmetall und andererseits auf billige Importe von gewalzten Stahlstangen aus China in die Abbruchländer zurück.[77]

Durchschnittliche Verschrottungspreise (Indischer Subkontinent) in US-$ p. Ltd

Jahr	p. Ltd	Jahr	p. Ltd	Jahr	p. Ltd
1985	105	1996	184	2007	484
1986	103	1997	171	2008	549
1987	139	1998	138	2009	301
1988	231	1999	124	2010	407
1989	253	2000	161	2011	498
1990	171	2001	166	2012	443
1991	156	2002	151	2013	410
1992	159	2003	227	2014	468
1993	173	2004	380	2015	350
1994	173	2005	374	2016	289
1995	184	2006	374	2017 (Apr)	340

Quelle: 1985–2013 –ISL, Shipping Statistics Yearbook, div. Ausgaben. – 2014 ff Ernst Russ Shipbroker – The Maritime Overview, Apr. 2017

Das Abbruchverfahren, bei dem Schiffe auf den Strand gesetzt werden und bei dem beim Zerlegen erheblicher Arbeitsaufwand erforderlich ist, macht Länder wie Pakistan, Indien und Bangladesch sowie China, die an Küsten mit hohem Tidenhub liegen und die über billige Arbeitskräfte verfügen, zu idealen Standorten für ein Schiffs-Recycling. Im Durchschnitt der letzten fünf Jahre wurden hier (in BRZ) mehr als 93 % aller Schiffe verwertet. Andere Länder, wie Taiwan, Japan oder Südkorea, in denen in den 1980er-Jahren noch viele Schiffe zerlegt wurden, spielen heute keine Rolle mehr. Die Türkei hat noch eine Bedeutung für Schiffe, die in Europa zur Abwrackung anstehen und für die die Reise nach Südasien – insbesondere die Suezkanal-Passage – wirtschaftlich nicht sinnvoll wäre.

75 Eine »long ton« entspricht 1.016 Kilogramm. Das Leergewicht, die Wasserverdrängung ohne Ladung und Ausrüstung, wird dem Kapazitätsplan des Schiffes entnommen.

76 Ltd = light displacement = Leergewicht

77 »This is a reflection of firm imports of cheap Chinese steel billets into the major demolition locations, resulting in cooler demand for scrap ships and a major loss of value for the owners of old vessels«, Clarkson Research, Shipping Market Outlook, Spring 2015, S. 14.

Der Schiffsstahl macht 85 % der recycelbaren Güter eines Schiffes aus – der Rest sind Ausrüstungsgegenstände und Betriebsstoffe, die ebenfalls verkauft werden. 90 % des Metalls wird erneut gewalzt und findet als Stahlstangen in der Bauindustrie Verwendung. 10 % werden in Induktionsöfen zu Barren eingeschmolzen. Für die jeweiligen Länder leisten damit die Abwrackwerften einen großen Beitrag zur Stahlversorgung. In Bangladesch waren dies im Durchschnitt der Jahre 2005–08 50 % der Produktion und 20–25 % des Stahlverbrauchs. In Pakistan 15 % bzw. 10 % (World Bank, 2010, S. 17), insgesamt finden dort zwischen 8.000 (Pakistan) und 22.000 (Bangladesch) Menschen auf je 30 bis 40 Abwrackwerften Arbeit.

Verschrottungskalkulation aus Sicht der Abwrackwerft (2009)
Panamax Bulker 80,000 tdw/14,800 mto Leergewicht

	Bangladesh	Pakistan
Einnahmen	5.613.600	5.505.500
Kauf des Schiffes	–3.848.000	–3.848.000
Arbeitskosten	–92.700	–233.400
Verbrauchsmaterial	–302.200	–230.000
Finanzierungskosten	–147.900	–265.700
Steuern, Tarife, Abgaben	–263.000	–693.600
Andere Kosten (Mieten, Investitionen)	–38.400	–70.200
Ergebnis (Profit)	**921.400**	**164.600**
Profit in %	16 %	3 %

Quelle: World Bank, Ship Breaking and Recycling Industry in Bangladesh and Pakistan, 2010, S. 20

Aufgrund des stark schwankenden Arbeitsanfalls sind die Arbeitsverhältnisse sehr flexibel – die Arbeitskräfte kommen meist als Zeitarbeiter aus den ärmeren Regionen des Landes. Wie die von der Weltbank veröffentlichte Studie berechnet, sind lediglich 2 % (Bangladesch) bzw. 4,3 % (Pakistan) der Kosten Arbeits-/Lohnkosten.

Dass das Abwracken von Schiffen auch Recycling genannt wird, hat den simplen Grund, dass in diesem Prozess nahezu alle Komponenten einer Wiederverwendung zugeführt werden. Die IMO stellt hierzu fest: »Recycling leistet einen positiven Beitrag zum globalen Schutz von Energie und Ressourcen und schafft in diesem Prozess Beschäftigung für eine große Zahl von meist ungelernten Arbeitern. Richtig gehandhabt, ist Schiffsrecycling ohne Frage eine ›grüne‹ Industrie.«[78]

78 International Maritime Organization, Recycling of Ships – retrieved from http://www.imo.org/en/OurWork/Environment/ShipRecycling/Pages/Default.aspx (September 2015) – im englischen Original: »Recycling thus makes a positive contribution to the global conservation of energy and resources and, in the process, employs a large, if predominantly unskilled, workforce. Properly handled, ship recycling is, without question, a »green« industry.«

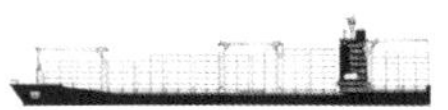

Verschrottungen in verschiedenen Ländern (in ,000 BRZ)

Jahr	Taiwan	Südkorea	Japan	Pakistan	Bangladesch	Indien	China	Türkei	Rest d. Welt	Total
1982	7.829	2.176	295	1.805	223	313		83	900	13.624
1983	7.815	3.898	505	1.689	391	524	132	4	1.801	16.759
1984	6.887	4.149	913	1.121	641	459	2.214	50	717	17.151
1985	7.822	2.351	973	1.143	818	1.303	5.019	383	2.417	22.229
1986	7.773	2.569	770	861	268	636	4.567	419	2.425	20.288
1987	4.415	1.254	608	645	318	1.684	1.887	134	1.064	12.009
1988	1.521	118	175	209	479	462	556	338	1.157	5.015
1989	164	158	45	39	347	678	477	151	418	2.477
1990	2	4	81	2	217	1.092	81	102	64	1.645
1991	48	8	81	445	512	696	172	77	269	2.308
1992		2	82	729	1.181	1.923	2.213	79	448	6.657
1993	83	5	57	917	1.396	1.911	5.786	82	73	10.310
1994			20	2.166	2.134	2.902	2.848	97	2.126	12.293
1995		3	146	1.870	2.539	2.810	754	208	1.105	9.435
1996		4	25	2.062	2.196	4.920	104	137	1.374	10.822
1997			30	930	2.228	4.948	99	195	1.409	9.839
1998	8		19	2.210	2.626	6.258	550	182	1.884	13.737
1999	10	7	31	2.380	3.799	6.803	2.584	226	2.321	18.161
2000	14	1	22	789	2.407	5.987	2.637	295	1.400	13.552
2001			12	1.739	4.992	4.768	2.510	165	1.297	15.483
2002			25	997	4.894	6.751	3.139	385	1.640	17.831
2003		2	46	817	2.890	5.886	5.582	280	877	16.380
2004		6	6	209	3.357	1.620	1.538	200	533	7.469
2005		0		48	2.114	1.123	151	138	533	4.107
2006			1	187	2.883	853	254	148	721	5.047
2007				380	1.838	1.332	341	118	281	4.290
2008			0	274	4.176	2.458	928	141	391	8.368
2009		1	1	2.101	6.609	7.581	7.738	557	774	25.362
2010			48	2.443	3.927	6.534	4.723	658	1.030	19.363
2011				3.014	5.837	8.505	5.969	1.067	1.114	25.506
2012				5.499	8.838	12.210	8.168	1.541	1.079	37.335
2013	12	11	13	5.376	7.305	8.087	7.084	1.370	830	30.088
2014	1	11	8	4.093	5.519	6.795	4.976	978	578	22.959
2015		6		4.589	7.517	4.558	4.036	752	339	21.797
Durchschn. letzte 5. J.				16%	25%	29%	22%	4%		

Quelle: The Shipbuilders' Association of Japan, Shipbuilding Statistics, September 2016

Dennoch ruft die Art, wie Schiffe recycelt werden, immer wieder Kritik hervor. Sei es, was den Umgang mit Schadstoffen betrifft, seien es die Arbeitsbedingungen auf den Werften.[79] Die IMO hat auf ihrer diplomatischen Konferenz in Hongkong 2009 darum die »Hong Kong International Convention for the Safe and Environmentally Sound Recycling of Ships, 2009« angenommen. Diese Resolution, die »Hong Kong Convention (HKC)«, strebt an, dass insbesondere Schadstoffe vernünftig und umweltschonend entsorgt werden und dass die Arbeitskräfte auf den Werften bestimmte arbeitsrechtliche Mindeststandards genießen.

Wie alle Konventionen dieser UN-Unterorganisation kann das Regelwerk nur in Kraft treten, wenn mindestens 15 Flaggenstaaten, die mindestens 40 % der Welthandelsflotte repräsentieren, diese ratifiziert haben. Zusätzlich müssen mindestens die Länder dabei sein, die 3 % der Abwrackkapazitäten (bezogen auf 40 % der Handelsflotte) vertreten.

Alle Handelsschiffe müssen danach ein Schadstoffregister führen, welches vom Flaggenstaat für jeweils fünf Jahre ausgestellt wird. Sollte ein Schiff abgewrackt werden, so muss in einem weiteren Zertifikat festgestellt werden, dass die Verschrottung gefahrlos möglich ist. Gleichzeitig müssen die Werften ihre Prozesse und Managementsysteme offenlegen und diese vom jeweiligen Recyclingstaat genehmigen lassen. Dieser erteilt dann die Betriebsgenehmigung.

Da man auf EU-Ebene nicht damit rechnet, dass dieses Abkommen in einem überschaubaren Zeitrahmen in Kraft treten wird, hat das Europäische Parlament die »REGULATION (EU) No 1257/2013 OF THE EUROPEAN PARLIAMENT AND OF THE COUNCIL on ship recycling« mit großer Mehrheit beschlossen, die am 31.12.2013 in Kraft trat. Diese verpflichtet EU-Reeder (also Reeder mit Schiffen unter EU-Flaggen), schon bis spätestens Ende 2018 die wesentlichen Bedingungen der Hong Kong Convention zu erfüllten. Der Verband Deutscher Reeder hat dies mit dem Hinweis auf die Arbeitssicherheit und den Umweltschutz begrüßt.

Im Sinne eines verbesserten Arbeits- und Umweltschutzes ist diese Regelung sicherlich als nachhaltig zu betrachten. Für die Eigner der Schiffe bedeutet diese jedoch – sollte das Regelwerk in Kraft treten – eine Reduzierung ihrer Verschrottungserlöse pro light displacement (= Tonne Leergewicht des Schiffes).

Auch wenn Abwrackung ein probates und heute hochwillkommenes Mittel zur Reduzierung der weltweiten Überkapazitäten an Schiffstonnage ist, so lässt sich bisher hiervon keine durchgreifende Hilfe erkennen. Zum einen überflügeln die Neuzugänge noch die Abgänge, und auch die Hoffnung, dass auch jüngere Schiffe die Handelsflotte verlassen, erfüllt sich bisher noch nicht. Das Alter der Tanker, die in den letzten Jahren (2012 bis 2014) verschrottet wurden, ist in der Tat gesunken, es lag in diesem Zeitraum zwischen 23,8 und 22,8 Jahren. Der zwischnzeitlich gute Tankermarkt hat das Durchschnittsalter aber dann wieder steigen lassen – im Frühjahr 2015 lag es bei 26,8 Jahren. Bei den Bulkern wurden in den letzten drei Jahren Schiffe mit einem Alter von durchschnittlich zwischen 27,3 und 28,5 Jahren recycelt, im Frühjahr 2015 lag das Alter – erstmals seit zwanzig Jahren mit 24,8 Jahren knapp unter 25. (Clarkson Research Services, Spring 2015, S. 115/119) China gewährt seinen Reedern weiterhin Abwrackprämien in Höhe von 1.500 Yuan (245 US-$) pro BRZ, wenn diese ein neues und umweltfreundlicheres Schiff in Auftrag geben – bei einem 40.000 BRZ großen Massengutfrachter macht dies ca. 10 Mio. $ aus. Das Programm sollte Ende 2015 auslaufen und ist nun für

79 Vergl. hierzu den 2010 mit dem Grimme-Preis ausgezeichneten Film »Eisenfresser«, mehr unter: http://www.eisenfresser-film.de/Eisenfresser.html

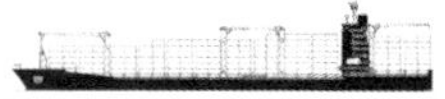

zwei weitere Jahre verlängert worden. »Diese Subventionen halfen staatseigenen Reedereien wie China COSCO und China Shipping Development, im Jahr 2014 einen höheren Gewinn auszuweisen, obwohl die weltweite Branche in der Krise steckt. China COSCO erklärte, das Unternehmen hätte einen Verlust ausweisen müssen, gäbe es die Subventionen nicht.«[80]

Andere Länder ziehen hier nicht nach, zum einen, weil die Werftindustrie – und hierauf zielt vor allen Dingen die Förderung – nicht so eine bedeutende Rolle spielt, und zum anderen, weil die finanziellen Mittel fehlen, diese Form von Wirtschaftspolitik zu betreiben.

Es bleibt also im Grundsatz auf die Reinigungskräfte des Marktes zu vertrauen und darauf zu hoffen, dass immer mehr Schiffe den Weg auf die Strände Südasiens finden. Möglicherweise kann dieser Weg recht weit sein, denn bei der relativ jungen Welthandelsflotte wird sich immer jemand finden, der ein Schiff, das – volkswirtschaftlich betrachtet – vom Markt verschwinden sollte, zu einer Prämie über Schrottwert erwirbt und dann weiterbetreibt. Schiffe sind eben Mobilien und keine Immobilien. So geht ein Schiff zunächst noch einmal durch mehrere Hände, bevor es unter den Schneidbrenner kommt.

Internationale Konventionen, die Schiffe mit bestimmten Konstruktionsmerkmalen verbieten, brauchen recht lange, um Gesetzeskraft zu erlangen, und haben dann häufig auch lange Übergangsfristen. So durften ab 1993 keine Einhüllen-Großtanker mehr bestellt werden. Die letzten Schiffe dieser Art gingen nach 22 Jahren, also 2015, aus dem Markt. Etwas schneller lassen sich Nachrüstungsvorschriften umsetzen (Water Ingress Detection Systems, Elektronische Seekarten, Abgasnormen etc.). Diese können dazu führen, dass sich Nachrüstungen für alte Schiffe nicht mehr lohnen. Hohe Treibstoffpreise können dazu führen, dass Schiffe mit weniger effizienten Antrieben nicht mehr vom Markt akzeptiert werden.

80 Reuters, UPDATE 1-China extends ship scrapping subsidy programme to end-2017, siehe Internet unter: http://www.reuters.com/article/2015/06/23/china-shipping-idUSL3N0Z91FB20150623 Im englischen Original: »These subsidies helped state-backed shippers including China COSCO and China Shipping Development to post a higher 2014 profit despite the slump in the global industry. China Cosco said it would have posted a loss had it not been for the subsidies.«

5. Die Schifffahrtkrise ist eine (Über-)Angebotskrise

Die gegenwärtige Krise in der Schifffahrt ist gekennzeichnet durch ein Überangebot von Tonnage in fast allen Segmenten, sie ist keine Krise des Seetransports an sich, denn sowohl das Volumen als auch die Produktivität (in Tonnenmeilen) sind nach einem Rückgang 2008/09 wieder gewachsen. Darüber hinaus gibt es strukturelle und technische Veränderungen, die von den Verfrachtern schneller erkannt, jedoch von den »Tonnage-Providern« unterschätzt wurden. Es gibt also nicht nur zu viele Schiffe, ein Teil der Flotte entspricht auch nicht mehr den Anforderungen des Marktes.

Doch selbst wenn diese Veränderungen von den Schiffseignern antizipiert wurden, ergeben sich krisenverschärfende Momente, wenn die höhere Effektivität zu geringeren (Stück)Kosten und mithin zu reduzierten Frachtraten führt. So ist zu Beginn einer Krise das geringe Durchschnittsalter der Flotte insgesamt ein Aspekt, der einer Verschrottung entgegensteht. Eine verbesserte technische Auslegung moderner Einheiten führt zu längeren Wartungsintervallen und/oder geringeren Betriebskosten. So sind die Dockungsintervalle fast aller Schiffe heute auf fünf Jahre angestiegen – zumindest in den ersten drei Klasseperioden. Unter bestimmten Bedingungen können sie sogar auf 7,5 Jahre verlängert werden. Energiesparende Antriebsanlagen führen zu vermindertem Kraftstoffverbrauch. Die Erhöhung der Schiffsgröße bedeutet allgemein eine Kostendegression. Am Ende resultieren diese Momente in geringeren Kosten/Einnahmen pro transportierter Einheit. Sicher kann dagegen angeführt werden, dass die Reduzierung von Transport(Stück)kosten zu einer Beflügelung des Seehandels führen kann. Dies ist zumal mit Verweis auf die Containerschifffahrt richtig, denn durch dieses Transportsystem wurden Waren für den Verbraucher deutlich günstiger, sodass von einer lokalen Herstellung abgesehen werden konnte.

Die Verlockung für einen Reeder, neue Schiffe zu bestellen, ergibt sich meist nicht aus einer vorwärts gerichteten Analyse des Marktes, in dem er investieren will, sondern aus der jeweils aktuellen Lage des (Fracht)Marktes und dessen vergangener Entwicklung. Das Frachtenniveau wird dann häufig in die Zukunft prolongiert, indem stetiges Wachstum angenommen wird – die Raten steigen und werden dies auch in Zukunft tun. Andere Schifffahrtsunternehmen, »Peer-Leader«, werden als Kronzeugen für eigenes Handeln herangezogen – »Wenn die investieren, müssen wir es auch tun, denn die lagen in der Vergangenheit immer richtig«. Oder es wird ausschließlich auf die Nachfrageseite reflektiert, ohne zu berücksichtigen, dass nur ein Gleichgewicht von Angebot und Nachfrage langfristig einen wirtschaftlich sinnvollen Betrieb von Schiffen ermöglicht – »Mit der Globalisierung wird der Weltseetransport und also die Flotte auch in Zukunft wachsen«, so hörte man von Marktteilnehmern, die nicht das gesamte Bild erwogen hatten.

Die unten stehende Grafik zeigt deutlich, dass sowohl die Tanker- als auch die Bulkerreeder sehr schnell auf die Frachtenmärkte reagieren – im guten Markt werden schnell neue Schiffe geordert, womit eine neue Schifffahrtkrise oder die Vertiefung der bestehenden vorprogrammiert ist –, ein klassischer »Schweinezyklus«. Dass sich Reeder mehr zyklisch als antizyklisch verhalten, konnte schon vor 90 Jahren festgestellt werden. »Der Reeder benutzt seine Gewinne

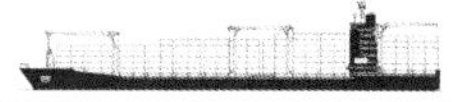

in den guten Schiffahrtsjahren in erster Linie dazu, neue Tonnage zu bauen, d.h. er rechnet in guten Schiffahrtsjahren mit weiteren guten Schiffahrtsjahren. Ob er auch in schlechten Schiffahrtsjahren mit weiteren schlechten Schiffahrtsjahren rechnet, wissen wir nicht, da er meist keine Wahl hat, sondern auf Neubauten verzichten muß.« (Helander, 1928, S. 36)

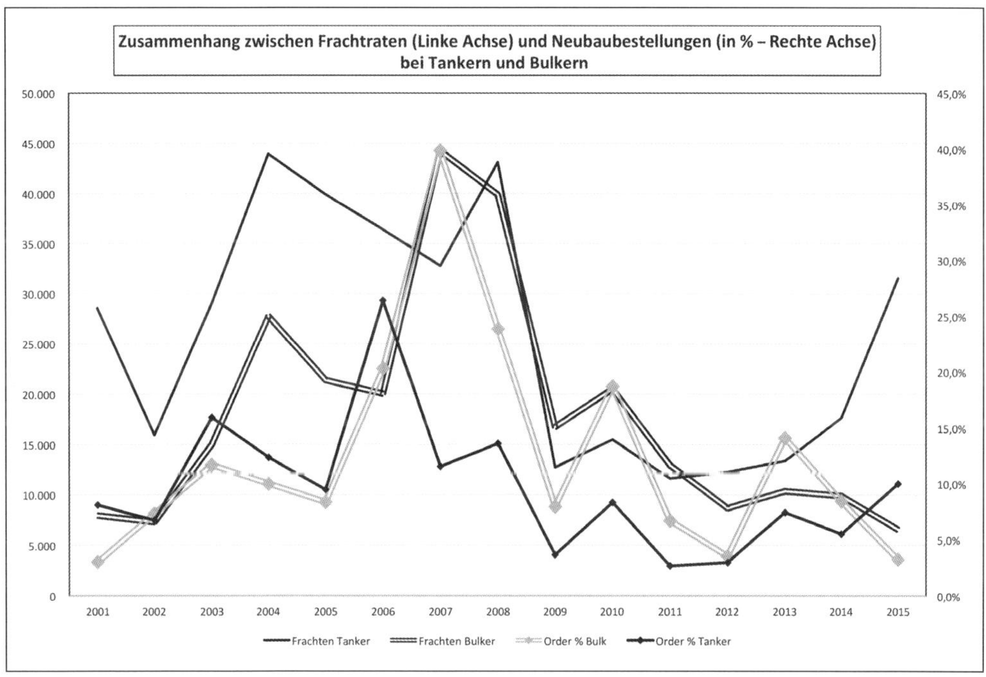

Quelle: Clarkson Research, Shipping Market Outlook, Frühjahr 2017

Es ist also der Blick zurück und auf die bisher erfolgreichen »Peer-Leader«, der Reeder dazu verleitet, das Wagnis einer Investition einzugehen. Insbesondere Mittelständler und Privatunternehmer neigen dazu, mehr dem eigenen Gefühl zu vertrauen als volkswirtschaftlichen Analysen, vor allem dann, wenn der Erfolg ihnen in der Vergangenheit recht gab.

Auch politische Entwicklungen haben in der Vergangenheit immer wieder zu einem Überbauen der Märkte geführt. Die Reaktion der Frachtenmärkte führt bei Reedern dann dazu, eine langfristige Investition zu tätigen, obwohl politisch ausgelöste Frachtenerhöhungen in der Regel nur kurz- oder mittelfristig wirken. »Die kurze Zeit der Frachtenhausse während des Kohlenstreiks [in Großbritannien 1926, K4] hat dagegen zu einer ungewöhnlich hohen Zahl von Neubestellungen an Tonnage geführt, die für die Zukunft den Tonnageüberfluß dauernd noch verstärken werden. Die Wiederherstellung der alten Absatzwege für Kohle wird dagegen die Nachfrage nach Tonnage wieder auf ein normales Niveau zurückführen. Daß unter solchen Umständen als Folge des Kohlenstreiks eine dauernde Tendenz zu höheren Frachten bleiben wird, müssen wir bezweifeln.« (Helander, 1928, S. 343) Eine ähnliche Entwicklung konnte für die Schließung des Suezkanals zwischen 1967 und 1975 festgestellt werden. Die hieraus folgende erhebliche Verlängerung der Transportstrecken – insbesondere für Rohöl – hat zu einer Tonnageknapppheit und erhöhten Frachten geführt, auf die die Reeder mit neuen Schiffsbestellungen und immer größeren Tankern geantwortet haben. Für den Tankerverkehr hielt diese

Phase nicht einmal bis 1973, wieder ausgelöst durch ein politisches Ereignis, den Yom-Kippur-Krieg. Der Markt kollabierte – mit der Folge von unbeschäftigten Schiffen und der Abwrackung von Tonnage, die teilweise nicht einmal zehn Jahre alt war.

»Im Tankermarkt leitete der Yom-Kippur-Krieg eine strukturelle Depression ein, die bis 1988 anhielt, gemildert nur durch eine kurze Marktverbesserung im Jahr 1979. Drei Probleme trugen hauptsächlich zur Tiefe der Krise bei. Das erste war das Überangebot an Tankern, resultierend aus spekulativem Investment in den frühen 1970er-Jahren. Im Markthoch von 1973 betrug die aktive Tankerflotte 225 Millionen tdw, aber es waren so viele Bestellungen platziert, dass – ungeachtet des Rückgangs der Nachfrage nach Tankern während der nächsten zwei Jahre – die Flotte effektiv auf 320 Million tdw wuchs, was zu einem Überangebot von 100 Millionen tdw führte. Zweitens war die Weltschiffbauindustrie in der Lage, 60 Millionen tdw an Handelsschiffen jedes Jahr zu liefern. Das war sehr viel mehr, als benötigt wurde, selbst wenn sich die Entwicklung der 1960er-Jahre fortgesetzt hätte. Die Schiffbaukapazität konnte nicht einfach reduziert werden, und es brauchte ein Jahrzehnt der Überproduktion, um diese auf ein Niveau zu bringen, welches der Nachfrage mehr entsprach. Drittens verminderten die Ölpreiserhöhungen 1973 und 1979 drastisch die Nachfrage nach Ölimporten. Der Markt fiel auf ein Tief.«[81] (Stopford, 2007, S. 125)

Die fünf beliebtesten Neubautypen 2015

	Anzahl			Investition (Mrd. $)		
	2014	2015	Var.	2014	2015	Var.
Ultra Large Container Vessels	43	88	105%	5,2	11,7	125%
VLCC	33	66	100%	3,2	6,2	94%
LNG (>140,000 cu m)	63	29	-54%	14,6	5,5	-62%
Aframax Tanker	28	96	243%	1,5	4,7	213%
Suezmax Tanker	44	50	14%	3,0	3,5	17%

Quelle: Lloyds List, 9.2.2016

Die geringen Ölpreise und die Veränderungen in den Transportströmen heute beflügelten die Bestellung von Rohöltankern (VLCC und Aframax-Tankern), die dann eine neue Tankerkrise auslösten – und dies noch, während die heute bestellten Einheiten nicht ihr Kapital zurückgeführt haben. In der Tankerflotte wurden in den letzten Jahren immer mehr Schiffe in Dienst gestellt, als verschrottet wurden. Auch bei den Massengutfrachtern lässt sich dies feststellen – hier ist der Zuwachs bis 2015 noch größer. Lediglich bei den Containerschiffen ergibt sich

81 Im englischen Original: »In the tanker market, the Yom Kippur War ushered in a structural depression which lasted until 1988, relieved by only a brief market improvement in 1979. There were essentially three problems which contributed to the depth of this recession. The first was the oversupply of tankers resulting from the speculative investment in the early 1970s. During the peak year of 1973, the operational tanker fleet was 225 million dwt, but so many new tanker orders were placed that, despite the decline in tanker demand during the next two years, the fleet actually increased to 320 million dwt, creating surplus capacity of 100 million dwt. Secondly, the world shipbuilding industry was now able to build 60 million dwt of merchant ships each year. This was far more than was required to meet the demand for new ships even if the trend of the 1960s had continued. Shipyard capacity was not easily reduced and it took a decade of over-production to cut capacity to a level more in line with demand. Thirdly the oil price rises in 1973 and 1979 dramatically reduced the demand for oil imports. The market crached to a trough.«

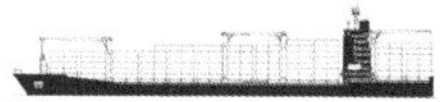

ein etwas anderes Bild. Die Flotte sinkt seit 2016 zahlenmäßig, nicht jedoch was die Kapazität in TEU betrifft.

Es wurde bei Tankern und Containerschiffen seit 2014 dreimal so viel Tonnage in den Markt gebracht, wie verschrottet wurde. Bei den Bulk Carriern war dies immer noch doppelt so viel. Unter diesen Bedingungen auf eine Erholung des Marktes und die Herstellung eines Marktgleichgewichts zu hoffen, scheint gewagt.

Zu-/Abgänge zu den wichtigsten Flotten weltweit

Tanker	2013		2014		2015		2016		2017 (August)	
	Anz.	,000 tdw	Anz.	,000 tdw	Anz.	,000 tdw	Anz.	,000 tdw	Anz.	,000 tdw
Zugänge	212	22.950	185	16.574	254	20.087	337	34.082	232	26.757
Abgänge	–151	–13.686	–104	–9.636	–59	–3.629	–42	–2.710	–40	–4.087
Netto	**61**	**9.264**	**81**	**6.938**	**195**	**16.458**	**295**	**31.372**	**192**	**22.670**

Trockene Massengutfrachter	2013		2014		2015		2016		2017 (August)	
	Anz.	,000 tdw	Anz.	,000 tdw	Anz.	,000 tdw	Anz.	,000 tdw	Anz.	,000 tdw
Zugänge	880	66.107	617	48.204	659	49.257	564	47.230	360	30.420
Abgänge	–63	–23.522	–319	–16.450	–436	–31.220	–414	–30.064	–148	–9.606
Netto	**817**	**42.585**	**298**	**31.754**	**223**	**18.037**	**150**	**17.166**	**212**	**20.814**

Containerschiffe	2013		2014		2015		2016		2017 (August)	
	Anz.	,000 TEU	Anz.	,000 TEU	Anz.	,000 TEU	Anz.	,000 TEU	Anz.	,000 TEU
Zugänge	219	1.351	206	1.491	211	1.678	131	905	87	664
Abgänge	–188	–446	–174	–374	–92	–196	–199	–659	–107	–307
Netto	**31**	**905**	**32**	**1.117**	**119**	**1.482**	**–68**	**246**	**–20**	**357**

Quelle: Clarkson, Shipping Intelligence Weekly

Darüber hinaus zieht eine gute Konjunktur oder die Erwartung einer solchen im Schifffahrtsmarkt auch Fremde an, die – möglicherweise mangels Alternativen am Kapitalmarkt – Geld in den Seetransport investieren. Dies war schon vor 170 Jahren der Fall: »1844 beschwerte sich George Young gegenüber dem Auswahlkomitee des britischen Unterhauses, dass zwischen 1836 und 1841 die Bereitstellung von Schiffskrediten für die Anschaffung von Schiffen zu einem Steigen des Angebots von Schiffen geführt hatte, die ›Personen ohne Kapital oder mit unzureichendem Kapital dazu bewegt haben, sich in der Schifffahrt zu betätigen – zum Schaden der Schiffseigner im Allgemeinen‹.«[82] (Stopford, 2007, S. 270)

Möglicherweise sind die Handelnden in der Schifffahrt immer Optimisten. Befindet sich die Schifffahrt im Aufschwung, werden neue Schiffe bestellt, da man davon ausgeht, dass diese gute Konjunktur weiter anhält. In einer Krise wird ebenfalls in Schiffe investiert, denn erstens

82 Im englischen Original: »In 1844 George Young complained to a British House of Commons Select Committee that during the period 1836-41 mortgages for the purchase of ships had led to an increase in the supply of shipping, inducing persons without capital or with inadequate capital to press into shipowning, to the injury of shipowners in general.«

sind die (Bau)Preise gering, hier liegt dann der Gewinn im Einkauf, und zweitens erwartet man das baldige Ende des Abschwungs und will dann mit vielen günstig erworbenen Schiffen eben auch viel Geld verdienen.

Exkurs – Versuch, den Tonnageüberhang zu berechnen (nach Helander)

Ausgehend von den Überlegungen von Helander von 1928, wird im Folgenden der Versuch unternommen, den Tonnageüberhang theoretisch zu berechnen. Wir haben heute eine sehr viel bessere Datenbasis und können somit die Lage genauer erfassen. Sicher ist es nach wie vor nur möglich, grob die Überkapazität zu ermitteln, denn die Schifffahrtsmärkte haben sich in den letzten Jahrzehnten stark differenziert. Um diesem Aspekt wenigstens teilweise zu entsprechen, wird neben der gesamten Überkapazität noch versucht, die der wesentlichen Teilmärkte zu erfassen. Helander (S. 71ff) vergleicht für zwei Basisjahre – 1913 und 1923 – die Nachfrage nach Seetransportleistungen (Handelsmenge und Handelsweg) mit dem Angebot (Tonnage sowie durchschnittliche Geschwindigkeit) und benutzt folgende Formel

$$\frac{\textit{Handelsmenge}^1 \times \textit{Handelsweg}^1}{\textit{Handelsmenge}^2 \times \textit{Handelsweg}^2} = \frac{\textit{Tonnage}^1 \times \textit{Geschwindigkeit}^1}{\textit{Tonnage}^2 \times \textit{Geschwindigkeit}^2}$$

Hierbei steht »1« für 1913 und »2« für 1923.

Die Berechnung der Überkapazität lässt sich also als Vergleich zweier Zeitpunkte darstellen. Für Helander waren dies die Jahre 1913, also das letzte volle Jahr vor dem Ersten Weltkrieg, und das Jahr 1923, in dem die Schifffahrtskrise sich schon zur Gänze entfaltet hatte.

Sven Helander Berechnung des Überangebots 1913 gegen 1923

	1913	1923	in %
Gesamttonnage in Mio. BRT	**47,0**	**57,1**	**21,6%**
Davon Überkapazität			
– bei 10% weniger Handelsmenge und 10% höherer Geschwindigkeit		12,0	21,0%
– bei 15% weniger Handelsmenge und 10% höherer Geschwindigkeit		15,0	26,3%
– bei 15% weniger Handelsmenge und 15% höherer Geschwindigkeit		17,0	29,8%

Quelle: Helander (1928); S.74f

Helander nimmt aus den ihm vorliegenden rudimentären Daten an, dass der Welthandel wertmäßig zwar gleichgeblieben ist, dass aber aufgrund des geringeren Anteils von Rohstoffen am Transport, die Menge gefallen sein muss (er legt zunächst 10 % Reduzierung zugrunde). Aus statistischen Stichproben vermutet er eine Steigerung der Schiffsgeschwindigkeit um mindestens 10 %. Die Transportstrecken sind – vermutet – ebenfalls gestiegen, da »jedoch kaum jemand bezweifeln [kann], daß eine Tendenz zu einer relativen Erhöhung vorliegt. Zunächst ist es der relativ verminderten Produktionsfähigkeit Europas zuzuschreiben, daß Europa verhältnismäßig soviel von Außereuropa beziehen muß. Es bedeutet aber bereits eine Verlängerung der Beförderungswege, wenn an Stelle eines europäischen Landes ein amerikanisches oder aus-

tralisches Land auftritt. [...] Besonders die Inanspruchnahme von außereuropäischem Kredit hat Europa erlaubt, verhältnismäßig mehr einzuführen. [...] Jene relative Verarmung Europas wird auch durch die statistischen Berechnungen Löwes (vergl. Ad. Löwe, Chronik der Weltwirtschaft, 1925, S, 25) bestätigt, der die Verteilung der Produktion der wichtigsten Grundstoffe untersucht hat, wobei die Preise von 1913 als Grundlage benutzt werden. Nach seinen Aufstellungen hat Europa 1909 bis 1913 52,7 %, 1923 aber nur 39,3 % der Weltproduktion hergestellt. Auch hieraus ergibt sich der Zwang, außereuropäische Grundstoffe heranzuziehen, also die Notwendigkeit von langen Seetransporten.« (Helander, 1928, S. 67f)

Um die von Helander entwickelte Methodik auf die Gegenwart zu übertragen, wurden die Vergleichsjahre 2002 und 2013 gewählt. Nach Stopfords Beschreibung der Schifffahrtszyklen endet im Jahr 2002 die Schwächeperiode infolge der geplatzten Dotcom-Blase, die auch die Schifffahrt betraf. (vergl. Tabelle auf Seite 106 (Stopford, 2007)) 2013 ist ein Krisenjahr, welches statistisch bereits aufgearbeitet ist. Es werden folgende Basisdaten verwendet:

Basisdaten zur Berechnung des Überangebots der Handelsflotte

Seaborne Trade in metric tonnes (Handelsmenge)	2002	2013	Variance abs	in %
Weltseehandel (Millionen Tonnen)	6.492	10.175	1.812	56,7%
Dry Bulk Trade	2.310	4.331	1.113	87,5%
Tanker Trade	2.193	2.792	83	27,3%
Container Trade	692	1.532	316	121,4%
Average Distances (sm) (Handelsweg)	**2002**	**2013**	**Variance abs**	**in %**
Weltseehandel durchschnittliche Distanz (sm)	4.816	4.944	71	2,7%
Dry Bulk Trade	5.380	5.391	–54	0,2%
Tanker Trade	4.091	4.210	145	2,9%
Container Trade	5.204	5.246	–35	0,8%
World Fleet (million dwt)* (Tonnage)	**2002**	**2013**	**Variance abs**	**in %**
Weltflotte (Millionen tdw)*	784,5	1.549	549	97,5%
Dry Bulk	279,9	690	313	146,4%
Tanker	303,7	515	137	69,5%
Container	77,9	206	78	164,8%
** exkl. Passagierschiffe, Offshore, Schlepper, andere nicht Ladung transportierend*				
SPEED (estimate / average)* (Geschwindigkeit)	**2002**	**2013**	**Variance abs**	**in %**
Durchschnittliche Geschwindigkeit Weltflotte	15,88	16,03	1,03	1,0%
Dry Bulk	14,58	14,69	1,69	0,8%
Tanker	15,10	15,49	2,49	2,6%
Container	23,59	21,85	1,85	–7,4%

** exkl. Passagierschiffe, Offshore, Schlepper, andere nicht Ladung transportierend*

Quellen: Clarkson; Shipping Review, Spring 2015 – Speed Calculation from Royal Institute of Naval Architects, »Significant Ships«, London var. Issues and Japan Ship Exporters' Association, »Shipbuilding and Marine Engineering in Japan«, Tokyo 2003 and 2013

Die Berechnung kann nur als sehr grobe Darstellung herhalten. Als einzige Produktivitätskennziffer steht hier die Geschwindigkeit der Schiffe. Diese beruht jedoch auf Annahmen, die aus der technischen Auslegung der jeweilig neuesten Einheiten geschlossen wurde, wohl wissend, dass über diese nicht die gesamte Flotte verfügt. Es zeigen sich jedoch Tendenzen, werden also (Standard)Schiffe mit einer bestimmten Geschwindigkeit ausgelegt, so zeigt dies, ob die wirtschaftlich optimale Geschwindigkeit eher als steigend oder sinkend erwartet wird.

Überkapazität in der Schifffahrt (nach Helander)

Überkapazität Gesamte Flotte						
	Angebot				Nachfrage	
Handel[1]	X	Durchschn. Distanz[1]	=	Tonnage[1]	X	Durchschn. Geschwind.[1]
Handel[2]	X	Durchschn. Distanz[2]		Tonnage[2]	X	Durchschn. Geschwind.[2]
6.492	X	4.816	=	784,5	X	15,88
10.175	X	4.944		1.549,4	X	16,03
	Änderung Angebot				Änderung Nachfrage	
	60,9%				99,4%	
Angebot in Bezug auf Nachfrageänderung						1.250,2
Damit Überkapazität in Mio tdw						299,2
Damit Überkapazität in %						19,3%
Überkapazität Massengutfrachter						
2.310	X	5.380	=	279,9	X	14,58
4.331	X	5.391		689,8	X	14,69
	Änderung Angebot				Änderung Nachfrage	
	87,9%				148,4%	
Angebot in Bezug auf Nachfrageänderung						521,8
Damit Überkapazität in Mio tdw						168,0
Damit Überkapazität in %						24,4%
Überkapazität Tankerflotte						
2.193	X	4.091	=	303,7	X	15,10
2.792	X	4.210		514,8	X	15,49
	Änderung Angebot				Änderung Nachfrage	
	31,0%				73,9%	
Angebot in Bezug auf Nachfrageänderung						387,7
Damit Überkapazität in Mio tdw						127,1
Damit Überkapazität in %						24,7%
Überkapazität Containerflotte						
692	X	5.204	=	77,9	X	23,59
1.532	X	5.246		206,3	X	21,85
	Änderung Angebot				Änderung Nachfrage	
	123,2%				145,3%	
Angebot in Bezug auf Nachfrageänderung						187,7
Damit Überkapazität in Mio tdw						18,6
Damit Überkapazität in %						9,0%

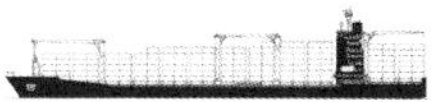

Aus der vorherigen Tabelle ergibt sich damit, dass im Jahr 2013 – gegenüber 2002 – eine theoretische Überkapazität von 19,3 % für die Welthandelsflotte zu verzeichnen ist. Dass nicht eine entsprechende Menge von Tonnage aufliegt, also aus dem Angebot verschwunden ist, liegt an mehreren Ursachen. Zum einen haben die Schifffahrtsunternehmen im Jahre 2013 eine geringere Rentabilität – man darf vermuten, dass diese nicht nur geringer als 2002 war, sondern auch, dass eine Vielzahl von Unternehmen Verluste einfahren, aber dennoch im Markt sind, ihre Schiffe also in Fahrt halten. Reedereien sind »Preisnehmer«, die es sich aufgrund der hohen Kapitalintensität ihrer Schiffe und der laufenden Betriebskosten nicht leisten können, diese aus dem Verkehr zu nehmen. Sie setzen also zuerst ihr Eigenkapital ein in der Hoffnung, es zu einem späteren Zeitpunkt zurückzuerhalten – das Auflegen von Schiffen ist die Ultima Ratio. Das Tonnageüberangebot lediglich an der Zahl der inaktiven (aufgelegten) Schiffe festzumachen, ist unterkomplex. Insbesondere in der Container(Linien)Schifffahrt, die fahrplangebunden ist, reagieren die Linienreedereien erst nach einer gewissen Zeit mit einer Reduzierung der Tonnage – zunächst einmal werden die Frachtraten gesenkt oder angekündigte »General Rate Increase« (GRI) verschoben oder nicht umgesetzt, fahren die Schiffe langsamer, als es ihre Dienstgeschwindigkeit erlauben würde, oder werden die Dienste umgestaltet.

Darüber hinaus spielen andere Produktivitätsmerkmale, die nicht in die obige Berechnung Eingang fanden, wie zum Beispiel der Beladungsgrad der Schiffe (»Utilization«), Veränderungen von Hafenliegezeiten sowie technische Ausfallzeiten und die durchschnittliche Größe, für die Berechnung eine – teilweise erhebliche – Rolle. Aufgrund der Datenlage finden diese aber keinen Eingang in die Formel.

Tatsächlich können die oben ermittelten Zahlen nur als Richtwerte gelten. In Bezug auf die Containerschifffahrt kann festgestellt werden, dass die unbeschäftigte Flotte nicht bei 9 % liegt (s.o.), sondern zum Jahreswechsel 2015/16 bei »nur« bei 3,5 %[83]. Experten gehen jedoch davon aus, dass diese Flottenreduzierung nicht reicht, um ein Marktgleichgewicht herzustellen. Geht man nur von dem Tonnageangebot (2002 gegen 2013) und den transportierten Mengen aus – lässt man also die Aspekte durchschnittliche Transportstrecke (verlängert) und durchschnittliche Geschwindigkeit (reduziert) außer Acht –, so würde der Tonnageüberhang bei 16,4 % liegen.

Überkapazität Containerflotte (ohne Geschwindigkeits-, Distanzveränderung)

$$\frac{692 \times 5.204}{1.532 \times 5.204} = \frac{77{,}9 \times 23{,}59}{206{,}3 \times 23{,}59}$$

Änderung Angebot	Änderung Nachfrage
121,4%	164,8%

Angebot in Bezug auf Nachfrageänderung	172,5
Damit Überkapazität in Mio tdw	33,8
Damit Überkapazität in %	16,4%

83 Vergl. Lloyd's List vom 4.1.2016; Artikel »Carriers will have to idle more capacity than in 2009 for rates to recover«: »The idle box fleet stands at 303 vessels, or 5.9 % of the total fleet, representing 3.8 %, or 746,014 teu, of total containership capacity, latest data from Lloyd's List Intelligence showed.«

Gehen wir weiter davon aus, dass sich – für die gesamte Weltschifffahrt sowie für die Teilmärkte – die Transportstrecken eher verkürzen und dass sich die effektiven erbrachten Geschwindigkeiten der Schiffe weiter erhöhen (technisch durch effektivere Schiffe und weil die Treibstoffpreise auf mittlere Sicht auf einem geringen Niveau bleiben werden), so ist von anhaltend hohen Überkapazitäten auszugehen – die Märkte werden in den nächsten Jahren nicht zu einem Gleichgewicht kommen.

Unter Zugrundelegung aller statistischen Unschärfen ist ein heutiger Tonnageüberhang (19,3 %) mit dem der Schifffahrtskrise 1923 (zwischen 21 % und 30 %) schon vergleichbar – zumal, wenn man weiß, dass damals die Anpassungsmechanismen schneller und effektiver gegriffen haben.

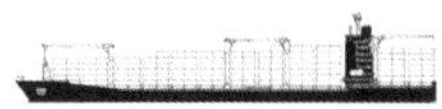

6. Führende nationale Handelsflotten

Gemessen an der Tragfähigkeit der Schiffe, ausgedrückt in »Deadweight« (tdw = Total Deadweight), hat sich die Welthandelsflotte zwischen 1997 und 2014 um 247 % vergrößert. Demgegenüber sind die Flotten der zehn führenden Nationen (2014) mit 281 % stärker gewachsen. Es hat sich also ein Konzentrationsprozess vollzogen. Während die Handelsflotten der beiden führenden Schifffahrtsnationen, Griechenland und Japan, sich mit dem Wachstum der Welthandelsflotte entwickelt haben, sind die Volksrepublik China und Südkorea deutlich stärker gewachsen. Bemerkenswert ist jedoch die Entwicklung der deutschen Handelsflotte – sie hat sich im Betrachtungszeitraum um mehr als 700 % vergrößert.

Mehr als jede andere Nation haben Deutschland und China dieses Wachstum getrieben. Und während Deutschland bis zum Ausbruch der Schifffahrtskrise die dynamischste Entwicklung zeigte, ist seitdem die Volksrepublik China bestimmend für das Flottenwachstum. Die (Über)Angebotskrise ist nicht nur allgemein verantwortet von den Reedern selbst, sie ist auch auf bestimmte Nationen zurückzuführen – im Wesentlichen also Deutschland und China.

Entwicklung der Welthandelsflotte und führender Flotten (1997=100) in tdw

Jahr (1.1.)	Welthandelsflotte	Top 10	Griechenland	Japan	China	Deutschland	USA	Südkorea
1997	100	100	100	100	100	100	100	100
1998	103	104	105	102	105	120	92	108
1999	107	110	110	109	106	150	93	109
2000	108	113	113	107	109	162	99	109
2001	110	119	121	113	112	182	91	111
2002	112	122	123	118	116	210	86	111
2003	113	125	127	120	122	226	87	111
2004	114	131	133	126	131	271	93	109
2005	123	136	131	135	157	321	94	118
2006	133	149	138	151	181	396	96	128
2007	144	162	144	169	194	471	98	140
2008	153	173	147	185	234	522	81	163
2009	162	183	143	199	256	581	81	202
2010	164	191	157	210	288	575	84	194
2011	184	206	171	226	298	636	94	205
2012	205	230	189	249	342	696	111	243
2013	237	262	207	256	524	696	119	325
2014	247	281	238	270	552	705	117	361
2015	255	280	236	264	434	676	123	347
2016	263	289	248	262	438	660	123	341

Quelle: UNCTAD – Review of Maritime Transport, div. Ausgaben

Deutsche Klagen über die Krise, Hilferufe nach der Politik, seien sie national, EU-weit oder international, mögen eine Berechtigung haben, denn viele deutsche Reeder sind in einer existenzbedrohenden Lage, sie vergessen aber, dass die Krise hausgemacht ist, von Deutschland zu einem Gutteil mitverursacht wurde.

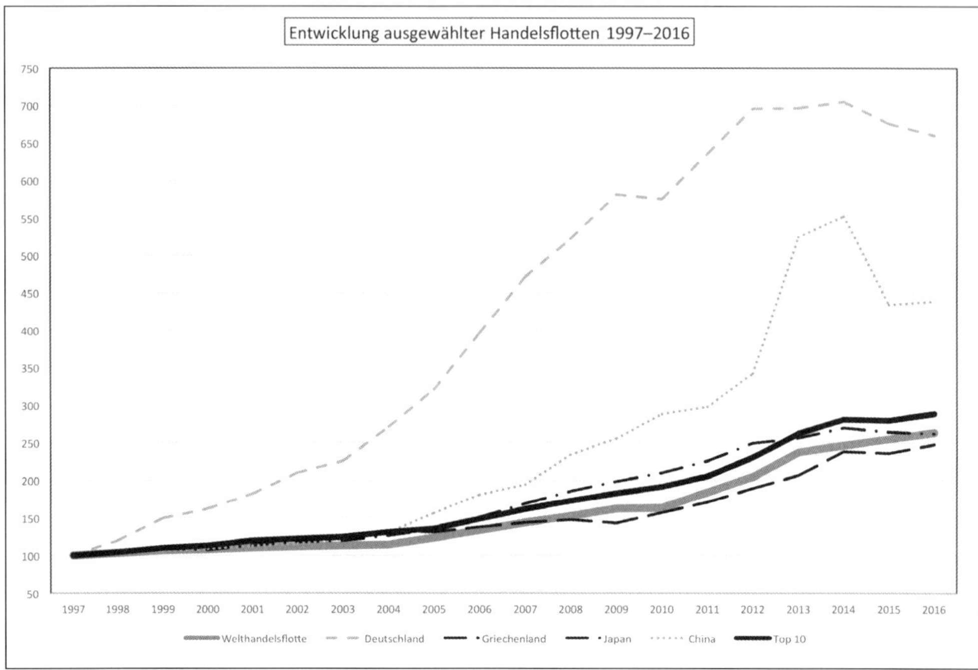

Lag Deutschland 1997 mit 1.462 Schiffen, 18 Mio. tdw und einem Anteil von 2,7 % an der Welthandelsflotte auf dem neunten Rang, so hatte sich diese Flotte 2005 auf 2.615 Schiffe 58 Mio. tdw und einem Anteil von 6,9 % auf den dritten Platz entwickelt. 2008 – zu Beginn der Krise – sind es 3.208 Schiffe mit 95 Mio. tdw und mehr als 9 % der Welthandelsflotte. Mit 3.989 Einheiten und 127 Mio. tdw erreicht dann die Flotte ihren Zenit (2011), bezogen auf die Anzahl der Schiffe. 2014 geht diese Zahl auf 3.699 Schiffe leicht zurück, die Tonnage steigt jedoch noch einmal auf 127 Mio. tdw. Den dritten Platz in der Rangliste der Flotten hat Deutschland seit 2013 an die Volksrepublik China verloren.

Diese Darstellung stellt auf die sogenannte »Beneficial Ownership« ab, also die Flotte, die von deutschen Unternehmen bereedert wird, unabhängig von Flagge oder auch von der Registrierung der jeweiligen (Ein)Schiffsgesellschaften. So haben eine Reihe deutscher Schifffahrtsunternehmen Firmen im Ausland gegründet – zum Beispiel in den Niederlanden, in Singapur, Hongkong oder auf Zypern –, die unabhängig vom Mutterkonzern agieren, obschon die strategischen Entscheidungen aus Deutschland heraus getroffen werden. Die Daten über diese »Beneficial Ownership« werden meist von privat geführten Maklern wie Clarkson oder von IHS-Fairplay zusammengetragen und basieren auf Informationen, die im täglichen Geschäft erworben werden. Auch wenn sie mit einer gewissen Unschärfe behaftet sind, greifen die IMO oder UNCTAD auf sie zu – sie sind die Basis für ihre Analysen und teilweise auch für politisch/rechtliche Entscheidungen. So basiert die Entscheidung, ob ein bestimmtes Quorum, welches

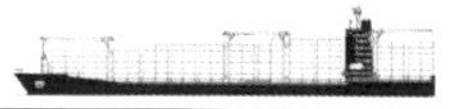

erforderlich ist, um einer IMO-Resolution zur Gesetzeskraft zu verhelfen, auf den Daten des Forschungsinstituts IHS Fairplay.

Für die deutschen Schiffe kann jedoch ein anderer – von den obigen Zahlen abweichender – Ansatz gewählt werden. Das Bundesamt für Seeschifffahrt und Hydrographie (BSH) führt das zentrale Register aller deutschen Handelsschiffe. Eine deutsche Schiffsgesellschaft lässt ihr Schiff (meist) in Deutschland registrieren – die Überschüsse oder Verluste aus dem Schiff entstehen dann im Inland, unabhängig von der Wahl der Flagge, da für die meisten Schiffe im deutschen Register beim BSH eine Ausflaggungsgenehmigung gestellt wird. Eine Registrierung im Inland qualifiziert eine Gesellschaft darüber hinaus zur Option für eine Besteuerung auf Basis der Tonnage (»Tonnagesteuer« gemäß §5a EStG), die eine weitgehende Steuerfreiheit gewährt – ein für deutsche Steuersubjekte interessanter Aspekt, sofern das Schiff Gewinne erwirtschaftet.

Die vom BSH geführte Statistik ist sehr genau, lässt sich aber – wie gesagt – mit der obigen nicht vergleichen. Dennoch spiegelt sie den Trend der Flottenentwicklung wider und zeigt deutlich, wie gerade in der Schifffahrtskrise die deutschen Reedereibetriebe Federn lassen mussten. Vom Höchststand 2011 (3.784 Schiffe) ist die Anzahl Anfang 2017 auf nur noch 2.577 gesunken – mehr als 1.200 Einheiten weniger.

Dennoch darf unterstellt werden, dass die Zahl der im deutschen Besitz befindlichen Schiffe höher liegt, da, wie oben angesprochen, es noch Einheiten in anderen nationalen Registern gibt, über die in Deutschland entschieden wird. Eine komplett von Deutschland getrennte Schiffsgesellschaft ist jedoch nicht ganz ohne einen steuerlichen Aspekt zu betrachten. Denn sollten von der ausländischen Tochter Überschüsse zum Eigentümer ins Inland transferiert werden, so unterliegen sie der vollen deutschen Besteuerung. Die Registrierung in Deutschland ist für deutsche Steuersubjekte also durchaus noch attraktiv. Somit kann die Abnahme von 1.200 Einheiten am Ende wirklich als ein Verlust von Bedeutung des Standorts Deutschland gedeutet werden.

Die obige Betrachtung stellt – wie gesagt – nicht auf die jeweilige Flagge ab, sondern auf die aus dem jeweiligen Land heraus betreuten oder disponierten Schiffe, also auf das sogenannte »nutznießende Eigentum« (»Beneficial Ownership«). Warum führen nur die wenigsten Schiffe der traditionellen Schifffahrtsnationen die Heimatflagge? Aus Gründen des kosteneffizienteren Betriebs verbringen Schifffahrtsunternehmen ihre Schiffe unter die Flagge eines offenen Registers, welches ihnen mehr Freiheiten bei der Anstellung ihrer Seeleute erlaubt und mithin zu geringeren Kosten führt. Die Disposition und das wirtschaftliche Eigentum verbleiben jedoch in dem Land, in dem die Schiffe betrieben werden.

Bereits 1971 beschreibt das Committee of Inquiry into Shipping (der nach seinem Vorsitzenden Viscount Rochdale benannte Report) ein offenes Register wie folgt:

»Für diesen Bericht haben wir eine Reihe von Eigenschaften identifiziert, die allen ›flags of convenience‹ gemeinsam sind:

(i) Das Land der Registrierung erlaubt das Eigentum oder die Kontrolle von Handelsschiffen auch Bürgern, die im Land nicht ansässig sind;

(ii) Die Eintragung ins Register ist einfach. Ein Schiff kann üblicherweise beim Konsulat im Ausland eingetragen werden. Genauso wichtig ist, dass der Registerwechsel im Belieben des Eigners liegt und nicht beschränkt ist;

(iii) Steuern auf Einkommen werden nicht erhoben oder sind gering. Eine Registrierungsgebühr und eine Jahresgebühr, berechnet aufgrund der Tonnage, sind die einzigen Abgaben, die erhoben werden. Garantien oder Erklärungen über eine zukünftige Befreiung von Steuern können auch gegeben werden;

(iv) Das Registrierungsland ist eine kleine Macht ohne eigenen Bedarf an den registrierten Schiffen unter jedweden zukünftigen Umständen, geringe Abgaben auf Basis einer großen Tonnage können aber einen bedeutenden Beitrag zum Nationaleinkommen und zur Handelsbilanz erwirtschaften;

(v) Die Bemannung der Schiffe durch Nicht-Staatsbürger ist erlaubt; und

(vi) Das Registrierungsland hat weder die Macht oder die Verwaltung, effektiv die Einhaltung nationaler oder internationaler Regularien zu erzwingen, noch hat sie den Wunsch oder die Macht, die Schifffahrtsunternehmen zu kontrollieren.«[84] (Rochdale, 1970, S. 51)

Die Verbringung von Schiffen unter eine Flagge, zu der der Reeder keine echte Bindung (genuin Link) hat – also die Ausflaggung –, existiert schon seit Jahrhunderten. So »gingen die Reste der deutschen Hanse nach 1600 ein Schutzbündnis mit den Generalstaaten ein und ließen zum Schutz vor den aus Algier, Tunis und Tripolis stammenden Piraten ihre Schiffe unter niederländischer Flagge laufen.«[85] Britische Handelsschiffe fuhren im 16. Jahrhundert teilweise unter der spanischen Flagge, um eine Flaggendiskriminierung im lukrativen Westindienhandel zu umgehen. Nach dem Ersten Weltkrieg wurden einige deutsche Tankschiffe, die der US-amerikanischen Standard Oil zugerechnet werden können, unter die Flagge der freien Stadt Danzig verbracht, um diese weiterhin mit Ölprodukten zu versorgen. Die Disposition dieser Schiffe erfolgte jedoch weiterhin aus Hamburg über die US-Tochter DAPG. (Detlefsen, 1997, S. 14) In den 1920er-Jahren, also zur Zeit der Prohibition in den Vereinigten Staaten, fuhren amerikanische Passagierschiffe unter der Flagge Panamas, um den Passagieren den Konsum von Alkohol zu ermöglichen. Diese hier angebrachten beispielhaften Maßnahmen können als Reaktion auf politische Gegebenheiten gedeutet werden.

Erst nach dem Zweiten Weltkrieg traten betriebswirtschaftliche Aspekte in den Vordergrund. Im Grundsatz geht es seitdem um die Aspekte von freier Verfügung der Unternehmer über ihr Kapital, Sicherung von Arbeitsplätzen für Seeleute aus den traditionellen Schifffahrtsnationen, die Einhaltung international gültiger Sicherheitsstandards an Bord und Protektionismus durch neue Schifffahrtsnationen. So zitieren Beth et. al. den OECD Code of Liberalisation of Current Invisible Operations von 1963: »Jeder Verstoß gegen die Freizügigkeit bringt die Gefahr mit sich, dass die Wirtschaftlichkeit der verfügbaren Gesamttonnage abnimmt und

84 Im englischen Original: »For our part, we have identified a number of features common to flags of convenience:

(vii) The country of registry allows ownership and/or control of its merchant vessels by non-citizens;

(viii) Access to registry is easy. A ship may usually be registered at a consul's office abroad. Equally important, transfer from the registry at owner's option is not restricted;

(ix) Taxes on the income from the ships are not levied or are low. A registry fee and an annual fee, based on tonnage, are normally the only charges made. A guarantee or acceptable understanding regarding future freedom from taxation may also be given;

(x) The country of registry is a small power with no national requirement under any foreseeable circumstances for all the shipping registered, but receipts from very small charges on a large tonnage may produce a substantial effect on its national income and balance of payments;

(xi) Manning of ships by non-nationals is freely permitted; and

(xii) The country of registry has neither the power nor the administrative machinery effectively to impose any government or international regulations; nor has the country the wish or the power to control the companies themselves.

85 Schelzel, M., Zur Geschichte der Umflaggung, Bergen 1979 – zitiert nach Krüger-Kopiske (1984), S. 1

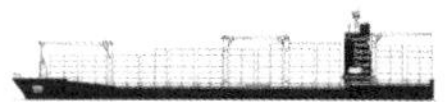

die Beförderungskosten sich dadurch erhöhen.« (Beth, Hader, & Kappel, 1983, S. 253) Dieser Grundsatz wurde von der OECD seitdem immer wieder hervorgehoben – so auch 2013.[86] Der Freizügigkeitsansatz, der von der OECD und den nationalen Reederverbänden vertreten wird, wird von den Seeleute- und Transportarbeitergewerkschaften und bedingt auch von der UNCTAD abgelehnt. Ihnen geht es um den Erhalt von Arbeitsplätzen in der maritimen Branche ihrer Heimatländer, wohl wissend, dass die internationale Schifffahrt immer mit Kostenunterschieden, je nach Flaggenstaat, konfrontiert sein wird. Die Kosten für die Bemannung eines Schiffes machen ca. die Hälfte der Schiffsbetriebskosten aus und sind somit der wesentliche Grund für die Reeder, im internationalen Schifffahrtsmarkt auch auf international verfügbare Seeleute zu setzen. Bis heute wird ein großer Teil der Kostenunterschiede darum durch Personalkostensubventionen der öffentlichen Hände ausgeglichen. Die Jahreskosten für ein Containerschiff mit einer Besatzung von 21 Mann unter der zum Beispiel deutschen Flagge können so bis auf ca. 4 % Kostenunterschied zu einem offenen Register reduziert werden, sofern alle in Deutschland gewährten Unterstützungsmaßnahmen voll ausgeschöpft werden – wir kommen darauf zurück.

In den 1960er- bis 1980er-Jahren hat eine Reihe von Entwicklungsländern mit Unterstützung der UNCTAD versucht, eigene Handelsflotten aufzubauen, um sowohl Beschäftigung als auch Devisenerwirtschaftung zu verbessern. Als herausragende Maßnahme in diesem Zusammenhang galt die »Convention on a Code of Conduct for Liner Conferences« der UNCTAD von 1974, der 1983 angenommen wurde. Dieses Regelwerk sah im Linienverkehr die Aufteilung zwischen Exportland (40 %), Importland (40 %) und sogenannten »Cross Tradern« (20 %) im Rahmen von Schifffahrtskonferenzen vor. Dass der Code heute bedeutungslos ist, liegt einerseits daran, dass die klassischen Linienschifffahrtskonferenzen keine Rolle mehr spielen und dass der Versuch der Entwicklungsländer, nationale Handelsflotten aufzubauen, meist im Korruptionssumpf dieser Staaten untergegangen ist. Der freie, nach kommerziellen und betriebswirtschaftlichen Bedingungen ausgerichtete Seeverkehr hat sich weithin durchgesetzt. Letztendlich profitieren alle Konsumenten davon, denn die Seetransportdienstleitung bleibt damit günstig, ermöglicht es, die Vorteile der Globalisierung auszunutzen.

Dennoch darf die grundsätzlich freie Wahl der Flagge zum Zwecke der Verbesserung der Renditekraft der Reedereien nicht dazu führen, dass Mindeststandards in Bezug auf den technischen Zustand der Schiffe, die Arbeitnehmervergütung und deren Arbeitsbedingungen ausgehöhlt werden. Hier spielen die Konventionen der IMO und ILO, Hafenstaatenkontrollen und gewerkschaftliche Aktionen eine bedeutende Rolle. Den Reedern aus traditionellen Schifffahrtsländern mit ihren hohen Betriebskosten sollte dies recht sein, denn dies verschafft ihnen die Möglichkeit, weiterhin am Seetransport teilzunehmen und nicht von Schiffen unter wirklichen »Billigflaggen« aus dem Markt gedrängt zu werden.

86 »As the shipping policy of the governments of the Members is based on the principle of free circulation of shipping in international trade in free and fair competition, it follows that the freedom of transactions and transfers in connection with maritime transport should not be hampered by measures in the field of exchange control, by legislative provisions in favour of the national flag, by arrangements made by governmental or semi-governmental organisations giving preferential treatment to national flag ships, by preferential shipping clauses in trade agreements, by the operation of import and export licensing systems so as to influence the flag of the carrying ship, or by discriminatory port regulations or taxation measures – the aim always being that liberal and competitive commercial and shipping practices and procedures should be followed in international trade and normal commercial considerations should alone determine the method and flag of shipment.« OECD – CODE OF LIBERALISATION OF CURRENT INVISIBLE OPERATIONS, Paris 2013 – Internet: https://www.oecd.org/pensions/private-pensions/InvisibleOperations_WebEnglish.pdf – Hervorhebung von K4.

Die Industrienationen und deren supranationale Organisationen (z.B. EU) versuchen – wie oben angedeutet –, ihre Schifffahrt und ihre maritimen Cluster zu stützen, um Beschäftigung und Know-how zu erhalten. Die den deutschen Reedern 2015 zugeflossenen Förderungen beliefen sich auf 132 Millionen Euro.[87] Dies ist kein bedeutender Beitrag, bekommt man dafür einmal gerade fünf Kilometer Bundesautobahn.[88]

In Deutschland liegt der Anteil der unter der deutschen Flagge fahrenden Schiffe, die aus Deutschland heraus betrieben werden, bei 13 % (31.07.2017) – 87 % führen eine andere Flagge, also die eines offenen Registers.[89]

BSH Statistik Handelsschiffe

Stand 31.07.2017 – Schiffe über 100 BRZ

	Anzahl	BRZ
Deutsche Flagge	329	9.292.880
Fremde Flagge	2.156	55.232.387
Gesamt	2.485	64.525.267
Deutsche Flagge (%)	13,2 %	14,4 %

	Anzahl	BRZ
Fremde Flagge Europa	851	19.476.874
Fremde Flagge Andere	1.305	35.755.513
Summe Fremde Flagge	2.156	55.232.387
Europäische Flagge[1]	1.180	28.769.754
Europäische Flagge (%)	47,5 %	44,6 %

[1] Inkl. Deutschland

Die 35 größten Schifffahrtsnationen, die bezogen auf die gesamte Welthandelsflotte ca. 95 % der Tonnage auf sich vereinen, nutzten 1993 fremde Flaggen nur zu 49,7 %, im Jahr 2000 waren es 62,5 % und 2015 71,3 %.[90] Stellt man allein auf die Flaggenführung ab, so sind unter den zehn größten Schifffahrtsnationen sieben offene Register – es sind dies Panama, Liberia, die Marshall Islands, Hongkong, Malta, Bahamas und Zypern, die mit zusammen 727 Mio. BRZ 59,5 % der Welthandelsflotte auf sich vereinen[91]. Deutschland liegt in diesem Ranking – nach Flaggenführung – nur auf dem 23. Platz.

Dieselbe Tendenz lässt sich auch für die gesamte europäische Schifffahrt festhalten. So stellt Oxford Economics in seiner 2014 erschienenen Studie fest, dass zwischen 1994 und 2013 der Anteil der EU-Flaggen an der Welthandelsflotte von 32 % auf 20 % zurückgegangen ist, obwohl die Flotte im gesamten Zeitraum um 50 % gewachsen ist.[92] 2013 fuhren 53 % der europäischen Handelsflotte unter einer fremden Flagge. (Oxford Economics, 2014, S. 16 und 21) Darüber hinaus ist festzuhalten, dass sich mit Malta (2013 die bedeutendste europäische Flagge) und Zypern (2013 auf Rang vier der europäischen Flaggen) zwei ausgewiesene offene Register hierunter befinden – es darf jedoch vermutet werden, dass die weitaus größte Zahl der Reeder, die ihre Schiffe unter diesen beiden Flaggen verbracht haben, ebenfalls Europäer sind.

87 Davon 58 Millionen Euro für Ausbildungsplatzförderung und Lohnnebenkostenzuschüsse sowie 75 Millionen Euro Lohnsteuereinbehalt

88 »Die reinen Baukosten in durchschnittlich schwierigem Gelände betragen in Deutschland je nach Quelle sechs bis zwölf Millionen Euro pro Kilometer. Jedoch belaufen sich die Gesamtkosten für den Bau eines Kilometers Autobahn laut Politmagazin ‚Report' aus München auf 26,3 Millionen Euro pro Kilometer (11,8 Millionen €/km für Baukosten, 9,5 Millionen €/km für Bürokratie und 5 Millionen €/km für Gutachten).« Internet: http://frag.wikia.com/wiki/Was_kostet_(im_Durchschnitt)_ein_Kilometer_Autobahn

89 Gemäß Statistik des Bundesamts für Seeschifffahrt und Hydrographie vom 30.04.2017

90 Vergl. UNCTAD, Review of Maritime Transport, diverse Ausgaben. Hierbei werden alle Schiffe über 1.000 BRZ einbezogen. Die Relationen stellen jedoch auf Tragfähigkeit ab. Stand jeweils zu Jahresbeginn.

91 Schiffe in Fahrt über 1.000 BRZ

92 Zu den europäischen Flaggen werden die 28 Staaten der EU sowie Norwegen gezählt.

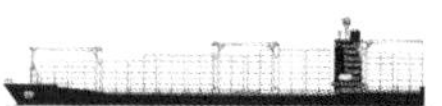

Flaggenführung in der Welthandelsflotte (April 2017)

Rang	Flagge	BRZ	Schiffe	BRZ in % Einzeln	BRZ in % Kumuliert
1	Panama	226.029.323	6.907	17,6 %	17,6 %
2	Liberia	142.861.307	3.430	11,1 %	28,7 %
3	Marshall Islands	140.971.991	3.328	11,0 %	39,7 %
4	Hongkong	109.531.077	2.349	8,5 %	48,2 %
5	Singapur	85.467.222	2.718	6,7 %	54,8 %
6	Malta	69.157.335	2.108	5,4 %	60,2 %
7	Bahamas	61.384.015	1.392	4,8 %	65,0 %
8	China	47.094.720	3.005	3,7 %	68,7 %
9	Griechenland	41.769.350	757	3,3 %	71,9 %
10	Japan	23.446.179	930	1,8 %	73,7 %
11	Zypern	22.313.227	943	1,7 %	75,5 %
12	Isle of Man	16.657.867	413	1,3 %	76,8 %
13	Italien	15.804.280	626	1,2 %	78,0 %
14	Dänomark (Dis)	15.412.982	430	1,2 %	79,2 %
15	Großbritannien	15.363.160	602	1,2 %	80,4 %
16	Norwegen (Nis)	14.997.884	541	1,2 %	81,6 %
17	Indonesien	14.534.664	2.182	1,1 %	82,7 %
18	USA	13.610.124	1.129	1,1 %	83,8 %
19	Portugal (Mar)	12.399.446	367	1,0 %	84,7 %
20	Bermuda	11.839.840	177	0,9 %	85,6 %
21	Indien	10.776.326	684	0,8 %	86,5 %
22	Südkorea	10.445.260	885	0,8 %	87,3 %
23	*Deutschland*	*9.690.496*	*300*	*0,8 %*	*88,1 %*
24	Russland	8.505.599	1.886	0,7 %	88,7 %
25	Malaysia	8.295.957	609	0,6 %	89,4 %
	Andere Flaggen (#154)	*136.753.319*	*15.487*	*10,6 %*	*100,0 %*
	TOTAL	**1.285.112.950**	**54.185**	**100,0 %**	

Quelle: Eigene Datenbank – Schiffe über 1.000 BRZ

Technisch wird die Ausflaggung in der deutschen Handelsflotte über eine Vercharterung an eine Gesellschaft geregelt, die in einem Land registriert ist, dessen Flagge geführt werden soll. Die deutsche Eigentümer-KG verchartert das Schiff »bare-boat«, also ohne Besatzung, Ausrüstung und Versicherung, an diese. Damit erhält der Charterer das Recht, das Schiff unter die Flagge seines Landes zu bringen. Da es sich bei dieser Gesellschaft, meist eine Gründung des jeweiligen Reeders, um eine reine Verwaltungseinheit handelt, schließt die Auslandsgesellschaft mit der Eigentümer-KG wieder einen Geschäftsbesorgungsvertrag, womit die Verfügung über das wirtschaftliche Eigentum nun zurück ins Heimatland gekehrt ist, jedoch mit einer anderen Flagge. Da deutsche Schiffe in einem deutschen Schiffsregister eingetragen sind, wird dann beim Bundesamt für Seeschifffahrt und Hydrographie ein auf zwei Jahre befristeter Antrag auf

Ausflaggung gestellt, der in der Regel mit den unterschiedlichen Kosten unter unterschiedlichen Flaggen begründet wird, wobei dieser Kostenunterschied für die Schiffsgesellschaft nicht nur vorliegen muss, sondern zu einer existenzbedrohenden wirtschaftlichen Lage führen würde, sollte die deutsche Flagge geführt werden (müssen). Dieses Verfahren, das eigentlich als Ausnahmeregelung gedacht war, ist heute die Normalität, denn nach Ablauf der Zwei-Jahres-Frist wird die Ausflaggung erneut beantragt[93]. In Deutschland sind die bevorzugten Flaggen vornehmlich Liberia, die Marshall Islands, Antigua und Barbuda und in letzter Zeit zunehmend Portugal (Madeira). Dass gerade Portugal für deutsche Reeder so attraktiv ist, hat vor allen Dingen mit der Tatsache zu tun, dass es sich bei Portugal um ein EU-Land handelt. Die Europäischen Gremien erwarten, dass die EU-Schifffahrtsnationen mindestens 60 % ihrer Schiffe unter einer EU-Flagge halten, denn andernfalls werden im Land gewährte Subventionen, wie zum Beispiel eine Steuervergünstigung, als Wettbewerbsverzerrung gewertet. Zwar erreicht die deutsche Handelsflotte diesen Anteil zurzeit mit knapp 48 % noch nicht (s. Tabelle oben), die EU ist hier aber noch großzügig und erkennt an, dass sich Deutschland hier in den letzten Jahren entwickelt hat. Andere bevorzugte europäische Flaggen wären unter anderem Malta, Großbritannien und Zypern. Letztere jedoch mit Einschränkungen, da sich Zypern formal noch mit der Türkei im Kriegszustand befindet, was das Fahrtgebiet dieser Schiffe einschränkt, und weil finanzierende Banken auf Schiffe dieses Registers aus ihrer Sicht nur unzureichenden Zugriff haben.

Europäische Flaggen haben jedoch für Reeder, die Besatzungsmitglieder auf ihren Schiffen beschäftigen, die ihren gewöhnlichen Aufenthaltsort in der Europäischen Union haben, einen kostenerhöhenden Nachteil. Aufgrund der EU-Regel 1048/71 in der geänderten Form 883/2004 unterliegen diese Arbeitnehmer der Sozialversicherungspflicht. So heißt es unter Artikel 13 (2) b) »ein Arbeitnehmer, der an Bord eines Schiffes beschäftigt ist, das unter der Flagge eines Mitgliedstaats fährt, unterliegt den Rechtsvorschriften dieses Staates«[94]. In der Fassung der EU-Regel 883/2004 heißt es unter Artikel 11 (4): »Für die Zwecke dieses Titels gilt eine Beschäftigung oder selbstständige Erwerbstätigkeit, die gewöhnlich an Bord eines unter der Flagge eines Mitgliedstaats fahrenden Schiffes auf See ausgeübt wird, als in diesem Mitgliedstaat ausgeübt. Eine Person, die einer Beschäftigung an Bord eines unter der Flagge eines Mitgliedstaats fahrenden Schiffes nachgeht und ihr Entgelt für diese Tätigkeit von einem Unternehmen oder einer Person mit Sitz oder Wohnsitz in einem anderen Mitgliedstaat erhält, unterliegt jedoch den Rechtsvorschriften des letzteren Mitgliedstaats, sofern sie in diesem Staat wohnt. Das Unternehmen oder die Person, das bzw. die das Entgelt zahlt, gilt für die Zwecke dieser Rechtsvorschriften als Arbeitgeber.«[95] So können z.B. für ein Schiff unter der Luxemburg-Flagge (EU-Staat) mit polnischen Seeleuten (EU-Bürger) im Jahr mehr als 140.000 € Beiträge in die luxemburgische Sozialversicherung fällig werden, Beträge, die unter der Liberia-Flagge nicht anfallen würden. Im Falle Madeiras (Portugal MAR) ergibt sich für die Reeder hier ein entscheidender Vorteil. »Besatzungsmitglieder und ihre jeweiligen Arbeitgeber von Schiffen, die in MAR registriert sind, sind nicht verpflichtet, Sozialabgaben innerhalb des portugiesischen Systems zu entrichten,

93 Bisher ist kein beim Bundesamt für Seeschifffahrt und Hydrographie gestellter Antrag nach §7 Flaggenrecht abschlägig beschieden worden. Pro Jahr gehen hier ca. 1.500 Anträge ein.

94 VERORDNUNG (EWG) Nr. 1408/71 DES RATES vom 14. Juni 1971 zur Anwendung der Systeme der sozialen Sicherheit auf Arbeitnehmer und deren Familien, die innerhalb der Gemeinschaft zu- und abwandern, aus dem Internet: http://eur-lex.europa.eu/legal-content/DE/TXT/PDF/?uri=CELEX:31971R1408&from=DE

95 VERORDNUNG (EG) Nr. 883/2004 DES EUROPÄISCHEN PARLAMENTS UND DES RATES vom 29. April 2004 zur Koordinierung der Systeme der sozialen Sicherheit, aus dem Internet: http://eur-lex.europa.eu/LexUriServ/LexUriServ.do?uri=CONSLEG:2004R0883:20130108:DE:HTML

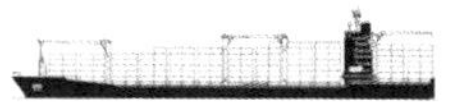

vorausgesetzt, sie sind bereits Mitglieder eines ähnlichen Systems anderswo und zahlen in dieses ein.«[96] Für polnische Seeleute, die unter einer nicht-polnischen Flagge (Madeira) fahren, ist die Sozialversicherung dem jeweiligen Mitarbeiter selbst überlassen. Werden also Polen unter der Madeira-Flagge beschäftigt, so ist die Versicherung nicht die Aufgabe des Arbeitgebers. So entspricht die Wahl der Flagge Madeiras zum einen dem Grundsatz, dass deutsche Reeder einen möglichst großen Teil ihrer Flotte unter einer EU-Flagge betreiben sollten, als auch dem Anspruch, dies zu wirtschaftlich günstigen Bedingungen zu tun.

Flaggenführung in der deutschen Handelsflotte

Flagge	Anzahl	BRZ
Liberia	673	24.731.031
Portugal	270	10.173.351
Deutschland	329	9.292.880
Antigua und Barbuda	668	6.004.721
Malta	156	5.382.906
Marshallinseln	82	2.977.561
Zypern	106	1.209.394
Luxemburg	32	1.083.279
Gibraltar	70	858.714
Bahamas	9	683.532
Bermuda	12	536.801
Panama	5	495.264
Vereinigtes Königreich	19	408.417
Isle of Man	18	299.439
Singapur	1	159.730
Jamaika	8	65.822
Sri Lanka	5	54.724
Niederlande	12	51.421
Curacao	2	15.599
Belize	2	16.861
Kanada	1	12.936
Lettland	4	9.953
St. Vincent und die Grenadinen	1	931
TOTAL	**2.485**	**64.525.267**

Quelle: BSH – Stand 31.07.2017 – Schiffe über 100 BRZ

Die Anzahl der unter der deutschen Flagge registrierten Schiffe in der obenstehenden Statistik ist überbewertet, denn hierin werden auch Schiffe gezählt, die in der deutschen Küstenfahrt beschäftigt sind, wie zum Beispiel Seebäderschiffe, Sportanglerfahrzeuge und Bun-

96 Vallerton Management e Servicos Lda., Ship Registration in Madeira, aus dem Internet: http://www.vallerton.com/madeira/ship-registration – im englischen Original: »Crew members and their respective employers of ships registered in MAR [d.h. International Shipping Register – K4] are not obliged to pay social security taxes within the Portuguese system, providing that they are already members of and contributing to similar system elsewhere.«

kerboote. Stellt man nur auf kommerzielle Seeschiffe ab, von denen vermutet werden darf, dass sie im internationalen Verkehr tätig sind, so liegt die Zahl bei 242 Schiffen, von denen 111 Containerschiffe sind.[97]

Immer wieder hat die Politik zusammen mit Unternehmerverbänden und Gewerkschaften versucht, die deutsche Flagge attraktiv zu halten. Bei Ausrufung des sogenannten Maritimen Bündnisses im Jahr 2000 lag das Ziel noch bei mehr als 500 Schiffen unter der deutschen Flagge. Dies wurde zwar 2008 fast erreicht, als 474 Schiffe im internationalen Schiffsregister eingetragen waren, die Krise zwang dann jedoch viele Unternehmen, auf andere Flaggen auszuweichen, da die Personalkostendifferenz zwischen der deutschen und der Flagge eines offenen Registers – je nach Schiffsgröße – zwischen 200 und 400 Tsd. Euro pro Jahr beträgt. Zwischenzeitlich beharrt auch die Bundesregierung nicht mehr auf der Führung der deutschen Flagge, treten Aspekte wie Ausbildung seemännischen Nachwuchses und der Erhalt von Arbeitsplätzen für deutsche Seeleute – unabhängig von der Flagge – in den Vordergrund. Dies ist insofern konsequent, als die soziale Absicherung eines deutschen Besatzungsmitglieds unter fremder Flagge der unter der deutschen mittlerweile gleichgestellt ist[98]. Um weiterhin einen Teil der Schiffe deutscher Reeder unter der Bundesflagge zu halten, um also deren Wettbewerbsfähigkeit gegenüber anderen Flaggen zumindest teilweise zu erhalten, hat das Bundesverkehrsministerium Ende 2015 eine Reihe von Lockerungen eingeführt. So können Reeder, die Schiffe unter deutscher Flagge betreiben, die gesamte Lohnsteuerlast einbehalten (bisher waren dies nur 40 %). Gleichzeitig wird der Arbeitgeberanteil zur Sozialversicherung den Unternehmen zurückerstattet – es zahlen also nur noch die Beschäftigten ihren Anteil ein. Die bisherigen Schiffsbesetzungsvorschriften, die je nach Schiffsgröße bis zu fünf EU-Europäer auf deutschen Schiffen vorschreiben, wurden insofern gelockert, dass nunmehr nur noch zwei EU-Bürger auf deutschen Schiffen fahren müssen. Die Beschäftigungspflicht eines Schiffsmechanikers, ein vor allen Dingen von der Gewerkschaft ver.di geforderter Aspekt, ist aufgehoben.[99] Damit zieht Deutschland mit anderen EU-Staaten – zum Beispiel den Niederlanden – gleich.

Obschon es für deutsche Seeleute, wie oben schon angedeutet, unter den diversen Flaggen kaum Unterschiede in Bezug auf ihre soziale Absicherung gibt, sofern das Schiff im deutschen Register eingetragen ist, lässt sich mit Ausbruch der Schifffahrtskrise und der verstärkten Schrumpfung der Flotte und Verbringung von Schiffen unter fremde Flaggen feststellen, dass die Anzahl der angebotenen sozialversicherungspflichtigen Arbeitsplätze zurückgegangen ist.

Während die Anzahl der Deutschen, die unter der deutschen Flagge fuhren, zwischen 2000 und 2016 um ca. 21 % zurückgegangen ist, sind die Arbeitsplätze für Deutsche auf Schiffen anderer Flaggen weitgehend konstant geblieben – insgesamt fahren also Ende 2016 18 % weniger Deutsche unter der Sozialversicherungspflicht als noch zur Jahrtausendwende. Die Anzahl der sozialversicherungspflichtigen Stellen von Seeleuten anderer Nationen (EU-Ausländer und Drittstaaten) hat sich noch stärker vermindert (–23 %) – hier greifen Reeder mehr auf Nationalitäten zurück, die nicht sozialversichert werden müssen.

97 Statistik des BSH vom 31.07.2017

98 Sofern ein Schiff im deutschen Schiffsregister eingetragen ist, gilt für einen auf diesem Schiff beschäftigten Deutschen die volle Sozialversicherungspflicht, unterliegt sein Einkommen der im Inland gültigen Besteuerung. Für EU-Bürger gilt ebenfalls eine Sozialversicherungspflicht, sofern das Schiff eine EU-Flagge führt (z.B. für Polen auf einem deutschen Schiff unter der Flagge Luxemburgs oder Großbritanniens). Madeira hat hier eine – zeitlich begrenzte – Ausnahme erwirkt, weshalb diese Flagge bei Reedern, die weiterhin EU-Europäer beschäftigen wollen, sehr beliebt ist.

99 Vergl. VDR intern vom 14.12.2015

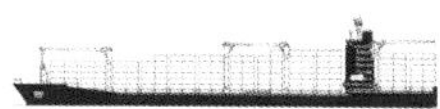

Sozialversicherungspflichtige Seeleute in der deutschen Handelsflotte

Jahresende	Anz. Schiffe	Seeleute Deutsche Flagge Deutsche	Andere	TOTAL	Ausländische Flagge Deutsche	Andere	TOTAL	Zusammen Deutsche	Andere	TOTAL
1970	2.578							**39.307**	**10.791**	**50.098**
1975	2.120							**24.209**	**7.349**	**31.558**
1980	1.900							**20.983**	**6.181**	**27.164**
1985	1.750							**18.240**	**4.783**	**23.023**
1990	1.410							**11.262**	**4.590**	**15.852**
1991	1.518	16.358	4.767	21.125	576	30	606	**16.934**	**4.797**	**21.731**
1995	1.542	9.893	4.341	14.234	517	28	545	**10.410**	**4.369**	**14.779**
1996	1.542	8.916	4.786	13.702	550	25	575	**9.466**	**4.811**	**14.277**
1997	1.579	8.751	5.023	13.774	394	21	415	**9.145**	**5.044**	**14.189**
1998	1.645	8.295	5.493	13.788	638	82	720	**8.933**	**5.575**	**14.508**
1999	1.783	6.905	3.956	10.861	689	27	716	**7.594**	**3.983**	**11.577**
2000	1.850	6.670	4.116	10.786	980	52	1.032	**7.650**	**4.168**	**11.818**
2001	2.010	6.494	4.454	10.948	1.210	58	1.268	**7.704**	**4.512**	**12.216**
2002	2.110	6.096	3.701	9.797	1.303	53	1.356	**7.399**	**3.754**	**11.153**
2003	2.230	5.835	3.130	8.965	1.515	53	1.568	**7.350**	**3.183**	**10.533**
2004	2.397	5.861	3.466	9.327	1.423	49	1.472	**7.284**	**3.515**	**10.799**
2005	2.575	6.540	5.252	11.792	1.124	45	1.169	**7.664**	**5.297**	**12.961**
2006	2.729	6.712	5.209	11.921	1.169	61	1.230	**7.881**	**5.270**	**13.151**
2007	3.011	6.903	5.658	12.561	1.030	95	1.125	**7.933**	**5.753**	**13.686**
2008	3.220	6.593	7.746	14.339	854	46	900	**7.447**	**7.792**	**15.239**
2009	3.371	6.531	7.493	14.024	913	44	957	**7.444**	**7.537**	**14.981**
2010	3.548	6.976	7.316	14.292	885	57	942	**7.861**	**7.373**	**15.234**
2011	3.716	6.720	6.972	13.692	898	53	951	**7.618**	**7.025**	**14.643**
2012	3.784	6.295	5.668	11.963	982	63	1.045	**7.277**	**5.731**	**13.008**
2013	3.671	6.088	4.668	10.756	1.092	62	1.154	**7.180**	**4.730**	**11.910**
2014	3.477	5.634	3.588	9.222	1.075	53	1.128	**6.709**	**3.641**	**10.350**
2015	3.015	5.410	3.189	8.599	1.106	114	1.220	**6.516**	**3.303**	**9.819**
2016	2.823	5.280	3.101	8.381	989	116	1.105	**6.269**	**3.217**	**9.486**

Quelle: Knappschaft Bahn-See

Schaut man noch weiter zurück, so ist die Entwicklung der sozialversicherungspflichtigen Beschäftigungsverhältnisse durch mehrere Aspekte begründet:

Seit Anfang der 1970er-Jahre haben deutsche Reedereien verstärkt von der Möglichkeit der Ausflaggung Gebrauch gemacht. Deutsche Seeleute wurden durch Angehörige von Drittstaaten ersetzt. Darüber hinaus ist die Flotte im Zuge des internationalen Wettbewerbs geschrumpft.

Im Zuge der Wiedervereinigung stieg dann die Zahl der Deutschen kurzfristig an, nahm dann aber mit dem Abbau der Ex-DDR-Handelsflotte schnell wieder ab (1990/91).

Die Flotte wächst in den 1990er-Jahren dann anfangs nicht, und durch einen verstärkten Trend zur Ausflaggung gehen weitere Arbeitsplätze an nicht-sozialversicherungspflichtige Arbeitnehmer verloren.

Mit Einführung der Tonnagebesteuerung um die Jahrtausendwende wächst die Flotte, und die Gesamtzahl der sozialversicherungspflichtigen Seeleute nimmt bis 2008 um 32 % zu – auf mehr als 15.000. Dies hat neben dem Flottenwachstum auch damit zu tun, dass Arbeitsverhältnisse für Offiziere aus Deutschland heraus begründet werden müssen und somit die meisten Deutschen und EU-Bürger wieder pflichtversichert sind, auch unter fremder Flagge. Daneben werden durch den EU-Betritt der für den Seeleutearbeitsmarkt wichtigen osteuropäischen Länder Seeleute dieser Staaten unter der deutschen Flagge ins Sozialversicherungssystem integriert.

Die Schifffahrtskrise ab 2008 führt wieder zu vermehrter Ausflaggung und zum Schrumpfen der Flotte generell, was insbesondere die nicht-deutschen EU-Europäer von der Sozialversicherungspflicht befreit – aus diesem Grund stehen den ca. 1.200 verlorenen deutschen Arbeitnehmern 4.300 ausländische Sozialversicherungspflichtige weniger gegenüber. Darüber hinaus wird die neue Schiffsbesetzungsverordnung, die weniger Deutsche/EU-Europäer an Bord verlangt, wahrscheinlich zu einer weiteren Veränderung der nationalen Zusammensetzung an Bord der Schiffe führen.

Ein gewichtiges Argument zum Erhalt von Arbeitsplätzen für Deutsche in der Seeschifffahrt sind die hier erworbenen Qualifikationen, die später dann auch in einer Landbeschäftigung nachgefragt werden. Vor allen Dingen in den Reedereien werden Inspektoren zur Betreuung der Schiffe gesucht. Darüber hinaus gibt es in den Hafen- und Schifffahrtsverwaltungen sowie bei den Klassifikationsgesellschaften Positionen, denen diese Berufsbilder entsprechen. Tatsächlich ist heute der Beruf des Schiffsoffiziers für Menschen aus Industrieländern meist nur noch eine Durchgangsstation. So beträgt die durchschnittliche Berufszeit an Bord eines Schiffes bei einem deutschen Schiffsoffizier nur noch knapp fünf Jahre – individuelle Lebensplanung, bessere Berufschancen und höhere Gehälter an Land veranlassen viele Seeleute also, ihren Beruf schon nach verhältnismäßig kurzer Zeit aufzugeben.

Die Länder, die ein Schiffsregister für ausländische Unternehmen halten, sind im internationalen (See)Handel meist recht unbedeutend, haben also keine Interessen, die eine eigene Flotte notwendig erscheinen lassen, weder aus Zahlungsbilanzgründen, aus einem stabilen Transportangebot noch aus militärisch- strategischen Erwägungen. Für sie sind jedoch Einnahmen aus der Registrierung (Eintrittsgebühren sowie jährliche Tonnageabgaben) ein wichtiger Beitrag zu ihrem Staatshaushalt. Darüber hinaus erhalten sie für die Ausstellung der Anerkennung von Qualifikationsnachweisen (sogenannte Endorsements) ebenfalls Gebühren, denn jeder Offizier muss sich seine Befähigung unter der Flagge, unter der er fährt, bestätigen lassen.

Die Staaten, die offene Schiffsregister anbieten, haben darüber hinaus mit der Verwaltung dieser nicht viel zu tun. So befindet sich die Hauptverwaltung des liberianischen Registers in Vienna, USA, das Register der Marshall Islands hat seinen Hauptsitz in Reston, Virginia, und die Administration des Registers von Antigua und Barbuda, eines Staates, der bis 1981 britische Kolonie war, befindet sich in Oldenburg in Norddeutschland. Meist haben Juristen aus traditionellen Schifffahrtsnationen den Anbietern der offenen Register ihr Gesetzeswerk erstellt und verdienen ihr Geld mit deren Verwaltung.

Für Länder, die ein Handelsinteresse über See haben, hat eine Handelsflotte unter eigener Flagge einen gewissen, wenn auch – im Falle der Bundesrepublik – abnehmenden Eigenwert. Handelsbilanzfragen, wie der Einkauf von Schifffahrtsdienstleistungen von Ausländern, spielen heute eine geringere Rolle, zumal hier, bleibt die Reederei im Inland, kein Unterschied zur deutschen Flagge besteht. Die Versorgung mit Rohstoffen in Krisenzeiten und die Schaffung einer Flotte von Schiffen, auf die im Kriegsfall zugegriffen werden kann, stellt sich unter

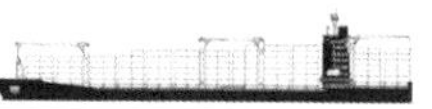

EU-Bedingungen heute weit weniger problematisch dar, als in den 1970er-Jahren diskutiert. (Krüger-Kopiske K., 1984, S. 26ff) Dennoch ist die Einflussnahme auf die weltweiten Rahmenbedingungen der Schifffahrt in internationalen Gremien wie der IMO an die Größe der Flotte gebunden, die sich an der Flagge festmachen lässt. Will die Bundesrepublik hier weiter mitreden, muss dies mit einer gewissen Anzahl von Schiffen unter der Bundesflagge unterlegt werden.

Ob es sich bei offenen Registern um Billigflaggen oder Bequemlichkeitsflaggen (sogenannte »Flags of Convenience«) handelt, wie die Gewerkschafts-Dachorganisation ITF behauptet, ist differenziert zu betrachten. Alle bedeutenden offenen Flaggenstaaten haben die wichtigen internationalen Regelwerke wie SOLAS, MARPOL, STCW, ISPS und die MLC 2006 unterschrieben. Diese Staaten achten auch – je nach Flagge – mehr oder weniger auf deren Einhaltung. Insofern ist die im oben genannten Rochdale-Report vor mehr als 45 Jahren getroffene Aussage heute zu revidieren. Inwieweit dies in der Praxis auch zu einem überdurchschnittlichen Standard der Schiffe dieser Register führt, lässt sich aus der Statistik der Schiffsverluste nachvollziehen. Während Panama, das größte offene Register, hier für den Zeitraum der letzten Dekade nicht besonders gut abschneidet, kann Liberia eine gute Statistik vorweisen. Liberia hat in den letzten 13 Jahren nur in drei Jahren mehr Schiffsverluste (gemessen in BRZ) gehabt, als seinem Anteil an der Welthandelsflotte entspricht – bei Panama waren dies neun Jahre. Und während es bei Liberia vier Jahre ohne Schiffsverluste gab, kann dies für Panama nicht vermeldet werden.

Eine ebenfalls sehr positive Schadensstatistik können die Marshall Islands vorweisen. Diese Flagge hat sich als eine Neugründung durch ehemalige Mitarbeiter des Liberia-Registers erst in den letzten Jahren zur drittgrößten Nation im Schifffahrtsbereich entwickelt. Für beide Flaggen gilt, dass sie auf hohe Standards achten. Sowohl Liberia als auch die Marshall Islands haben durchschnittlich relativ große Einheiten im Bestand mit einem Fokus auf Tanker. Gerade diese Schiffe werden in den letzten Jahren durch ein Begutachtungssystem der Charterer

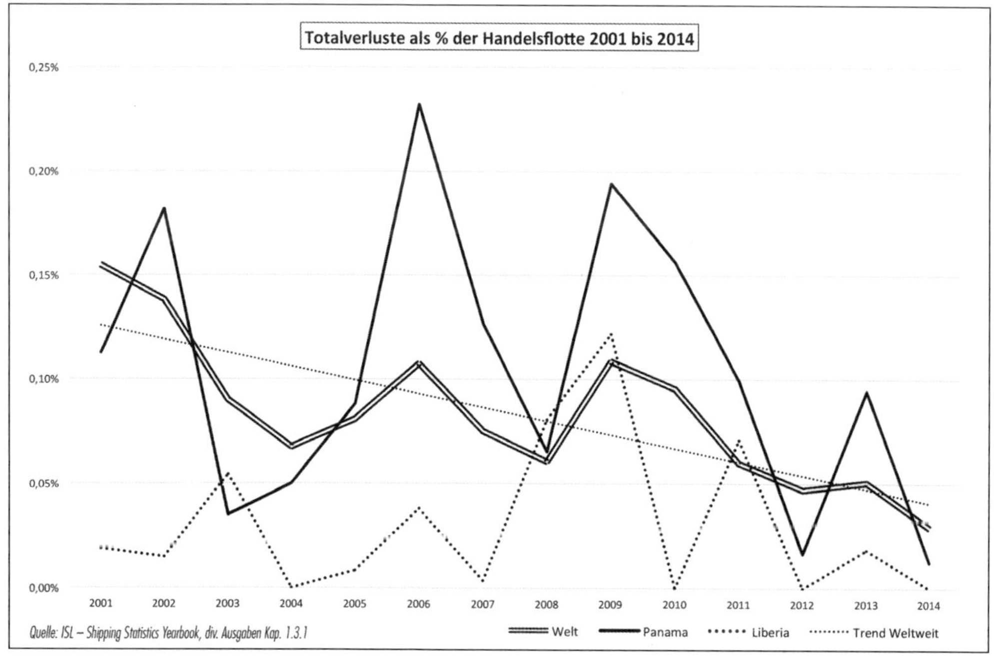

Quelle: ISL – Shipping Statistics Yearbook, div. Ausgaben Kap. 1.3.1

intensiv überprüft, diese Schiffe können also auch aus diesem Aspekt heraus als strukturell sicherer gelten, was zu einer vergleichsweise geringeren Schadenshäufigkeit beigetragen hat.

Für andere offene Register, wie zum Beispiel Belize oder Honduras, gilt dies nicht. Diese Länder haben in der Regel nicht alle der gängigen internationalen Schiffs- und Arbeitsschutzübereinkommen unterzeichnet und sind aus diesen Gründen tatsächlich für Reeder, die Gesetze umgehen wollen, bevorzugte Adressen.

Port State Control – Rang ausgewählter Flaggen

	2006–2008[1]		2011–2013[2]		2013–2015	
Flagge	Rang	Kat	Rang	Kat	Rang	Kat
Deutschland	5	White	9	White	15	White
Japan	33	White	31	White	43	White
Griechenland	13	White	16	White	19	White
China	4	White	18	White	18	White
Hongkong	14	White	6	White	7	White
Schweden	9	White	3	White	1	White
Frankreich	2	White	1	White	3	White
Großbritannien	3	White	7	White	2	White
Portugal	26	White	49	Grey	34	White
Liberia	20	White	13	White	21	White
Marshall Islands	16	White	17	White	11	White
Panama	65	Black	36	White	39	White
Antigua-Barbuda	21	White	37	White	35	White
Malta	27	White	22	White	23	White
Isle of Man	11	White	12	White	13	White
Zypern	25	White	23	White	25	White
Belize	66	Black	65	Grey	66	Black
Vanuatu	41	White	50	Grey	61	Grey
St. Vincent/Grenadines	69	Black	67	Black	64	Black
Cambodia	77	Black	66	Black	67	Black
Tanzania (letzter Platz)			75	Black	73	Black

[1] Gültig 02.06.2009
[2] Gültig 01.07.2014
Quelle: Paris MoU

Ein ebenfalls differenziertes Bild über die offenen Register zeigt die Statistik der Auffälligkeiten bei den Hafenstaatenkontrollen, die vom Paris Memorandum of Understanding in regelmäßigen Abstanden veröffentlicht wird. So sind – bis auf Belize und St. Vincent und Grenadines – alle in der obigen Tabelle genannten Flaggen, die von deutschen Reedern auf ihren Schiffen geführt werden auf der sogenannten »White List«, gelten also als nicht risikobehaftet. Man kann also davon ausgehen, dass unter den deutschen Reedern ein überdurchschnittlicher Qualitätsansatz herrscht.

Parallel zur Entwicklung der offenen Register haben auch die traditionellen Schifffahrtsnationen ihre Vorschriften für die Registrierung gelockert, haben neben dem Erstregister

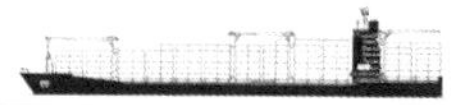

sogenannte Offshore-Flaggen ins Leben gerufen, die Reedern größere Freiheiten bei der Bemannung zugestehen, teilweise gibt es überhaupt keine Vorschriften über die Nationalität der Seeleute mehr. So steht das britische Register allen Reedern offen. Offiziere können aus Großbritannien, der EU oder der Europäischen Wirtschaftsgemeinschaft kommen sowie aus 25 nicht-europäischen Staaten. Bei Mannschaftsdienstgraden gibt es keine nationalen Vorschriften. Es gibt lediglich eine Verpflichtung der Reeder zur Ausbildung von seemännischem Nachwuchs, von der man sich jedoch freikaufen kann.[100] Großbritannien ist zwar durch diese seit 2000 geltenden Gesetze weiterhin unter den 20 größten Schifffahrtsnationen zu finden, jedoch befindet sich unter den zehn größten Reedereien, die Schiffe unter dem »Red Ensign« betreiben, nur ein Schifffahrtsunternehmen, das seine Wurzeln im Vereinigten Königreich hat. Faktisch ist damit also auch Großbritannien ein offenes Register.

Wie schon oben angedeutet, haben die jeweiligen Flaggen eine unterschiedliche Reputation, haben mehr oder weniger Totalverluste oder fallen bei Hafenstaatenkontrollen häufiger auf. Damit wird deutlich, dass es bei diesen Registern vor allem darauf ankommt, aus welchen Ländern die dahinterstehenden Reedereien kommen, denn bei offenen Registern ist die unternehmerische Verantwortung deutlich höher als bei traditionellen Flaggen. Aus der unten stehenden Tabelle kann auch hier ein bestimmtes Muster erkannt werden. Es darf vermutet werden, dass die Flaggen, hinter denen westeuropäische oder amerikanische Reeder stehen, einen höheren Standard aufweisen, während dies für die Flaggenstaaten, die ihren Schwerpunkt eher in Asien haben, nur eingeschränkt gilt.

Beneficial Ownership – Register ausgewählter Flaggen (Anzahl Schiffe)

	Flotte		Im Eigentum von ...							
Flagge	Total	Fremdbesitz	Griechenland	Japan	China	Deutschland	Südkorea	USA	Norwegen	Zusammen
Antigua & Barbuda	1.257	1.215	0,3%			90,0%		0,6%	0,7%	91,7%
Bahamas	1.160	1.069	21,0%	8,2%		2,8%	0,1%	10,2%	17,4%	59,8%
Belize	247	152	1,3%	0,0%	40,1%	0,0%	0,0%	0,0%	1,3%	42,8%
Cambodia	544	352	0,6%	0,3%	50,3%	0,0%	2,8%	0,0%	0,0%	54,0%
Zypern	838	622	32,3%	2,6%	1,0%	30,9%	0,0%	0,0%	2,3%	69,0%
Gibraltar	267	254	3,1%	0,0%	0,0%	48,4%	0,0%	0,0%	18,1%	69,7%
Honduras	88	47	8,5%	8,5%	4,3%	0,0%	12,8%	2,1%	0,0%	36,2%
Hongkong	1.644	976	2,8%	8,1%	51,2%	1,0%	0,3%	4,5%	4,9%	72,8%
Isle of Man	321	223	27,8%	8,5%	0,0%	25,1%	0,0%	0,4%	13,5%	75,3%
Liberia	2.771	2.581	19,6%	4,3%	0,2%	45,9%	0,1%	2,1%	14,6%	86,7%
Malta	1.650	1.437	32,6%	0,3%	0,4%	9,4%	0,1%	2,4%	6,7%	52,0%
Marshallinseln	1.593	1.465	27,8%	4,0%	1,0%	16,9%	2,8%	13,7%	5,1%	71,3%
Panama	6.413	5.151	7,4%	46,0%	10,4%	0,5%	7,2%	1,7%	1,6%	74,8%
Saint Vincent & Grenadines	412	325	12,9%	0,9%	20,0%	0,9%	0,0%	5,5%	4,0%	44,3%
Singapur	1.599	966	2,3%	17,0%	3,0%	3,3%	0,3%	3,7%	15,8%	45,4%
Großbritannien	504	271	0,0%	1,8%	2,6%	21,8%	0,0%	5,2%	11,8%	43,2%

Quelle: CIA World Factbook – Daten aus 2010

[101]

100 Vergl. Watson, Farley & Williams, Summary of UK Tonnage Tax Legislation, S. 28, pdf aus dem Internet: http://www.wfw.com/wp-content/uploads/2009/06/WFW-UKTonnageTaxLegislation.pdf

101 Aus dem Internet unter: https://www.cia.gov/library/publications/the-world-factbook/fields/2108.html#li

Auch wenn aus dieser Statistik hervorgeht, dass einige offenen Register auch bedeutende Teile ihrer Flotte haben, die von Inländern besessen werden, was im Falle Liberias und Panamas bezweifelt werden muss, so gibt die Statistik zumindest einen Einblick in die Struktur der internationalen Flaggenführung. So wird deutlich, welche Flaggenpräferenzen die großen schifffahrtstreibenden Nationen haben. Panama ist eindeutig das offene Register von Japan, während für Griechenland ein Schwerpunkt auf Zypern, Malta und den Marshall Islands liegt. Deutsche Reeder bedienen sich vor allem der Flaggen von Antigua & Barbuda, Liberia und der Marshall Islands, während hier nur wenige Schiffe in Panama registriert sind – im Jahr 2010 spielte Portugal noch keine bedeutende Rolle als Register für deutsche Unternehmen.

Zusammenfassend ist festzuhalten, dass der »genuin link« zwischen einer Flagge und dem Eigentum oder dem Betrieb eines Schiffes weiter zurückgehen wird. Der dahinterstehende Grundsatz, dass ein Schiff das Rechtssystem des jeweiligen Flaggenstaats vollständig übernimmt, löst sich immer mehr auf. An diese Stelle treten internationale Vereinbarungen oder die Auseinandersetzungen zwischen Unternehmern und den Arbeitnehmervertretern, die ebenfalls auf internationaler Ebene ausgetragen werden. Weiterhin rückt die Verantwortung von Reedern, Charterern und letztendlich der Konsumenten für einen sicheren und ökologisch vertretbaren Seeverkehr in allen Teilen der Welt in den Vordergrund. Flaggendiskriminierungen oder -Bevorzugungen, wie dies in den 1980er-Jahren mit dem »UNCTAD code of conduct« versucht wurde, können zwar ein Ansatz sein, die Handelsflotten gerechter den Handel treibenden Ländern zuzuteilen, stehen aber dem Anspruch eines kosteneffizienten Seetransports entgegen. Gleiches gilt für die Subventionierungen von bestimmten Flaggen, die Kostenunterschiede durch den jeweiligen Steuerzahler ausgleichen. (Krüger-Kopiske K., 1984, S. 97ff)

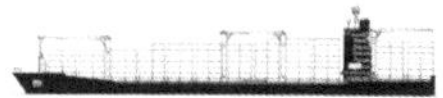

7. Kostenmanagement als Schlüssel zum Erfolg der Reedereien

Voraussetzung für die Intensivierung der wirtschaftlichen Beziehungen der Handel treibenden Nationen und Regionen und damit für das weitere Wachstum des Seetransports ist, dass die angebotene Dienstleistung effizient, kostengünstig und ökologisch ist. Hierauf ist mehrfach hingewiesen worden.

Aus der Perspektive des (Tramp-)Reeders spielen vor allen Dingen Kostensenkungsmaßnahmen eine entscheidende Rolle im Bemühen, die Wirtschaftlichkeit zu steigern oder zumindest zu erhalten, denn »die meisten Bereiche des Schifffahrtsmarkts – insbesondere die Trampverkehre – sind hochfragmentiert, wobei nur wenige Eigner, wenn überhaupt, über eine reale Marktmacht verfügen. Darüber hinaus haben nur wenige Reedereien enge Verbindungen zu ihren Kunden. Konsequenterweise ist der Anspruch, ein ›Billiganbieter‹ zu werden, das Ziel der meisten Reeder, die sich gleichzeitig über den Mangel an Anerkennung als ›Qualitätsanbieter‹ beklagen.«[102] (Drewry, Ship Costs, 1999). Und mehr als 15 Jahre später geht Martin Stopford davon aus, dass dieses Argument immer noch gilt – auch aus Sicht der Kunden, also der verladenden Wirtschaft. »Obwohl Verlader üblicherweise darauf hinweisen, dass Servicequalität wichtiger ist als Preise, profitieren sie von den gegenwärtig sehr geringen Transportkosten. ›Verlader wollen billige Frachtraten, sie wollen nicht innovativ sein‹, wie Dr Stopford bemerkte.«[103]

Allerdings unterscheidet sich die Sicht auf die Kosten zwischen den Schifffahrtsbetrieben. Während zum Beispiel in einem Linienschifffahrtsunternehmen die Kosten des Seetransports nur ca. 30 % – 40 % der Gesamtkalkulation ausmachen, entscheidet ein Teil dieser Kosten, nämlich die Schiffssystemkosten (und die Verwaltungskosten), über die Gesamtrechnung des Trampowners, der davon lebt, sein Schiff an den Linienoperator oder den Massengutverfrachter zu verchartern.

102 Im englischen Original: »Most sectors of the shipping market – especially in the tramp trades – are highly fragmented with few owner, if any, having real market ›muscle‹. Furthermore, only a small number of owners have developed close ties with ›customers‹. Consequently, becoming a ›low cost operator‹ appears to be a primary goal of most owners – who simultaneously will bemoan the ›lack of reward‹ for being a ›quality operator‹«

103 »Onassis Laureates call for greater innovation in shipping«, in: Lloyd's List, v, 15.9.2015 – Im englischen Original: »Although shippers usually insist that service quality is more important than prices, they are enjoying very low-cost transport at the moment. ›Shippers want cheap rates, they do not want to innovate‹ said Dr Stopford.«

Bedeutung unterschiedlicher Kostenarten in der Schifffahrt

Linienreederei		Trampschiffseigner
Proportionale Kosten Inlandstransport (Vor-, Weiterfrachten) Lade-, Löschkosten Agenturkosten, Steuern und Abgaben		**Personalkosten** Gehälter, Überstundenzahlung, Zulagen Urlaubszahlungen Gewerkschaftsbeiträge Ablöse-(Reise-)Kosten Versicherung (P & I, andere) Verpflegung
Verkehrsspezifische Kosten Hafenlotsen, Kanalgebühren Kriegsversicherung Treibstoffkosten Leercontainerkosten		**Technische Kosten** Schmieröl Verbrauchsmaterial Instandhaltung/Reparatur/Ersatzteile Werftkosten Registrierungskosten Klassifikationsgebühren Transportkosten Reisekosten Inspektoren
Containersystem Kosten		
Eigene Container Instandhaltung/Reparatur Kapitalkosten	**Gemietete Container** Mietkosten Rückgabegebühren	**Versicherungskosten** Kasko (H & M) Haftpflicht (P & I) Charterausfallversicherung Andere Versicherungen
Schiffssystem Kosten		**Schiffsverwaltungskosten** Bereederungsgebühren Befrachtungskommissionen
Eigene Schiffe Schiffsbetriebskosten Personalkosten Technische Kosten Versicherungskosten Managementkosten Schiffskapitalkosten Zinsen/Abschreibung (G & V) Zinsen/Tilgung (Cash)	**Charterschiffe (Zeitcharter)** Zeitchartermiete	**Kapitalkosten** Zinsen Abschreibungen (G & V) Zinsen Tilgung (Zahlungssicht)
Gesellschafts-(Verwaltungs-)Kosten Landpersonalkosten Verwaltungskosten Finanz-(Kapital-)Kosten Steuern		**Gesellschafts-(Verwaltungs-)Kosten** Landpersonalkosten Verwaltungskosten Finanz-(Kapital-)Kosten Steuern

Die proportionalen und verkehrsspezifischen Kosten sind, obwohl sie die größten Kostenpositionen ausmachen, vom (Tramp)Reeder in der Regel nicht direkt zu beeinflussen. So hängen die Treibstoffaufwendungen vom allgemeinen Preisniveau des Rohöls ab. Diese sind in den letzten Jahren einem starken Verfall ausgesetzt gewesen, ein Aspekt, der in der gegenwärtigen Schifffahrtskrise eine gewisse Erleichterung für die Verfrachter zur Folge gehabt hat. Ohne diese Hilfe wäre das TCE (= Time Charter Equivalent, also der Beitrag zur Deckung der Schiffssystem- und Verwaltungskosten) noch niedriger ausgefallen, was die wirtschaftliche

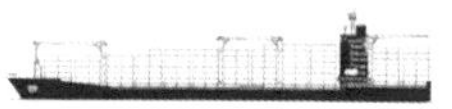

Situation der Reeder noch weiter verschlechtert hätte. Auch wenn die Treibstoffpreise verfallen sind, so versuchen die Reeder als strategische Maßnahme, Schiffe anzubieten, die ökologisch effizient ausgelegt sind, also deutlich weniger Bunker verbrauchen als ihre Vorgänger. Durch Optimierung der Rumpfform und des Schiffspropellers, selbstpolierende Unterwasserfarbe und auch – wie im Falle der Containerschiffe – reduzierte Maschinenleistung und effizientere spezifische Verbräuche können erheblich Einsparungen erreicht werden.

Kalkulation der Treibstoffkosten (Jahressicht)

Schiff	CMA CGM HUGO	UASC TABUK	TEH MAY	Q ANASTASIA
Baujahr	2004	2014	2004	2014
Typ	Container	Container	Cape Bulker	Cape Bulker
TEU oder tdw	8.238	9.034	178.855	157.500
Hauptmaschine	MAN B&W 12K98MC Mk. 6	Wärtsilä W9X82	MAN B&W 6S70MC Mk.8	MAN B&W 6G70ME-C9.2 TIIS60ME-C8 TII
Dienstgeschwindigkeit (Kn/90%)	25,6	22,0	14,8	15,2
Hauptmaschine Leistung (kW)	68.640	36.440	16.860	15.483
Spezifischer Verbrauch (gr/kW/Std.)	171	167	171	163
Tagesverbrauch (90% Leistung)	254	131	62	54
Preis Schweröl (380 cst) p. mto	281	281	281	281
Hilfsdieselleistung (kW)	12.200	12.480	2.433	2.625
Hilfsdieselverbrauch pro Tag (mto)	15,0	15,3	4,5	4,8
Preis Dieselöl	388	388	388	388
Seetage pro Jahr	237	237	201	201
Kosten pro Jahr (,000 US-$)	19.026	10.936	4.150	3.745
Kosten pro Seetag (US-$)	80.195	46.096	20.674	18.657

Quelle: Significant Ships 2004/2014; Herstellerinformationen; Clarkson Mai 2017

Insbesondere für die deutschen Reeder spielen also die Kosten des Schiffssystems eine herausragende Rolle – denn sie sind meist Trampreeder, also Tonnagegesteller. Neben den Kapitalkosten, die bei Kauf oder Bestellung eines Schiffes meist festgelegt sind, sind dies die Kosten des Betriebs, die der Reeder über die gesamte Nutzungsdauer im Auge zu behalten versucht. (Krüger-Kopiske K., Cost Management, 2007)

Die größte Kostenposition bei den Betriebskosten sind die Personalkosten. Diese können, je nach Größe des Schiffes, bis zu 45 % der gesamten Schiffsbetriebskosten ausmachen.

Tagesbetriebskosten 2015 in US-$

Schiffstyp	Besatzung	Technik	Versicherung	Management	Total
Containerschiffe					
1,000–2,000 TEU	2.540	2.060	340	560	5.500
5,000–6,000 TEU	2.720	3.570	760	980	8.030
12,000 TEU	2.850	4.420	1.410	1.110	9.790
Massengutfrachter					
50–55,000 dwt	1.950	2.140	490	850	5.430
70–75,000 dwt	2.590	2.350	560	860	6.360
170,000 dwt	2.590	2.960	670	960	7.180
Tanker					
45–50,000 dwt	3.590	2.740	690	910	7.930
105–110,000 dwt	3.590	3.220	890	950	8.650
320,000 dwt	4.060	4.320	1.370	1.070	10.820

Quelle: Drewry – Ship Operating Costs, Annual Review and Forecast 2016/17

Aus der obigen Tabelle wird deutlich, dass bei größeren Schiffen der relative Anteil der Personalkosten abnimmt. So machen diese bei Großcontainerschiffen lediglich 25 % der gesamten Betriebskosten aus. Arbeitsintensivere Schiffe wie Tanker oder Massengutfrachter haben auch bei großen Schiffen noch Personalkosten von ca. 35 %.

Personalkosten

Die Kosten für die Besatzung hängen insbesondere von zwei Aspekten ab – der Anzahl und der Nationalität der Seeleute auf dem jeweiligen Schiff. Aufgrund des hohen Technisierungsgrads moderner Schiffe konnte die erforderliche Besatzungsstärke in den letzten Jahrzehnten erheblich reduziert werden. So ist ehemalige Handarbeit, wie das Öffnen oder Schließen der Luken, mechanisiert, komplexes, wartungsintensives und reparaturanfälliges Ladungsumschlagsgerät wurde vereinfacht, moderne Maschinenanlagen mit einem Maschinenkontrollraum ermöglichen ganz oder teilweise einen wachfreien Betrieb, Satellitenkommunikation und die Einführung von GMDSS ersparen den Funkoffizier. Großcontainerschiffe mit einer Tragfähigkeit von 150.000 mto und 15.000 Stellplätzen fahren in der Regel wenig mehr als 20 Seeleute an Bord, teilweise sogar noch darunter – kein Vergleich zu den Stückgutlinienfrachtern der 1960er-Jahre, die bei einem Deadweight von 15.000 mto 30 Menschen fuhren. Heute regeln die »Minimum Safe Manning Requirements« der Flaggenstaaten die Mindestbesatzungen, die einen Fahrbetrieb auch unter schwierigen navigatorischen Bedingungen gewährleisten sollen. In der Regel ist diese Mindestbesatzung allerdings so klein bemessen, dass nicht sicherheitsrelevante Wartungsarbeiten nicht voll umfänglich ausgeführt werden können. Grundlagen für die Ausgestaltung der Mindestbesatzung sind Größe und Typ des Schiffes, sein Fahrtgebiet und die Stärke seiner Maschinenanlage.

Dennoch und auch mit weiterem technischen Fortschritt und einem verbesserten Design der Schiffe lässt sich die Zahl der Seeleute an Bord nicht substanziell weiter reduzieren. Dage-

gen sprechen schon die immer kürzeren Hafenliegezeiten und die engeren Hafenfolgen sowie die gesetzlichen Anforderungen an Frei- und Ruhezeiten, die an Bord einzuhalten sind, um die Sicherheit des Schiffsbetriebs zu gewährleisten.

Bis in die 1960er-Jahre waren in den meisten schifffahrtstreibenden Nationen in der Regel die Flagge – die meist die Nationalflagge war – und die Nationalität der Seeleute – zumindest der Offiziere – deckungsgleich. Auf deutschen Schiffen fuhren deutsche Seeleute in einer nationalhomogenen Crew. Die Sprache an Bord war Deutsch. Die Bezahlung und die Sozialleistungen richteten sich nach den im Heimatland geltenden Standards. Auch heute gelten unter der deutschen Flagge für Deutsche und EU-Europäer diese Maßstäbe. Durch die Registrierung eines deutschen Schiffes ins internationale Schiffsregister der Bundesrepublik entfallen jedoch für eine bestimmte Anzahl von Positionen an Bord diese nationalen Vorbehalte, es können also Nicht-EU-Europäer zu international gültigen Bedingungen eingestellt werden. Werden deutsche Schiffe in ein offenes Register verbracht, ändert sich diese Situation noch weiter. Denn während traditionelle Schifffahrtsnationen nicht nur auf die Einhaltung von international gültigen Mindeststandards und -Anzahl in Bezug auf die Besatzung achten, sondern meist auch Vorschriften in Bezug auf die Herkunft eines Teils der Mannschaft machen, haben offene Register diese Einschränkungen nicht, womit sie Reedern von Schiffen unter offenen Registern eine größere Flexibilität bei der Wahl der Crew und deren Bezahlung ermöglichen, wobei auch hier jedoch international gültige Standards einzuhalten sind, die entweder von der ILO (International Labour Organization), der International Maritime Organization gesetzt oder mit der ITF (International Transport Workers' Federation) ausgehandelt wurden.

In einer internationalen Branche wie der Schifffahrt, in der es meist keine nationalen Präferenzen der Verlader in Bezug auf die Flagge gibt, versucht der Reeder, mit der Flaggenwahl die Beschäftigung von Seeleuten aus Entwicklungs- oder Schwellenländern zu ermöglichen und von deren geringerem Lohn- und Gehaltsniveau zu profitieren. Dies kann für diese Seeleute durchaus von Vorteil sein, erhalten siee ein für ihr Heimatland überdurchschnittliches Gehalt – für Seeleute in vergleichbaren Positionen aus Industrienationen bedeutet dies jedoch, dass sie auf einem internationalen Arbeitsmarkt kaum noch eine Chance haben.

Jahrespersonalkosten pro Position in US-$

Position	Deutscher[2]	Ost-Europäer	Asiate
Kapitän	133.588	110.400	91.920
Zweiter Ingenieur	103.426	73.200	48.000
Bootsmann[1]	85.644	42.698	20.268

[1] Bei Deutschen = Schiffsmechaniker

[2] Inklusive Subventionen

Quelle: Deutscher HTV/MTV 2014, eigene Kalkulation

Aus der obigen Tabelle wird ersichtlich, dass insbesondere Mannschaftsdienstgrade aus Entwicklungsländern erheblich weniger Personalkosten verursachen. So spart ein Reeder auf einer Bootsmannsstelle 75 %, wenn er sie mit einem Asiaten besetzt[104]. Bei der Kapitänsstelle

104 Ein Vergleich zwischen einem asiatischen Able Bodied Seaman (A/B) und einem deutschen Matrosen erübrigt sich, da – mit Ausnahme einiger weniger Behördenschiffe – dieser Dienstrang nicht mehr mit deutschem Personal besetzt ist.

ist der Kostenunterschied deutlich geringer und beträgt nur noch 30 %[105]. Hier machen sich Angebot und Nachfrage auf dem Arbeitsmarkt geltend, sind doch Offiziere, insbesondere in Managementfunktionen, – trotz Schifffahrtskrise – immer noch gesucht, sodass auch asiatische Bewerber mehr verlangen können, als international tariflich mit den Gewerkschaften ausgehandelt wird. Dies wird sich auch für die nähere Zukunft kaum ändern, gehen Experten doch weiterhin von einem hohen Bedarf an Offizieren aus. (BIMCO/ISF, Manpower Report – The global supply and demand for seafarers in 2015, 2015) Darüber hinaus bietet diese Nachfrage im Offiziersbereich auch für Seeleute aus Hochlohnländern weiterhin eine berufliche Perspektive. Dennoch hat sich das Angebot insgesamt stark zu den asiatischen Nationen hin verschoben. Während 2005 noch 26 % aller Seeleute aus den OECD-Staaten kamen, sind dies 2015 nur noch 18 %. Besonders stark ist aber die Beschäftigung der Mannschaftsdienstgrade aus Industrieländern zurückgegangen – von 24 % auf nur 14 %. Ostasiatische Seeleute machen mittlerweile knapp die Hälfte der Seeleute aus (47 % in 2015 von 30 % in 2005).[106] (BIMCO/ISF, S. 34)

Angebot Seefahrer nach Regionen 2005–2015

in ,000	2005			2010			2015		
Region	Total	Offiziere	Mannschaften	Total	Offiziere	Mannschaften	Total	Offiziere	Mannschaften
OECD	307	133	174	327	184	143	294	176	118
Osteuropa	210	95	115	236	127	109	260	135	125
Afrika/Lateinamerika	148	38	110	162	50	112	147	65	82
Ferner Osten	359	133	226	459	184	275	778	300	478
Indischer Subkontinent	164	68	96	188	80	108	169	98	71
TOTAL	1.188	467	721	1.372	625	747	1.648	774	874

in %	2005			2010			2015		
Region	Total	Offiziere	Mannschaften	Total	Offiziere	Mannschaften	Total	Offiziere	Mannschaften
OECD	26 %	28 %	24 %	24 %	29 %	19 %	18 %	23 %	14 %
Osteuropa	18 %	20 %	16 %	17 %	20 %	15 %	16 %	17 %	14 %
Afrika/Lateinamerika	12 %	8 %	15 %	12 %	8 %	15 %	9 %	8 %	9 %
Ferner Osten	30 %	28 %	31 %	33 %	29 %	37 %	47 %	39 %	55 %
Indischer Subkontinent	14 %	15 %	13 %	14 %	13 %	14 %	10 %	13 %	8 %
TOTAL	100 %	100 %	100 %	100 %	100 %	100 %	100 %	100 %	100 %

Quelle: BIMCO/ISF Manpower Report 2015

Eine Detailbetrachtung zeigt, dass heute die beiden größten Seefahrernationen China und die Philippinen zusammen 28 % der Besatzungen in der Welthandelsflotte stellen, wobei die Volksrepublik China in den letzten 15 Jahren fast das Dreifache an Personal stellt. Dies liegt zum einen sicherlich am Wachstum der chinesischen Flotte, jedoch auch daran, dass dieses

105 Die deutsche Kapitänsstelle versteht sich als unter der deutschen Flagge mit den hier gewährten Subventionen (Lohnnebenkostenzuschüsse und Lohnsteuersubventionen) berechnet.

106 Japan zählt nicht hierzu, ist es doch Mitglied der OECD.

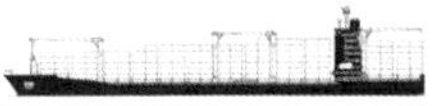

Bordpersonal relativ gut ausgebildet ist und bis vor wenigen Jahren Offiziere deutlich geringere Personalkosten verursachten als andere Nationalitäten.[107]

Deutsche Seeleute findet man in der Welthandelsflotte nur noch in geringer Zahl, zum einen, weil für viele eine gut dotierte Landposition attraktiver ist – die durchschnittliche Seefahrtzeit eines ausgebildeten deutschen Schiffsoffiziers liegt unter fünf Jahren (s.o.). Andererseits ist das Gehaltsniveau von Mitarbeitern aus einem Industrieland bei den Mannschaftsdienstgraden vielfach zu hoch, um hier mit asiatischen Kollegen zu konkurrieren. Dieser Rückgang der Anzahl deutscher Seeleute kann für die Bedeutung der maritimen Wirtschaft insgesamt negative Folgen haben, denn vor allen Dingen Offiziere mit einer nautischen oder technischen Ausbildung und Erfahrung werden als Landmitarbeiter in den Hafenumschlagsbetrieben, den Behörden, den Reedereien und im Lotsenwesen gebraucht.

2015 – Globales Angebot an Seeleuten nach Ländern

Rang	Land	2015 Total	Offiziere	Mannschaften	Total in %	Info Total 2000
1	China	243.635	101.600	142.035	14,8%	82.017
2	Philippinen	215.500	72.500	143.000	13,1%	230.000
3	Indonesien	143.702	51.237	92.465	8,7%	83.500
4	Russland	97.061	47.972	49.089	5,9%	55.680
5	Indien	86.084	69.908	16.176	5,2%	54.700
6	Ukraine	69.000	39.000	30.000	4,2%	37.000
7	Türkei	38.985	18.568	20.417	2,4%	62.447
8	Malaysia	35.000	6.313	28.687	2,1%	
9	Italien	34.486	12.988	21.498	2,1%	23.500
10	Norwegen	33.701	14.768	18.933	2,0%	22.200
11	Bulgarien	33.269	10.890	22.379	2,0%	
12	USA	33.218	18.330	14.888	2,0%	
13	Vietnam	32.445	19.630	12.815	2,0%	
14	Polen	32.189	25.586	6.603	2,0%	
15	Brasilien	28.746	10.526	18.220	1,7%	
16	Südkorea	28.168	14.126	14.042	1,7%	
17	Kroatien	27.246	17.183	10.063	1,7%	19.500
18	Myanmar	26.041	11.230	14.811	1,6%	
19	Japan	25.458	19.119	6.339	1,5%	30.813
20	Panama	25.141	14.022	11.119	1,5%	
21	Sri Lanka	21.793	2.282	19.511	1,3%	
22	Iran	17.654	7.631	10.023	1,1%	
23	Rumänien	16.000	11.000	5.000	1,0%	

107 Gehaltsunterschiede stellen sich im Wesentlichen im Offiziersbereich dar. Bei den Mannschaftsdienstgraden gelten in der Regel meist die – unabhängig von der Herkunft gültigen – allgemeinen Heuern der ILO oder der ITF, da zu diesen Heuertafeln kaum noch Offiziere fahren, weichen deren Gehälter hiervon deutlich ab. Insbesondere weil in diesen Rängen immer noch ein Mangel existiert.

2015 – Globales Angebot an Seeleuten nach Ländern

Rang	Land	2015 Total	Offiziere	Mannschaften	Total in %	Info Total 2000
24	UK	14.780	10.910	3.870	0,9%	24.145
25	Thailand	12.454	6.560	5.894	0,8%	
26	Chile	11.911	6.494	5.417	0,7%	
27	Kanada	9.366	6.263	3.103	0,6%	
28	Griechenland	9.325	7.451	1.874	0,6%	32.500
29	Finnland	8.798	3.819	4.979	0,5%	
30	Schweden	8.238	4.266	3.972	0,5%	
31	Singapur	8.173	7.023	1.150	0,5%	
32	Marokko	8.081	1.069	7.012	0,5%	
33	Georgien	7.970	3.386	4.584	0,5%	
34	Lettland	7.778	5.500	2.278	0,5%	14.305
35	Australien	7.704	4.779	2.925	0,5%	
36	Dänemark	7.458	6.432	1.026	0,5%	
37	Deutschland	6.235	3.708	2.527	0,4%	14.483
	Andere	***174.699***	***79.880***	***94.819***	***10,6%***	
	TOTAL	**1.647.492**	**773.949**	**873.543**	**100,0%**	

Quelle: BIMCO/ISF 2000 und 2015

Noch etwas kann man aus den beiden obigen Tabellen gut erkennen. Insgesamt hat die Anzahl der Seeleute zwischen 2005 und 2015 von 1,188 Millionen auf 1,648 Millionen um 37 % zugenommen. Die Schiffsanzahl ist im selben Zeitraum von 90.622 um 20 % auf 108.542 gewachsen, ausgedrückt in Schiffsgröße sogar von 655 Millionen BRZ um 78 % auf 1.163 Millionen.[108] Die Zusammensetzung zwischen Offizieren und Mannschaftsdienstgraden hat sich ebenfalls erheblich verändert – waren 2005 39 % der Seeleute Offiziere, so sind dies 2015 47 %. Ein Hinweis darauf, dass Schiffe heute nicht nur größer, sondern auch höher technisiert sind – Handarbeit ist an Bord immer weniger gefragt.

Trotz der in der letzten Dekade erheblich gewachsenen Handelsflotte ist im Offiziersbereich die Knappheit kaum gewachsen. Nach wie vor werden ca. 2 % mehr Offiziere gesucht, als ihre Arbeit auf dem Markt anbieten. Lediglich bei den Mannschaftsdienstgraden herrscht ein Angebotsüberhang in nicht unerheblichem Maß.

108 Schiffe über 100 BRZ. In ISL, Shipping Statistics Yearbook 2015, S.11

Angebot/Nachfrage von Seefahrern 2005–2015

2005			Mangel (–)/Überschuss (+)	
	Angebot	Nachfrage	abs	in %
Offiziere	467.000	476.000	–9.000	–1,9 %
Mannschaften	721.000	586.000	135.000	23,0 %
TOTAL	**1.188.000**	**1.062.000**	**126.000**	**11,9 %**

2010			Mangel (–)/Überschuss (+)	
	Angebot	Nachfrage	abs	in %
Offiziere	625.000	637.000	–12.000	–1,9 %
Mannschaften	747.000	747.000	0	0,0 %
TOTAL	**1.372.000**	**1.384.000**	**–12.000**	**–0,9 %**

2015			Mangel (–)/Überschuss (+)	
	Angebot	Nachfrage	abs	in %
Offiziere	774.000	790.500	–16.500	–2,1 %
Mannschaften	873.500	754.500	119.000	15,8 %
TOTAL	**1.647.500**	**1.545.000**	**102.500**	**6,6 %**

Quelle: BIMCO/ISF, 2010, S. 24, 2015 S. 46

[109]

In der Manpower-Studie 2010 ging die BIMCO für das Jahr 2015 im Offiziersbereich noch von einer ganz anderen Knappheit aus – im Basisszenario von 5 %. Tatsächlich wurde erwartet, dass die Welthandelsflotte zwischen 2010 und Anfang 2016 um 2,7 % pro Jahr wachsen würde. Dieses Wachstum ist – aufgrund der immer noch anhaltenden Schifffahrtskrise – deutlich unterschritten worden. Zwischen 2010 und 2016 nahm die Anzahl der Schiffe lediglich um 1,5 % zu.[110] So ist es konsequent, dass die Lücke zwischen Nachfrage und Angebot bei den Offizieren am Ende doch nur 2 % in 2015 beträgt. Ausgehend von dieser Situation, geht die BIMCO für die nächsten zehn Jahre von einem Flottenwachstum von 1,86 % aus. (BIMCO/ISF, 2015, S. 67)[111] In diesem Szenario würde dann 2025 einer Nachfrage von 952.000 Offizieren ein Angebot von 805.000 gegenüberstehen, mithin eine Knappheit von 147.000 Offizieren oder 18,3 %. (S. 71)

Die wie oben beschriebene Knappheit führt nun in der Regel nicht dazu, dass Schiffe nicht mit den erforderlichen Seeleuten besetzt werden, also nicht in Betrieb gehalten werden können. Ein probates Mittel, um sicherzustellen, dass Schiffe fahren können, ist, das sogenannte »Man-Berth-Ratio« (MBR) zu verringern. In dieser Verhältniszahl drückt sich aus, wie viel Seeleute verfügbar sein müssen, um eine Stelle an Bord zu besetzen. Teilen sich zum Beispiel zwei Kapitäne dieselbe Position an Bord, fahren also umschichtig zur See, so liegt das MBR

109 Dass im Jahr 2010 kein Angebotsüberhang an Ratings (Mannschaften) errechnet wurde, liegt am statistischen Verfahren, da 2010 »For ratings demand is calibrated to match the supply numbers exactly« (BIMCO/ISF, 2010, S. 22).

110 Vergl.: ISL Shipping Statistics and Market Review 2013 sowie 2016 – jeweils das Heft 1/2, dort Tabelle 1.1

111 »The total fleet is estimated to grow by 1.86 % p.a. This compares to a total fleet growth rate of 2 % p.a. between the 2010 and 2015 report.« Es ist hierbei zu bemerken, dass wie in so vielen Statistiken es deutliche Unterschiede in der Flotte und im Flottenwachstum gibt – je nach Wahl der Datenbasis.

bei »2«[112]. Bei technisch und navigatorisch herausfordernden Schiffen sowie bei solchen, auf denen viele Seeleute aus Industrieländern fahren, ist das MBR höher als bei »einfachen« Schiffen, auf denen mehr Asiaten fahren.

Man-Berth – Ratio 2015

Schiffstyp	Offiziere	Mannschaften
Offshore	2,00	2,00
Tanker – alle Typen	1,80	1,30
Passagierschiffe	1,75	1,50
Containerschiffe	1,70	1,30
Massengutfrachter	1,60	1,40
General-Cargo-Schiffe	1,60	1,40
Schlepper	1,50	1,30

Quelle: BIMCO/ISF, 2015, S. 88ff

Darüber hinaus kann – wie oben schon angedeutet – die Anzahl der Seeleute durch den Einsatz von mehr Technik reduziert werden, obschon hier zumindest aus heutiger Sicht das Optimum erreicht ist. Ob es in Zukunft noch weitere Entwicklungen gibt, bleibt abzuwarten.

Eine nicht unerhebliche Zahl von Seefahrern kehren der Schifffahrt jedes Jahr für immer den Rücken, da sie entweder in den Ruhestand gehen oder eine Aufgabe an Land annehmen. Diese Zahl liegt – über alle Seefahrernationen betrachtet – im Offiziersbereich bei 2,3 %, bei den Mannschaftsdienstgraden bei 3,1 %. Immerhin ca. 60 % aller Seeleute streben nach einer Umfrage der BIMCO an, in den nächsten zehn Jahren aus der aktiven Seefahrtslaufbahn auszuscheiden. (S. 60)

Darüber hinaus wechseln Seeleute häufig den Arbeitgeber, nehmen zusätzlichen Urlaub oder stehen aufgrund von Schulungsmaßnahmen nicht zur Verfügung, sind aber generell bereit, weiter zur See zu fahren – wobei dieser Anteil in der Regel bei Asiaten höher ist als bei Westeuropäern. Man geht im Durchschnitt je nach Rang und Nationalität von zwischen 5,3 % und 11,6 % pro Jahr aus – hierbei ist die Fluktuation der Mannschaftsdienstgrade und vor allen Dingen der sehr gesuchten Schiffsingenieure besonders hoch (10,6 % bzw. 11,6 %). (S. 60) Es liegt also hier in der Hand des jeweiligen Reeders, ein Arbeitsumfeld zu schaffen, das dazu führt, dass die Seeleute nach ihrem Urlaub wieder zur alten Firma zurückkommen, denn Reeder schließen mit Seeleuten überwiegend Arbeitsverträge für einen Kontrakt – unbefristete Arbeitsverhältnisse wie bei einer Landbeschäftigung sind international eher die Ausnahme. Diese hohe Flexibilität verlangt also von beiden Seiten, auf die Bedürfnisse und Erwartungen des jeweilig anderen einzugehen.

Die BIMCO hat 2015 Seeleute nach den Gründen gefragt, wieder auf einem Schiff der bisherigen Reederei einzusteigen.

112 In Praxis ist das MBR dann immer noch leicht höher, da diese Zahl auf die Nettofahrzeit abstellt, somit Ausfallzeiten wegen Krankheit, Schulungen an Land oder Überschneidungstagen bei Übergabe der Position und Ähnliches nicht berücksichtigt.

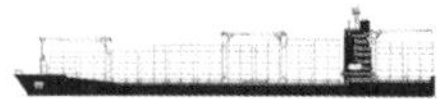

Wichtige Gründe, bei einer Reederei zu bleiben

Pünktliche Gehaltszahlungen	72 %
Beförderungen, andere Karrieremöglichkeiten	52 %
»Glückliche Schiffe«	52 %
Gutes Training	48 %
Gute Betreuung durch Landpersonal	46 %
Gutes Essen	42 %
Internet-Zugriff	38 %
Familien-Zuwendungen	37 %
Regelmäßiger Landurlaub	32 %
Senioritätszulagen	30 %
Kurze Reisen	28 %
Langer Heimaturlaub	25 %
Bonus bei Wiedereinstieg	22 %
Keine anderen Arbeitsmöglichkeiten	12 %

Quelle: BIMCO 2015, Fragebogen für Seeleute, S. 57

Interessant ist, dass der wichtigste Grund, loyal zu einer Reederei zu sein, nicht die Höhe des Gehaltes ist, sondern dass Gehaltszahlungen – insbesondere der Teil, der an die Familie daheim geschickt wird – pünktlich ausgeführt werden. Daneben spielen Aufstiegschancen, eine gute Arbeitsatmosphäre, gutes Training und gute Verpflegung an Bord eine wichtige Rolle. Auch ein Internetanschluss auf See, der es ermöglicht, Kontakt zu Frau und Kindern zu halten, wird zunehmend bedeutend. Dagegen spielen Fragen, ob es einen Bonus für Seniorität oder bei Wiedereinstieg gibt, eine geringere Rolle. Am unteren Ende der Skala findet sich als Grund, dass der Seemann keinen anderen Job gefunden hat. Insgesamt zeigt diese Umfrage, selbst wenn sie nicht als repräsentativ gelten kann, da »nur« insgesamt 1.600 Seeleute gefragt wurden, dass es nicht ausschließlich um Geld geht und dass sich Eigner durchaus um ihr Personal kümmern müssen, um es zu halten.

Schlussendlich ist ein wichtiger Punkt die Förderung des seemännischen Nachwuchses. Hier sind in den letzten zehn Jahren die Anstrengungen erheblich verstärkt worden. So kamen 2002 auf einen Auszubildenden im Offiziersbereich 20 Offiziere (also nur 5 % waren in der Ausbildung). Im Jahr 2015 liegt dieses Verhältnis bei 1:7,6 (d.h. 13 %). (S. 48)

Dass in den letzten Jahren – trotz der seit 1998 eingeführten Tonnagebesteuerung im deutschen Schiffsregister – in der deutschen Handelsflotte immer weniger Schiffe die Bundesflagge führen, liegt vor allen Dingen an den Vorschriften zur Beschäftigung von Deutschen oder EU-Europäern. Diese Seeleute verursachen in der Regel zwischen 30 % und 60 % höhere Personalkosten pro Stelle als Mitarbeiter, die aus Entwicklungs- oder Schwellenländern kommen. Reeder, deren Schiffe sich im internationalen Wettbewerb befinden, sind gezwungen, sich dieser Kostendifferenz zu stellen, die im Extremfall mehrere Hunderttausend Dollar im Jahr ausmacht (s. zusammenfassende Tabelle unten) und gerade in Krisenzeiten darüber entscheidet, ob die Transportdienstleistung noch wirtschaftlich angeboten werden kann.

Der mit der Seeleutegewerkschaft ver.di in Deutschland abgeschlossene Tarifvertrag, der meist auch von den Schifffahrtsunternehmen für deutsche Seeleute angewendet wird, die nicht der Tarifgemeinschaft angehören, setzt ein durchgängiges unbefristetes Beschäftigungsverhältnis voraus, d.h., die Seeleute werden auch bezahlt, wenn sie im Urlaub an Land sind. Da nach den Bedingungen des Manteltarifvertrags einem Seemann maximal 18,9 Kalendertage für jeden an Bord gefahrenen Monat zustehen, ergibt sich, dass für jede solche Stelle an Bord rechnerisch 1,63 Mitarbeiter eingestellt werden müssen.[113] Bei auf Schiffen offener Register geschlossenen Arbeitsverträgen gilt dies nicht. Hier erhält der Seemann meist einen Urlaubsanspruch von sechs bis acht Tagen und die hier erworbenen Einkünfte mit seiner Vergütung am Ende des Monats. Da dies für den Ablöser dann auch unterstellt werden kann, rechnet man für eine Stelle das monatliche Gehalt mal zwölf, um zu den Jahresstellenkosten zu kommen. Formal ist nach Beendigung der Fahrtzeit auf einem Schiff und Begleichung der Heueransprüche das Arbeitsverhältnis beendet – es bestehen keine weiteren gegenseitigen Ansprüche mehr.

Vergleich der Gehälter und Personalstellenkosten (Deutsch/International)

Alle Werte in US-$

Rang	Nationalität	Tarif	Gehalt pro Monat	Urlaubsgeld pro Monat	Sozialversicherung Arbeitgeber	Jährliche Personalkosten pro Stelle	Subventionen pro Stelle (Jahr)	Netto Personalkosten (Jahr)
Kapitän	Deutsch	Deutsch	7.405	7.910	1.731	180.177	36.648	143.530
	Asiate	International	8.608	inkludiert		103.300		103.300
Erster Offizier	Deutsch	Deutsch	5.998	5.905	1.633	146.715	31.076	115.639
	Asiate	International	6.108	inkludiert		73.300		73.300
Leiter Maschinenanlage	Deutsch	Deutsch	6.772	6.601	1.731	162.997	32.229	130.769
	Asiate	International	7.508	inkludiert		90.100		90.100
Zweiter Ingenieur	Deutsch	Deutsch	5.875	5.795	1.608	143.953	31.606	112.347
	Asiate	International	5.908	inkludiert		70.900		70.900
Schiffsmechaniker	Deutsch	Deutsch	4.722	4.756	1.380	118.124	27.340	90.784
Bootsmann	Asiate	International	2.174	inkludiert		26.087		26.087
Differenz pro Jahr (Deutsch vs. International) – alle fünf Positionen						388.280		229.381
US-$/Euro – Forex	1,1							

Quelle: Eigene Kalkulationen/Deutscher Tarifvertrag HTV/MTV – International Salary inkl. Manning Fee und Gewerkschaftsbeiträge

Auf den oben genannten Positionen, die bei einem größeren Schiff unter der deutschen Flagge – auch im internationalen Schiffsregister – immer von Deutschen oder EU-Europäern besetzt sind, ergeben sich somit Personalkostendifferenzen von 388.280 US-$ pro Jahr, mithin also fast 1.100 US-$ pro Tag.

Um diese Differenz zu vermindern und um Reeder zu veranlassen, ihre Schiffe weiterhin unter der bundesdeutschen Flagge fahren zu lassen, gewährt die öffentliche Hand (Verkehrs- und Finanzministerium) Betriebssubventionen. So erhielt bisher ein Schifffahrtsunternehmen für ein Schiff unter der deutschen Flagge für jede Stelle, die mit einem Deutschen oder

113 Der Urlaubsanspruch eines Seemanns nach dem HTV liegt in der Spitze bei 13,5 Tagen innerhalb einer Fünf-Tage-Woche (Montag bis Freitag). Da ein Schiff aber jeden Tag eine Besatzung braucht, also sieben Tage in der Woche, liegt der kalendertäglich berechnete Anspruch bei $13{,}5 : 5 \times 7 = 18{,}9$ Tagen.

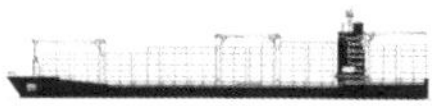

EU-Europäer besetzt ist, einen Zuschuss zu den Sozialversicherungsbeiträgen des Arbeitgebers – den sogenannten Lohnnebenkostenzuschuss. Je nach Seemann belief sich dieser auf bis zu 16.700 Euro pro Jahr. Darüber hinaus konnten 40 % der gezahlten Lohn- und Einkommensteuer des Seemanns zurückerstattet werden, jedoch nur, wenn er mehr als 183 Tage beim selben Arbeitgeber beschäftigt ist, was ja nicht immer der Fall ist, weshalb viele bearbeitende Finanzämter nicht einen monatlichen Vorabzug präferieren. Nahm man diese beiden Schifffahrtsförderungen zusammen, so konnte der Reeder ca. die Hälfte des Kostennachteils zurückerhalten – meist jedoch in einem recht komplizierten Antrags- oder Erstattungsverfahren. Insgesamt verminderte sich (in der obigen Beispielrechnung) der Kostennachteil auf nur noch 229.381, also 628 US-$ pro Tag.

Nach langen Verhandlungen mit den entsprechenden Ministerien und der Seeleutegewerkschaft ver.di und im Lichte der Schifffahrtskrise konnte der Unternehmerverband (Verband Deutscher Reeder) das oben beschriebene Subventionsschema noch einmal für die Schifffahrtsunternehmen, die für die deutsche Flagge optieren, verbessern. Nunmehr können die Reeder die gesamte Lohn- und Einkommensteuer, die dem Seemann von seinem Bruttogehalt abgezogen wird, behalten. Darüber hinaus werden ab 2017 sämtliche von Arbeitgeber zu zahlenden Sozialversicherungsbeiträge gestrichen. Die gesamte Summe der Personalkostendifferenz der hier betrachteten Stellen sinkt auf jetzt nur noch 149.463 US-$ pro Jahr und Schiff.

Vergleich mit neuen Subventionen (2017)

Alle Werte in US-$

Rang	Nationalität	Tarif	Netto Personalkosten (Jahr)
Kapitän	Deutsch	Deutsch	124.613
	Asiate	International	103.300
Erster Offizier	Deutsch	Deutsch	101.064
	Asiate	International	73.300
Leiter Maschinenanlage	Deutsch	Deutsch	111.837
	Asiate	International	90.100
Zweiter Ingenieur	Deutsch	Deutsch	99.337
	Asiate	International	70.900
Schiffsmechaniker	Deutsch	Deutsch	76.298
Bootsmann	Asiate	International	26.087
Differenz pro Jahr (Deutsch vs. International) – alle fünf Positionen			**149.463**

US-$/Euro – Forex	1,1

Quelle: Eigene Kalkulationen/Deutscher Tarifvertrag HTV/MTV

Nach wie vor besteht also noch eine Kostendifferenz zwischen einer Position, die unter der deutschen Flagge mit einem EU-Europäer, und der gleichen, die auf einem Schiff in einem offenen Register mit Personal aus Entwicklungs- oder Schwellenländern besetzt ist – auch wenn diese gegenüber den bis 2015 gültigen Subventionen deutlich geringer geworden ist.

Da wir unterstellen können, dass alle weiteren Offiziers- und Mannschaftsränge auch unter der deutschen Flagge mit Nicht-EU-Europäern besetzt sind und diese nach internationalem

Gehaltsniveau vergütet werden, und da darüber hinaus die Lohn- und Einkommensteuer, die eventuell anfallen könnte, zu 100 % durch den Reeder in Abzug gebracht werden kann, besteht hier in der Regel kein Kostennachteil der deutschen Flagge mehr. Eine Sozialversicherungspflicht für diese Nicht-EU-Europäer besteht ebenfalls meist nicht.[114]

Zwei weitere zusätzliche Aspekte der nunmehr in Kraft befindlichen Regularien können zu weiteren Verminderungen der Personalkostendifferenz führen.

Zum einen wurde die Schiffsbesetzungsverordnung dahin gehend geändert, dass nunmehr auf einem größeren deutschflaggigen Schiff nicht mehr fünf Positionen mit Deutschen oder EU-Europäern besetzt werden müssen, sondern nur noch zwei Stellen. Eine dieser Stellen ist mit dem Kapitän zu besetzen, eine weitere mit einem Offizier. Dass ein Schiffsmechaniker an Bord sein muss, ist nunmehr nicht zwingend. Hier hat sich die Gewerkschaft ver.di den Realitäten gestellt und auf die bisher von ihr umkämpfte Position verzichtet.

Fährt also auf der zweiten Stelle ein wachbefähigter Junioroffizier und werden die anderen oben genannten Ränge mit Nicht-EU-Europäern besetzt, die internationalen Standards entsprechend entlohnt werden, so sinkt die Kostendifferenz für ein Schiff auf 59.382 US-$ pro Jahr.[115]

Minimum Besatzungsanforderungen gegen Offenes Register

Alle Werte in US-$

Rang	Nationalität	Tarif	Netto Personalkosten (Jahr)
Captain	Deutsch	Deutsch	**124.613**
	Asiate	International	**103.300**
Third Nautical Officer	Deutsch	Deutsch	**75.368**
	Asiate	International	**37.300**
Differenz pro Jahr (Deutsch vs. International)			**59.382**
US-$/Euro – Forex	1,1		

Quelle: Eigene Kalkulationen/Deutscher Tarifvertrag HTV/MTV

Um die Ausbildung seemännischen Nachwuchses unter den Bedingungen eines Hochlohnlands wie der Bundesrepublik attraktiv zu halten und damit maritimes Know-how zu erhalten, wurde die »Stiftung Schifffahrtsstandort Deutschland« gegründet. In diese werden alle Reeder verpflichtet, einen »Ablösebetrag« einzuzahlen, wenn sie im Rahmen der Ausflaggungsbeantra-

114 »Nichteuropäische Seeleute ohne Wohnsitz in der EU, EWR oder in der Schweiz, die auf Seeschiffen unter deutscher Flagge fahren, sind in der deutschen gesetzlichen Kranken-, Pflege- und Arbeitslosenversicherung versicherungsfrei. In der Rentenversicherung und in der Seemannskasse besteht zwar für diese Seeleute grundsätzlich Versicherungspflicht, auf Antrag des Reeders können sie jedoch von der Rentenversicherungspflicht (und damit auch von der Seemannskasse) befreit werden.« Siehe die Initiative »Deutsche Flagge« und des Bundesministeriums für Verkehr und digitale Infrastruktur – Internet: http://www.deutsche-flagge.de/de/sozialversicherung/beitraege-meldungen/auslaender

115 In dieser, wie in allen vorherigen Betrachtungen, ist für die nicht-EU-europäischen Seeleute in die Personalkosten sowohl eine Vermittlungsgebühr an eine Seeleute-Agentur für den Seemann (die sogenannte »Manning Fee« von 80 US-$ pro Monat) und ein Gewerkschaftsbeitrag, der vom Reeder zu tragen ist, einbezogen – beide Kostenpositionen fallen für EU-Europäer nicht an.

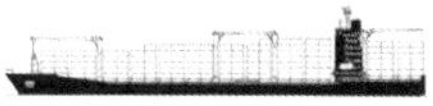

gung nach §7 Flaggenrechtsgesetz (Absatz 2) auf ihrem auszuflaggenden Schiff nicht ausbilden wollen oder können.[116] Diese Ablösebeträge, die pro Schiff und Ausflaggungsgenehmigung – je nach Größe – zwischen 2.000 und 16.169 Euro betragen, sind der Stiftung zur Verfügung zu stellen. Im Jahr 2015 kamen bei rund 1.700 Schiffen ca. 20,8 Million Euro zusammen.[117]

Reeder, die auf ihren Schiffen Ausbildung von Schiffsmechanikern, nautischen/technischen Offiziersanwärtern oder Nachwuchsoffizieren betreiben wollen, erhalten dann Geld aus diesem Umlageverfahren. Diese Ausbildung wird – je nach Dienstrang – mit bis zu 9.500 Euro pro Quartal und für maximal vier Jahre gefördert, sofern diese auf einem deutschen oder unter einer EU-Flagge fahrenden Schiff erfolgt und der Bordbetrieb die entsprechenden Voraussetzungen erfüllt. Insgesamt wurden 2015 3.410 Quartale mit einer Gesamtsumme von 19,8 Millionen Euro gefördert. Einbezogen waren 1.245 Besatzungsmitglieder – hierunter 623 Nachwuchsoffiziere und 499 Schiffsmechaniker.

Nimmt ein Reeder dies wahr, so vermindern sich die Netto-Personalaufwendung für den dritten Offizier (in unserer Betrachtung), sodass nur noch ein Kostennachteil von 5.900 Euro für die deutsche Flagge besteht. Bei Besatzungskosten von ca. 1,0 Millionen US-$ ist diese Differenz als zu vernachlässigen zu betrachten.

Deutsche Flagge gegen Offenes Register zusätzlich mit Subventionen »Stiftung Schifffahrtsstandort Deutschland«

Alle Werte in US-$

Rang	Nationalität	Tarif	Netto Personalkosten (Jahr)
Captain	German	Deutsch	**124.613**
	Asian	International	**103.300**
Third Nautical Officer	German	Deutsch	**21.887**
	Asian	International	**37.300**
Differenz pro Jahr (Deutsch vs. International)			**5.900**
US-$/Euro – Forex	1,1		

Quelle: Eigene Kalkulationen / Deutscher Tarifvertrag HTV/MTV

Dennoch – sieht man einmal von diesem Ausnahmefall ab, in dem neben den laufenden Stellenförderungen noch Ausbildungsunterstützung gewährt wird – werden deutsche/EU-europäische Seeleute immer teurer sein als Besatzungsmitglieder, die aus Entwicklungs- oder Schwellenländern kommen, trotz der gewährten Subventionen. Ein Schiff unter deutscher Flagge mit einer gewissen Anzahl von Deutschen wird in Summe höhere Personalkosten verur-

116 § 7 FlRG – Absatz (3): »Macht der Antragsteller geltend, der Verpflichtung nach Absatz 2 nicht oder nicht vollständig nachkommen zu können, ist auf Antrag zuzulassen, dass der Antragsteller, statt eine Verpflichtung nach Absatz 2 einzugehen, einen Ablösebetrag an eine vom Verband Deutscher Reeder errichtete und vom Bundesamt für Seeschifffahrt und Hydrographie im Bundesanzeiger bekannt gemachte Einrichtung zu entrichten hat. Der Antrag nach Satz 1 kann zusammen mit dem Antrag auf die Ausflaggungsgenehmigung gestellt werden. Die Ausflaggungsgenehmigung darf erst erteilt werden, wenn die Zahlung des Ablösebetrages nachgewiesen ist. Zweck der Einrichtung muss es sein, die nautische und technische Ausbildung, Qualifizierung und Fortbildung von Besatzungsmitgliedern zu fördern, die auf in inländischen Schiffsregistern eingetragenen Seeschiffen beschäftigt sind.« Informationen zur Stiftung können unter www.stiftung-schifffahrtsstandort.de abgerufen werden.

117 Vergl.: Vortrag auf dem VDR-Workshop »Deutsche Flagge« in Hamburg am 19.Juli 2016

sachen als eines, das unter einer außereuropäischen Flagge mit Osteuropäern und/oder Asiaten besetzt ist. Diese auf ein Schiff und seine Mannschaft bezogene Betrachtung ist zwar richtig und banal, denn die Lebenshaltungskosten in Europa sind höher als zum Beispiel auf den Philippinen, folglich müssen auch die Gehälter höher sein, und man darf nicht vom europäischen Steuerzahler erwarten, alle Personalkostenunterschiede über Subventionen auszugleichen. Doch diese Schiffsbetrachtung greift, insbesondere bei Reedereibetrieben, die über eine Vielzahl von Schiffen verfügen und die gleiche oder ähnliche Eigentümerstrukturen in ihren Schiffen haben, zu kurz.

Denn deutsche Seeleute, die ihren Lebensmittelpunkt in der Bundesrepublik haben, für die demnach weiterhin Einkommensteuer und Sozialversicherungen fällig werden, liegen in den Personalkosten deutlich über internationalem Gehaltsniveau, wenn keine Subventionen beantragt werden können, wenn also das Schiff eine fremde Flagge führt. Dies ist bei allen Schiffen der Fall, die im deutschen Schiffsregister eingetragen und dann nach § 7 Flaggenrechtsgesetz ausgeflaggt wurden. Reeder, die über größere Flotten verfügen und die weiterhin deutsche Mitarbeiter an Bord beschäftigen (wollen), können sich diesem Sachverhalt stellen, indem sie wenigstens einen Teil ihrer Flotte unter der deutschen Flagge halten und auf diesen Schiffen die deutschen Seeleute vornehmlich beschäftigen, zumal die Verpflichtung, einen Schiffsmechaniker einzusetzen, mittlerweile entfallen ist. Sie erhalten dann für die – ohnehin bei ihnen angestellten – deutschen Seeleute unter der deutschen Flagge Fördergelder, die sie unter einer nicht-europäischen Flagge nicht erhielten. Somit wird das einzelne – deutschflaggige – Schiff innerhalb der Reedereiflotte zwar teurer als unter einer fremden Flagge, die fremdflaggigen Schiffe werden jedoch günstiger, da auf diesen nunmehr keine deutschen Mitarbeiter beschäftigt sind. Insgesamt werden die See-Personalkosten innerhalb einer Flotte geringer.

Sollten die jeweiligen Schiffsgesellschaften innerhalb einer Reedereiflotte unterschiedliche Eigentümerstrukturen haben, so würden die Kommanditisten, die das deutsche Schiff besitzen, schlechter gestellt werden – auf Kosten anderer Gesellschaften. Um die sich aus dem Führen der deutschen Flagge ergebenden Kostenunterschiede auszugleichen, wäre ein zwischen den Gesellschaften vereinbartes Ausgleichsmodell (Poolung) vorstellbar, in dem die deutschflaggigen Schiffe von den fremdflaggigen finanziell unterstützt werden.

Angenommen, eine Reederei beschäftigt 20 deutsche Offiziere, die alle unter einer fremden Flagge fahren (je fünf Kapitäne, fünf Erste Nautische Offiziere, fünf Leiter Maschinenanlage und fünf Zweite Ingenieure). Würde sich das Unternehmen nun entscheiden, drei Schiffe seiner Flotte unter die deutsche Flagge zu verbringen, könnten insgesamt 496.066 US-$ an Personalkosten eingespart werden. Die Rechnung unterstellt, dass die Gehälter gemäß deutschem Heuertarif gewährt werden, alle sonstigen Bedingungen sind analog Manteltarifvertrag gestaltet. Die Urlaubsregelung gemäß Manteltarifvertrag (bis zu 18,9 Kalendertage je geleistetem Arbeitsmonat) führt dazu, dass 1,63 Seeleute pro zu besetzender Stelle vorgehalten werden – fünf Kapitäne wären notwendig, um somit drei Schiffe zu bemannen.

Gemäß Schiffsbesetzungsverordnung sind die Kapitäne hier der beschränkende Rang, da aus praktischen Erwägungen heraus diese in der Regel Deutsche sind. Die Kapitänsposition steht de jure unter deutscher Flagge auch anderen EU-Europäern offen. Da Kapitäne jedoch – wie unter jeder Flagge – auch hoheitliche Aufgaben wahrnehmen können (oder müssen), sind neben der erforderlichen und anerkannten fachlichen Qualifikation und den Sprachkenntnissen auch Grundkenntnisse in deutschem Recht zu beherrschen. Schifffahrtsförderungen

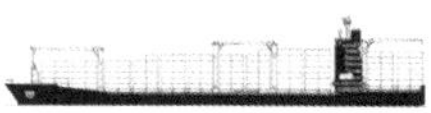

können – wie gesagt – auch für EU-Europäer in Anspruch genommen werden, wenn das Schiff unter der deutschen Flagge fährt. Da diese nicht-deutschen EU-Seeleute in der Regel jedoch

Subventionen für Deutsche/EU-Europäer unter der deutschen Flagge

in US-$

Rang	Anzahl Beschäftigte	Schiffe	Subventionen für drei Schiffe
Kapitän	5	3	**166.693**
Erster Offizier	5	3	**136.952**
Leiter Maschinenanlage	5	3	**153.482**
Zweiter Ingenieur	5	3	**133.847**
Summe der Subventionen für alle Schiffe			**590.974**

US-$/Euro – Forex	1,1

Errechnet aus Deutschem HTV/MTV

ein vereinbartes Nettogehalt erwarten, sind sie nicht an einer Einzahlung in die Sozialversicherungssysteme interessiert. Der Reeder muss also auch den Arbeitnehmerbeitrag hierzu erbringen. Dies macht häufig die Beschäftigung eines nicht-deutschen EU-Europäers unattraktiv. Bis Mitte 2016 wurde darüber hinaus auch Lohn- und Einkommensteuer fällig, die im Rahmen einer Brutto-für-netto-Rechnung ebenfalls vom Arbeitgeber zu tragen war, da der ausländische EU-Seemann auch kein Interesse am Erhalt einer deutschen steuerfinanzierten Infrastruktur haben kann – er und seine Familie leben nicht in Deutschland. Zumindest der steuerliche Nachteil aus der Beschäftigung von nicht-deutschen EU-Europäern ist jedoch mit der Einführung des 100%igen Lohnsteuereinbehalts nunmehr entfallen.

Ob die nunmehr gewährten Förderungen die Reeder veranlassen werden, mehr Schiffe unter die deutsche Flagge zu verbringen, bleibt jedoch fraglich, denn meist sind die dann erforderlichen Seeleute (Deutsche oder EU-Europäer) gar nicht (mehr) vorhanden.

Setzt man die obigen Informationen in eine Personalkostenkalkulation für ein Containerschiff mit einer Besatzung von 21 Mann um, so zeigen sich die oben skizzierten Unterschiede. Hierbei wird die vollständige Besetzung mit Deutschen/EU-Europäern nicht in die Betrachtung einbezogen, da dieses Modell in der heutigen Zeit nicht mehr als realistisch anzusehen ist, denn es wird wohl kein Schiff aus einem Hochlohnland geben, dass ausschließlich mit Personal aus diesem Land besetzt ist. Eine Ausnahme bilden hier lediglich die Schiffe, die unter der US-amerikanischen Flagge im Kabotage-Verkehr der USA fahren, der gegen internationale Konkurrenz geschützt ist. Darüber hinaus unterstellen die Beispielrechnungen auch, dass es sich beim Reeder um ein deutsches Schifffahrtsunternehmen handelt, welches das Schiff in der Bundesrepublik hat registrieren lassen. Die an Bord beschäftigten deutschen/EU-Seeleute unterliegen unter der deutschen Flagge der Steuer- und Sozialversicherungspflicht. Unter einer fremden Flagge gilt diese Pflicht nur noch für Deutsche mit Wohnsitz in der Bundesrepublik. EU oder Nicht-EU-Ausländer können also zu international gültigen Bedingungen beschäftigt werden. Für Deutsche mit Wohnsitz in der Bundesrepublik gilt über die sogenannte Ausstrahlung (§4 SGB IV) die Sozialversicherungspflicht und die Steuerpflicht. Darüber hinaus wird flaggenunabhängig für Deutsche der Heuer- und Manteltarifvertrag der deutschen Seeschifffahrt unterstellt. Obwohl nur eine Minderheit der deutschen Schifffahrtsunternehmen der Tarifgemeinschaft der deutschen Seeschifffahrt angehören, ist dieser Gehaltsrahmen von allen akzeptiert. Lediglich bei den manteltariflich geregelten Urlaubszeiten sind leichte Abweichungen hiervon durch nicht – tarifgebundene Reeder möglich.

Personalkostenvergleich 21-Mann-Containerschiff in US-$

Crew Modell	Brutto Kosten	Subventionen	Netto Kosten	Andere Kosten	TOTAL p. Jahr	TOTAL p. Tag
Deutsche Flagge (4 Deutsch/EU – 17 Nicht-EU)	1.060.173	–226.185	833.988	188.862	1.022.850	2.802
Deutsche Flagge (2 Deutsch/EU – 19 Nicht-EU)	954.751	–150.208	804.543	189.822	994.365	2.724
EU-Flagge (2 Deutsch/EU – 19 Nicht-EU)	918.082	–53.481	864.601	211.502	1.076.103	2.948
Nicht-EU-Flagge (2 Deutsch – 19 Nicht-EU)	918.082	0	918.082	211.502	1.129.584	3.095
Nicht-EU-Flagge (2 EU – 19 Nicht-EU)	766.295	0	766.295	213.422	979.717	2.684

2017 Neues Subventionsschema (falls anwendbar) – Eigene Berechnungen

Wird das Schiff im internationalen deutschen Schiffsregister geführt, erlaubt die Schiffsbesetzungsverordnung die Beschäftigung von Nicht-EU-Seeleuten zu Heimatgehältern (Zeile 1). Die Stelle des Kapitäns, des Leitenden Ingenieurs und eines Junioroffiziers sind mit Deutschen, die des 1. Nautischen Offiziers mit einem EU-Ausländer besetzt. Für den deutschen Junioroffizier kann Ausbildungsförderung aus der »Stiftung Schifffahrtsstandort Deutschland« in Anspruch genommen werden. Für den EU-Europäer muss der Reeder die Arbeitnehmer-Sozialabgaben zusätzlich entrichten, da er (siehe oben) eine Nettolohnvereinbarung geschlossen hat.

Wird das Schiff gemäß dem Minimum der Schiffsbesetzungsverordnung bezogen auf die Nationalität entsprechend besetzt und wird der (deutsche) Junioroffizier in seiner Ausbildung noch gefördert (Zeile 2), so ergeben sich gegenüber einer »Standardbesetzung« unter der deutschen Flagge noch deutlich geringere Personalkosten. In dem hier vorgelegten Vergleich die zweitgeringsten Personalkosten.

Bei Verbringung des Schiffes unter eine andere EU-Flagge (Zeile 3), sind die Bruttopersonalkosten etwas geringer, denn für die Nicht-EU-Mannschaftsdienstgrade wird ein internationaler Tarif unterstellt und nicht der mit der deutschen Seeleutegewerkschaft geschlossene. Jedoch können sowohl für den Kapitän als auch für den Junioroffizier kein Lohnsteuer- und kein Arbeitgeber-Sozialversicherungseinbehalt vorgenommen werden – lediglich die Ausbildungsförderung kann in Anspruch genommen werden. Die Nebenkosten unter einer fremden Flagge steigen jedoch, da hier Registrierungskosten und der Beitrag zur »Stiftung Schifffahrtsstandort Deutschland« in Ansatz zu bringen sind. Die Personalkosten steigen also wieder an.

Wird das Schiff unter eine Nicht-EU-Flagge verbracht, entfällt – bei der gleichen Schiffsbesetzung – noch die Ausbildungsförderung (Zeile 4). Es ist in diesem Beispiel das teuerste Besetzungsmodell. Kosteneinsparungen können jedoch dann realisiert werden, wenn, wie in der letzten Zeile, die Deutschen unter einer Nicht-EU-Flagge durch EU-Europäer ersetzt werden.

Zusammenfassend kann festgehalten werden, dass nach den neuesten gültigen Fördermaßnahmen und wenn deutsche Seeleute auf Schiffen unter deutscher Flagge zusammengefasst werden, die deutsche Flagge so unattraktiv nicht mehr ist. Zumindest sind die Personalkostendifferenzen zwischen den Flaggen sehr gering geworden. Es kommt auf die Kreativität des Reeders an, inwieweit er die Fördertöpfe optimal für sich zu nutzen weiß. Darüber hinaus ist bei deutschen oder EU-Seeleuten vorzubringen, dass diese tendenziell besser ausgebildet sind als asiatische Seeleute, dass diese geringere Nebenkosten verursachen (Gewerkschaftsbeiträge,

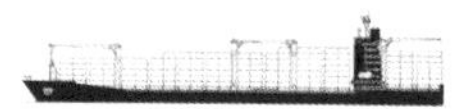

Fortbildungskosten, Visa-Gebühren u.Ä.) und dass diese bei Bedarf in die Landorganisation übernommen werden können. Sieht man vom Gehalt ab, so sind z. B. die Nebenkosten eines philippinischen Offiziers um 250 US-$ im Monat höher.

Besatzungskonzept für ein 21-Mann-Containerschiff

Deutsche Flagge (3 Deutsche/1 EU/andere nicht-EU)

USD – Euro 1,10

Nr	Rang	Nationalität	Tarif	Brutto Personalkosten	Subventionen	Netto Personalkosten	Bemerkung	Seedienstzeit (Monate)
1	Kapitän	Deutsch	HTV/MTV	180.177	–55.564	124.613		4
2	1/0	EU	Ind. EU	127.225	–24.816	102.408	SV Brutto-für-netto	4
3	2/0	Nicht-EU	Ind. USD	42.000		42.000		4
4	3/0	Deutsch	HTV/MTV	116.531	–94.644	21.887	Ausbildung	4
5	C/Ing	Deutsch	HTV/MTV	162.997	–51.161	111.837		4
6	2/Ing	Nicht-EU	Ind. USD	76.364		76.364		4
7	3/Ing	Nicht-EU	Ind. USD	38.182		38.182		4
8	4/Ing	Nicht-EU	Ind. USD	32.727		32.727		4
9	Elektr	Nicht-EU	Ind. USD	57.818		57.818		4
10	Bootsm.	Nicht-EU	Ver.di GIS	22.500		22.500		4
11	Matrose	Nicht-EU	Ver.di GIS	20.412		20.412		8
12	Matrose	Nicht-EU	Ver.di GIS	20.412		20.412		8
13	Matrose	Nicht-EU	Ver.di GIS	20.412		20.412		8
14	Decksm.	Nicht-EU	Ver.di GIS	15.816		15.816		8
15	Decksm.	Nicht-EU	Ver.di GIS	15.816		15.816		8
16	Maschinenm.	Nicht-EU	Ver.di GIS	20.412		20.412		8
17	Maschinenm.	Nicht-EU	Ver.di GIS	20.412		20.412		8
18	Assi	Nicht-EU	Ver.di GIS	15.816		15.816		8
19	Assi	Nicht-EU	Ver.di GIS	15.816		15.816		8
20	Koch	Nicht-EU	Ver.di GIS	22.512		22.512		8
21	Steward	Nicht-EU	Ver.di GIS	15.816		15.816		8
TOTAL Personalkosten						833.988		
			Reise-Ablösekosten			60.450		
			Agenturgebühren			17.280		
			Antrittsgebühren (Joining Fees)			9.300		
			Proviant			67.452		
			Gewerkschaftsbeiträge			2.880		
			Stiftungskosten					
			Training/Anderes			31.500		
GRANDTOTAL						1.022.850		

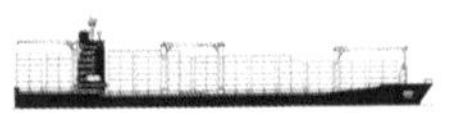

Deutsche Flagge (Minimum SBVO-Anforderung)

USD – Euro 1,10

Nr	Rang	Nationalität	Tarif	Brutto Personalkosten	Subventionen	Netto Personalkosten	Bemerkung	Seedienstzeit (Monate)
1	Kapitän	Deutsch	HTV/MTV	180.177	–55.564	124.613		4
2	1/0	Nicht-EU	Ind. USD	84.000		84.000		4
3	2/0	Nicht-EU	Ind. USD	42.000		42.000		4
4	3/0	Deutsch	HTV/MTV	116.531	–94.644	21.887	Ausbildung	4
5	C/Ing	Nicht-EU	Ind. USD	100.800		100.800		4
6	2/Ing	Nicht-EU	Ind. USD	76.364		76.364		4
7	3/Ing	Nicht-EU	Ind. USD	38.182		38.182		4
8	4/Ing	Nicht-EU	Ind. USD	32.727		32.727		4
9	Elektr.	Nicht-EU	Ind. USD	57.818		57.818		4
10	Bootsm.	Nicht-EU	Ver.di GIS	22.500		22.500		4
11	Matrose	Nicht-EU	Ver.di GIS	20.412		20.412		8
12	Matrose	Nicht-EU	Ver.di GIS	20.412		20.412		8
13	Matrose	Nicht-EU	Ver.di GIS	20.412		20.412		8
14	Decksm.	Nicht-EU	Ver.di GIS	15.816		15.816		8
15	Decksm.	Nicht-EU	Ver.di GIS	15.816		15.816		8
16	Maschinenm.	Nicht-EU	Ver.di GIS	20.412		20.412		8
17	Maschinenm.	Nicht-EU	Ver.di GIS	20.412		20.412		8
18	Assi	Nicht-EU	Ver.di GIS	15.816		15.816		8
19	Assi	Nicht-EU	Ver.di GIS	15.816		15.816		8
20	Koch	Nicht-EU	Ver.di GIS	22.512		22.512		8
21	Steward	Nicht-EU	Ver.di GIS	15.816		15.816		8
TOTAL Personalkosten						**804.543**		
			Reise-Ablösekosten			60.450		
			Agenturgebühren			18.240		
			Antrittsgebühren (Joining Fees)			9.300		
			Proviant			67.452		
			Gewerkschaftsbeiträge			2.880		
			Stiftungskosten					
			Training/Anderes			31.500		
GRANDTOTAL						**994.365**		

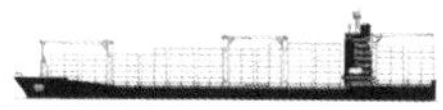

EU-Flagge (1 Deutscher/1 deutscher Auszubildender/andere nicht-EU)

USD – Euro 1,10

Nr	Rang	Nationalität	Tarif	Brutto Personal-kosten	Subventionen	Netto Personal-kosten	Bemerkung	See-dienstzeit (Monate)
1	Kapitän	Deutsch	HTV/MTV	180.177		180.177		4
2	1/O	Nicht-EU	Ind. USD	84.000		84.000		4
3	2/O	Nicht-EU	Ind. USD	42.000		42.000		4
4	3/O	Deutsch	HTV/MTV	116.531	–53.481	63.050	Ausbildung	4
5	C/Ing	Nicht-EU	Ind. USD	100.800		100.800		4
6	2/Ing	Nicht-EU	Ind. USD	76.364		76.364		4
7	3/Ing	Nicht-EU	Ind. USD	38.182		38.182		4
8	4/Ing	Nicht-EU	Ind. USD	32.727		32.727		4
9	Elektr.	Nicht-EU	Ind. USD	57.818		57.818		4
10	Bootsm.	Nicht-EU	Ind. USD	21.331		21.331		4
11	Matrose	Nicht-EU	Ind. USD	15.571		15.571		8
12	Matrose	Nicht-EU	Ind. USD	15.571		15.571		8
13	Matrose	Nicht-EU	Ind. USD	15.571		15.571		8
14	Decksm.	Nicht-EU	Ind. USD	13.303		13.303		8
15	Decksm.	Nicht-EU	Ind. USD	13.303		13.303		8
16	Maschinenm.	Nicht-EU	Ind. USD	15.571		15.571		8
17	Maschinenm.	Nicht-EU	Ind. USD	15.571		15.571		8
18	Assi	Nicht-EU	Ind. USD	13.303		13.303		8
19	Assi	Nicht-EU	Ind. USD	13.303		13.303		8
20	Koch	Nicht-EU	Ind. USD	23.131		23.131		8
21	Steward	Nicht-EU	Ind. USD	13.952		13.952		8
TOTAL Personalkosten						**864.601**		
			Reise-Ablösekosten			60.450		
			Agenturgebühren			18.240		
			Antrittsgebühren (Joining Fees)			9.300		
			Proviant			67.452		
			Gewerkschaftsbeiträge			4.560		
			Stiftungskosten			20.000		
			Training/Anderes			31.500		
GRANDTOTAL						**1.076.103**		

Offenes Register (2 Deutsche/andere nicht-EU)

USD – Euro 1,10

Nr	Rang	Nationalität	Tarif	Brutto Personal-kosten	Subventionen	Netto Personal-kosten	Bemerkung	See-dienstzeit (Monate)
1	Kapitän	Deutsch	HTV/MTV	180.177		180.177		4
2	1/0	Nicht-EU	Ind. USD	84.000		84.000		4
3	2/0	Nicht-EU	Ind. USD	42.000		42.000		4
4	3/0	Deutsch	HTV/MTV	116.531		116.531		4
5	C/Ing	Nicht-EU	Ind. USD	100.800		100.800		4
6	2/Ing	Nicht-EU	Ind. USD	76.364		76.364		4
7	3/Ing	Nicht-EU	Ind. USD	38.182		38.182		4
8	4/Ing	Nicht-EU	Ind. USD	32.727		32.727		4
9	Elektr.	Nicht-EU	Ind. USD	57.818		57.818		4
10	Bootsm.	Nicht-EU	Ind. USD	21.331		21.331		4
11	Matrose	Nicht-EU	Ind. USD	15.571		15.571		8
12	Matrose	Nicht-EU	Ind. USD	15.571		15.571		8
13	Matrose	Nicht-EU	Ind. USD	15.571		15.571		8
14	Decksm.	Nicht-EU	Ind. USD	13.303		13.303		8
15	Decksm.	Nicht-EU	Ind. USD	13.303		13.303		8
16	Maschinenm.	Nicht-EU	Ind. USD	15.571		15.571		8
17	Maschinenm.	Nicht-EU	Ind. USD	15.571		15.571		8
18	Assi	Nicht-EU	Ind. USD	13.303		13.303		8
19	Assi	Nicht-EU	Ind. USD	13.303		13.303		8
20	Koch	Nicht-EU	Ind. USD	23.131		23.131		8
21	Steward	Nicht-EU	Ind. USD	13.952		13.952		8
TOTAL Personalkosten						**918.082**		
		Reise-Ablösekosten				60.450		
		Agenturgebühren				18.240		
		Antrittsgebühren (Joining Fees)				9.300		
		Proviant				67.452		
		Gewerkschaftsbeiträge				4.560		
		Stiftungskosten				20.000		
		Training/Anderes				31.500		
GRANDTOTAL						**1.129.584**		

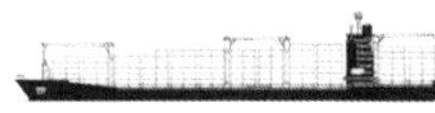

Offenes Register (2 EU/andere nicht-EU)

USD – Euro 1,10

Nr	Rang	Nationalität	Tarif	Brutto Personal-kosten	Subventionen	Netto Personal-kosten	Bemerkung	Seedienst-zeit (Monate)
1	Kapitän	EU	Ind. EU	99.000		99.000		4
2	1/0	Nicht-EU	Ind. USD	84.000		84.000		4
3	2/0	Nicht-EU	Ind. USD	42.000		42.000		4
4	3/0	Nicht-EU	Ind. USD	36.000		36.000		4
5	C/Ing	EU	Ind. EU	110.722		110.722		4
6	2/Ing	Nicht-EU	Ind. USD	76.364		76.364		4
7	3/Ing	Nicht-EU	Ind. USD	38.182		38.182		4
8	4/Ing	Nicht-EU	Ind. USD	32.727		32.727		4
9	Elektr.	Nicht-EU	Ind. USD	57.818		57.818		4
10	Bootsm.	Nicht-EU	Ind. USD	21.331		21.331		4
11	Matrose	Nicht-EU	Ind. USD	15.571		15.571		8
12	Matrose	Nicht-EU	Ind. USD	15.571		15.571		8
13	Matrose	Nicht-EU	Ind. USD	15.571		15.571		8
14	Decksm.	Nicht-EU	Ind. USD	13.303		13.303		8
15	Decksm.	Nicht-EU	Ind. USD	13.303		13.303		8
16	Maschinenm.	Nicht-EU	Ind. USD	15.571		15.571		8
17	Maschinenm.	Nicht-EU	Ind. USD	15.571		15.571		8
18	Assi	Nicht-EU	Ind. USD	13.303		13.303		8
19	Assi	Nicht-EU	Ind. USD	13.303		13.303		8
20	Koch	Nicht-EU	Ind. USD	23.131		23.131		8
21	Steward	Nicht-EU	Ind. USD	13.952		13.952		8
TOTAL Personalkosten						766.295		
		Reise-Ablösekosten				60.450		
		Agenturgebühren				20.160		
		Antrittsgebühren (Joining Fees)				9.300		
		Proviant				67.452		
		Gewerkschaftsbeiträge				4.560		
		Stiftungskosten				20.000		
		Training/Anderes				31.500		
GRANDTOTAL						**979.717**		

Aus der Entwicklung der gesamten Personalkosten der letzten 17 Jahre lässt sich die wirtschaftliche Lage der Schifffahrt ablesen. In der Schiffsbetriebskostenstudie der britischen Beratungsgesellschaft Drewry Research (Drewry Maritime Research, Ship Operating Costs – Annual Review and Forecast – Annual Report 2016/2017, 2016), die auf Befragungen von Reedereien und eigenen Berechnungen fußt und die jährlich veröffentlicht wird, werden die einzelnen Kostenarten (hier Personalkosten) als Index der Jahre 2000 bis 2016 dargestellt. Im Gegensatz zu den technischen Betriebskosten (siehe unten) haben die Reeder bei den Gehältern ihrer Seeleute weniger Möglichkeiten, durch Kostenreduzierungen eine Verbesserung ihrer wirtschaftlichen Lage zu erreichen. Schiffe brauchen immer eine gewisse Anzahl qualifizierten Personals, und Seeleute aus Entwicklungsländern mit hohen Inflationsraten können Lohnkürzungen nur schwer hinnehmen. Darüber hinaus versetzt der Mangel an Offizieren diese in eine tendenziell starke Position bei Vertragsverhandlungen gegenüber den Reedern. Qualifizierte Offiziere finden in der Schifffahrt zurzeit immer eine Anstellung, sind also nicht darauf angewiesen, zu jedem Gehalt zu arbeiten. Dies ist auch der Grund dafür, dass die Gehälter, die von der internationalen Seeleutegewerkschaft ITF für die unterschiedlichen Dienstränge gefordert werden (»ITF Worldscale«), zwar für die Mannschaftsdienstgrade die Richtgröße für das Gehaltsniveau ist, dass die Offiziersgehälter hier jedoch weit unter den im Markt gezahlten liegen. Die Personalkosten sind also über die letzten Jahre in Summe nicht gesunken. Dennoch zeigt sich auch hier eine Entwicklung, die die allgemeine Lage der Schifffahrt widerspiegelt.

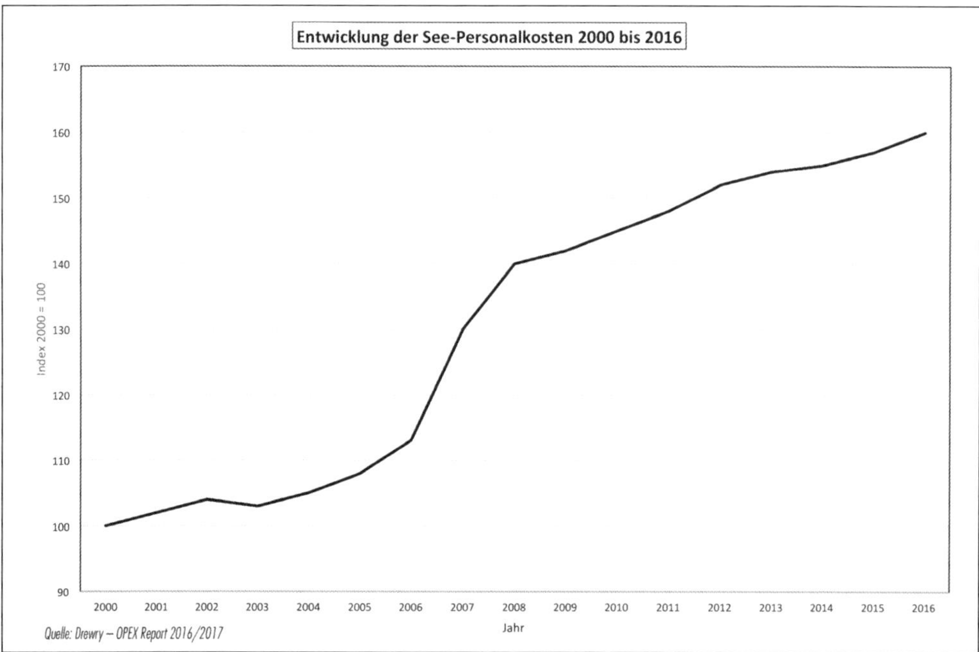

In den guten Jahren partizipierten die Seeleute an der Ertragslage der Schifffahrt. So konnten chinesische Offiziere zwischen 2005 und 2007 Gehaltssteigerungen von über 80 % realisieren – westeuropäische Mitarbeiter erreichten im selben Zeitraum nur 5–7 %. Mit Ausbruch der Schifffahrtskrise flacht aber auch hier die Kurve ab. Dies liegt nicht nur an den geringeren Gehaltssteigerungen, sondern auch daran, dass Reeder die nationale Zusammensetzung ihrer Besatzungen geändert haben, mehr Seeleute beschäftigen, die aus Ländern kommen, in denen das Gehaltsniveau niedriger ist.

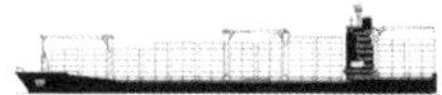

Technische Betriebskosten

Ein weiterer wichtiger Bereich der Betriebskosten sind die Aufwendungen für den technischen Unterhalt eines Schiffes, dieser zerfällt in die Verbrauchsmaterialien (englisch Stores), die Ersatzteile (englisch Spares) und mit der regelmäßigen Überprüfung des Schiffes zusammenhängende Kosten. Diese Kosten hängen zum einen von der durch den Reeder verfolgten »Philosophie« in Bezug auf den technischen Erhalt des Schiffes ab. Hier spielt der Anspruch des Erhalts der Substanz und der Vermeidung von Ausfallzeiten eine wichtige Rolle. Eigner, die ihr Schiff immer auf dem höchsten Standard halten wollen und die in Fahrtgebieten tätig sind, in denen mit häufigen Überprüfungen durch die Behörden in den Häfen zu rechnen ist, werden ihr Schiff auf einem höheren Niveau pflegen (müssen) als solche, die in Regionen fahren, wo mit weniger Kontrollen zu rechnen ist. Darüber hinaus erwarten auch die großen Charterer Schiffe, die in einem guten Pflegezustand sind. Dies gilt insbesondere für jene Einheiten, die gefährliche Ladung transportieren – z.B. Rohöl oder Chemikalien. Hier sind von den Konzernen standardisierte Überprüfungen (sogenannte »Vettings«) implementiert, die die Schiffseigner bestehen müssen, um weiterhin ihre Schiffe diesen Unternehmen andienen zu können. Reeder, die hier in der Auswahl bestehen wollen, sind gehalten, die Wartungsintervalle der Maschinen- und Aggregatshersteller zu beachten und Ersatzteile von diesen zu verbauen.

Zu den wichtigsten Verbrauchsmaterialien zählen Schmieröl, Schiffsfarbe und Chemikalien. Diese werden in der Regel von den großen Herstellern auf Kontraktbasis bezogen, wobei hier vor allen Dingen die Abnahmemenge eine entscheidende Rolle spielt. Große Schifffahrtsunternehmen, die mehr als 50 Schiffe betreuen, können erhebliche Rabatte auf die Waren erhalten, die oft deutlich mehr als 50% des Listenpreises ausmachen. Kleinere Reedereien, die für sich genommen diese Vergünstigungen nicht erhalten, schließen sich dann häufig Einkaufsgemeinschaften an, um zusammen eine höhere Abnahmemenge realisieren zu können. Häufig tritt in diesen Gemeinschaften aber die Schwierigkeit auf, dass unterschiedliche Reeder unterschiedliche Präferenzen für bestimmte Lieferanten haben, sodass eine Bündelung der Einkaufsmacht nicht einfach ist. Für die Hersteller/Lieferanten ist ein Großkunde ein Wert an sich, ermöglicht es ihnen doch eine bessere Planbarkeit der Absatzmenge, sowohl auf Produkt- als auch auf regionaler Ebene. Werden Kontrakte über einen längeren Zeitraum geschlossen, sind häufig Preisanpassungsklauseln, die sich an der Entwicklung der jeweiligen Rohstoffpreise orientieren (z.B. hängt der Schmierölpreis zu einem guten Teil vom Rohölpreis ab, Farben enthalten einen gewissen Anteil von Kupfer, sodass der Produktpreis vom Wert des Kupfers beeinflusst ist), in die Verträge aufgenommen. Bei Neubauten versuchen die Lieferanten, die umfangreiche Erstausrüstung zu liefern – gegen einen entsprechenden Rabatt, aber mit der Erwartung einer langfristigen Kundenbindung.

Bei den Ersatzteilen sind besonders die für den Hauptantrieb, die Energieerzeuger (Hilfsdiesel), die Ladungsumschlagsanlage (Kräne, Ladungspumpen etc.) und die Navigationseinrichtung zu nennen. Diese werden dann meist bei Ausfall eines Aggregats oder wenn ein Wartungsintervall erreicht ist im laufenden Schiffsbetrieb im Rahmen von Überholungsarbeiten eingebaut. Hier hat der Reeder eine geringere Wahlmöglichkeit, da die jeweilig an Bord installierten Anlagen meist über die gesamte Lebensdauer eines Schiffes dort bleiben – eine Hauptmaschine wird fast nie ausgetauscht, für Hilfsdiesel gilt dies meist auch. Dennoch bieten sich

Kosteneinsparungspotenziale, denn neben dem Bezug von Originalersatzteilen besteht die Möglichkeit, OEM-Teile[118] zu erwerben. Viele Maschinenhersteller produzieren nur noch sehr wenige Komponenten ihrer Anlage heute selbst, vergeben also diese an Unterlieferanten, die ihnen zuliefern. So sind beim Hersteller MaK nur noch 2 % der Teile von ihm selbst gefertigt. Folgt ein Reeder diesem Produktionsprozess, so kann er sich diesen Sachverhalt zunutze machen, wenn er an den Unterlieferanten herantritt und die Waren von diesem direkt bezieht. Darüber hinaus gibt es Lieferanten, die die jeweiligen Maschinenersatzteile auch in eigener Regie produzieren. Es handelt sich hierbei um sogenannte »Graumarktteile«, die, sofern sie nach Originalzeichnungen gefertigt sind und aus dem gleichen Material hergestellt wurden, den Originalteilen in nichts nachstehen. Die Expertise der Inspektions- und Einkaufsabteilung einer Reederei hängt zu einem guten Teil von der Fähigkeit ab, hier die optimalen Einkaufsbedingungen bei geforderter Qualität zu erreichen.

Neben den mehr technisch bedingten Kostenentwicklungen, die sich an der Ausstattung und dem Alter des Schiffes orientieren, spielt auch die allgemeine wirtschaftliche Lage der Schifffahrt eine wichtige Rolle. So werden in der jetzigen Situation Wartungsintervalle verlängert, werden geplante Wartungsarbeiten zurückgestellt und der Reparaturaufwand auf das Notwendige reduziert. Aus der Drewry-Studie zeigt sich, dass in der Schifffahrtskrise die technischen Schiffsbetriebskosten zurückgegangen sind, während sie davor teilweise sehr stark anstiegen.

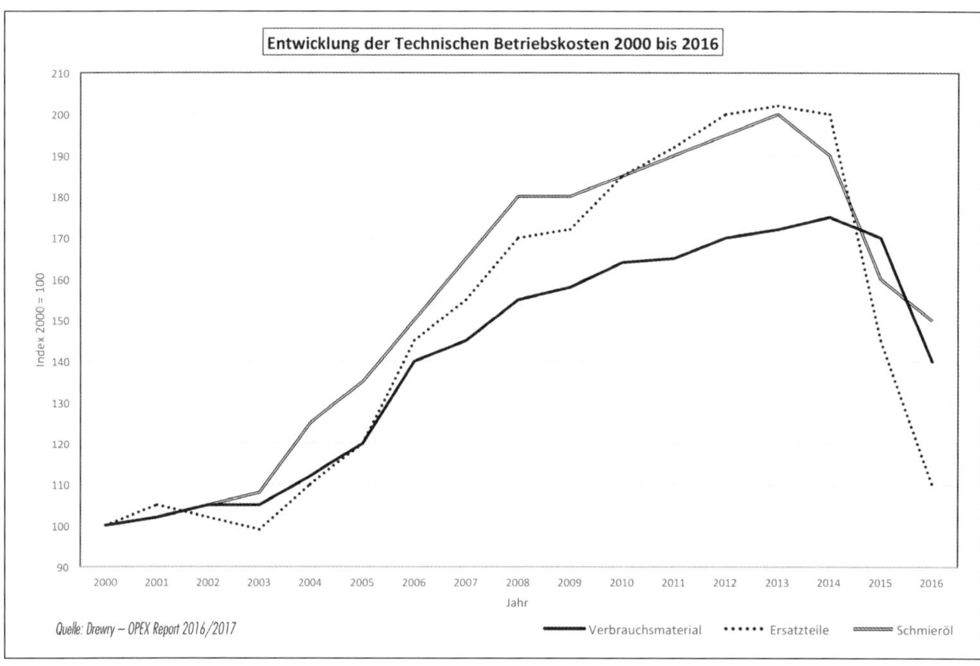

In der Schifffahrtskrise haben die Eigner ihre Wartung – wie gesagt – auf ein Minimum zurückgefahren. Darüber hinaus ergab sich für die Reeder auch eine Erleichterung durch den gesunkenen Ölpreis (siehe Schmieröl). Drittens sind die Zulieferer von Ersatzteilen und Verbrauchsmaterialien in einer wirtschaftlich schwierigen Situation eher bereit, ihre Preise zu reduzieren.

118 OEM = Original Equipment Manufacturer

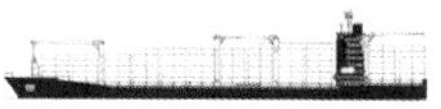

Schiffe werden in der Regel alle fünf Jahre aufgrund der Vorschriften der Klassifikationsgesellschaften einer Grundüberholung unterzogen, die dann auch mit einem Aufenthalt im Dock einer Reparaturwerft einhergeht. Das Schiff wird aus dem Wasser genommen – also trockengestellt. Zu diesem Termin fallen erhebliche Kosten an, insbesondere wenn aufwendige Stahlerneuerungen erforderlich werden. Darüber hinaus wird unter anderem das Unterwasserschiff neu beschichtet, die Ruderanlage überprüft und die Stevenrohrdichtung erneuert. Überholungen des Bugstrahlruders werden eventuell auch notwendig. Häufig werden auch Mechaniker der Maschinenhersteller auf die Werft beordert, die dort dann umfangreichere Überholungen der jeweiligen Aggregate vornehmen. Mit zunehmendem Alter – und Verschleiß – des Schiffes werden diese sogenannten »Klassekosten«[119] immer höher. Laut Moore Stephens beliefen sich die durchschnittlichen Kosten – unabhängig vom jeweiligen Alter des Schiffes und dem Ort, an dem die Dockung stattfand – auf 400.165 US-$ für ein Feeder-Containerschiff und 2.026.822 für einen VLCC-Großtanker. (Moore Stephens, 2013, S. 47) Für einen Reeder ist es von entscheidender Bedeutung, diese Kosten zu planen und Kostenüberschreitungen nach Möglichkeit zu vermeiden. Nur ein Ausschreibeverfahren mit möglichst genauer Beschreibung des Reparaturumfangs und Einbeziehen der Deviations- und Nebenkosten sowie ein strukturiertes Durchführungsverfahren können hier Überraschungen verhindern helfen. Dies ist gerade dann notwendig, wenn aufgrund der finanziellen Lage der Schiffsgesellschaft eine Überschreitung schnell in eine Insolvenz führen kann. Gut organisierte Betriebe folgen hier transparenten Verfahren, die auch die Verantwortung bei ggf. ad hoc auszuführenden Reparaturen regeln. Vorbereitung, Begleitung und Abrechnung eines Werftaufenthalts sollten nicht ausschließlich in der Verantwortung der technischen Abteilung liegen, sondern ebenfalls auch vom Controlling und der Geschäftsführung unterstützt werden.

Versicherungskosten

Die Schiffsversicherung teilt sich in die beiden Hauptbereiche Kaskoversicherungen (Hull & Machinery (H&M) sowie Loss of Hire (LoH)[120]) und die in der Regel in Genossenschaften organisierte Haftpflichtversicherung (P&I = Protection & Indemnity). Für Reeder ist der gegenwärtige Markt günstig, die Prämien auf einem geringen Niveau. So führt Drewry aus: »Der Kasko-Markt ist weich, und die P&I-Verlängerungsrunden in 2016 waren freundlich mit praktisch allen generellen Erhöhungen entweder zu 0 oder 2,5 %, während die Reserven der Versicherer stiegen. Darüber hinaus sind Totalverluste zurückgegangen und große Schadensforderungen ausgeblieben. Daher sind die gesamten Versicherungskosten für die meisten Schiffstypen – mit ein oder zwei Ausnahmen – 2016 gefallen.«[121] (Drewry Maritime Research, 2016, S. 38)

119 Der Klasselauf – also die komplette Überprüfung eines Schiffes – beträgt in der Regel fünf Jahre. Es ist also die große Überprüfung des gesamten Schiffes, die in der Regel mit einer Werftzeit zwingend einhergeht. Mittlerweile erlauben einige Klassifikationsgesellschaften unter bestimmten Bedingungen auch ein Werftintervall von 7,5 Jahren.

120 Die H&M-Versicherung deckt Risiken am Schiff, bis hin zum Totalverlust. Der Reeder trägt hier im Schadensfall einen Selbstbehalt, die sogenannte Franchise (i.d.R. zwischen 50.000 und 1 Mio. $ pro Fall). Die Loss-of-Hire Versicherung ist eine Verdienstausfallversicherung und zahlt dem Reeder einen vereinbarten Tagessatz (nach Abzug eines Selbstbehalts von +/- 14 Tagen, sofern ein H&M Schaden anerkannt wurde.

121 Im englischen Original: »The H&M market is soft and the 2016 P&I renewal round was benign, with virtually all general increases either at zero or 2.5 %, while free reserves increased. Moreover total ship losses have been declining and big losses claims have been absent. As such, with one or two exceptions, total insurance costs for most ship types have fallen in 2016.«

Das globale Prämienaufkommen bei den Kaskoversicherungen belief sich 2014 auf 7,6 Mrd. US-$. (Drewry Maritime Research, 2016, S. 38) Gegenüber dem Jahr 2012 entspricht dies einer Reduzierung um 11 % (2012 = 8,5 Mrd. US-$) – und dies, obwohl die Handelsflotte gewachsen ist. Dies liegt zum einen an einem relativ schwachen Markt, der durch ein Überangebot an Versicherungen und mithin Konkurrenz gekennzeichnet ist, aber auch an den marktbedingt gesunkenen Schiffswerten, wird doch der größte Teil dieser Versicherung als ein Promille-Satz auf den Schiffswert ermittelt. Reeder können sich auf der Prämienseite, also durch die Reduktion des Versicherungswertes oder aber auch durch die Anhebung des Selbstbehalts pro Schadensfall, entlasten. Natürlich muss darauf geachtet werden, dass der Versicherungswert im Falle eines Totalverlusts nicht die Verpflichtungen des Schiffes gegenüber Banken und Lieferanten unterschreitet.

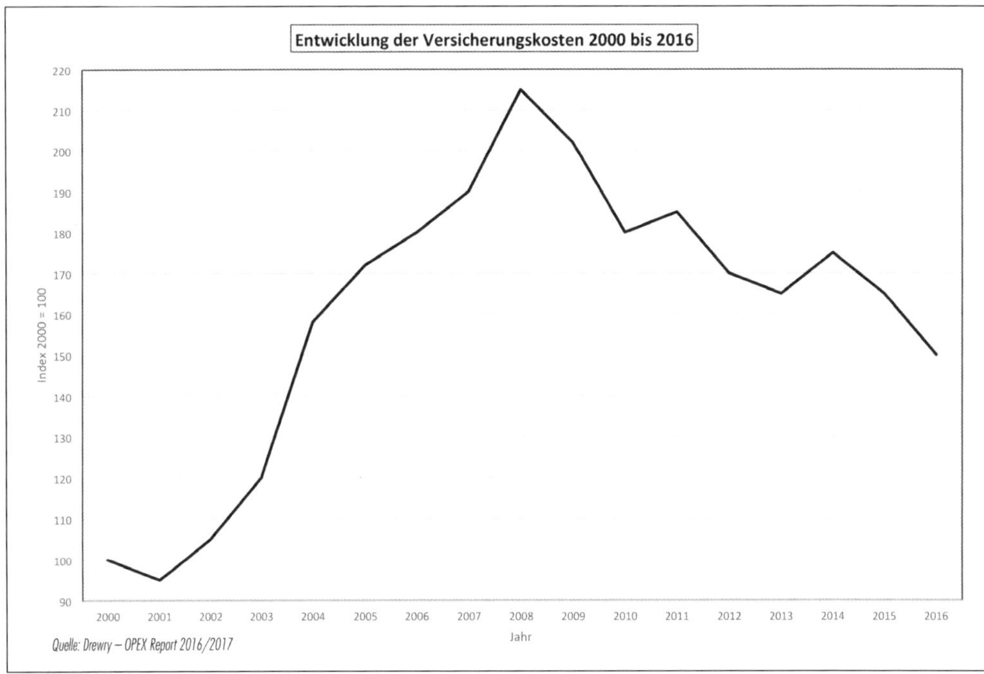

Quelle: Drewry – OPEX Report 2016/2017

Da die Prämien und deren Veränderung über die Jahre individuell ausgehandelt werden, spielen hier neben der allgemeinen Marktlage auch die Größe der Flotte einer Reederei und deren individueller Schadensverlauf in den letzten fünf Jahren eine Rolle. Als Faustregel kann gelten, dass ein normaler Schadensverlauf vorliegt, wenn die Versicherung lediglich bis zu 60 % der Prämieneinnahmen als Schadensregulierung wieder ausschüttet. Überschreitet eine Reederei diese Marke, so muss sie mit höheren Steigerungsraten für ihre Prämien rechnen oder profitiert nur in einem geringeren Maße von Prämienreduzierungen.

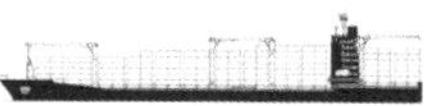

Jährliche Veränderung bei Vertragsverlängerung im Kaskobereich und Selbstbehalte

Versicherungsjahr	Prämien Veränderung[1]	Durchschnittl. Selbstbehalt p. Schaden ($)[2]
2000		
2001	15%	
2002	29%	
2003	16%	
2004	7%	
2005	3%	
2006	1%	
2007	1%	147.800
2008	0%	160.800
2009	7%	178.200
2010	1%	189.400
2011	0%	181.400
2012	0%	180.200
2013	0%	213.800
2014	–4%	213.600
2015	–6%	165.100

[1] Amlin Marine Hull Renewal Rating Index

[2] Cefor

Quelle: Drewry 2016, S. 40

Drewry geht davon aus, dass Eigner mit einem unterdurchschnittlichen Schadensverlauf im Jahr 2016 Prämienreduzierungen von ca. 5 % durchsetzen konnten – einige sogar mehr.

In den letzten Jahren gab es kaum Prämienerhöhungen. So ist der »Amlin Marine Hull Index« seit 2010 nicht gestiegen. Die Werte der Schiffswerte bei Vertragsverlängerungen sind seit der Schifffahrtskrise stark gefallen.

Dies zeigt auch eine Statistik einzelner ausgewählter Schiffstypen.

Versicherungskosten pro Tag für ausgewählte Schiffstypen

Type	2009	2010	2011	2012	2013	2014	2015	2016
2,000–3,000 TEU Container	600	490	560	480	380	390	380	370
9,000 TEU Container	1.210	1.140	1.040	1.190	1.160	1.160	1.140	910
Supramax Bulker	800	770	760	530	530	530	490	350
Cape Bulker	950	940	960	790	730	750	670	620
Aframax Tanker	1.270	1.120	910	870	870	900	890	900
VLCC	1.470	1.460	1.620	1.260	1.270	1.380	1.370	1.040

Quelle: Drewry Ship Operating Costs 2014/15 und 2016/17

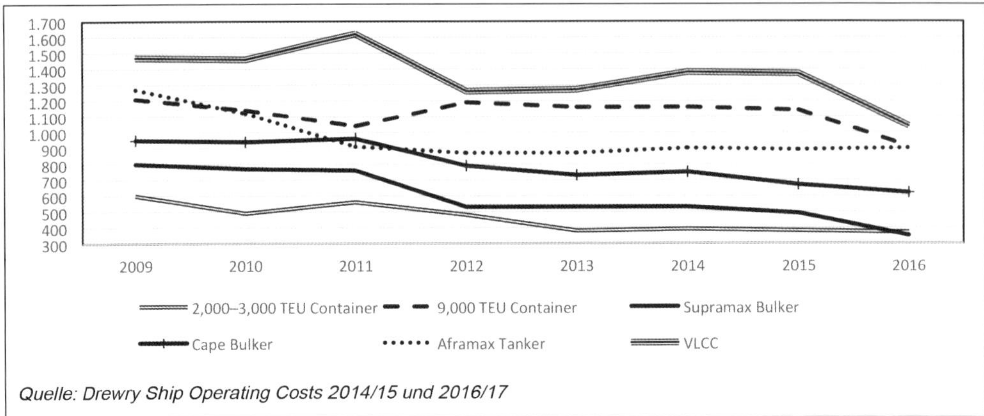

Quelle: Drewry Ship Operating Costs 2014/15 und 2016/17

Für die Versicherer ergibt sich eine fatale Situation: »Das Schadensniveau ist gestiegen, und es lässt sich beweisen, dass die Kaskoversicherer kontinuierlich Geld verlieren. Logisch wäre eine Erhöhung der Raten und Prämien, jedoch verhindert ein Überangebot im Markt dies. Neue Mitbewerber müssen keine vergangenen Schadensfälle einkalkulieren, und bestehende Versicherer fürchten, dass wenn sie ihr Engagement verringern, sie in einem festeren Markt ihre Anteile nicht wieder zurückgewinnen können.«[122]

Größere Reedereien, die Flotten von 50 und mehr Schiffe verwalten, zeichnen häufig mit einer Selbstversicherung, einer sogenannten »captive«, für einen Teil des eigenen Risikos. Sie können über ihren gesamten Schiffsbestand einzelne Schäden ausgleichen und sparen so die Kommissionen an die Versicherer. Das Risiko wird dann, wie bei einer fremden Versicherung, bei Rückversicherern abgesichert. Dieses Mittel der Kostenersparnis steht jedoch – wie gesagt – nur größeren Unternehmen offen.

Die Reeder-Haftpflicht für Schäden am Eigentum Dritter oder die Gesundheitsfürsorge der Seeleute wird meist in genossenschaftlicher Weise geregelt, die Reeder sind also Mitglieder ihrer Versicherung. Da diese sogenannten P&I-Clubs auf Gegenseitigkeit organisiert sind, steht bei ihnen nicht der Gewinn oder die Rendite im Vordergrund – sie nehmen nur das ein, was sie zur Schadensregulierung und deren Verwaltung benötigen. Als vorsichtig handelnde Organisationen bilden sie darüber hinaus auch Rückstellungen. Darum steht die vorab zu entrichtende Versicherungsprämie nicht fest – neben der Vorauszahlung, den »advance calls«, kann es, bei ungünstigem Schadensverlauf, noch Nachforderungen geben, »supplementary calls«. Versicherungsprämien werden vom Reeder nach Schiffstyp und Größe auf Basis der BRZ gezahlt, was in gewissem Sinne die Risikoanfälligkeit des Schiffes widerspiegelt. Auch hier sind die zu zahlenden Beträge Verhandlungssache, grundsätzlich wird man einen Tanker jedoch nur zu einer höheren Prämie versichern können als einen Trockenfrachter, da mit dem Transport von Öl auch das Risiko einer Ölkatastrophe steigt. Die 13 P&I-(Protection & Indemnity)-Clubs, die in der »International Group« (IG) zusammengeschlossen sind, decken im unteren Segment die Schäden jeder für sich selbst (bis 9 Mio. $) und bei größeren Schadenssummen auch gemeinsam (im IG-Pool bis zu 4,5 Mrd. $).

122 Im englischen Original: »Claims levels have risen and the evidence shows that hull insurance is persistently losing money. Logic says that rating levels and premiums must increase, but overcapacity might prevent this. New entrants do not yet have a claims tail to factor in and existing players fear that, if they withdraw capacity, they will not be able to reclaim it when the market improves.« (Drewry Maritime Research, 2014, S. 31)

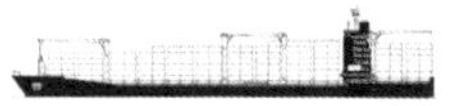

Da sich die Anzahl großer Schäden reduziert hat, konnten einige Clubs Gewinne machen, die – da es ja »Non-Profit«-Organisationen sind – als geringere Prämienanhebungen in den Folgejahren an die Mitglieder zurückgegeben wurden. Nur vier von insgesamt 13 Clubs haben ihren Mitgliedern zwischen 2012 und 2016 Zusatzprämien (die »supplementary calls«) abverlangt. Fünf Clubs haben keine Prämienerhöhung vornehmen müssen.

P&I – IG Clubs – Prämiensteigerung (Advance Calls)

Versicherungsjahr	Prämien Veränderung[1]
2007	6,7 %
2008	15 %–16 %
2009	16% – 17%
2010	4,8 %
2011	3,4 %
2012	4,4 %
2013	8,5 %
2014	8,0 %
2015	3,1 %
2016	1,6 %

[1] Im Durchschnitt über alle Clubs

Quelle: Drewry 2016, S. 41

Schlussbetrachtung der Schiffs(betriebs)kosten

In diesem Kapital lag der Schwerpunkt der Betrachtung auf den für die (deutschen) Tramp reeder so wichtigen Schiffsbetriebskosten, die in der Gesamt-Transport-Kalkulation – wir haben schon darauf hingewiesen – nur eine untergeordnete Rolle spielen. Jede Effizienzbetrachtung darf jedoch nicht nur das Schiff singulär betrachten, sondern muss das gesamte Transportsystem inklusive Häfen und Hinterlandverkehr mit in die Kalkulation einbeziehen. Dies wird dann deutlich, wenn zwar einerseits der Seetransport pro Stück/Einheit immer günstiger wird, z.B. durch die Größe der Schiffe und deren sparsameren Antrieb, wenn aber auf der anderen Seite erhebliche Infrastrukturkosten in Flußvertiefungen oder -verbreiterungen, in Hafenanlagen, in Straßen und Schienensysteme und in Lagerplätze zu tätigen sind, um die Schnittstellen ans Schiff anzupassen. Häufig handelt es sich dann um öffentliche Investitionen, die in die Gesamtbetrachtung nicht einbezogen werden. (OECD/ITF, 2015)

8. Schifffahrt und Umwelt

Der Transport von Waren über See ist vom Grundsatz her meist international angelegt. Aus dem Betrieb von Schiffen ergeben sich immer schon Risiken für die Sicherheit der auf ihnen Beschäftigen, der Passagiere und der Ladung sowie für die Weltmeere, Küsten und generell für die Umwelt. Aufgrund dieser Internationalität lag schon lange der Ansatz nahe, Regelungen für die Schifffahrt vor allen Dingen auf supranationaler Ebene zu beschließen. Bereits 1948 verabschiedeten die Vereinten Nationen eine Konvention zur Gründung einer Schifffahrtsorganisation unter ihrem Dach, der »International Maritime Organization (IMO)«[123]. Stand zu Beginn noch die Sicherheit der Schiffe und der Besatzungen im Vordergrund, so kamen in der Folgezeit die Frage der Umweltgefahren sowie der Standards für die Qualifikation von Seeleuten hinzu. In den letzten Jahren – insbesondere nach den Terroranschlägen auf das World Trade Center in New York am 11. September 2001 – setzte man sich verstärkt mit den Gefahren von Schiffen als Angriffszielen oder als »Waffen« auseinander.

Die IMO und deren Regularien

Die IMO[124], deren Zentrale in London liegt, hatte Anfang 2016 171 ordentliche Mitglieder und drei assoziierte. Das höchste Gremium dieser Weltschifffahrtsorganisation ist die Hauptversammlung, die alle zwei Jahre tagt und aus deren Mitte das Verwaltungsgremium-Konzil – bestehend aus Vertretern von 40 Mitglied-Staaten gewählt wird. Das Sekretariat beschäftigt ca. 300 Mitarbeiter. Die eigentliche Arbeit der IMO erfolgt in den Komitees und Unterkomitees, die allen Mitgliedstaaten bei gleichem Stimmrecht offenstehen. Darüber hinaus sind 60 NGOs als Mitwirkende in der IMO zugelassen, jedoch ohne Stimmrecht. Die beiden wichtigsten Komitees der IMO sind das »Maritime Safety Committee (MSC)« und das »Marine Environment Protection Committee (MEPC)«. Diesen obliegt die Erarbeitung der Konventionen oder Empfehlungen. Diese Regelwerke werden dann auf einer Konferenz der UN, zu der alle Mitgliedstaaten eingeladen sind, auch die, die nicht IMO-Mitglieder sind, diskutiert. Diese Konferenz beschließt dann den endgültigen Text, der den IMO-Mitgliedstaaten zur Beschlussfassung überstellt wird. Eine Konvention erlangt dann Verbindlichkeit, wenn ein bestimmtes Quorum erreicht ist, eine Verbindung von Anzahl Regierungen und der von ihnen repräsentierten Tonnage.[125]

Die in der IMO erarbeiteten Konventionen sind völkerrechtlich bindend. Daneben sind Codes und Empfehlungen von den einzelnen Flaggenstaaten noch in nationales Recht zu übernehmen.

Zu den wichtigsten Regularien gehören:

123 Bis 1982 hieß diese Organisation »Inter-Governmental Maritime Consultative Organization (IMCO)«.

124 Vergl. hierzu die Broschüre der IMO unter: http://www.imo.org/en/About/Documents/What%20it%20is%20Oct%202013_Web.pdf

125 So hatte die Ballastwasserkonvention von 2004 im Mai 2016 noch nicht Rechtskraft erlangt, denn das Quorum von 30 Unterzeichnerstaaten war zwar deutlich überschritten (es waren am 26. Mai 2016 nach Unterlagen der IMO 50), die unter diesen Flaggen fahrende Flotte erreichte jedoch mit 34,81 % die benötigten 35 % knapp nicht. Man darf jedoch davon ausgehen, dass hier in kurzer Frist auch diese Hürde genommen sein wird.

 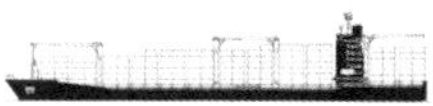

Liste einiger wichtiger Regularien der IMO	In Kraft seit
International Convention on Safety of Life at Sea (SOLAS) Amended SOLAS, 1974	1965 1980
International Convention on Load Lines, 1966	1968
International Convention on Tonnage Measurement of Ships, 1969	1982
International Convention for the Prevention of Pollution from Ships (MARPOL) 73/78	1983
International Convention on Standards of Training, Certification and Watchkeeping for Seafarers (STCW)	1984
International Management Code for the Safe Operation of Ships and for Pollution Prevention (ISM) – SOLAS Chapter IX	1993
International Ship and Port Facility Security Code (ISPS) SOLAS Chapter XI-2	2004
Hong Kong International Convention for the Safe and Environmentally Sound Recycling of Ships, 2009 (HKC)	–
International Convention for the Control and Management of Ships' Ballast Water and Sediments (BWM)	–

Jede dieser Konventionen gliedert sich in eine Reihe von Sektionen, die sich Einzelaspekten des Themenkreises widmen.

SOLAS

Die SOLAS-Konvention zur Sicherheit von Schiffen und deren Besatzungen und Passagieren ist das erste von der IMO beschlossene Regelwerk. Es geht zurück auf internationale Vereinbarungen, die infolge der TITANIC-Katastrophe implementiert und die in den Jahren danach mehrfach erweitert wurden. SOLAS umfasst unter anderem folgende Kapitel:

a) Kapitel II-1 – Vorschriften über die generellen Konstruktionsmerkmale von Schiffen allgemein oder einzelnen Schiffstypen. Hierbei wird zum Beispiel auf das Vorhandensein von wasserdichten Schotten und die Funktionsfähigkeit von Maschinenanlagen und der Bordelektrik auch in Notsituationen reflektiert.
b) Kapitel II-2 befasst sich mit dem Brandschutz und geht auf die auf einem Schiff zu verbauenden Materialien und Feuerlöschanlangen ein.
c) Kapitel III schreibt bestimmte Rettungsmittel vor.
d) Kapitel IV verlangt die Einrichtung von Radiokommunikationsanlagen zum schnellen Auffinden von havarierten Schiffen (EPIRBs und SARTs), schreibt ein »Global Maritime Distress and Safety System« (GMDSS) vor und verpflichtet die Signatarstaaten, die entsprechende Infrastruktur an Land und über Satelliten zu unterhalten.
e) Kapitel V befasst sich mit der Sicherheit der Navigation als Teil staatlicher Aufgaben. Dies umfasst unter anderem den Unterhalt von Wetterbeobachtung, Eisbrechern, Routenberatung und eines Seenotrettungsdienstes. Darüber hinaus müssen auf Schiffen ein VDR (Voyage Data Recorder – eine »Black Box«) und ein automatisches Identifikationssystem (AIS) vorhanden sein.
f) Kapitel VI ist allgemein Ladungen und deren Behandlung gewidmet, von denen Gefahren ausgehen können.
g) Kapitel VII geht auf spezielle gefährliche Ladungen ein, auf deren Klassifizierung nach dem »International Maritime Dangerous Goods Code« (IMDG-Code), deren Auszeichnung und Dokumentation.
h) Kapitel IX macht den »International Safety Management (ISM) Code« verpflichtend, mit dem ein Sicherheitssystem durch den Schiffseigner implementiert werden muss, und legt dessen Verantwortung für einen sicheren Schiffsbetrieb fest.

i) Kapitel XI regelt die Grundlagen für die Überprüfung von Schiffen durch die beliehenen Organisationen »Recognized Organizations« (i.W. also Klassifikationsgesellschaften). Darüber hinaus umfasst dieses Kapital den »International Ship and Port Facility Security Code (ISPS)«, der sich mit der Abwehr von Sicherheitsrisiken, die von Schiffen oder ihren Besatzungen ausgehen können, befasst.

MARPOL

Ziel der MARPOL-Konvention ist die Minimierung von Umweltgefahren, die von Schiffen im Betrieb oder aber infolge von Havarien ausgehen können. Die Konvention von 1973 wurde zwar durch die IMO angenommen, erlangte aber keine Verbindlichkeit. Erst das infolge von vermehrten Tankerunglücken mit erheblichen Ölverlusten in den Jahren 1976/77 verabschiedete Protokoll von 1978 erlangte als MARPOL 73/78 ab 1983 völkerrechtliche Verbindlichkeit. MARPOL 73/78 enthält insgesamt 6 Anlagen:

a) ANNEX I – Maßnahmen zur Vermeidung von Ölverschmutzung
b) ANNEX II regelt die Behandlung von gesundheitsschädlichen Substanzen, besonders deren Entsorgung.
c) ANNEX III – Anforderungen an die Verpackung, Auszeichnung, Dokumentation und Lagerung von schädlichen Substanzen, zur Vermeidung einer Umweltgefährdung
d) ANNEX IV regelt die Behandlung von Schmutz- und Brauchwasser, insbesondere deren Abgabe an die Umwelt.
e) ANNEX V schreibt Anforderungen an die Behandlung von Abfall an Bord vor.
f) ANNEX VI ist die zurzeit am meisten diskutierte Anlage, die sich mit Luftemissionen und deren Vermeidung oder Reduzierung auseinandersetzt, also mit Schwefel, Stickoxiden, Treibhausgasen u.a.

STCW

Der STCW-Code, der von der IMO 1978 beschlossen wurde und der 1984 Gesetzeskraft erlangte, harmonisiert erstens die vordem national unterschiedlichen Anforderungen an die Ausbildung und das Training von Seeleuten, zweitens Standards in Bezug auf unterschiedliche Befähigungszeugnisses und Zertifikate sowie deren Gültigkeitszeitraum und drittens Anforderungen an Offiziere und Mannschaftsdienstgrade, die diese zum Wachegehen qualifizieren. Die Konvention wurde 1995 sowie 2010 verändert und erweitert. Die Ergänzungen, die 2010 in Manila beschlossen wurden, sind im Jahr 2012 international verbindlich geworden. Die eigentliche Konvention beschreibt in sieben Kapiteln die grundsätzlichen Anforderungen, während der STCW-Code diese vertieft und erklärt. Teil A des STCW-Codes ist verpflichtend und regelt die Minimalanforderungen in Bezug auf die oben genannten Sachverhalte. Teil B enthält Empfehlungen und Hilfestellungen für die Signatarstaaten für die Umsetzung des Codes. Im Konkreten geht es um

a) Den Prozess der Anerkennung von Befähigungszeugnissen durch die Flaggenstaaten, da nur eine Minderheit von Seeleuten auf Schiffen eines Flaggenstaates fährt, in dem sie ihre Ausbildung erfahren haben. Es geht also um die Erteilung sogenannter »Endorsements«, in denen der Flaggenstaat die jeweiligen Qualifikationen des Seemanns anerkennt.
b) Maßnahmen zur Bekämpfung von Betrug bei der Erstellung von Zertifikaten.

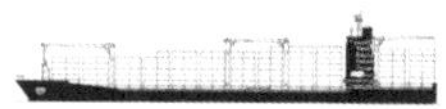

c) Eine sogenannte »White List«, die alle Länder verzeichnet, in denen die von der IMO definierten Ausbildungsstandards zur Erlangung von Zeugnissen gegeben sind. In Bezug auf die Philippinen – einem der größten Herkunftsländer für Arbeitskräfte – war dies vor einigen Jahren unsicher. Hätten die Philippinen es nicht auf die White List geschafft, wären mehr als 200.000 Seeleute ohne gültige Patente zur See gefahren. Die Schifffahrt wäre nicht in der Lage gewesen, diese Lücke zu schließen, der philippinischen Volkswirtschaft wären Überweisungen von mehr als 1 Milliarde US-$ entgangen – eine bedeutende Einnahmequelle für ein Entwicklungsland. Die Überprüfung von Seefahrtsschulen auf den Philippinen wurde intensiviert.
d) Vorbeugungen gegen Drogen- und Alkoholmissbrauch an Bord
e) Arbeits- und Ruhezeiten an Bord. Die wesentlichen Richtlinien werden jedoch in der Maritime Labour Convention 2006 der ILO gesetzt.
f) Standards für die Ausbildung in modernen Technologien, unter anderem elektronische Seekarten (ECDIS)
g) Anforderungen an Sicherheitstrainings sowie die Einführung moderner Trainingsmethoden wie Fernkurse und e-learning.

Auf die bisher noch nicht umgesetzte »Hong Kong International Convention for the Safe and Environmentally Sound Recycling of Ships, 2009«, die sich mit der Vermeidung von Gefahren für Umwelt und Menschen beim Verschrotten von Schiffen auseinandersetzt, ist bereits in einem der vorherigen Kapitel eingegangen worden.

MLC 2006

Seit August 2013 ist die »Maritime Labour Convention (MLC 2006)« der ILO (International Labour Organization), ebenfalls eine Unterorganisation der UNO, in Kraft. Diese Konvention, die in der trilateralen Zusammenarbeit zwischen Regierungen, Schifffahrtsunternehmen und Arbeitnehmervertretern entstanden ist, fasst mehr als 65 internationale Arbeitsstandards in einem Regelwerk zusammen. (DNV/GL, What's on the regulatory agenda – Including news from the 69th session of MEPC, 96th session of MSC and 29th IMO Assembly, 2016, S. 85ff) Damit werden umfassende Rechte und Arbeitsschutz für die mehr als 1,2 Millionen Seeleute an Bord von Schiffen umgesetzt. Die Konvention setzt weiterhin Mindeststandards für die medizinische Fitness, für die Qualifikation und legt in den unterschiedlichen Positionen ein Mindestalter fest. Ebenfalls geregelt werden die Inhalte von Arbeitsverträgen und die sich hieraus ergebenden Rechte und Pflichten, unter anderem die Zahlung der vereinbarten Heuer. In diesem Zusammenhang sind Vorschriften für Wach- und Ruhezeiten und die Mindestbesatzung an Bord einer Revision unterzogen und neu festgelegt worden. Mindestanforderungen an die Umgebung des Seemanns, also die Unterkünfte und die Freizeiteinrichtungen, sowie an die an Bord angebotene Ernährung werden in der MLC 2006 ebenfalls vorgegeben. Dies ist vor allen Dingen dort wichtig, wo im interkontinentalen Verkehr und bei kurzen Hafenliegezeiten das Schiff nicht nur Arbeitsbereich, sondern auch Lebensraum für eine Reihe von Monaten ist. Ein weiterer Themenkreis ist die medizinische Versorgung und Vorsorge, des Weiteren die Krankenversicherung.

Neben den oben genannten beiden UN-Organisationen (IMO und ILO) spielen auch die Nationalstaaten eine wichtige Rolle bei der Regelung der Schifffahrt – dies zum einen als Flaggenstaaten, unter dessen Flagge – und damit Standards – Schifffahrt betrieben wird, und zum anderen als Staat, in dessen Gewässern Schifffahrt stattfindet, also als Hafenstaat.

Klassifikationsgesellschaften und Hafenstaatenkontrollen

Jedem Flaggenstaat obliegt die Einhaltung der IMO- und ILO-Regularien, die er unterzeichnet hat, sowie möglicherweise weiterer Regelwerke, die hierüber hinausgehen. Ebenfalls festgelegt sind die Intervalle, in denen die Einhaltung der Standards überprüft wird. Solche Überprüfungen finden in Häfen statt, die das jeweilige Schiff anläuft.

Klassifikationsgesellschaften

Die Flaggenstaaten, deren Recht sich das Schiff, welches ihre Flagge führen darf, unterwirft, verfügen nicht in allen internationalen Häfen der Welt über eine eigene Organisation, sodass die mit der Kontrolle zusammenhängenden Aufgaben durch sogenannte beliehene Unternehmen (»Recognized Organizations«) ausgeführt werden. In solchen Fällen sind es meist die Klassifikationsgesellschaften, die diese Aufgabe übernehmen. Die Liste der vom jeweiligen Flaggenstaat beliehenen Organisationen ist öffentlich und kann aus dem Internet abgerufen werden. Anhand dieser ergibt sich häufig schon ein Eindruck darüber, ob es sich beim Staat um eine reputable Flagge handelt oder nicht. Diejenigen Klassifikationsgesellschaften, die sich auf die Einhaltung international gültiger Standards geeinigt haben und die über die beste Reputation verfügen, haben sich in der IACS (International Association of Classification Societies Ltd.) zusammengeschlossen. Hierzu gehören (2016) folgende Mitglieder[126]

Klasse	Name	Hauptsitz	Performance (Rang) 2015[127]
ABS	American Bureau of Shipping	USA	High (3)
BV	Bureau Veritas	Frankreich	High (7)
CCS	China Classification Society	VR China	High (9)
CRS	Croatian Register of Shipping	Kroatien	Medium (13)
DNV/GL	Det Norske Veritas/Germanischer Lloyd	Norwegen	High (1/2)
IRS	Indian Register of Shipping	Indien	Medium (16)
KR	Korean Register of Shipping	Südkorea	High (5)
LR	Lloyd's Register of Shipping	Großbritannien	High (4)
NK	Nippon Kaiji Kyokai (ClassNK)	Japan	High (10)
PRS	Polish Register of Shipping	Polen	Medium (14)
RINA	Registro Italiano Navale	Italien	High (6)
RS	Russian Maritime Register of Shipping	Russland	High (11)

126 Internet: http://www.iacs.org.uk/Explained/members.aspx

127 Aus der Performance-Statistik des Paris Mou, Internet: https://www.parismou.org/sites/default/files/2015%20Recognized%20Organization%20Performance%20Table.PDF

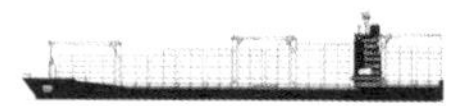

Flaggenstaaten, die noch weitere Klassifikationsgesellschaften als »Recognized Organizations« akzeptieren oder die nicht alle IACS-Mitglieder auf ihrer Liste haben, dürfen als zweifelhaft in Bezug auf Sicherheits- und Umweltstandards angesehen werden. Dagegen kooperieren z.B. unter der deutschen Flagge ausschließlich (und hier nicht einmal alle) IACS-Klassifikationsgesellschaften.

Klassifikationsgesellschaften unter der deutschen Flagge (2016)

Klassifikationsgesellschaft	Ship safety and marine pollution	Navigational and radio equipment	Security (ISPS)	Maritime labour law
American Bureau of Shipping (ABS)	X	X	X	X
Bureau Veritas (BV)	X	X	X	
DNV GL	X	X	X	X
Lloyd's Register of Shipping (LR)	X	X	X	X
Nippon Kaiji Kyokai (ClassNK)	X		X	X
Korean Register (KR)	X		X	
Registro Italiano Navale (RINA)	X	X	X	X
Russian Maritime Register of Shipping (RS)	X			X

[128]

Bei den großen reputablen offenen Registern beschränken sich die beliehenen Unternehmen ebenfalls auf die IACS-Klassifikationsgesellschaften, wobei hier auf die Überprüfung der wesentlichen Vorschriften aus dem Bereich SOLAS und MARPOL abgestellt wird. Flaggenstaaten jedoch, die Schiffe aufnehmen, deren Reedern es um eine weniger strenge Auslegung der international geltenden Vorschriften, denen es folglich nicht um eine langfristig sichere und umweltgemäße Schifffahrt geht, erlauben hier eine deutlich größere Vielfalt von »recognized Organizations«.

Hier sind neben den renommierten Organisationen auch die mit zweifelhaftem Ruf vertreten. Es sind die Klassifikationsgesellschaften, deren Tonnage immer wieder bei Hafenstaatenkontrollen auffällt – Gesellschaften, die es mit der Überprüfung von geltenden Verordnungen nicht allzu genau nehmen. Da es letztendlich dem Schiffseigner obliegt, die Klassifikationsgesellschaft zu wählen und diese wiederum bei bestimmten Flaggen akkreditiert ist, wählen Reeder mit weniger ausgeprägtem Sicherheitsbewusstsein konsequenterweise auch die Flaggen, die schlechte Klassen auf ihrer Liste haben.

In der unten stehenden Tabelle sind als Beispiele vier Flaggen aufgeführt, die nachweislich einen besonders schlechten Ruf haben. Es sind kleine und für den internationalen (See)Handel recht unbedeutende Länder, die in der nachfolgenden Tabelle aufgeführt sind (Auswahl).

128 Siehe: http://www.deutsche-flagge.de/en/german-flag/flag-state/classes/classification-societies#tasks

Anerkannte Organisationen ausgewählter Flaggen mit zweifelhaftem Ruf

		Flagge			
Klassifikationsgesellschaften (Rang gemäß Paris MoU)		**Tuvalu**	**Vanuatu**	**Belize**	**Cambodia**
Det Norske Veritas / Germanischer Lloyd	DNV/GL	X	X	X	X
American Bureau of Shipping	ABS	X	X	X	X
Lloyd's Register	LR	X	X	X	X
Korean Register of Shipping	KR	X	X	X	X
RINA Services S.p.A.	RINA	X	X	X	X
Bureau Veritas	BV	X		X	X
China Classification Society	CCS		X	X	X
Nippon Kaiji Kyokai	NK		X	X	X
Russian Maritime Register of Shipping	RS	X	X	X	X
Turkish Lloyd	TL				X
Croatian Register of Shipping	CRS		X		
Polski Rejestr Statkow (Polish Register of Shipping)	PRS	X	X	X	X
Indian Register of Shipping	IRS	X	X	X	X
Isthmus Bureau of Shipping, S.A.	IBS		X	X	
Shipping Register of Ukraine	SRU				X
Intermaritime Certification Services	ICS			X	
International Naval Surveys Bureau	INSB			X	
Global Marine Bureau Inc.	GMB				X
Phoenix Register of Shipping	PHRS				X
Dromon Bureau of Shipping	DBS			X	
Panama Maritime Documentation Services	PMDS			X	
Overseas Marine Certification Services	OMC		X		X
Bulgarian Register of Shipping	BRS		X		
International Register of Shipping	IS				X
Limdal Marine Services	LMS		X		
United Registration and Classification of Shipping	URACOS		X		
NavCom Inspection & Consultancy B.V.	NCI		X		
Hermans Marine Survey	HMS		X		
Hellenic Register of Shipping	HRS				X
China Corporation Register of Shipping	CR				X

Auch hier sind als beliehene Organisationen die IACS-Klassen vertreten, werden also für diese Staaten tätig. Es sollte in diesem Zusammenhang die Frage erlaubt sein, warum umgekehrt die renommierten Klassifikationsgesellschaften mit diesen Flaggen Geschäfte machen, warum die IACS-Klassen nicht ganz bewusst auf Dienstleistungen für diese Länder verzichten. Dies würde dann noch deutlicher deren Minderwertigkeit unterstreichen und dazu führen, dass immer weniger Reedern die Chance bleibt, Substandardschiffe weiter zu betreiben. Ebenfalls ist zu fragen, warum die Verfrachter (also Charterer) von Schiffen oder die Versicherer nicht

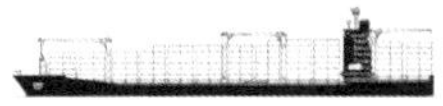

stärker auf die Flagge achten, warum also diese Schiffe nicht schon aus kommerzieller Sicht von den Ozeanen verschwinden.

Hafenstaatenkontrollen

Die Havarie des unter der Flagge Liberias fahrenden Rohöltankers AMOCO CADIZ löste 1978 die bis heute größte Ölkatastrophe in Europa aus. Insgesamt 200.000 Tonnen Rohöl flossen ins Meer und verschmutzten die Küste Frankreichs. Infolge der Untersuchung des Unglücks wurden Mängel bei der Überwachung des technischen Zustands des Schiffes festgestellt. Um die Einhaltung der international beschlossenen und gültigen Standards und Normen zu gewährleisten und dies nicht allein den Flaggenstaaten zu überlassen (die ja teilweise eher ein Interesse an Tonnagegebühren denn an der Einhaltung von Standards haben), haben sich vier Jahre später auf Betreiben Frankreichs 14 europäische Länder zusammengetan, um ein Netz von Kontrollen in ihren Häfen zu implementieren. Dieses in Paris unterzeichnete »Memorandum of Understanding« wurde zum Vorbild für eine Reihe weiterer Regelwerke. Mittlerweile gibt es weltweit zehn, die in ihren jeweiligen Regionen die Überprüfung fremdflaggiger Schiffe durchführen. Die Kontrolleure sind öffentliche Angestellte aus dem Bereich der Seeschifffahrt. In Deutschland übernimmt die Kontrollen die Dienststelle für Schiffssicherheit bei der Berufsgenossenschaft See, in den USA die U.S. Coast Guard.

1) U.S. Coast Guard – nur Vereinigte Staaten (als einzige rein nationale Organisation)
2) Paris MOU – Staaten in Nord- und Mitteleuropa sowie Kanada und GUS
3) Tokyo MOU – Staaten in Südostasien, Ozeanien sowie Chile, Kanada und GUS
4) Latin America (Viña del Mar) MOU – Staaten in Lateinamerika
5) Caribbean MOU – Staaten in der Karibik
6) Mediterranean MOU – Staaten im östlichen Mittelmeer und Nordafrika
7) Indian Ocean MOU – Staaten in Süd- und Ostafrika, am Persischen Golf, auf dem Indischen Subkontinent sowie Australien
8) Abuja MOU – Staaten in Westafrika sowie Südafrika
9) Black Sea MOU – Staaten am Schwarzes Meer sowie GUS
10) Riyadh (GCC) MOU – Vereinigte Arabische Emirate, Saudi-Arabien, Bahrain, Oman, Qatar und Kuwait[129]

Es ist möglich, dass ein Hafenstaat mehreren diese Vereinbarungen beitritt.

Die Hafenstaatenkontrolleure überprüfen »fremdflaggige Schiffe in den jeweiligen Häfen der Unterzeichnerstaaten, um zu überprüfen, dass der Zustand des Schiffes mit den Anforderungen internationaler Regelwerke übereinstimmt und dass das Schiff im Einklang mit diesen Regeln bemannt und operiert wird«.[130]Im Wesentlichen geht es also um die Einhaltung der durch die IMO beschlossenen Regelwerke wie SOLAS, MARPOL, STCW und die Seearbeitsübereinkunft (Maritime Labour Convention – MLC 2006) der ILO. Grundlage sind der technische Zustand des Schiffes sowie die an Bord zu führenden Dokumente und Tagebücher.

Die Nichteinhaltung der Vorschriften (Deficiencies) kann – je nach Gewichtigkeit – unterschiedliche Konsequenzen haben, die bis zur Arrestierung im Hafen gehen können. Diese

129 Siehe: https://de.wikipedia.org/wiki/Hafenstaatkontrolle

130 Vergl.: IMO, aus dem Internet unter: http://www.imo.org/en/OurWork/MSAS/Pages/PortStateControl.aspx; Im englischen Original: »foreign ships in national ports to verify that the condition of the ship and its equipment comply with the requirements of international regulations and that the ship is manned and operated in compliance with these rules«.

sogenannte »Detention« wird erst wieder aufgehoben, wenn die betreffenden Verstöße behoben sind. Die Mängel können nach einer Formel dann in einen Qualitätsindex umgerechnet werden[131]. Die Datenbank THETIS (für das Paris MoU), die öffentlich zugänglich ist, bietet ein System der effektiven Hafenstaatenkontrolle, da über sie ein Ranking der jeweiligen Flaggen, Klassifikationsgesellschaften und Schiffseigner erstellt werden kann, mithin also besonders gefährdete Schiffe vorrangig überprüft werden können. Geführt wird die Datenbank von der EMSA, der »European Maritime Safety Agency«, einer Agentur der EU. Dieses neue Inspektionsregime ersetzt die alte Verfahrensweise, nach der mindestens 25 % aller Schiffe, die einen Hafen eines Signatarstaates anlaufen, zu inspizieren sind.

Reduktion von Kohlenstoffdioxid – CO_2

Im Verbrennungsprozess kohlenstoffhaltiger Substanzen und als Nebenprodukt der Atmung entsteht Kohlenstoffdioxid (CO_2). Damit ist bereits gesagt, dass es sich hier um einen eigentlich natürlichen Prozess handelt. In einem ausgeglichenen Ökosystem würde das CO_2 durch die pflanzliche Photosynthese absorbiert werden. Dieses System ist aber aus dem Gleichgeweicht geraten mit der Folge, dass Kohlenstoffdioxid die Wärmeabstrahlung von der Erde absorbiert und so die Atmosphäre aufheizt. Es kommt also zum sogenannten Treibhauseffekt.

Schifffahrt bietet, bezogen auf den Transport von Gütern, die umweltverträglichste Transportform an, das heißt, pro Tonnenkilometer werden die wenigsten Schadstoffe emittiert.

Transportmittel	Gramm CO_2 pro tkm
Flugzeug	801
LKW	65
Bahn	21
Schiff	13

[132]

So verwies die von der IMO herausgegebene zweite Studie zur Emission von Treibhausgasen (Juli 2009) darauf, dass weit hinter der Elektrizitäts- und Wärmeerzeugung (35 % der globalen CO_2-Emissionen), dem Landtransport (21,3 %), der Industrie (22,8 %) die Schifffahrt auf dem vierten Platz nur 3,3 % zur Verbreitung dieses schädlichen Gases beiträgt. Darüber hinaus hat sich trotz des Wachstums der Transportleistung der Schifffahrt deren CO_2-Ausstoß absolut vermindert.

131 So werden Mängel ins Verhältnis zu den Inspektionen gesetzt. Verstöße gegen den ISM-Code wiegen schwerer als andere, da sie auf strukturelle Versäumnisse bei der Bereederung der Schiffe verweisen.
Der Arrestierung-Index ergibt sich aus $\frac{\textit{Anzahl der Arrestierungen}}{\textit{Anzahl der Inspektionen}} \times 100$

Der Deficiency-Index hat die Formel $\frac{\textit{Anzahl der ISM-Mängel} \times 5 + \textit{Anzahl der anderen Mängel}}{\textit{Anzahl der Inspektionen}}$

132 Vergl: Stefan Bülow, »Challenges for financing LNG fuelled Ships« – Vortrag auf dem DNV LNG Ready Information Forum am 20. August 2013 in Hamburg

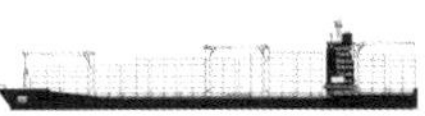

Globale CO_2-Emissionen und CO_2-Schifffahrtsemissionen

Jahr	CO_2 Weltweit		CO_2 Schifffahrt Total		CO_2 internationale Schifffahrt	
2007	31.409	100,0%	1.100	3,5%	885	2,8%
2008	32.204	100,0%	1.135	3,5%	921	2,9%
2009	32.047	100,0%	978	3,1%	855	2,7%
2010	33.612	100,0%	915	2,7%	771	2,3%
2011	34.723	100,0%	1.022	2,9%	850	2,4%
2012	35.640	100,0%	949	2,7%	796	2,2%
CAGR	2,6%		–2,9%		–2,1%	

in Mio. Tonnen CO_2 – CAGR = Compound Annual Growth Rate

CAGR 2007–2012 in Tonnenmeilen (Schifffahrt) ***3,3%***

133

Weltweit sind die CO_2 Emissionen in der Fünf-Jahres-Periode von 2007 bis 2012 um jährlich 2,6% gestiegen (über den gesamten Zeitraum um 13%), während gleichzeitig die Schifffahrt jährlich 2,9% weniger an die Umwelt abgegeben hat – und dies, obwohl der Seetransport jährlich um 3,7% zunahm. Diese positive Entwicklung ist im Wesentlichen zwei Aspekten geschuldet, zum einen sind in dieser Zeit immer mehr große Schiffe mit kraftvollen Motoren und – relativ – geringerem Treibstoffverbrauch in Fahrt gesetzt worden, und zum anderen fuhren infolge von stark gestiegenen Treibstoffpreisen immer mehr Schiffe langsamer (sogenanntes »slow steaming«), ein Moment, der ob der gestiegenen Schiffsgröße nicht zu einem Produktivitätsverlust geführt hat.

Obwohl Schifffahrt somit weltweit die umweltverträglichste Transportart ist, kann und muss sie sich aufgrund der schieren Transportleistung (10.529 Mio. Tonnen über eine durchschnittliche Transportstrecke von 4.972 Seemeilen ergab eine Leistung in Tonnenmeilen von 52.350.188.000.000 im Jahre 2014) und der absoluten Verbräuche pro Transporteinheit (ein mittelgroßes Containerschiff mit einer Stellplatzkapazität von 6.500 Containern verbraucht auf See ca. 200 Tonnen Schweröl pro Tag) diesen Problemen stellen und Lösungen zur Reduzierung von Schwefelemissionen und Treibhausgasen umsetzen.

Im Rahmen der MARPOL Annex VI (also Luftemissionen) hat sich die IMO dieses Problems angenommen und einen Prozess der kontinuierlichen Schadstoffreduzierung von Schiffen eingeleitet. Über einen »Energy Efficiency Design Index« (EEDI), also eine Kennziffer, die CO_2-Emissionen ins Verhältnis zur Transportkapazität setzt, wird die Energieeffizienz jedes einzelnen nach dem 01. Januar 2013 bestellten Schiffes gemessen. Diese Kennzahl wird mit der bestehenden Flotte – unterschieden nach Schiffstypen und -Größe – verglichen, wobei der EEDI für Neubauten besser sein muss als der Durchschnitt der bestehenden Flotte.

Ganz generell setzt der EEDI als technischer Index für die Schifffahrt zwei Aspekte miteinander ins Verhältnis: die Emission von CO_2 als Schädigung für Gesellschaft und Umwelt und die Transportleistung als Nutzen für die Gesellschaft.

$$EEDI = \frac{CO_2\,Emissions}{Cargo\ Transported}$$

133 Vergl.: IMO Third IMO GHG Study 2014 – Final Report, MEPC 67/INF.3, 25. July 2014, S. 13f – Internet: http://www.iadc.org/wp-content/uploads/2014/02/MEPC-67-6-INF3-2014-Final-Report-complete.pdf

Werften, Reeder, Motorenhersteller und Schiffsversuchsanstalten sind in den nächsten Jahren und Jahrzehnten also aufgerufen, die Schiffe effizienter auszulegen. Dies kann durch die Kombination einer Vielzahl von Maßnahmen und/oder technischen Innovationen geschehen.

Zum einen vermindert die Reduzierung der Geschwindigkeit eines Schiffes den Index (der Zähler in der Formel oben wird kleiner), Gleiches gilt, wenn die Schiffsgröße, also seine Transportkapazität, erhöht wird (der Nenner der Formel wird größer). Herausfordernder sind technische Veränderungen, die meist – jedoch nicht immer – nur bei neuen Schiffen realisiert werden können. Die Antriebsanlagen können durch neue Technologien weniger Treibstoff pro geleisteter Kilowattstunde verbrauchen. Durch Wärmerückgewinnung ergibt sich ebenfalls eine erhöhte Energieeffizienz. Der widerstandsverursachende Rumpf eines Schiffes kann weiter optimiert werden. Neue Schiffsschrauben (Propeller) erhöhen den Wirkungsgrad des Motors. Schadstoffarme neue Unterwasseranstriche verhindern den Bewuchs und erhalten einen möglichst glatten Rumpf auch bei bereits in Fahrt befindlichen Einheiten.

Ab 2015 müssen alle Neubauten der wesentlichen Schiffstypen (z.B. Massengutfrachter, Gastanker, Tanker, Containerschiffe) in einem Fünf-Jahres-Rhythmus den EEDI um je 10 % unterbieten, sodass man ab 2025 von einer 30%igen Effizienzsteigerung ausgehen kann[134].

EEDI – Geplante Reduktion von CO_2

Schiffstyp	Größe (tdw)	Phase 0 2013–2014	Phase 1 2015–2019	Phase 2 2020–2024	Phase 3 2025 – <
Bulk Carrier / Tanker	> 20,000 tdw	0%	10%	20%	30%
Gastanker	> 10,000 tdw	0%	10%	20%	30%
Containerschiffe	> 15,000 tdw	0%	10%	20%	30%
RoRo- und Ro-Pax-Schiffe	> 5,000 tdw	0%	5% (frm 2016)	20%	30%
Passagierschiff	Aufgrund fehlender Kalkulationsmethode bisher kein Index				

Jeder Neubau und jedes in Fahrt befindliche Schiff über 400 BRZ müssen ihre Energieeffizienz in einem »International Energy Efficiency Certificate« darlegen.[135]

Für alle Schiffe – also auch die bereits in Fahrt befindlichen – muss ein »Ship Energy Efficiency Management Plan« (SEEMP) eingeführt werden, um damit die gesamte Welthandelsflotte in das Ziel der globalen CO_2-Reduktion einzubinden. Dieser SEEMP wird vom Reeder, also dem Schiffsmanager, erstellt. »Der SEEMP sollte als ein schiff-spezifischer Plan durch das Schifffahrtsunternehmen entwickelt werden. Der SEEMP versucht, Verbesserungen der Energie-Effizienz durch vier Schritte zu erreichen: Planung, Einführung, Überprüfung sowie Selbst-Evaluation und Verbesserung. Diese Komponenten spielen eine entscheidende Rolle im kontinuierlichen Regelkreis zur Verbesserung des Schiffs-Energie-Managements. Mit jedem

134 Vergl.: Lloyd's List vom 21. Mai 2014 – CO2 Regulations

135 Vergl.: IMO – MPC102, »Surveys and certification relating to the Ship Energy Efficiency Management Plan (SEEMP) (MARPOL Annex VI Regulation 5.4.4)«, »Regulation 6.4 as amended by Resolution MEPC.203(62) reads: An International Energy Efficiency Certificate for the ship shall be issued after a survey in accordance with the provisions of regulation 5.4 to any ship of 400 gross tonnage and above before that ship may engage in voyages to ports or offshore terminals under the jurisdiction of other Parties. Interpretation The International Energy Efficiency Certificate (IEEC) shall be issued for both new and existing ships.«
Internet: https://www.classnk.or.jp/hp/pdf/info_service/iacs_ur_and_ui/ui_mpc_102_july_2012_cln.pdf

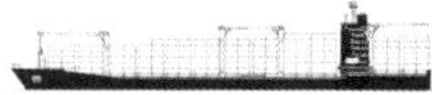

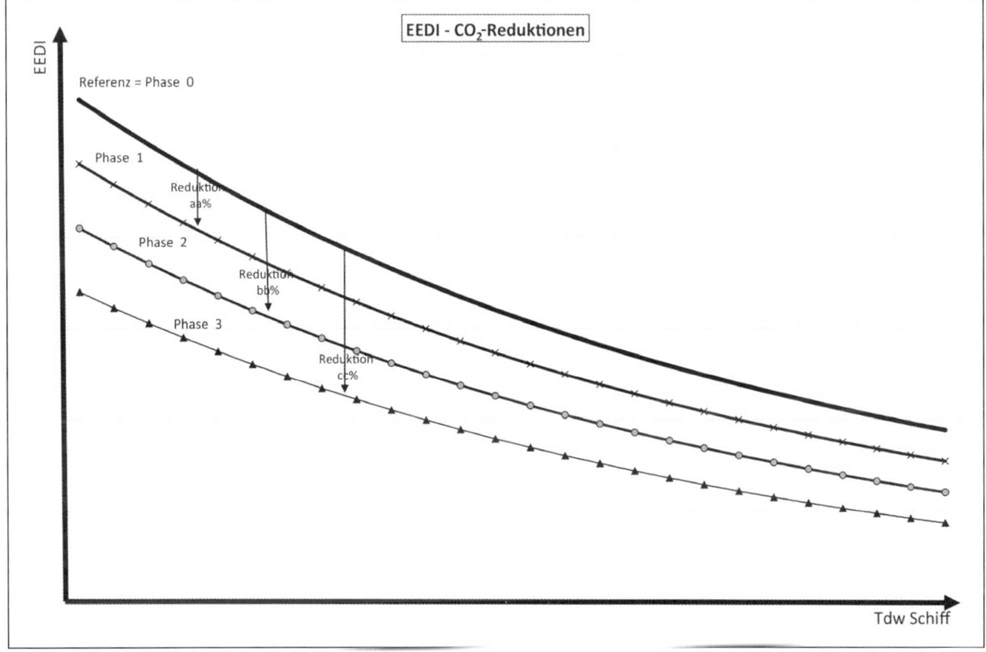

Durchlaufen des Regelkreises werden einige Elemente des SEEMPs verändert, während andere bleiben wie vordem.«[136]

Im Rahmen dieses iterativen Prozesses, an dem die Schiffsleitung und die Reederei beteiligt sind, wird versucht, die Energieeffizienz eines Schiffes immer weiter zu steigern bzw. seinen Schadstoffverbrauch zu vermindern. Darüber hinaus spielen auch Werften, Charterer, Maschinenhersteller und Hafenbetriebe eine bedeutende Rolle. Konkret wird erwartet, dass die Schiffsleitung die Reise eines Schiffes optimal plant und während dieser auch Wetterverhältnisse berücksichtigt (»Weather Routing«).

Ebenfalls wichtig ist das Problem der Trimmung eines Schiffes bei gegebenem Beladungszustand, optimiert dies doch den Treibstoffverbrauch.

Weitere Energieeffizienz kann durch den Einbau eines neuen Schiffspropellers erreicht werden.

Darüber hinaus empfiehlt der SEEMP die bessere Einstellung der Schiffsdiesel z. B. durch den richtigen Einsatz von Schmieröl und die optimale Einstellung der Ventile. Dies setzt ein besseres Training des Maschinenpersonals voraus. Wärmerückgewinnung und die zusätzliche Installation von erneuerbaren Energielieferanten an Bord (Sonne, Wind) können ebenfalls zu Energieersparnissen und somit zu einer besseren Umweltbilanz führen.

136 MEPC.213(63), 2012 GUIDELINES FOR THE DEVELOPMENT OF A SHIP ENERGY EFFICIENCY MANAGEMENT PLAN (SEEMP), Internet: http://www.imo.org/en/KnowledgeCentre/IndexofIMOResolutions/Documents/MEPC%20-%20Marine%20Environment%20Protection/213(63).pdf Im englischen Original: »The SEEMP should be developed as a ship-specific plan by the company. The SEEMP seeks to improve a ship's energy efficiency through four steps: planning, implementation, monitoring, and self-evaluation and improvement. These components play a critical role in the continuous cycle to improve ship energy management. With each iteration of the cycle, some elements of the SEEMP will necessarily change while others may remain as before.«

Die Besatzung eines jeden Schiffes und die Reederei sind aufgefordert, hier Energiesparmaßnahmen zu entwickeln und in die Tat umzusetzen, jedoch ohne die Sicherheit des Bordbetriebs zu gefährden, zum Beispiel durch die Abschaltung von Licht.

Bisher wird bei Hafenstaatenkontrollen nur überprüft, ob ein Management-Plan vorhanden ist, jedoch nicht dessen Ausgestaltung. Dennoch wird hier ein weiterer Schritt auf dem Weg zu einer verbesserten Umweltverträglichkeit der Schifffahrt vollzogen. Insbesondere der SEEMP zeigt, dass Schifffahrt heute in ein globales System eingebunden ist. Es ist eben nicht mehr so, dass ein Schiff vom Hafen A zum Hafen B expediert wird und erst nach der Reise der Treibstoffverbrauch und die Zeit gemessen werden. Planung setzt voraus, dass alle Beteiligten eingebunden sind. Und dies umfasst weit mehr als nur die Schiffsleitung und die Reederei, sondern auch die anderen am Transport Beteiligten. Die ständigen Messungen der Leistungen eines Schiffes, die der Reederei aber auch den Ladungsinhabern zur Verfügung stehen, sind für diese wichtige Indikatoren einer Zielerreichung in Bezug auf Transportoptimierung und Umweltverträglichkeit.

Darüber hinaus werden in der IMO auch wirtschaftliche Anreizsysteme diskutiert, die energieeffiziente Schiffe belohnen und diejenigen bestrafen, die die Technologien zur Schadstoffreduzierung nicht nutzen. Hier sind eine Bunkerabgabe auf schlechten Treibstoff oder eine Hafengebührenstaffelung je nach Energieeffizienz denkbare Lösungsansätze. Ein ebenfalls erwogener sogenannter Emissionshandel scheint aus heutiger Sicht nicht praktikabel. Dem stehen die Vielzahl der Schiffstypen und -konstruktionen entgegen, die es beinahe unmöglich machen, Werte zu ermitteln, aus denen sich ergibt, welches Schiff mehr oder weniger energieeffizient ist. Immerhin gibt es auf den Weltmeeren 85.000 bis 100.000 Schiffe – sehr viele Unikate.

Schwefeloxid

Traditionell verbrennen Schiffsdiesel Schweröl, das im Raffinerieprozess als Restbestandteil übrig bleibt. Dieser Kraftstoff enthält einen recht hohen Schwefelanteil (bis zu 5 %), der insbesondere in Küstenregionen für den Menschen schädlich ist. Er verursacht unter anderem den sogenannten »Sauren Regen«, der für Wachstumsstörungen bei Pflanzen und Asthma bei Menschen verantwortlich ist. Jedoch ist diese Gefährdung, die in den 1970er-Jahren besonders diskutiert wurde (»Waldsterben«), mittlerweile zu vernachlässigen, da Industriebetriebe an Land heute über Rauchgasentschwefelungsanlagen verfügen und der Schwefelgehalt in Automobilen ebenfalls reduziert werden konnte. Schwefel ist ein weltweit vorkommendes natürliches Element, ist aber in hohen Konzentrationen für den Menschen schädlich. Es handelt sich um eine lokale Emission, weshalb Schiffe, die weit entfernt von den Küsten operieren, anders behandelt werden als landbasierte Anlagen. In Anerkennung dieser Tatsache dürfen Schiffe heute noch Treibstoffe verbrennen, deren Schwefelgehalt bei 3,5 % liegt (Global CAP). Ab dem Jahr 2020 wird der weltweit zu verbrennende Schwefelgehalt dann auf 0,5 % zu reduzieren sein – sollte es bis dahin für die Schifffahrt keine ausreichende Versorgung mit entsprechenden Treibstoffen geben, wird dieser Höchstwert erst 2025 eingeführt. Ob diese Maßnahme jedoch wirklich zu einer Verbesserung der Umweltsituation führt, darf bezweifelt werden, denn Schwefel ist hochflüchtig und für die maritime Umwelt nicht schädlich. Er schädigt auch nicht die Erdatmosphäre, da es sich nicht um ein Treibhausgas handelt.

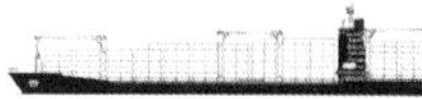

Anders sieht die Lage in küstennahen Gewässern und Häfen aus – hier gilt in den sogenannten SECAs (Sulphur Emission Control Areas) seit 01.01.2015 ein Schwefelgehalt von 0,1 % im Treibstoff.

Das Europäische Parlament hat dies in der Direktive 2012/33 festgelegt. Damit darf in der Nordsee, dem britischen Kanal und der Ostsee nur noch der oben genannte Schwefelgehalt von Schiffen emittiert werden. Darüber hinaus ist die Einführung von SECAs im Mittelmeer in der Diskussion. Andere Regionen stellen sich ebenfalls diesem Problem. So wird schrittweise in chinesischen Gewässern ein Schwefellimit von 0,5 % eingeführt. Kalifornien erlaubt an seinen Küsten keinen Treibstoff mit einem Schwefelgehalt von mehr als 0,1 %. Es ist also absehbar, dass in nicht allzu ferner Zeit alle Schiffe im Hafen und in Küstenregionen nur noch wenig Schwefel emittieren dürfen.

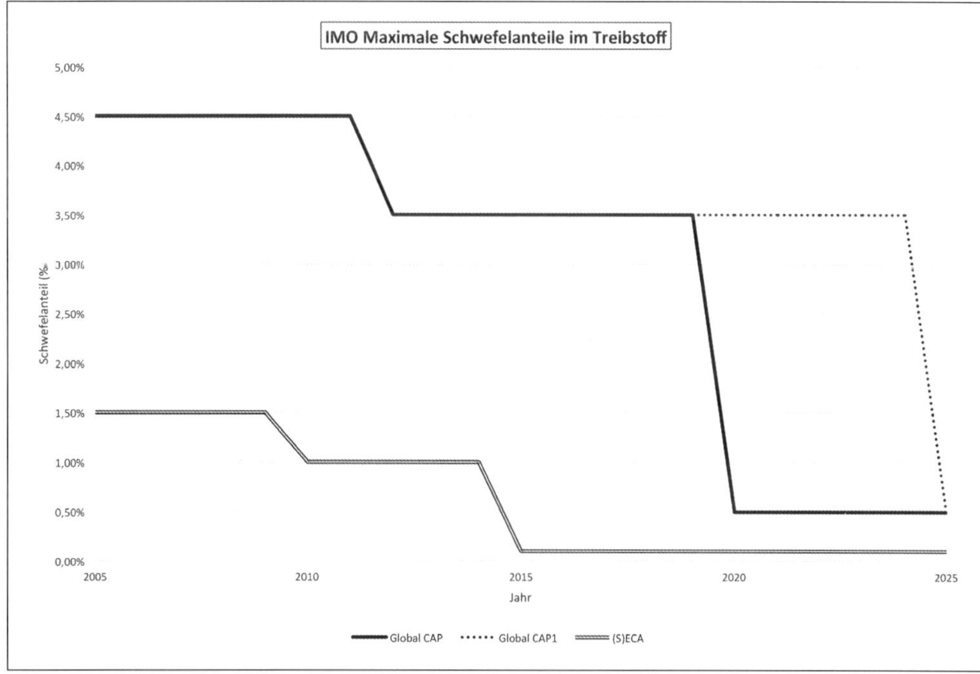

Für die Schiffseigner ergibt sich damit die Herausforderung, ihre Schiffe entweder mit teurem Dieseltreibstoff zu betreiben oder, wie an Land üblich eine Rauchgasentschwefelungsanlage (einen sogenannten »Scrubber«) zu installieren. Diese Entscheidung ist insbesondere dann relevant, wenn das Schiff ausschließlich oder überwiegend in SECAs operiert. Für Schiffe, die die meiste Zeit auf der hohen See verkehren, stellt sich diese Frage anders. Generell gibt es eine Preisdifferenz zwischen Dieseltreibstoff und Schweröl. Lag diese (zum Beispiel) im April 2012 bei 311 US-$ pro Tonne[137], so hat sich mit den insgesamt gesunkenen Ölpreisen auch der Unterschied verringert, auf 145 US-$[138]. Für ein RoRo-Schiff mit einer Geschwindigkeit von 20 Kno-

137 Laut Clarkson Shipping Intelligence Weekly, Issue No. 1,018 vom 27.04.2012 kostete eine Tonne Schweröl (380 cst) in Rotterdam 694 US-$, während Gasöl mit 1.005 US-$ bepreist war.

138 Vergl. Clarkson Shipping Intelligence Weekly, Issue No. 1,271 vom 12.05.2017 – Preise pro Tonne in Rotterdam: Schweröl = 281 US-$; Gasöl = 426 US-$

ten und einer Antriebsanlage mit einer Leistung von ca. 15.000 kW bedeutet der nachträgliche Einbau eines Scrubbers eine Investition von ungefähr 4 Millionen US-$. Zusätzlich fallen noch Wartungskosten der Anlage und Filtermaterial zum Reinigen des Schwefels (zum Beispiel Calciumcarbonat, aus dem Gips wird) an. Da die Anlage über eine gewisse Größe verfügt, ändern sich sowohl die Stabilität des Schiffes als auch dessen Ladefähigkeit – es kann also unter sonst gleichen Bedingungen weniger Ladung transportiert werden. Dennoch »lohnt« sich der Einbau einer solchen Anlage schon, wenn man 200 Seetage pro Jahr mit einem Verbrauch von 40 Tonnen Kraftstoff pro Seetag unterstellt. Bei einer täglichen Kostenersparnis (billiges Schweröl gegenüber teurem Diesel) von 8.680 US-$ (217 US-$ Ersparnis pro Tonne bei 40 Tonnen am Tag), können (in 200 Seetagen) 1,736 Million US-$ pro Jahr gespart werden. Nach weniger als drei Jahren ist die Investition damit bezahlt – je nach Kostendifferenz für den unterschiedlichen Treibstoff.[139]

Kalkulation eines Scrubbers (RoRo-Schiff 15,000 kW)

Parameter		
Treibstoffverbrauch p. Seetag	40	mto
Kostenersparnis Treibstoff	217	p. mto (Mitte 2016)
Einsparung pro Seetag	8.680	US-$
Seetage pro Jahr	200	
Einsparung pro Jahr	1.736.000	US-$
Einsparung pro Kalendertag	4.756	US-$
Abzinsfaktor (p.a.)	6%	

	Gesamtkalkulation der Investition					… Für den Schiffseigner			
Jahr	Einsparung	Betriebskosten	Cash Flow	Cash Flow Abgezinst	Pay Back (Cash Flow kumuliert)	Prämie auf die Charter p. Tag	Prämie auf die Charter p. Jahr	Cash Flow Abgezinst	Pay Back (Cash Flow kumuliert)
T0 Investition			–4.000.000	–4.000.000	–4.000.000			–4.000.000	–4.000.000
Jahr 1	1.736.000	–50.000	1.686.000	1.590.566	–2.409.434	2.000	720.000	679.245	–3.320.755
Jahr 2	1.736.000	–52.500	1.683.500	1.498.309	–911.125	2.000	720.000	640.797	–2.679.957
Jahr 3	1.736.000	–55.125	1.680.875	1.411.295	500.170	2.000	720.000	604.526	–2.075.431
Jahr 4	1.736.000	–57.881	1.678.119	1.329.227	1.829.397	2.000	720.000	570.307	–1.505.124
Jahr 5	1.736.000	–60.775	1.675.225	1.251.825	3.081.223	2.000	720.000	538.026	–967.098
Jahr 6	1.736.000	–63.814	1.672.186	1.178.825	4.260.048	2.000	720.000	507.572	–459.526
Jahr 7	1.736.000	–67.005	1.668.995	1.109.977	5.370.025	2.000	720.000	478.841	19.315
Jahr 8	1.736.000	–70.355	1.665.645	1.045.046	6.415.071	2.000	720.000	451.737	471.052

Ab Jahr 3 rentiert sich die Investition — *Ab Jahr 7 rentiert sich die Investition*

Diese an sich einfache Kalkulation beinhaltet jedoch ein Problem – häufig ist der Eigner eines Schiffes nicht dessen Betreiber, profitiert also nicht von der Kostenersparnis des Treibstoffs. Der Betreiber (= Charterer = Mieter) kauft den Treibstoff und profitiert von einem Schiff, das den günstigen Treibstoff verbrennen kann. Ist er bereit, einen Teil dieses Vorteils

139 Die vorgelegte Rechnung bezieht sich auf eine sogenannte »trockene« Anlage. Es gibt auch Anlagen, die mit Wasser arbeiten, das in geschlossenen Systemen aufgefangen wird und entweder an Land oder in der offenen See entsorgt wird.

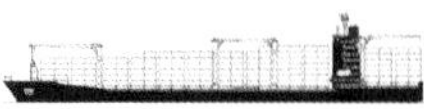

(4.756 US-$ pro Kalendertag) an den Eigner abzugeben – sage, 2.000 US-$ –, so kann der Eigner mit einem Rückfluss seiner Investition nach immerhin sieben Jahren rechnen. Schließen beide einen Vertrag über mindestens sieben Jahre, so geht der Eigner kein Risiko ein. Meist laufen die Charterverträge jedoch nicht über diesen recht langen Zeitraum – insbesondere wenn es sich um ältere Schiffe handelt –, und damit geht der Schiffseigner hier ein erhebliches Risiko ein. Dieses Risiko wird noch dadurch erhöht, dass bei älteren Schiffen die wirtschaftliche Restlebensdauer teilweise außerhalb des in der rechten Tabelle dargestellten Zeitraums liegt – für Schiffe, die jetzt bereits 20 Jahre oder älter sind, lohnt sich der Einbau einer Rauchgasentschwefelungsanlage meist nicht. Diese beiden Aspekte sind die Gründe dafür, dass trotz der oben beschriebenen Regularien so wenig Schiffe mit einem Scrubber ausgerüstet wurden. Ein Einbau wird meist nur von den Eignern vorgenommen, die auch Betreiber der jeweiligen Schiffe sind, also den Linienreedereien, die eigene Schiffe betreiben. Da deutsche Reeder ihre Schiffe in der Regel verchartern, ist dies in Deutschland eine Seltenheit. Die Konsequenz ist, dass in der Nord- und Ostsee zurzeit überwiegend Schiffe betrieben werden, die Gasöl statt hochschwefeligem Schweröl verbrennen.

Scrubber sind jedoch am Ende für die Schifffahrt nur eine Übergangstechnologie. Tatsächlich könnte das Schwefel- und andere Probleme in küstennahen Gewässern und Häfen durch die Verbrennung von LNG beinahe komplett gelöst werden. Erdgas reduziert die Schwefeloxidemissionen um 99 %, die Stickstoffverschmutzung um 80 %, die Feinstaubbelastung um 99 % und den CO_2-Ausstoß um 20 %. Man könnte also diese vier Probleme auf einen Schlag angehen. Neue Schiffe sollten entweder nur noch über Antriebssysteme verfügen, die LNG als Treibstoff einsetzen können, oder aber als »LNG-ready« konzipiert werden, um eine Umstellung auf Erdgas bei Fahrtgebietswechsel in kurzer Zeit realisieren zu können.

NO_x

Bei der Verbrennung von fossilen Energieträgern entstehen Verbindungen aus Stickstoff (N) und Sauerstoff (O), die – da sie unterschiedliche Verbindungen eingehen können – allgemein als NO_x bezeichnet werden. Diese Gase führen in hohen Konzentrationen zu Reizungen der Atemwege beim Menschen und zu Smogbildung.

Diesen Herausforderungen hat sich die IMO gestellt und die maximalen Abgaswerte für Schiffsmotoren (außer Notstromaggregate) geregelt[140]. Alle Schiffsmotoren auf Neubauten dürfen dann einen maximalen Ausstoß nicht überschreiten. Der erlaubte Ausstoß von NOx richtet sich nach der Motorengeschwindigkeit. Langsam laufende Motoren mit einer Drehzahl von unter 130 Umdrehungen pro Minute – also die großen Zweitakt-Dieselmotoren, die in großen Schiffen den Vortrieb ermöglichen – haben nach der ab 2000 gültigen Norm noch einen erlaubten Schadstoffausstoß von 17 Gramm pro Kilowatt/Stunden, Mittelschnellläufer von 500 rpm[141] – die Viertakt-Motoren, die als Hauptantriebe bei vielen Schiffen im Einsatz sind – dürfen noch maximal 13 gr/kW/H emittieren und die Schnellläufer über 2.000 rpm dann nur noch 9,8. Diese Norm wird international als »Tier I« (englisch Tier = Level) bezeichnet. Seit Januar 2011 gelten um 20 % reduzierte Werte (»Tier II«) und ab 2021 sogar Werte, die gegenüber denen von 2000 um 80 % niedriger liegen (Tier III). In den sogenannten »Emission Control

140 Vergl.: MARPOL Annex VI, Regel 13 (Resolution MEPC.177(58) und verändert durch Resolution MEPC.251 (66))
141 Rpm = Revolution per Minute = Umdrehungen pro Minute

Areas« (ECAs) gelten die Tier-III-Werte bereits für Neubauten mit einem Kiellegungsdatum nach dem 01.01.2016, international für Motoren ab 2021.

NOx-Grenzwerte

Tier	Kiellegungsdatum	Grenzwert (gr/kW/Std.) n < 130	n = 130 – 1.999	n >= 2.000
I	01.01.2000	17,0	45 × n (–0,2)	9,8
II	01.01.2011	14,4	44 × n (–0,23)	7,7
III	01.01.2016	3,4	9 × n (–0,2)	2,0

[142]

Die heutigen ECAs sind Nordeuropa (Nord- und Ostsee) sowie fast alle Küstenlinien der USA und Kanadas. Das Mittelmeer, die Küsten Japans, Mexikos und Chinas sind entweder als ECAs geplant oder aber in der Diskussion.

Um die insbesondere gemäß Tier III geltenden Abgaswerte zu erreichen, muss entweder Flüssiggas (LNG) als Treibstoff eingesetzt werden oder aber es werden im SCR[143]-Prozess die Abgase in einem Katalysator gereinigt, ähnlich wie im Automobil – eine recht teure Technologie, die darüber hinaus gegenüber LNG nur eines der vielen Emissionsprobleme löst. Ferner kann auch die Abgasrückführungstechnik (EGR = Exhaust Gas Recirculation) genutzt werden.

Der Schadstoffausstoß wird durch ein »Engine International Air Pollution Prevention Certificate (EIAPP)« bewiesen, welches an Bord eines Schiffes mitzuführen ist.[144]

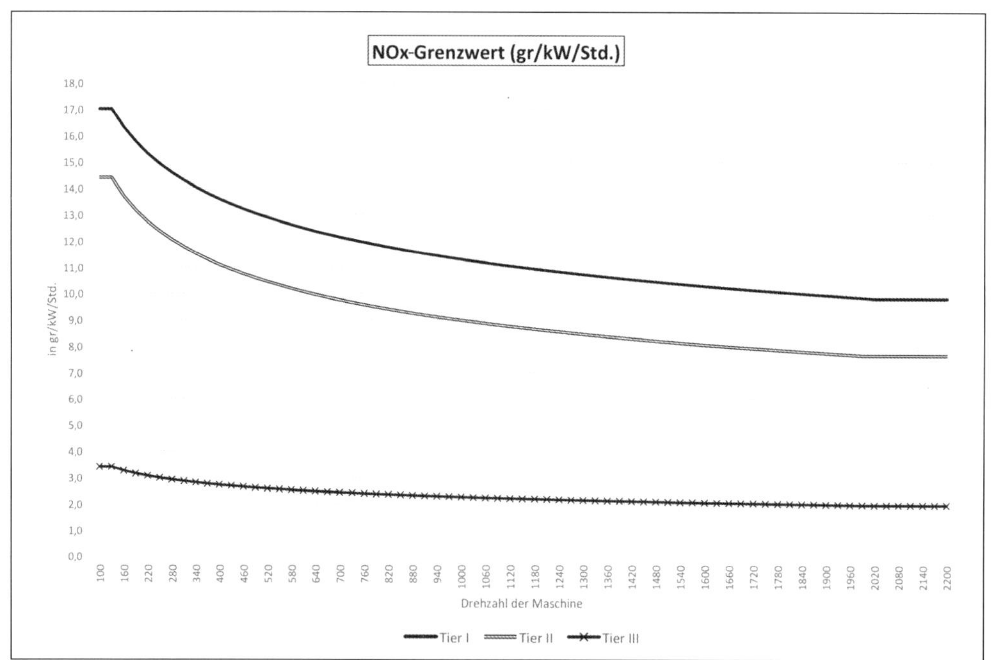

142 Vergl.: http://www.imo.org/en/OurWork/Environment/PollutionPrevention/AirPollution/Pages/Nitrogen-oxides-(NOx)-%E2%80%93-Regulation-13.aspx

143 SCR = Selective Catalytic Reduction = Abgasreinigung

144 Auf Schiffen unter deutscher Flagge ist ein INTERNATIONALES MOTORENZEUGNIS ÜBER DIE VERHÜTUNG DER LUFTVERUNREINIGUNG, welches durch die Berufsgenossenschaft erstellt wird, zu führen.

Insgesamt ergibt sich bei den Maßnahmen zur Reduzierung der Luftemissionen ein einfaches technisches Problem. Zwar können durch technische Verfahren bei der Reinigung von Treibstoffen oder der Abgasreinigung die Anteile der Schadstoffe wie SO_x, NO_x und Feinstaub reduziert werden, es kommt jedoch zu einem tendenziell erhöhten Treibstoffverbrauch im Betrieb, und darüber hinaus führt der Energieeinsatz in diesen Verfahren zu einer Erhöhung von CO_2-Emissionen, also zu einer Verstärkung des Treibhauseffekts.

Bis auch Brennstoffzellen (Wasserstoff) oder Biomasse in der Schifffahrt wirtschaftlich nutzbar sind, bleibt als Alternative hier nur LNG. Zurzeit ist jedoch die Verfügbarkeit – insbesondere international – noch nicht gegeben. Es ist das übliche Problem bei einer Einführung einer neuen Technologie – die Nutzer (Reeder) verweisen auf die nicht ausgebaute Versorgungsinfrastruktur, die Lieferanten (Ölkonzerne) auf den zu geringen Verbreitungsgrad, der den Aufbau einer solchen Struktur vorerst nicht wirtschaftlich macht.

Ballastwasser

Auch das Ballastwasser von Schiffen kann zu einem Problem werden, enthält dieses doch kleinere Meerestiere und Mikroorganismen, die beim Auspumpen der Ballastwassertanks zurück in die Umwelt gelangen, dann jedoch möglicherweise auf eine ganz andere Umgebung treffen. Invasive Arten können, wenn sie in fremden Gewässern keine Fressfeinde haben, das Ökosystem nachhaltig schädigen. Dies führt nicht nur zu ökologischen Problemen, sondern kann auch wirtschaftliche Nachteile für die betroffenen Regionen nach sich ziehen, bedrohen »invasive alien species« (IAS) teilweise doch auch die wirtschaftlichen Grundlagen der Fischerei vor Ort.

Ballastwasser wurde gegen Ende des 19. Jahrhunderts erstmalig in Schiffen eingesetzt, um die Stabilität, also die Seetauglichkeit in unterschiedlichen Beladungszuständen, zu gewährleisten. Bis zu diesem Zeitpunkt wurde die Seetüchtigkeit durch Gewichte aus Stein oder Metall hergestellt.

»Wissenschaftler stellten erstmals Anzeichen das Eindringen einer fremden Spezies nach dem massiven Auftreten der asiatischen Phytoplankton-Alge Odontella (Biddulphia sinensis) in der Nordsee im Jahr 1903 fest. Aber erst ab den 1970er-Jahren begann die Wissenschaft, dieses Problem detailliert zu untersuchen. In den späten 1980er-Jahren waren Kanada und Australien unter den Ländern, die spezielle Probleme mit invasiven Arten hatten, und brachten ihre Anliegen der IMO ((Marine Environment Protection Committee (MEPC)) vor.«[145]

In der UN-Konferenz über Umwelt und Entwicklung in Rio de Janeiro 1992 wurde das Ballastwasserproblem anerkannt und von der IMO aufgegriffen und im Jahr 2004 die »International Convention for the Control and Management of Ships' Ballast Water and Sediments (BWM Convention)« verabschiedet. Damit diese Gesetzeskraft erlangt, müssen 30 Staaten, die zusammen 35 % der Welthandelsflotte repräsentieren, die Konvention unterzeichnet haben.

145 IMO zu Ballast Water Management – Internet: http://www.imo.org/en/OurWork/Environment/BallastWaterManagement/Pages/Default.aspx.
Im englischen Original: »Scientists first recognized the signs of an alien species introduction after a mass occurrence of the Asian phytoplankton algae Odontella (Biddulphia sinensis) in the North Sea in 1903. But it was not until the 1970s that the scientific community began reviewing the problem in detail. In the late 1980s, Canada and Australia were among countries experiencing particular problems with invasive species, and they brought their concerns to the attention of IMO's Marine Environment Protection Committee (MEPC).«

Bereits seit Längerem haben mehr als 50 Flaggenstaaten der Konvention zugestimmt, aber erst mit der Unterzeichnung Finnlands am 8. September 2016 sind mehr als 35 % der Welthandelsflotte zusammengekommen. Damit wird dieses Vertragswerk am 8. September 2017 international verbindlich. Danach dürfen Schiffe nur noch maximal zehn lebende Mikroorganismen pro Milliliter ausgepumpten Ballastwassers an die Umwelt abgeben – eine so geringe Menge, dass dies ohne ein spezielles Ballastwasser-Managementsystem (BWMS) nicht erreicht werden kann. Diese als D2-Standard bezeichnete Grundlage erfordert zwingend die Installation einer zusätzlichen Anlage an Bord. Diese Anlage muss dann in der auf das Jahr 2017 folgenden Klasseerneuerung auf jedem international fahrenden Schiff vorhanden sein, es handelt sich also um einen Zeitraum von maximal fünf Jahren. Die Wirkungsweise der Systeme ist – je nach Hersteller – unterschiedlich. (a) Mechanische Anlagen nutzen Feinfilter oder Osmoseverfahren; (b) physikalische sind auf Thermalsysteme, Sauerstoffentzug oder ultraviolette Behandlung ausgelegt und (c) chemische verwenden Elektrolyse oder aktive Substanzen, die die Mikroorganismen unschädlich machen.

Für einen Überganszeitraum, also bis der D2-Standard für die gesamte Handelsflotte verpflichtend wird, muss auf jedem Schiff ein Ballastwasser-Managementplan vorhanden sein und auch im Betrieb umgesetzt werden sowie durch ein Ballastwasserbuch dokumentiert werden – der sogenannte D1-Standard. Es soll sichergestellt werden, dass während der Schiffsreise das Ballastwasser kontinuierlich ausgetauscht wurde, sodass nur noch wenig Organismen aus der Ursprungsregion hierin enthalten sind. Insgesamt muss das Ballastwassermanagement gewährleisten, dass ein 95%iger Austausch des Ballastwassers erfolgt ist. Zusätzlich zum Ballastwasser-Managementplan müssen die Lage und Kapazität der Ballastwassertanks, die Rohrleitungen, die Punkte, an denen Proben gezogen werden können, und die Lage der Wasserpumpen dokumentiert werden. Zum sukzessiven Austausch des Ballastwassers bieten sich drei Methoden an. Zum einem können Tank für Tank komplett entleert und dann mit neuem Wasser aufgefüllt werden (die sequenzielle Methode). Bei der Durchflussmethode wird der Tank kontinuierlich befüllt, während gleichzeitig Wasser abgepumpt wird. Dieses Verfahren verändert die Stabilität des Schiffes nur unwesentlich. Bei einem dreimaligen Austausch der Wassermenge sollte ein 95%iger Ersatz des Wassers erreicht sein. Letztendlich kann über eine Verdünnung des Ballastwassers mit Frischwasser derselbe Effekt erreicht werden.[146]

Wichtig ist, zu berücksichtigen, dass eine Übereinstimmung mit dem D1-Standard hinter den Sicherheitsaspekten zurücktritt. Die Stabilität des Schiffes und dessen Manövrierfähigkeit darf nicht beeinträchtigt werden – hier gehen die Sicherheit der Besatzung und des Schiffes vor.

Ballastwasser wird – wie gesagt – gebraucht, um die Stabilität eines Schiffes in unterschiedlichen Beladungszuständen zu gewährleisten. So wird also Wasser beim Entladen zugeführt und bei der Beladung aus dem Schiff gepumpt. Unterschiedliche Schiffe werden jedoch verschieden schnell be- oder entladen, dementsprechend kleinere oder größere Mengen von Wasser bewegt. Dieses Ballastwasser muss – bevor es wieder an die Umwelt gelangt – von schädlichen Substanzen befreit werden oder diese unschädlich gemacht werden. Containerschiffe oder Mehrzweckfrachter bewegen in der Regel – pro Zeiteinheit – eine kleinere Menge Ballastwasser als Massengutfrachter oder Tanker, die leistungsfähigere Systeme erfordern. Bei der notwendigen Anschaffung eines Ballastwassersystems sind – je nach Schiffstyp und -größe – die Kapazität der Anlage und deren Durchflussrate, die zusätzlichen Rohrleitungen und der Energieaufwand

146 Vergl.: GL, Guidelines on Ballast Water Management, Edition 2013 – Internet: http://www.gl-group.com/info-Services/rules/pdfs/gl_vi-11-10_e.pdf

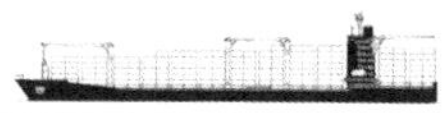

zum Betrieb der Anlage zu berücksichtigen. All diese Aspekte haben Auswirkungen auf die Anschaffungskosten. Darüber hinaus erfordert der Einbau einer solchen Anlage auch Platz an Bord – Platz, der auf Kosten der Ladefähigkeit des Schiffes gehen kann.

Kostenkalkulation für eine Ballastwasseranlage

	Containerschiffe		Massengutfrachter / Tanker			
	Panamax	Post-Panamax	Panamax	Capesize/ Suezmax	Supramax	Handysize
Flussrate	500m³/h	800m³/h	2x 2,000m³/h	3,000m³/h	1,500m³/h	1,300m³/h
Kosten System	250.000	575.000	1.900.000	1.600.000	1.250.000	750.000
Kosten Leitungen	150.000	150.000	150.000	350.000	250.000	200.000
Zusätzliche Diesel			500.000			
Installation	250.000	250.000	250.000	350.000	250.000	200.000
Total Kosten	**650.000**	**975.000**	**2.800.000**	**2.300.000**	**1.750.000**	**1.150.000**
Kosten pro Tag bei einer Restnutzungsdauer von						
5 Jahren	420	630	1.820	1.500	1.140	750
10 Jahren	240	360	1.040	860	650	430
15 Jahren	180	280	790	650	490	320
20 Jahren	160	230	670	550	420	270
25 Jahren	140	210	600	490	380	250

Abzinsfaktor 6% p.a.

Quelle: PwC interne Studie 2016

Zusammengefasst kann sich die Investition – je nach Schiffstyp – für einen Reeder auf bis zu drei Millionen US-$ belaufen. Es hängt dann von der erwarteten Restnutzungsdauer des Schiffes ab, wie hoch sich dies auf die Tageskosten auswirkt. Natürlich sind diese dann besonders hoch, wenn das Schiff schon älter ist – für Schiffe über einem bestimmten Alter lohnt sich dann der Einbau gar nicht mehr. Für von deutschen Reedern in großer Zahl eingesetzte Panamax-Containerschiffe bedeutet der Einbau eines Ballastwassersystems eine »Opferung« von 5 % der sowieso nicht ausreichenden Einnahmen (240 $ zusätzliche Tageskosten auf durchschnittliche Chartereinnahmen von 4.979 $ – wie in 2016 errechnet).

Die in der obigen Tabelle von PricewaterhouseCoopers erarbeiteten Zahlen berücksichtigen nicht eventuelle Betriebskosten (Energie oder Betriebsmittel für die Anlage) des Systems, die als zu vernachlässigen behauptet werden. Deutlich wird jedoch, dass für ein Schiff mit einer Restnutzungsdauer von 15 Jahren noch zusätzliche Kosten in Höhe von 180 bis 650 US-$ pro Tag hinzukommen – in Zeiten geringer Chartereinnahmen eine erhebliche Größe.

Ein an Bord eines Schiffes installiertes Ballastwasserbehandlungssystem benötigt eine Typenzulassung, die durch den jeweiligen Flaggenstaat oder von ihm beliehenen Organisationen, wie einer Klassifikationsgesellschaft, erteilt wurde. Der Zulassungsprozess sieht einen Test der Anlage an Land und einen im Bordbetrieb vor (eine sogenannte »G8«-Prozedur[147]). Verwendet

147 Vergl.: IMO Resolution MEPC.174 (58) Guidelines for the approval of ballast water management systems. Hierzu der Artikel von Lloyd's Register, Ballast Water Treatment Systems – Type Approval« – Internet: http://www.lr.org/en/services/environment-and-sustainability/ballast-water-management-treatment-system-approvals.aspx

das System aktive Substanzen, wird noch eine Zulassung der IMO selbst gefordert (»G9«-Prozedur[148]). Die Überprüfungen können von jedem hierzu qualifizierten Testinstitut vorgenommen werden. Eine Typenzulassung besteht seitens der IMO Mitte 2016 für 55 Systeme unterschiedlicher Hersteller.[149] Ein Problem in diesem Prozess entsteht, da die »United States Coast Guard« (USCG) für Schiffe, die amerikanische Gewässer anlaufen, hiervon abweichende Regelungen in Kraft gesetzt hat. Zum einen verlangt die USCG ein leicht anderes Zertifizierungsverfahren. Die technischen Voraussetzungen der Anlage muss durch unabhängige Institute überprüft werden und muss darüber hinaus nach den strengeren Regeln der EPA (Environmental Protection Agency) durchgeführt werden. Die USCG will im gesamten Genehmigungsprozess sehr viel direkter eingebunden sein als andere Staaten. Darüber hinaus haben die US-amerikanischen Behörden noch kein Ballastwasserbehandlungssystem endgültig genehmigt. Als Zwischenlösung werden sogenannte »Alternate Management Systems« (AMS) vorgeschrieben, die für Neubauten nach dem 1.12.2013 (Kiellegungsdatum) an Bord vorhanden sein müssen. Für bestehende Schiffe müssen solche Anlagen – je nach Größe – bei dem auf den 1. Januar 2014 bzw. 2016 folgenden Dockungstermin installiert werden. Ausnahmen können hier auf Antrag gewährt werden.[150] Diese AMS, die auf einer Liste der USCG geführt werden, »are grandfathered for a period of five years beyond their USCG compliance date«.[151] Es kann also passieren, dass Reeder sich für IMO zugelassene Systeme entschieden haben, die dann letztendlich keine Zulassung für US-amerikanische Gewässer haben. In diesem Fall müssten sie das eingebaute System durch ein anderes ersetzen. Tatsächlich hat die USCG vier Herstellern von Systemen, die auf ultravioletter Strahlung basieren, bescheinigt, dass ihre Testverfahren nicht den US-Regeln entsprechen.[152] Reedereien, die früher als andere auf ihren Schiffen – auch und gerade, wenn sie den umweltpolitischen Aspekt akzeptieren und bereit sind, hier aktiv zu werden – Ballastwassersysteme installiert haben, geraten dann möglicherweise in eine wirtschaftlich nachteilige Situation. Sie haben in ein System investiert, welches nicht in US-Gewässern zugelassen wird. Sollte die Verweigerung bestimmter Anlagen Bestand haben, so müssen sie neue Systeme einbauen und können ihre Ursprungsinvestition abschreiben, oder sie laufen mit ihren Schiffen US-Häfen nicht mehr an. Im ersten Fall vernichten sie Kapital, im zweiten schränken sie die Einsatzfähigkeit ihrer Schiffe erheblich ein.

Innerhalb der IMO sind aufgrund dieser Probleme Stimmen laut geworden, die den Zertifizierungsprozess infrage stellen und verändern wollen. Ausgehend von der Tatsache, dass das US-amerikanische und das IMO-Zertifizierungsverfahren (G8-Prozedur) teilweise zu unterschiedlichen Ergebnissen führt, wird angeregt, das IMO-Verfahren den – strengeren – amerikanischen Regeln anzugleichen. Dies würde dann im Ergebnis eine Einheitlichkeit der

148 Vergl. ebenda

149 Internet:http://www.imo.org/en/OurWork/Environment/BallastWaterManagement/Documents/Table%20of%20BA%20FA%20TA%20updated%20June%202016.pdf

150 Vergl. hierzu die Position des Weltreederverbands BIMCO vom Mai 2016 – Internet: https://www.bimco.org/About/Viewpoint/02_Ballast_Water_Management.aspx

151 Vergl.: ebenda

152 BIMCO (13.05.2016) ebenda – »On the 14 December 2015 the USCG informed four ultraviolet ballast water management system, or BWMS, manufacturers, that the Most Probable Number, or MPN, method is not considered as an equivalent alternative to the testing method prescribed in the Coast Guard's regulations. A USCG review concluded that the MPN test method is not equivalent because it does not measure the efficacy of the BWMS to the performance standard required by the regulations. The regulations specifically require ballast water treatment systems to be evaluated based on their ability to kill certain organisms. The four manufacturers have appealed this decision. The USCG is expected to announce the result of the appeal by the end of May, 2016.«

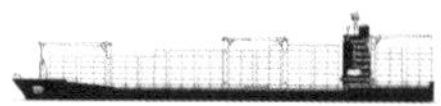

Zulassungen bedeuten. Es würde aber auch dazu führen, dass die Hersteller dieser Anlagen Zeit brauchen, bis diese Systeme am Markt verfügbar wären. Bis die entsprechenden Vorschriften geändert sind, sollten Schiffe weiterhin einen Ballastwasseraustausch gemäß dem D1-Standard ausführen können. Alle Schiffe, deren Klassenerneuerung nach dem Inkrafttreten der Ballastwasserkonvention in weniger als zwei Jahren ansteht, sollten die Möglichkeit erhalten, den Einbau auf die zweite Klasseerneuerung zu verschieben.

Diese Vorschläge sollten vier Probleme aus der Welt schaffen. Erstens besteht Klarheit, welche Anlagen wirklich dazu beitragen, den in der Ballastwasser-Konvention intendierten Zielen des Umweltschutzes zu genügen. Zweitens würden Reeder nicht dazu gezwungen werden, in einer ungeklärten Situation, Ballastwasserbehandlungssysteme zu beschaffen, die hernach als ungenügend klassifiziert werden und die im Rahmen eines Bestandsschutzes weiter auf den Schiffen eingesetzt werden. Schiffseigner sollten also darauf vertrauen können, verlässliche Systeme zu kaufen. Drittens würde die Anzahl der Anlagen, die unter eine Bestandsschutzregel fallen, auf ein Minimum reduziert werden. Viertens würden Hersteller von Ballastwasseranlagen die Chance erhalten, diese auf den neuen Standard zu bringen. Damit würde eine Lage geschaffen, in der genügend Systeme vorhanden sind und damit auch die Marktpreise hierfür reduziert werden.

Was bedeutet dies für Reeder?

Zunächst kommen auf die Schifffahrtsbetriebe auch weiterhin erhebliche Kosten zu, um die zukünftigen Regularien zu erfüllen. Für viele wird dies – nach Jahren der Kapitalvernichtung in der Schifffahrtskrise – in Zukunft deren Kapitalkraft übersteigen, sie werden sich entweder aus der Schifffahrt zurückziehen müssen oder aber ihre Schiffe, solange es noch geht, ausschließlich in Gebieten betreiben, in denen andere Umweltstandards und Sicherheitsanforderungen gelten.

Da man jedoch sicher davon ausgehen kann, dass alle Regeln in absehbarer Zeit Gesetzeskraft erlangen werden, müssen Reeder, die auch zukünftig noch Schiffe betreiben wollen, zwei Voraussetzungen erfüllen. Zum einen müssen sie über die entsprechenden finanziellen Mittel verfügen, um mit eigenem oder geliehenem Geld, die Anforderungen zu erfüllen, also in bestehende Schiffe investieren oder ihre Neubauten so konzipieren, dass sie diesen Anforderungen genügen. Gerade bei älteren Schiffen besteht hier dann häufig das Problem, dass die wirtschaftliche Restnutzungsdauer nicht ausreicht, um am Markt die Investition wieder zu verdienen. Darüber hinaus müssen sie das entsprechende Know-how in ihren Organisationen haben, um dieser Entwicklung nicht nur hinterherzulaufen, sondern diese aktiv mitzugestalten und Entwicklungen und Trends zu erkennen. Dies bedeutet, neben der aktiven Mitarbeit in den Unternehmerverbänden, die als NGOs diesen Prozess begleiten, auch die technologische Führerschaft wiederzuerlangen – ein nicht ganz einfacher Sachverhalt, da die Investitionen in neue Schiffe auch durch Kooperationen mit den Betreibern (= Charterern) abgesichert werden müssen. Gerade deutsche Reeder müssen sich der Tatsache bewusst sein, dass es immer einen (asiatischen?) Eigner geben wird, der die Schifffahrtsdienstleistung kostengünstiger anbieten kann. In diesem Wettbewerb zu bestehen, ist in einem Hochlohnland schwer möglich, sofern man nicht innovativ ist. Auch im Interesse der Besatzungen an Bord der Schiffe und der Umwelt, von der wir und unsere Kinder ja alle leben, sind Kompromisse hier keine Alternative. Schiffe, die heute in Fahrt kommen können, müssen deutlich sicherer, energieeffizienter und umweltschonender sein. Dies bedeutet in Bezug auf die ältere Tonnage, dass diese vom Markt verschwinden muss – bedeutet also am Ende Kapitalverlust. Reeder, die in diesem Vernichtungsprozess noch einen Teil ihres eigesetzten Kapitals retten können, sind in der Lage, diese Mittel zu nutzen, um in adäquatere Schiffe zu investieren. Für die, die ihr komplettes Eigenkapital verloren oder die mit anderer Leute Geld spekuliert haben, gilt dies nicht. So steckt in der Umsetzung neuer Regularien, wie oben beschrieben, auch ein Aspekt der Marktbereinigung, wenn aus technischen Gründen Schiffe verschwinden müssen.

Ganz konkret müssen in einer Reederei die Unternehmensleitung, die diese Strategie lebt, die Chartering-Abteilung, die den Kontakt zu den Betreibern und damit zum Markt hält und deren Bedürfnisse kennt, und die Inspektion, die die Technik der Schiffe kennt und Potenziale für die Zukunft in diesen umsetzten kann, sehr eng zusammenarbeiten. Alle drei müssen sich die Frage vorlegen, wie ein Schiff der Zukunft aussehen muss.

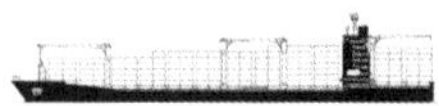

9. Schifffahrt und die Veränderung der Logistikketten

Schifffahrt muss sich an den Bedürfnissen und der Nachfrage der verladenden Wirtschaft orientieren – sie ist eine abgeleitete Dienstleistung von diesen. Schifffahrt hat keinen direkten Kontakt zum Endverbraucher. Im Gegensatz zu Anbietern von Pkws, Telekommunikation und anderen Waren oder Dienstleistungen kann Schifffahrt keine Märkte durch Produktinnovationen selbst schaffen oder erweitern. Der Erfolg der Schifffahrt und ihrer Unternehmen liegt in der Antizipation zukünftiger Entwicklungen oder in der adäquaten Reaktion auf eine vorgefundene Situation.

Eines der grundlegenden Probleme der Schifffahrt ist die seit Langem hervorgehobene Unmöglichkeit, die Transportleistung lagern zu können. So schreibt Sanmann: »In der Seeschiffahrt, wie bei allen Verkehrsmitteln, erfolgen Produktion und Absatz der Leistung uno actu, in einem einzigen untrennbaren Vorgang.« (Sanmann, 1965, S. 69) Nach Sanmann folgt daraus, dass das Angebot der Produktion zeitlich vorausgeht und es sich hier also um eine »bloße Anzeige der Leistungsbereitschaft« handelt (S. 72), die gegenüber der Güterproduktion deutlich weniger konkret ist, der Reeder hat also ein ex ante bestimmtes Schiff zu einer bestimmten Zeit und an einem bestimmten Ort anzubieten. Insbesondere die technische Auslegung bestimmt die Einsetzbarkeit, und zwar meist über dessen gesamte Lebensdauer. Sieht man einmal von dem recht seltenen – jedoch nicht unmöglichen – Aspekt eines generellen Umbaus ab, so sind der Schiffstyp, die Größe und Geschwindigkeit wie auch die Antriebsanlage und damit der Treibstoffverbrauch festgelegt.

Darüber hinaus geraten der Ansatz der Reedereien und Schiffseigner, durch den Einsatz immer größerer Einheiten im Wettbewerb miteinander Kostendegressionen zu erzielen, und der Wunsch der Verlader nach zeitnaher und reibungsloser Lieferung häufig in Konflikt miteinander, haben die Reeder ihre Hafenanläufe gestrafft und bringt ein einzelnes Schiff pro Anlauf immer mehr Container an einen Zielort. Dies führt zu logistischen Problemen im Hafen, die den »Just-in-time«-Erwartungen der Kunden entgegenstehen.[153]

Wie die Verfrachter (Operator) sich auf die Bedürfnisse der Produzenten einzustellen haben, so müssen sich die Trampreeder als Anbieter von Schiffen als Partner Verfrachtern andienen. Dies bezieht sich auf die Konzeption, die Finanzierung und den Betrieb ihrer Schiffe.

Ähnlich wie die Zulieferer der Automobilindustrie müssen sich Trampreeder als Teil einer integrierten Produktionskette verstehen und müssen die Wertschöpfung, für die sie verantwortlich sind, permanent verbessern, zum Nutzen aller Beteiligten. Aus diesem Grund müssen die Beziehungen zwischen Tonnagegestellern und Tonnagenutzern enger und stabiler werden. Insbesondere bei der Beschaffung von Schiffen können deutsche Reeder für die großen Linienreedereien von Nutzen sein und so ihre bisherige Position im Containerschiffsbereich

153 Der Supply-Chain Director von Tesco, der größten Supermarktkette in Großbritannien, auf der UK-Hafenkonferenz, vergl. Lloyd's List vom 25.06.2015

halten. Im Mai 2017 wurden von den 4.985 Containerschiffen, die von den größten 100 Linienreedern betrieben werden, 2.666 von Trampreedern eingechartert (also 53 %) – unabhängig von der Schiffsgröße.[154] 1.135 Einheiten hiervon sind deutsche Schiffe (also 43 %). Vor einigen Jahren wurden ca. 70 % aller Containerschiffe, die nicht von den Verfrachtern selbst besessen werden, aus Deutschland heraus über lokale Schiffsmakler verchartert. Diese Zahl ist heute sicher geringer, wenn man die Abgänge aus der deutschen Handelsflotte berücksichtigt und wenn angenommen werden darf, dass die größeren Containerschiffe ohne Makler direkt zwischen Eigner und Linienreeder geschlossen werden. Dennoch ist Deutschland heute noch der bedeutendste Standort in der Containerschifffahrt.

Linienreeder, die neue und größere Schiffe benötigen, mögen nicht in jedem Fall in der Lage sein, die erforderlichen Eigenmittel aufzubringen, verfügen jedoch über ausreichende operative Zahlungsströme, um die Einheiten langfristig zu chartern oder zu leasen. Gerry Wang, Gründer und bis 2017 Geschäftsführer der kanadischen Reederei SEASPAN, fasst sein Geschäftsmodell so zusammen: »Die Antriebsanlagen auf unseren Schiffen sind die gleichen, die Generatoren sind die gleichen, die Radargeräte sind die gleichen und sogar die Rumpfform ist gleich. ... Die Verfrachter sind glücklich, weil sie Schiffe erhalten, ohne für dies sofort bezahlen zu müssen, und wir sind glücklich, weil wir eine Rendite auf unser Kapital erhalten und den wirtschaftlichen Restwert des Schiffes. Es ist eine ›Win-win«-Situation.‹[155] (LaRocco, 2012, S. 70) Die Reeder treten dann als Vermittler der finanziellen Ressourcen – in Gestalt von Bankengeld, Anleihen oder als eingeworbenes Eigenkapital – und als »Verwalter« des Vermögens auf. Bei der Gestellung von zeitgemäßen Großcontainerschiffen kommt es speziell auf den Zugang zu den entsprechenden finanziellen Ressourcen an.

Um eine optimale Zusammenarbeit zwischen Trampreedern und Linienoperator zu sichern, müssen diese die wesentlichen Aspekte beim Aufbau eines Liniendienstes verstehen und auch nachvollziehen. »Containerlinien müssen auf ihren Hauptrouten einen Ausgleich zwischen erhöhten Abfahrtfrequenzen und Schiffsgröße finden; kleinere Schiffe entsprechen den Forderungen der Verlader nach hohen Abfahrtsfrequenzen und kürzeren Transitzeiten, während größere Einheiten dem Reeder erlauben, von den »economics of scale« zu profitieren.«[156] (Ducruet, Cesar and Notteboom, Theo, 2015, S. 130) In der Tat waren die letzten Jahre insbesondere dadurch gekennzeichnet, dass die Linienredereien mit größeren Schiffen immer weniger Haupthäfen angelaufen haben. So wurden im Verkehr zwischen Europa und Ostasien 1989 je Dienst noch im Durchschnitt 4,9 Häfen angelaufen, während dies 1998 noch 3,84; 2000 3,77; 2006 3,68 und 2009 nur noch 3,35 Häfen waren. (S. 127) Dieses sogenannte Hub-port-(Verteilerhäfen-)Konzept resultiert in einer besseren Auslastung der großen Hauptschiffe innerhalb eines Verkehrs, kann jedoch dazu führen, dass die hier erzielten Kostenvorteile durch verlängerte Umlaufzeiten der Container und durch Umladekosten überkompensiert werden. Mit sich ändernden Handelsströmen können dann eventuell wieder neue Haupthäfen innerhalb einer Region entstehen. Darüber hinaus entwickeln sich mehr und mehr Linienree-

154 Vergl. Alphaliner – Top 100; Internet: https://www.alphaliner.com/top100/

155 Zitiert nach: LaRocco, Lori Ann, Dynasties of the Sea, Stamford 2012, S. 70; Im englischen Original: »All of our ship engines are the same, the generators are the same, the radars are the same, and even the shapes of the ships are the same ... The operators are happy because they get ships without having to pay immediately and we're happy, because we get a return on the assets and the residual value. It's a win-win situation.«

156 Im englischen Original: »Container service operators have to make a trade-off between frequency and volume on the trunk lines; smaller vessels allow meeting the shippers' demand for high frequency and lower transit times, while larger units will allow operators to benefit from economics of vessel scale.«

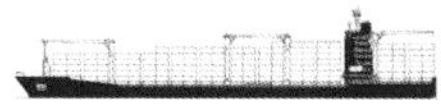

dereien zu globalen Logistikanbietern, die nur einen Teil ihrer Umsätze auf den Seestrecken und im Rahmen von Vor- und Weiterfrachten erzielen. Im Rahmen von vertikaler Integration der Angebotskette sind heute bei einigen Konzernen neben der Linienschifffahrt auch die Agenturen, Hafenbetriebe, Speditionen und Logistikzentren unter einem Dach zusammengefasst.

Für (deutsche) Tonnageanbieter, die im Rahmen der Schifffahrtskrise viel Eigenkapital verloren haben, die teilweise nur noch einen eingeschränkten Zugang zu Bankengeld haben und die aufgrund ihrer eher mittelständischen Struktur nicht über die organisatorische Ausrichtung verfügen, um sich Zugang zu Anleihen- oder Aktienkapital zu verschaffen, wird es in Zukunft wohl nicht darum gehen können, für die Linienreedereien deren Großcontainerschiffe zu bestellen und zu betreiben. Sehr wohl bieten sich aber Chancen, bei den kleineren Einheiten, die im Feederverkehr und in den intra-regionalen Netzwerken fahren, mit den Operatoren zu kooperieren – und dies sowohl im Bereich der direkten Schiffsgestellung von eigener (Tramp-)Tonnage als auch bei der Vercharterung von Drittschiffen an die Linien. Schiffe, die vom Markt, also von den Linienreedern, angenommen werden, müssen – dem Trend der Vernetzung folgend – in die Transportkette eingebunden sein, müssen also über die entsprechenden Informations- und Kommunikationstechnologien verfügen, um sowohl den optimalen und energieeffizienten Betrieb landseitig zu kontrollieren, die Einbindung in die gesamte Flotte sicherzustellen als auch die Ladung zu überwachen.

Um sich den großen Linienreedereien oder -konsortien als verlässlicher Partner andienen zu können, müssen die Trampreeder über eine gewisse Flottengröße verfügen und in den für sie attraktiven Größenklassen eine gewisse Anzahl von Schiffen vorhalten. Dies bedeutet nicht unbedingt, dass diese Schiffe dann einem Unternehmen gehören, wohl aber, dass über einen großen Makler das entsprechende Angebot bereitgestellt wird. Um allen Eignern eine Investitionssicherheit zu gewährleisten, können gleich große Schiffe verschiedener Reeder in Einnahmepools zusammengefasst werden. Wie an anderer Stelle bereits betont, haben die Konzentrationsprozesse der letzten Jahre zu immer globaler agierenden und immer weniger Linienreedereien geführt. Die Schiffsangebotsseite muss hier nachziehen. Dies stabilisiert nicht nur die Charterraten, sondern schafft für beide Seiten eine größere Planungssicherheit. Dass dies nicht auf den nationalen Rahmen beschränkt bleiben muss, zeigt die Zusammenlegung der Vercharterung der beiden großen Flotten der deutschen Peter Döhle Schifffahrts-KG mit der ähnlich großen griechischen Costamare im Sommer 2017. Damit entsteht das größte Unternehmen zur Vermarktung von Containerschiffen – es hat seine Zentrale in Hamburg.

In ständiger Kommunikation zwischen Linienreedern und Tonnagegestellern oder Schiffsmaklern kann nicht nur die existierende Flotte optimal beschäftigt, sondern auch die richtigen Schiffe für die jeweiligen Verkehre der Zukunft entwickelt werden, dies bezieht sich auf die Größe, die technische Auslegung (z.B. die Anzahl der Kühlcontaineranschlüsse oder die Frage, ob ein Schiff Kräne braucht oder nicht) und die Maschinenanlage (Geschwindigkeit und Treibstoffverbrauch). Oberste Maßgabe ist in diesem Fall immer, dass die Schiffe in der Anschaffung und im Betrieb kostengünstig sein müssen – hier können große Trampreedereien oder -verbindungen ihre Expertise und Marktmacht ausspielen: bei der Bestellung von Schiffen, bei der Beschaffung von Ersatzteilen und Betriebsmitteln und bei der Anstellung von qualifiziertem See- und Landpersonal.

Diese Kooperation setzt die Verpflichtung beider Parteien zu einer langfristigen Geschäftsbeziehung voraus, also den Abschluss längerfristiger Charterverträge, die das wirtschaftliche Risiko aus der Investition auf beide Seiten gleich verteilt.

Auch wenn – wie beschrieben – Schifffahrt eine abgeleitete Dienstleistung ist und daher Märkte nicht selbst schaffen oder erweitern kann und darüber hinaus auch als Dienstleistung im Moment der Erstellung vergeht, sich also nicht lagern lässt, so sind doch die Reeder in einer besseren Lage, die über Zugang zu Ladung verfügen. Zwar können auch sie nicht die Preise diktieren – weder Fracht- noch Charterraten –, aber sie sind zumindest in der Lage, ihre Schiffe in Fahrt zu halten und damit einen konstanten Strom von Einnahmen zu generieren.

Andererseits haben sich aufgrund der Marktdifferenzierung in den letzten Jahrzehnten gerade im Bereich des Transports von Massengütern (Rohöl und Ölprodukte sowie trockene Ladung, wie Erz, Kohle und Getreide) viele Rohstoffproduzenten und -Händler aus dem Besitz von Schiffen zurückgezogen. Die Tankschiffsreedereien von Shell und Esso – Teil der Ölmultis – sind nicht mehr aus Deutschland heraus tätig. Die Flotten der anderen Ölkonzerne sind erheblich geschrumpft. Dies hat unter anderem mit den größeren Haftungsrisiken nach der EXXON-VALDEZ-Katastrophe zu tun und mit der Tatsache, dass die Ölmultis bei Schiffshavarien nicht mit eigenen Schiffen im öffentlichen Fokus stehen wollen. Die Stahlkonzerne Thyssen, Hoesch und Mannesmann haben 1985 den Geschäftsbetrieb der Seereederei »Frigga« eingestellt. Anfang des neuen Jahrtausends hat der Krupp-Konzern seine Bulkerflotte an die Neu-Seeschifffahrt, hinter der US-amerikanische Interessen stehen, verkauft. Für Krupp hatte dies auch bilanzielle Gründe, konnte doch so mit weniger gebundenem Eigenkapital – bei unterstellt gleichem Umsatz – eine höhere Eigenkapitalrendite erwirtschaftet werden.

Für Trampreeder, die ihre Tonnage meist auf Spotbasis den Rohstoffkonzernen andienen können, haben sich hier Chancen auf eine längerfristige Zusammenarbeit mit diesen ergeben, die die Beschäftigung der Schiffe gewährleistet. Ladungskontrakte ermöglichen einen – weitgehend – kalkulierbaren Einsatz der Tonnage, auch wenn natürlich die schwankenden Treibstoffkosten – der wesentliche Aspekt der Transportkosten – hier auch zu erheblichen Verlusten führen können, sofern diese nicht über Termingeschäfte gesichert sind. Doch auch hier ist eine Risikominimierung möglich und gängige Praxis. Voraussetzung, um mit den Großen eine Partnerschaft einzugehen, ist, dass der Reeder über den entsprechenden Schiffsraum verfügt und somit die Ladung auch sicher transportieren kann. Es müssen natürlich nicht in jedem Fall eigene Schiffe sein, sondern diese können – zum Teil – auch von anderen zugechartert werden oder aber im Rahmen von Pools langfristig an das Unternehmen gebunden sein. Ferner spielt der garantiert hohe Qualitätsstandard der angebotenen Flotte gerade für Großkonzerne eine entscheidende Rolle.

Im Grunde geht es darum, als Partner für die Ladungsseite den günstigsten und verlässlichsten Seetransport zu organisieren. Hier können Reeder ihre Expertise ausspielen, denn sie sind am ehesten in der Lage, Schiffe effektiv zu operieren. Für mittelständische Unternehmen wie die deutschen Schifffahrtsunternehmen bedeutet dies, dass – ohne möglicherweise zu fusionieren – eine stärkere Kooperation notwendig ist, dass Reeder mit nur einer Handvoll Schiffen diese Größeren zur Verfügung stellen, insbesondere auf der Befrachtungsseite, also bei der Vercharterung oder der Operation der Einheiten. Es geht also darum, näher an die Ladungsseite zu kommen.

In der Linienschifffahrt liegen die Dinge etwas anders. Hier könnten die Trampreeder dichter an den Containerverkehr herankommen, indem sie den Linienreedern ihre Tonnage abnehmen würden und diese Schiffe dann selbst betreiben, zusammen mit ihrer bisherigen Tonnage. Die Linienreeder würden diese Schiffe mit ihrer Ladung füllen, Fahrpläne und Dienstrotationen würden eng zwischen Tonnagegesteller und Linienreederei abzustimmen sein. Jeder Partner würde sich auf das konzentrieren, was er am besten kann – flexibles und effektives Shipma-

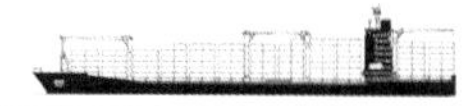

nagement auf der einen Seite und Marketing und Inlands(Waren)Logistik auf der anderen. Die Schiffe stünden dann im Prinzip jedem Linienreeder zur Verfügung, was sicherlich noch einmal einen Produktivitätsschub bewirken und Synergien freisetzen würde. Es wäre dann ein System, was dem der Eisenbahn gleichkäme. Jeder kann dort verladen, ohne das Betriebsrisiko zu tragen. Sicher sind auch hier zuerst erhebliche Probleme zu beseitigen, denn da hier, selbst wenn man in einem Verkehr mit diesem System beginnt, mehrere Milliarden Dollar erforderlich sind, müssen die Partner eine gewisse Investitionssicherheit voraussetzen dürfen. Die Linienreeder müssten sich zu einer Mindestabnahme von Stellplätzen pro Hafen verpflichten, die Tonnagegesteller zur Einhaltung der Abfahrtfrequenzen. Bei den Linienreedern lägen die Inlandskosten für Vor- und Weitertransport, die Hafenumschlagskosten. Die Trampreeder würden die Hafenkosten und die Kosten der Schiffe übernehmen. Solch ein Geschäftsmodell könnte auch für institutionelle Anleger attraktiv sein. Sie könnten die Trampreeder bei der Aufbringung der oben genannten hohen Investitionssummen unterstützen. Geld würde dann an die Linienreeder fließen, die sich im Gegenzug von ihren Flotten trennen und Cash generieren.

10. Eine Schiffsinvestition in der Krise – ein vereinfachtes Beispiel

Der technischen und ökonomischen Entwicklung geschuldet, sind viele Schiffe in den letzten Jahren entwertet worden, da sie mit neueren Schiffen nicht mehr oder nur noch schwer konkurrieren können. Dies gilt für ihre Größe, ihren Treibstoffverbrauch oder für ihre Ausstattungen und Einrichtungen, die mittlerweile international Standard sind oder gefordert werden. Dies betrifft aber vor allem Schiffe, die in den Boomjahren zu deutlich überhöhten Preisen bestellt wurden und die, obschon noch recht jung, wirtschaftlich (nicht technisch) veraltet sind, ohne jede Chance, die in ihnen steckende Investition jemals wieder zu verdienen.

Der englische Begriff »return«, den man im Deutschen mit Rendite übersetzt, drückt dies in aller Klarheit aus. In unserer Wirtschaftsordnung möchte – ja, muss – jeder Investor sein Geld zurückerhalten; mit einer Prämie für das hergegebene Kapital. Ohne diese (positive!) Verzinsung macht eine Kapitalanlage keinen Sinn für ihn. Sicher kann nicht in jedem Jahr ein Überschuss erwirtschaftet werden – es gibt auch immer Phasen, in denen (Eigen)Kapital aufgezehrt wird. Auf den gesamten Lebenszyklus der Anlage gesehen, muss aber mehr Kapital zurückfließen, als investiert worden ist. Für die Schiffe, die endliche Anlageformen sind und die in der Regel nach 25 Jahren verwertet, also verschrottet werden, kann in einer so zyklischen Branche oft erst zum Zeitpunkt des wirtschaftlichen Endes beurteilt werden, ob sich die Investition rentiert hat.

Für die jetzige Lage – und hierauf ist bereits hingewiesen worden – ergibt sich bei vielen Schiffen die Situation, dass die Investition nicht oder nicht vollständig zurückgeführt werden wird. Insbesondere in den Jahren zwischen 2003 und 2007 sind Schiffe zu – im Nachhinein betrachtet – völlig überhöhten Preisen bei den Werften bestellt worden. Teilweise mit großen Aufschlägen auf das Anlageobjekt, wie dies bei den KG-finanzierten Einheiten meist der Fall war, die mit sogenannten »weichen« Kosten beaufschlagt wurden. Darüber hinaus konnten in dieser Zeit die Reedereien beim Einbau von Equipment – allen voran bei der Antriebsanlage – nicht wählerisch sein, denn die Maschinenhersteller hatten oft erhebliche Lieferzeiten, bei der Auswahl mussten dementsprechend Kompromisse gemacht werden. Das Design der Schiffe war in vielen Fällen auch nicht an modernen Standards ausgerichtet, in Bezug auf die Ladefähigkeit und die Effizienz. Diese Standardschiffe waren also nicht nur zu teuer erworben, sondern auch schon nach wenigen Jahren nicht mehr up-to-date. Kamen die Schiffe dann zwei bis drei Jahre nach Bestellung in Fahrt, so fuhren sie für einige Zeit unter einer, bei Abschluss des Bauvertrags schon vereinbarten Charter, die ausreichte, um in den ersten Jahren die gesamten Kosten zu decken, Fremdkapital zurückzuführen und möglicherweise sogar Liquiditätsüberschüsse an die Anleger auszuschütten. Doch mit Auslaufen dieser Anfangscharter waren die Schiffe meist nicht mehr in der Lage, vollständig ihren Verpflichtungen nachzukommen, denn sie mussten nun unter deutlich verschlechterten Marktbedingungen eine Anschlussbeschäftigung finden. Zunächst wurden dann eventuelle Liquiditätsreserven aufgebraucht, Ausschüttungen zurückgeholt, zusätzliches Eigenkapital eingeschossen und mit den finanzierenden Banken Stillhalte- und Restrukturierungsabkommen geschlossen. In der zweiten Phase, also, wenn die Anleger

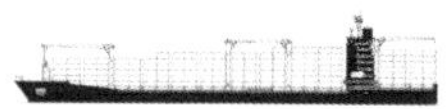

nicht mehr in der Lage oder bereit waren, weitere Mittel zur Verfügung zu stellen und die Banken ihr geliehenes Geld in ihren Bilanzen wertberichtigen mussten, sind die Schiffe dann in Insolvenz gegangen – das Eigenkapital war vollständig verloren, und die Banken mussten die Schiffe verwerten, also zu erheblichen finanziellen Abschlägen an andere Betreiber abgeben.

Im Grunde ist dann alles recht einfach. Der potenzielle Käufer dieses insolventen Schiffes und die Bank müssen sich nun über einen Preis einigen. Da der Wert eines Wirtschaftsguts sich an den auf den Investitionszeitpunkt abgezinsten Netto-Einnahmen der Restlebensdauer bemisst, würde kein potenzieller Käufer bereit sein, für dieses mehr zu zahlen, als sich aus der Rechnung, die ja seine Zukunftserwartungen widerspiegelt, ergibt. Die Preisfindung erfolgt also über die zukünftigen Ratenannahmen, die zukünftigen Schiffsbetriebskosten und die Kosten für die Verwaltung des Schiffes. Legt man dann einen Abzinsfaktor von – sage – 6 % zugrunde und ergibt sich aus der Rechnung der Nettobarwert von 12 Millionen US-$, so wird bei einem Kaufpreis von 12 Mio. $ der Käufer eine Rendite von 6 % erwirtschaften – so er denn die Zukunft in seiner Rechnung richtig (!) vorhergesagt hat. Für den Verkäufer (die Bank) stellt sich die Situation jedoch anders dar. Sie hat dem Schiff vielleicht 35 Millionen US-$ geliehen und bisher vielleicht nur 5 Mio. zurückerhalten. Sie müsste also 30 Mio. $ verlangen, um ohne finanziellen Schaden das Schiff verkaufen zu können[157] – dies jedoch nur, wenn immer Zinsen gezahlt wurden. Geht die Bank dennoch auf den Kaufpreis von 12 Mio. $ ein, so hat sie einen Verlust von 18 Mio. $ in ihre Bücher zu nehmen. Dies mag für einen einzelnen Vorgang auch tragbar sein, ist aber bei der Vielzahl von Schiffen, die die Banken in der Vergangenheit finanziert haben und die sich einer ähnlichen wirtschaftlichen Lage befinden, für viele Kreditinstitute nicht tragbar. Es könnte also ein Kompromiss gefunden werden, der zu einem Kaufpreis von 25 Mio. $ führt.

Da, wie schon angedeutet, eine Verwertung, also ein Verkauf von relativ neuen Schiffen im gegenwärtigen Markt nur unter vollständigem Verlust des Eigenkapitals der ursprünglichen Investoren sowie mit erheblichen Wertberichtigungen seitens der Banken durchgeführt werden kann, haben sich eine Reihe von Kreditinstituten auf die Bündelung von Schiffen und die Weitergabe an größere Schifffahrtsunternehmen verlegt. Hier ist der unmittelbare Abschreibungsbedarf der Banken geringer. Darüber hinaus erhofft man sich aus der Bündelung von Schiffen und Integration in größere Flotten Synergieeffekte im Betrieb der Schiffe. Die Schiffe eines Pakets haften dann untereinander für die Bedienungen der Kredite, was bei Reedern, die nur ein oder zwei Schiffe haben, nicht möglich ist. Für die Banken verringert sich die Zahl der Kunden, mit denen Darlehen abgewickelt werden – es ergibt sich eine vereinfachte Verwaltung und Kommunikation. Aufgrund der schlechten Einnahmesituation wird nun nicht mehr auf der Einhaltung eines Rückzahlungsplans bestanden, die Schiffe zahlen, wenn entsprechende Überschüsse verdient wurden (»Pay-as-you-earn«, PAYE). Aus der unterschiedlichen Rangfolge der jeweiligen Kredittranchen ergibt sich dann ein sogenannter Wasserfall, nach dem die freien liquiden Mittel verteilt werden. Das vom neuen Reeder aufgebrachte Eigenkapital steht hier nicht immer im letzten Rang und erhält in der Regel auch einen Zinsanspruch. Das Eigenkapital wird also auch wie ein Kredit betrachtet und – zum Beispiel – als »Borrower's Loan« bezeichnet. Insgesamt ist das Kreditwerk meist »non-recourse«, eine Haftung des Kreditnehmers über den Wert seines eingesetzten Kapitals hinaus ist ausgeschlossen. Unter normalen Marktbedingun-

157 Vorausgesetzt, dass die Schiffsgesellschaft immer zumindest ihren Zinsverpflichtungen nachgekommen ist. Sollte sie diese nicht gezahlt haben, so hätte sich der Kredit noch erhöht – immer um den Betrag der nicht gezahlten Zinsen.

gen würden Banken, die diese Kredite vergeben, dann die Höhe des Kredits in Bezug auf den Wert des »Colleterals«, also in diesem Fall des Schiffes, auf 50 % bis 60 % begrenzen, um im Falle eines Ausfalls des Darlehens immer noch eine Chance auf genügend Verwertungsmasse zu haben, um die Kreditvaluta decken zu können. Dies ist in der heutigen Situation jedoch nicht der Fall, denn auch der neue Reeder verfügt meist nicht über das entsprechende Eigenkapital in dieser Höhe oder wird nicht bereit sein, ein Verlustrisiko in dieser Höhe einzugehen. So lautet die Eigenkapitalunterlegung in der Regel nur auf 10 bis 15 %.

Meist wird die sicherste Kredittranche (»Senior Loan«) in der Höhe des in den Schiffen steckenden Schrottwerts gestellt. Dieses Kapital wird vorrangig bedient und eher niedrig verzinst. Die Bank erhält sich so die Möglichkeit, diese Tranche bei Bedarf an Dritte zu verkaufen, sofern sie Liquidität braucht. Dass diese Tranche allerdings auch nicht immer eine »sichere Bank« ist, wird deutlich, wenn man die oben betrachtete Entwicklung der Schrottpreise pro Tonne Leergewicht über die Zeit miteinbezieht. So ist der Verwertungsertrag für ein Containerschiff mit 2,700 TEU Stellplätzen von 5,97 Millionen US-$ (Durchschnitt 2011) auf 3,23 Millionen (Januar 2016) gefallen – also um 46 %.

Die anderen Kredite stehen – bei höheren Zinsansprüchen – hintenan. Meist ist von vornherein die Abschreibung der Banken so gering, der Wert des Pakets also noch so hoch, dass die der sichersten Kredittranche folgenden Darlehen bei Verwertung der Schiffe nur teilweise zurückgeführt werden können. Kaufmännisch ehrlich und vorsichtig hätte diese Wertberichtigung schon bei Entwicklung des Investitionsobjekts – also beim Verkauf an den neuen Reeder – vorgenommen werden müssen. Dies hätte jedoch für die Banken bedeutet, höhere Verluste schon zu diesem Zeitpunkt hinnehmen zu müssen, was ggf. deren Bilanzen über Gebühr belastet hätte (s.o.).

Diese Modelle sind also eine Wette auf die Zukunft, ein Wechsel, ausgestellt in der Hoffnung, dass sich die Märkte erholen und mit ihnen auch die Schiffswerte. Problematisch ist allerdings, dass Schiffe Investitionsobjekte endlicher Natur sind, sie per se mit zunehmendem Alter an Wert verlieren. So kann es sein, dass selbst wenn in einigen Jahren die Märkte sich wieder erholen, das Alter des Schiffes zu hoch ist, um von diesem wertsteigernden Effekt wirklich zu profitieren. Es steht dann kurz vor der Verschrottung, also am Ende seiner wirtschaftlichen Nutzungsdauer.

Wenn der Reeder als Kreditnehmer und Steller von Eigenmitteln (10–15 % des gesamten zu hoch angesetzten Werts) konservativ kalkuliert, darf er kaum mit einem Rückfluss seiner Mittel rechnen, er verliert also sein Eigenkapital und manchmal auch den Betriebsmittelkredit, sofern dieser von ihm und nicht von der Bank gestellt wird. Sein Geld ist also verloren. Wenn sich für die Schifffahrtsunternehmen aus diesen Geschäften überhaupt eine gewisse Attraktivität ergibt, so liegt diese in den Überschüssen aus für die Flotte zu erbringenden maritimen Dienstleistungen. Diese Paketlösungen machen damit für Reeder Sinn, die die gesamte Palette dieser Leistungen anbieten können. Neben einer Marge aus dem Crewing, der Bemannung von Schiffen (durch die Crewingabteilung), ist dies die technische Betreuung (durch die Inspektionsabteilung), die Vermittlung von Schiffsversicherungen (durch den hauseigenen Versicherungsmakler – große Reedereien haben manchmal auch eine Selbstversicherung, die für einen Teil der Risiken zeichnet), die wirtschaftliche Verwaltung der Schiffe (durch die Buchhaltung, die Rechtsabteilung, das Controlling) und auch die Verwertung (durch die eigene An- und Verkaufsabteilung). Entscheidend ist jedoch, ob er sich die kommerzielle Nutzung des Schiffes sichert. Er schließt dann die Charterverträge und erhält hierfür eine Kommission. Indem er mit der Übernahme von insolventen Schiffen seine Flotte vergrößert, stärkt er auch seine

 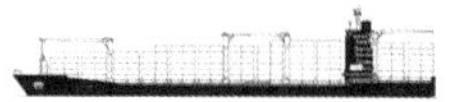

Marktmacht, kann also tendenziell höhere Charterraten vom Kunden verlangen. Bietet er darüber hinaus an, technisch ähnliche Schiffe in einem Einnahmepool zusammenzufassen, kann er für diesen Aufwand noch einen Zuschlag auf die Charterkommission verlangen. All diese Tätigkeiten werden vom neuen Reeder den Schiffen berechnet. Damit wird noch einmal deutlich, dass hier ein Konzentrationsprozess ausgelöst wird. Reedereien, die heute nur weniger als 25 Schiffe verwalten oder besitzen, werden sich nicht die zur Erbringung diese Dienstleistungen erforderlichen Strukturen leisten können. In der deutschen Schifffahrtsbranche gibt es nur eine Handvoll Adressen, die damit für die Kreditinstitute als Partner infrage kommen.

Es kann also für einen potenziellen Käufer – den neuen Reeder – sinnvoll sein, ein Schiff aus der Insolvenz zu überhöhten Preisen zu erwerben. Die laufenden Erträge aus den oben beschriebenen maritimen Dienstleistungen, die er anbietet, können im Jahr schon über 250.000 US-$ liegen – nach zehn Jahren hat er also sein eingesetztes Eigenkapital zurückerhalten. Eine Rendite hat sich dann aber immer noch nicht ergeben – er hofft also zusätzlich auf steigende Märkte.

Wie sich die Schifffahrtskrise ganz konkret auf eine Schiffsgesellschaft auswirken kann und welche Handlungsoptionen die an dieser Gesellschaft Beteiligten haben, soll im Folgenden ein stark vereinfachtes Beispiel zeigen. Hierbei wird auf die Anwendung von Finanzderivaten, Endfälligkeitstilgungen und andere Feinheiten der Schiffsfinanzierung verzichtet. Die Rechnung ist in US-$ aufgemacht, da das Schiff seine Einnahmen, viele Betriebskosten und die Finanzierung in dieser Währung hat.

Im Jahr 2006 bestellt eine Einzelschiffsgesellschaft – eine GmbH & Co. KG – bei einer koreanischen Werft ein Panamax Vollcontainerschiff zu einem Baupreis von 62,5 Millionen US-$. Mit Nebenkosten, wie Vorfinanzierung, Bauaufsicht, Anlaufkosten und Erstausrüstung, liegt der Wert der Investition bei Ablieferung bei 65 Millionen US-$. 70 % dieses Werts werden über eine Bank zu 4 % über dem 3-Monats Libor (USD) auf zwölf Jahre finanziert. Nach Ende der Finanzierung wird das Schiff zu 13 Millionen US-$ (20 % des Anschaffungswerts) verkauft, was bei einem Restwert (= Schrottwert) einem Buchgewinn von 7 Millionen US-$ entspricht. Die Gesellschaft optiert von Anfang an für die Tonnagesteuer, womit die Steuerlast – aufgrund des geringen Betrags – in dieser Rechnung vernachlässigt wird. Für die ersten drei Jahre ist mit einer Containerlinienreederei eine Charter von 27.500 US-$ pro Tag fest vereinbart. Danach hat der Charterer noch eine Option zu gleichen Bedingungen für zwei weitere Jahre. Es wird allgemein von einer weiterhin wachsenden Nachfrage nach Containerschiffen ausgegangen, sodass für die Folgejahre, also ab 2015 bis 2020 (Verkaufsjahr), diese Raten unterstellt werden. Als Mindestliquidität in der Gesellschaft wird 1 Mio. $ festgelegt, sodass während der Betriebsphase alle darüber hinausgehende Mittel an die Kommanditisten ausgeschüttet werden können.

Für die Anleger ergeben sich neben der Einzahlung von 20,5 Millionen US-$ in den nächsten zwölf Jahren liquide Rückflüsse von mehr als 36 Mio. $, was zu einer Rendite von 6,89 % pro Jahr führt – und dies, wie gesagt, steuerfrei.[158] Beispielrechnungen dieser Art, die die Grundlage für Schiffsinvestitionen Mitte der letzten Dekade waren, zeigen, wie ausgesprochen attraktiv diese Geldanlage sein konnte – sofern die gemachten Annahmen sich als richtig herausgestellt hätten.

158 Das hier präsentierte Beispiel gilt generell, also unabhängig davon, ob nur ein Kommanditist das Eigenkapital aufbringt oder ob es sich um das deutsche KG-Modell handelt, an dem sich eine Vielzahl von Kleinanlegern beteiligen. Die hier präsentierten Zahlen sind der Realität angenähert, es handelt sich also nicht um einen konkreten Fall.

Schiffsinvestition in ein 4.500-TEU-Containerschiff – Ursprungskalkulation zum Zeitpunkt der Investition

Alle Werte in Tsd US-$	Eröffnungs-Bilanz	2009	2010	2011	2012	2013	2014	2015	2016	2017	2018	2019	2020
Erwartete Brutto-Charter pro Tag		27.500	27.500	27.500	27.500	27.500	27.500	27.500	27.500	27.500	27.500	27.500	27.500
Gewinn & Verlustrechnung													
Bruttoeinnnahmen		9.955	9.955	9.955	9.983	9.625	9.955	9.955	9.983	9.955	9.625	9.955	9.983
Kommissionen		–498	–498	–498	–499	–481	–498	–498	–499	–498	–481	–498	–499
Reisekosten		–30	–30	–30	–30	–30	–30	–30	–30	–30	–30	–30	–30
Rohertrag		9.427	9.427	9.427	9.453	9.114	9.427	9.427	9.453	9.427	9.114	9.427	9.453
Buchwert Schiffsverkauf													7.000
Laufende Betriebskosten		–1.935	–1.993	–2.052	–2.120	–2.177	–2.243	–2.310	–2.386	–2.451	–2.524	–2.600	–2.685
Werft(Klasse–)kosten						–600					–750		
Verwaltungskosten/Management		–398	–398	–398	–399	–387	–398	–398	–399	–398	–387	–398	–399
EBITDA		**7.094**	**7.036**	**6.977**	**6.934**	**5.950**	**6.786**	**6.719**	**6.668**	**6.578**	**5.453**	**6.429**	**13.369**
Zinsen		–1.845	–1.686	–1.499	–1.339	–1.174	–1.009	–862	–705	–549	–427	–284	–95
Abschreibung		–4.917	–4.917	–4.917	–4.917	–4.917	–4.917	–4.917	–4.917	–4.917	–4.917	–4.917	–4.917
Gewinn/(Verlust)		333	434	561	679	–142	861	940	1.046	1.113	110	1.228	8.357
Bilanz													
Anlagevermögen (Schiff)	65.000	60.083	55.167	50.250	45.333	40.417	35.500	30.583	25.667	20.750	15.833	10.917	0
Kasse/Bank	1.000	1.000	1.000	1.000	1.000	1.000	1.000	1.000	1.000	1.000	1.000	1.000	–0
Aktiva	**66.000**	**61.083**	**56.166**	**51.250**	**46.333**	**41.417**	**36.500**	**31.584**	**26.666**	**21.750**	**16.834**	**11.917**	**–0**
Eigenkapital	–20.500	–20.500	–20.833	–21.267	–21.828	–22.507	–22.365	–23.226	–24.166	–25.213	–26.326	–26.435	–27.663
Gewinn/Verlust aus G&V		–333	–434	–561	–679	142	–861	–940	–1.046	–1.113	–110	–1.228	–8.357
Bankkredit	–45.500	–41.708	–37.917	–34.125	–30.333	–26.542	–22.750	–18.958	–15.167	–11.375	–7.583	–3.792	–0
Gebildetes Eigenkapital		1.458	3.017	4.703	6.507	7.490	9.476	11.541	13.713	15.951	17.185	19.538	36.021
Passiva	**–66.000**	**–61.083**	**–56.166**	**–51.250**	**–46.333**	**–41.417**	**–36.500**	**–31.584**	**–26.666**	**–21.750**	**–16.834**	**–11.917**	**0**
Ein–/Auszahlungen Eigentümer	–20.500	1.458	1.559	1.686	1.804	983	1.986	2.065	2.172	2.238	1.234	2.353	16.483
Eigenkapitalrendite	**6,89%**												

Eigene Berechnungen

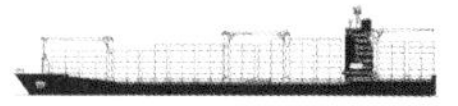

Doch die wirtschaftliche Lage in der Schifffahrt – und davon handelt dieses Buch – hat sich ganz anders entwickelt. Bis Ende des Jahres 2011 lag die Gesellschaft noch in der Prognose, wie oben berechnet – wir unterstellen, dass der Charterer seinen Verpflichtungen nachkam und sich die Kosten des Betriebs auch im erwarteten Bereich bewegt haben. Bis zu diesem Zeitpunkt hatten die Anleger bereits 23 % ihres investierten Kapitals zurückerhalten – 4,7 Mio. $, wovon 1,3 Mio. $ auf echte handelsrechtliche Gewinne entfielen[159] und 3,4 Mio. $ Liquiditätsausschüttungen waren, die die Gesellschaft zurückfordern darf, sollte sie Geld benötigen. Und genau dieser Fall tritt nun 2012 ein. Nach Auslaufen der Festcharter wird eine neue Beschäftigung zu nunmehr nur noch durchschnittlich 10.000 $ am Tag gefunden. Dies entspricht in etwa den aktuellen Marktgegebenheiten. Darüber hinaus sind die Charterperioden deutlich kürzer, vielleicht nur noch wenige Monate lang. Zwischen diesen Chartern liegt das Schiff für einige Tage unbeschäftigt. Um den sich ergebenden Liquiditätsunterschuss von 3,1 Mio. $ zu decken, wird die ausgeschüttete Liquidität von den Kommanditisten der Schifffahrtsgesellschaft wieder zur Verfügung gestellt (im Beispiel wird auf die Mindestliquidität von 1 Mio. verzichtet). Mit dem Einschuss der Eigentümer können sowohl die Betriebskosten als auch Zinsen und Tilgung erbracht werden.

Doch auch 2013 erholen sich die Märkte nicht – im Gegenteil, die Charterraten fallen auf 8.700 $ pro Tag. Hinzu kommt, dass das Schiff jetzt fünf Jahre alt ist und die Klasseerneuerung in einer Werft ansteht – die Schiffsbetriebskosten steigen also in diesem Jahr außergewöhnlich um 600 Tsd. $. Die Kommanditisten sind bereit, ihre restliche Liquidität der Firma zur Verfügung zu stellen, nicht jedoch ihre Gewinnausschüttungen. Doch diese Maßnahme reicht nicht, die Gesellschaft am Leben zu erhalten – es wird mit der Bank vereinbart, das Schiffshypothekendarlehen in diesem Jahr nicht zu tilgen. Außerdem verzichtet die Bank auf einen Teil der Zinszahlungen.

Auch 2014 hat sich der Markt nicht erholt. Die Anleger verweigern einen Einschuss, und die Bank verzichtet im zweiten Jahr auf Tilgungen und auf einen Teil ihrer Zinsen. Etwas erleichternd wirken sich das insgesamt niedrige Zinsniveau und die Tatsache aus, dass die Schiffsbetriebskosten zurückgehen, da keine Werftzeit nötig ist.

Im Folgejahr sind die Charterraten etwas gestiegen – dennoch bleibt eine Deckungslücke, obschon wieder keine Tilgung und nur teilweise Zinszahlung erfolgt sind. Die Bank beschließt, von ihrem Recht Gebrauch zu machen, das Schiffshypothekendarlehen fällig zu stellen und das Schiff zu verwerten. Die Schiffsgesellschaft ist damit insolvent.

Zum Verkaufszeitpunkt 31.12.2015 kann ein Panamax-Containerschiff noch 16 Mio. $ erlösen, womit sich für die Bank, die einen Anspruch hierauf hat, ein Verlust von ca. 17 Mio. $ ergäbe, valutiert ihr Kredit zu diesem Zeitpunkt (inklusive aufgelaufener Zinsen) mit 33 Mio. Diese 17 Mio. werden nicht ausgeglichen, da die Eigentümer der Firma nur bis zum einzuzahlenden Kapital haften – und dieses ist aufgebraucht. Die Anleger dürfen lediglich die Gewinnausschüttungen der ersten drei Jahre behalten. Sie haben mithin 20,5 Mio. $ investiert und lediglich 1,3 Mio. zurückerhalten. Hier eine Rendite zu berechnen, erübrigt sich[160].

159 Ob diese Gewinne wirklich auch im jeweiligen Jahr zur Auszahlung kommen, hängt u.A. vom Gesellschaftsvertrag ab – wir gehen hier davon aus, dass dies möglich ist.

160 Bei Berechnung in Excel mit der MIRR-Formel (Kapitalzins 4 %, Wiederanlagezins 2 %) ergäbe sich eine negative Rendite von 27,94 % pro Jahr

Schiffsinvestition in ein 4.500-TEU-Containerschiff – Aktuelle Entwicklung

Alle Werte in Tsd US-$	Eröffnungs-Bilanz	2009	2010	2011	2012	2013	2014	2015	Schluss-Bilanz
Gewinn & Verlustrechnung									
Bruttoeinnahmen		9.955	9.955	9.955	3.490	2.923	3.089	3.373	
Kommissionen		–498	–498	–498	–175	–146	–154	–169	
Reisekosten		–30	–30	–30	–30	–30	–30	–30	
Rohertrag		9.427	9.427	9.427	3.286	2.747	2.904	3.174	
Buchwert Schiffsverkauf								–19.500	
Laufende Betriebskosten		–1.935	–1.993	–2.052	–2.120	–2.177	–2.243	–2.310	
Werft-(Klasse-)kosten						–600			
Verwaltungskosten/Management		–398	–398	–398	–172	–152	–158	–168	
EBITDA		**7.094**	**7.036**	**6.977**	**994**	**–183**	**503**	**–18.804**	
Zinsen		–1.845	–1.686	–1.499	–1.339	–1.278	–1.308	–1.351	
Abschreibung		–4.917	–4.917	–4.917	–4.917	–4.917	–4.917		
Gewinn/(Verlust)		333	434	561	–5.262	–6.377	–5.721	–20.155	
Bilanz									
Anlagevermögen (Schiff)	65.000	60.083	55.167	50.250	45.333	40.417	35.500	0	0
Kasse/Bank	1.000	1.000	1.000	1.000	0	–0	0	16.000	
Forderungen gegen Eigenkapital									17.015
Aktiva	**66.000**	**61.083**	**56.166**	**51.250**	**45.334**	**40.416**	**35.500**	**16.000**	**17.015**
Eigenkapital	–20.500	–19.042	–17.816	–16.564	–20.262	–15.238	–8.861	–3.140	0
Gewinn/Verlust aus G&V		–333	–434	–561	5.262	6.377	5.721	20.155	0
Bankkredit	–45.500	–41.708	–37.917	–34.125	–30.333	–31.555	–32.360	–33.015	–17.015
Passiva	**–66.000**	**–61.083**	**–56.166**	**–51.250**	**–45.334**	**–40.416**	**–35.500**	**–16.000**	**–17.015**
Ausschüttungen an Eigenkapital	–20.500	333	434	561	0	0	0	0	0
Eigenkapitalrendite	**–27,94%**								

Eigene Berechnungen

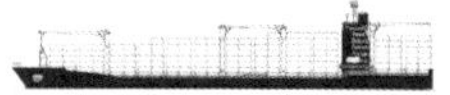

Doch welche Option hat jetzt die Bank? Sie wird der Gesellschaft das Schiff für 33 Millionen US-$ »abkaufen«, sodass keine weiteren Forderungen gegen die Investoren bestehen.[161]

Die Bank wird versuchen, einen neuen Eigner zu finden, der das Schiff zu einem Preis erwirbt, der ihre Abschreibungen auf ein Minimum reduziert – einen gewissen »Haircut« wird sie in ihre Bücher schreiben müssen. Der Preis wird dann über dem gegenwärtigen Markt liegen, jedoch für den potenziellen Käufer akzeptabel sein, erhofft er sich doch aus der Erbringung seiner maritimen Dienstleistungen für das Schiff einen Deckungsbeitrag (s.o). Darüber hinaus ist in der Regel das zu stellende Eigenkapital gering und die Verpflichtungen gegenüber dem Gläubiger beschränkt – also non-recourse. Es könnte zum Beispiel vereinbart werden, dass das Schiff für 25 Mio. $ übernommen wird, von dem der neue Eigner 10 % als Eigenkapital zu bringen hat. Die Bank stellt einen Kontokorrentkredit für den Fall, dass Liquiditätsengpässe auftreten. Das Bankenkapital wird in (zum Beispiel) drei Tranchen geteilt, von denen zumindest die Zinsen der ersten durch den Eigner zu erbringen sind. Darüber hinaus garantiert der Eigner die Bedienung der Betriebskosten des Schiffes. Die sich aus dem Betrieb ergebenden liquiden Überschüsse werden dann im Rahmen eines sogenannten Wasserfalls zwischen Eigner und den – in diesem Fall – drei Kredittranchen zu teilen sein.

Alle Beteiligten hoffen also in diesen Modellen auf eine verbesserte Marktlage, wobei jedoch keiner davon ausgeht, dass die Charterraten, wie sie vor Ausbruch der Schifffahrtskrise erreicht wurden, wieder erwirtschaftet werden. Für das Jahr 2016 wird unterstellt, dass der Markt für Panamax-Containerschiffe bei 9.500 US-$ pro Tag bleibt. Danach hoffen alle auf eine Markterholung. Wie hoch diese sein wird, kann niemand wirklich prognostizieren. Für die Darstellung der möglichen Zukunft verwenden wir drei Szenarien.

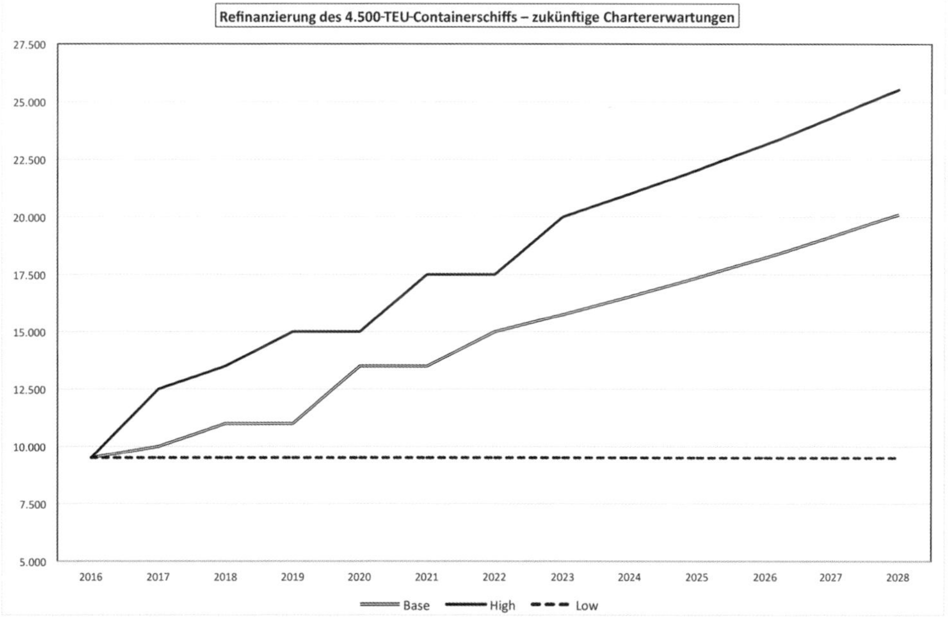

[162]

161 Wobei wir davon ausgehen, dass alle Gläubiger – bis auf die Bank – aus dem Betrieb des Schiffes bedient wurden. Aus diesem Grund enthalten die Bilanzen im Beispiel auch weder Forderungen noch Verbindlichkeiten aus Lieferungen und Leistungen.

162 Es bleibt, darauf hinzuweisen, dass es sich bei den oben gezeigten Charterraten um eine Annahme des Autors handelt.

Aus den genannten Annahmen der zukünftigen Ratenentwicklung und den unterschiedlichen Liquiditätsansprüchen ergeben sich – nach Beendigung des Projekts – folgende Rückflüsse:

Refinanzierung eines 4.500-TEU-Containerschiffs – Ergebnisse unter unterschiedlichen Szenarien

	Für den neuen Reeder			Für Tranche A (Bank)			Für Tranche B (Bank)		
	Base Case	High Case	Low Case	Base Case	High Case	Low Case	Base Case	High Case	Low Case
Investiert	–2.500	–2.500	–2.500	–5.000	–5.000	–5.000	–7.500	–7.500	–7.500
Cash Flow	5.380	9.187	–1.720	6.679	6.259	7.600	9.154	10.729	–3.574
Ergebnis	2.880	6.687	–4.220	1.679	1.259	2.600	1.654	3.229	–11.074
Rendite	8,0%	16,1%		4,0%	4,0%	4,0%	2,2%	5,0%	–17,1%

	Für Tranche C (Bank)			Für die Bank insgesamt			Für das gesamte Projekt		
	Base Case	High Case	Low Case	Base Case	High Case	Low Case	Base Case	High Case	Low Case
Investiert	–10.000	–10.000	–10.000	–23.000	–23.000	–23.000	–25.500	–25.500	–25.500
Cash Flow	–4.017	16.721	–11.329	12.511	40.097	–8.529	17.891	49.284	–10.249
Ergebnis	–14.017	6.721	–21.329	–10.489	17.097	–31.529	–7.609	23.784	–35.749
Rendite	–18,9%	4,1%		–5,0%	5,8%	–16,0%	–3,1%	7,0%	–17,4%

Eigene Annahmen

Im sogenannten »Base Case«

Die Märkte kommen moderat wieder, und die Chartereinnahmen steigen zum Ende der wirtschaftlichen Lebensdauer auf ca. 20.000 US-$ pro Tag. Der neue Eigner erhält – unter Berücksichtigung seiner Einnahmen aus den maritimen Dienstleistungen – einen Überschuss von 2,9 Mio. $, was einer Rendite von 8 % entspricht. Hieraus muss er natürlich die Kosten seiner eigenen Organisation decken. Für die Bank werden nur die ersten beiden Tranchen vollständig zurückgeführt und Zinsen bedient, die letzte (Tranche C) baut sich auf, da weder Tilgung noch Zinsansprüche bedient werden können. Insgesamt kommt es für die Bank zu einem Verlust von 10,5 Mio. $, also einer Kapitalverzinsung von minus 5 %.

Im sogenannten »High Case«

Steigen die Charterraten relativ schnell wieder an – immerhin auf mehr als 25.000 $ pro Tag, was aber noch deutlich unter den Höchstraten vor der Krise liegt –, so wird das gesamte Kapital zurückgeführt. Die Verzinsung liegt für den Eigner bei 16,1 %, die Bank verdient über alle Tranchen 5,8 %.

Im sogenannten »Low Case«

Verharren die Einnahmen des Schiffes auf dem heutigen geringen Niveau, so verlieren alle Partner Geld. Lediglich die Tranche A, deren Zinszahlung vom Eigner garantiert ist, erwirtschaftet ein positives Ergebnis mit einer Rendite von 4 %. Tranche B baut über die Betriebs—

phase Zinsansprüche auf, die nur zu einem geringen Maße bedient werden können. Tilgungen erfährt dieser Kredit nicht. Die Tranche C wird überhaupt nicht bedient. Das Eigenkapital wird weder zurückgeführt, noch reichen die Einnahmen aus maritimen Dienstleistungen aus, um einen positiven Cash-Flow zu erwirtschaften. Darüber hinaus gehen die Verpflichtungen aus der Tranche A zulasten des Eigners.

Alle Beteiligten kaufen sich also mit diesem Modell in erster Linie Zeit. Dieser Wechsel auf die Zukunft verhindert für die Banken Wertberichtigungen, die bei einem marktgerechten Verkauf sofort auf die Bücher zu nehmen wären. Die Reederei erwartet – besteht das Modell über die gesamte Laufzeit – Einnahmen aus dem Betrieb des Schiffes und ist auch bereit, auf einen Teil des eingesetzten (Eigen)Kapitals zu verzichten. Aufgrund der nachgelagert zu bedienenden dritte Tranche liegen die Chancen aber mehr beim Eigner als bei den Kreditinstituten. Doch die Bank hat keine andere Chance, will sie nicht die in zwei von drei Szenarien erforderlichen Abschreibungen schon im Verkaufsjahr (hier 2016) vornehmen. Modelle dieser Art, für einzelne Schiffe, jedoch häufiger für ganze Flotten, wird es darum in nächster Zeit vermehrt geben. Und da die Partner für diese bankengetriebene Lösung in der Regel größere Schifffahrtsunternehmen sind, wird dies zu verstärkten Konzentrationsprozessen in der Schifffahrt führen – wir haben hierauf bereits hingewiesen.

Wie aus dem bisher Gesagten schon deutlich wurde, ist Schifffahrt ein sehr kapitalintensiver Wirtschaftszweig – und dies verbunden mit einer hoch volatilen Einnahmesituation. Dies gilt insbesondere für die Teilmärkte, die nicht – relativ – konzentriert sind, wie die trockene Massengutschifffahrt.

Minimum/Maximum Zeitcharterraten verschiedener Schiffstypen

Typ		Periode		Zeitcharterrate in US-$ p.T.				
				Minimum		Maximum		Min/Max
		Von	bis	Rate ($)	Datum	Rate ($)	Datum	Faktor
Container	3,500 TEU (1 Jahr)	1993-01	2016-02	5.450	2009-12	44.000	2005-02	8,1
	4,400 TEU (1 Jahr)	2005-04	2016-02	9.500	2016-02	38.500	2005-06	4,1
	1,000 TEU (1 Jahr)	1993-01	2016-02	3.900	2009-11	19.500	2005-04	5,0
	1,700 TEU (1 Jahr)	2005-04	2016-02	6.750	2009-11	29.500	2005-05	4,4
Tanker	310,000dwt (1 Jahr)	2000-03	2016-02	18.000	2013-05	90.000	2008-08	5,0
	150,000dwt (1 Jahr)	2000-03	2016-02	15.246	2013-05	58.750	2004-12	3,9
	110,000dwt (1 Jahr)	2000-03	2016-02	13.000	2013-05	43.500	2008-09	3,3
Bulk Carrier	170,000dwt (6 Mon.)	2001-12	2016-02	4.450	2016-02	180.500	2008-01	40,6
	150,000dwt (6 Mon.)	1993-01	2016-02	4.250	2016-01	147.500	2008-06	34,7
	75,000dwt (6 Mon.)	2001-03	2016-02	4.675	2016-02	89.000	2007-11	19,0
	45,000dwt (6 Mon.)	1993-01	2016-02	4.125	2016-02	70.600	2007-12	17,1
	30,000dwt (6 Mon.)	1993-01	2016-02	4.188	2016-02	48.125	2008-01	11,5

Source: Clarkson Research

In der obigen Tabelle werden zwölf unterschiedliche Schiffstypen verglichen, um die Schwankungsbreiten in Bezug auf die Einnahmen darzustellen. Der jeweilige Betrachtungszeitraum ist hier jedoch nicht einheitlich, da die einzelnen Typen zu unterschiedlichen Zeiträumen im Betrachtungsfokus standen oder stehen. Auch die Länge der Chartern spiegelt möglicherweise nicht die vorliegende Marktsituation wider, gibt aber einen Eindruck der Marktverläufe – und hierauf kommt es an. Es sind häufig auch Raten geschlossen, die von den in der Statistik ausgewerteten abweichen.

Zunächst einmal ist bemerkenswert, dass in den Teilmärkten die größeren Schiffe stärkeren Marktschwankungen ausgesetzt sind als die kleineren Einheiten. Dies liegt daran, dass von den kleineren Schiffen tendenziell mehr vorhanden sind, also in guten Märkten auch immer noch – relativ – mehr Konkurrenz beim Angebot herrscht. In einer Boomphase haben also größere Schiffe ein höheres Einnahmepotenzial. Umgekehrt am unteren Ende des Marktes, wo es um die Schiffsbetriebskostendeckung oder gar um die Aufliegerschwelle[163] geht, sind die Schiffe sich kostenmäßig ähnlich, also ein fünfmal so großes Schiff dennoch nur unwesentlich mehr im Betrieb kostet als ein kleines. Innerhalb der Schiffsklassen (Container, Tanker, Bulk Carrier) zeigt sich dies oben deutlich.

Darüber hinaus sind insbesondere trockene Massengutfrachter einer sehr volatilen Einnahmesituation ausgesetzt – die besten Charterraten betragen mindestens das Zehnfache der schlechtesten –, im Falle der Capesize-Massengutfrachter liegt der Faktor bei 40,6.

Für alle Einheiten gilt, dass die besten Zeiten in der Hochkonjunktur zwischen 2005 und vor der Finanzkrise 2008 lagen.

Prognosen über die Einnahmen von Schiffen sind die Grundlagen jeder Investitionsentscheidung, sind aber so unsicher, dass sich – trotz Unterstellung konservativer Annahmen – eine kritische Situation bei geänderten Märkten ergeben kann. Investitionen in der Schifffahrt sind und bleiben Risikokapital, die zum Verlust des gesamten Eigenkapitals und eines Teils des geliehenen Geldes führen können.

Schifffahrtsunternehmen, die vorsichtig agieren, müssen also darauf vorbereitet sein, eine einzelne Investition komplett abschreiben zu müssen. Sie müssen über eine Flotte verfügen, die es ihnen erlaubt, Verluste einzelner Schiffe auch kompensieren zu können. Sie müssen zu unterschiedlichen Zeitpunkten investiert haben, sodass ältere Schiffe ohne (große) Fremdkapitalbelastungen neuere Schiffe unterstützen können, geraten diese in Schieflage. Ein Privatreeder äußerte sich einmal so: »Wenn es nötig ist, ziehen bei mir zwei alte Schiffe ein neues mit durch.« Bei Einschiff-KGs ist dies nicht möglich. Hochspekulative Schiffsinvestitionen sind für Kleinanleger keine Alternative zu anderen Formen der Vermögensbildung. Für institutionelle Anleger mag dies anderes sein, verfügen sie doch über die Ressourcen, auch längere Schwächeperioden durchzustehen und investieren sie eher in ganze Flotten denn in einzelne Schiffe.

163 Unter der Aufliegerschwelle versteht man den Punkt, an dem es für einen Reeder keinen Sinn mehr macht – mittel- oder langfristig –, sein Schiff am Markt anzubieten. Wenn ein Schiff 5.000 US-$ Betriebskosten am Tag braucht und das Auflegen 1.500 US-$ am Tag kostet, so würde er bei Einnahmen von 4.000 am Tag »nur« einen Betriebskostenverlust von 1.000 einfahren, bei Einnahmen von 2.000 jedoch schon 3.000, also unter den Kosten von 1.500 im Aufliegerfall sein. Er würde sein Schiff in diesem Falle auflegen, wenn er erwartet, dass der Markt über einen längeren Zeitraum so bleibt. Meist scheuen jedoch Reeder, ihre Schiffe aufzulegen, da dies mit erheblichen Einmalkosten verbunden ist – sowohl für das Auflegen als auch für die spätere Reaktivierung.

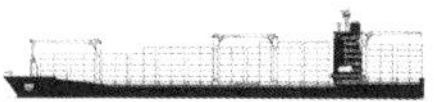

11. Schifffahrt als Finanz- und Spekulationsobjekt

Die Beteiligten in der Schifffahrt haben sich in den letzten Dekaden geändert. Neben Verfrachtern, Reedern und den finanzierenden Banken traten und treten Emissionshäuser, Privat-Equity-Firmen und institutionelle Anleger hinzu. Das Gesicht der Branche ändert sich radikal. Geld ist im Überfluss vorhanden und international verfügbar. Schifffahrtsunternehmen werden heute meist weniger geduldig und weitsichtig durch die Höhen und Tiefen der Märkte geführt mit dem Ziel einer nachhaltigen und langfristigen Existenzsicherung, sondern nach kurz- und bestenfalls mittelfristigen Renditeerwartungen gesteuert und ausgerichtet. Geld steht schnell zur Verfügung, wird aber auch ebenso schnell wieder abgezogen, sollten die Erwartungen nicht eintreffen.

Im Januar 2015 waren mehr als 1.171 Milliarden US-$ in die Weltschifffahrt investiert – 513 Mrd. von den Banken geliehen, 286 Mrd. als Eigenmittel eingebracht, 84 Mrd. als Anleihen ausgegeben und 126 Mrd. von öffentlichen Händen[164]. Bei den Finanzquellen aus öffentlichen Institution handelt es sich vor allen Dingen um die sogenannten ECAs (Export Credit Agencies), die vor allen Dingen zur Unterstützung der nationalen Werftindustrie eingesetzt werden.

»So wird zum Beispiel die größte Exportkreditanstalt, die Export Import Bank of China (CEXIM), von der chinesischen Regierung gesteuert. Während die Lukrativität der Schifffahrt weiterhin gedrückt bleibt, hat die Bedeutung der ECAs zugenommen. Vor der Finanzkrise standen ECAs für 10 % der Fremdfinanzierung im Schifffahrts- und Offshore-Bereich; heute ist ihr Anteil auf 33 % angewachsen, auf 15 Mrd. US-$ im Jahr.«[165]

Klassischerweise wird ein Schiff mit Eigen- und Fremdkapital finanziert – dies gilt für Neubauten, aber auch zu einem großen Teil für gebrauchte Schiffe. Und weil so viel fungibles Geld im Markt ist, fällt es Schifffahrtsunternehmen in guten Zeiten auch leicht, an diese Ressourcen zu kommen, sofern ihr Geschäftsmodell oder ihr Einzelfinanzierungbedarf – also ihre »Story« – überzeugend dargestellt werden kann. Externe Investoren stellen also in immer größerem Maße einen Teil des Eigenkapitals oder auch der Fremdmittel, die die Grundlage einer weiteren Finanzierung sind. Und hier liegt eines der Probleme des gegenwärtigen Überangebots an Tonnage. Während früher Schifffahrt eine Expertenbranche mit nur wenigen Beteiligten war, während der Reeder, wollte er seine Flotte erneuern oder erweitern, in der Regel auf die vorher im Schiffsbetrieb akkumulierten Mittel verwiesen war und somit nur eine begrenzte Anzahl von Schiffen

164 Vergl. Tufton Oceanic – Information erhalten von Ted Petropoulos

165 KPMG, Shipping Insights Briefing, Issue 1, 2015, S. 2 – Internet: http://www.kpmg.com/BE/en/IssuesAndInsights/ArticlesPublications/Shipping-Insights/Pages/Shipping-industry-seeking-alternative-financing.aspx
Im englischen Original: »For instance, the world's largest ECA, the Export Import Bank of China (CEXIM), is governed by the Chinese Government. As the global shipping industry's lucrativeness remains subdued, the importance of ECAs has increased. Before the financial crisis, ECAs accounted for approximately 10 percent of shipping and offshore-related debt finance; now, their share has increased to more than 33 percent, amounting to US-$15 billion a year.«

bestellen konnte, kann er seit einigen Jahrzehnten immer mehr auf schifffahrtfremde Mittel zurückgreifen, um mehr Kapital für mehr Schiffe zur Verfügung zu stellen. Dies ist sicher ein Grund für das rasante Wachstum der Welthandelsflotte, das wir seit 1990 beobachten können und das der zentrale Punkt der gegenwärtigen Krise ist. Es ist natürlich ein Unterschied, ob ein Reeder bei Eigenmitteln aus den betrieblichen Überschüssen, also dem Cash-Flow des Unternehmens von 30 Millionen Dollar zusammen mit geliehenem Geld von der Bank von weiteren 70 Mio. $ zwei Schiffe in Fahrt setzen kann oder ob bei einer Verzehnfachung des nicht von Banken kommenden Geldes dann 20 Schiffe entstehen können. Das erforderliche Eigenkapital von nunmehr 300 Mio. $ ist dann – wie im Falle eines Systems geschlossener Schiffsfonds, also des sogenannten deutschen KG-Modells, von Kleinanlegern eingesammelt oder von institutionellen Investoren, wie z.B. von Hedgefonds. Größeren Reedereien, die über die entsprechenden Strukturen verfügen und hinreichende Transparenz ihrer Tätigkeit darstellen können, steht auch ein Börsengang im Rahmen einer IPO (Initial Public Offering) offen.

Darüber hinaus können sich Schifffahrtsunternehmen über die Ausgabe von handelbaren Papieren in Form von Anleihen (welches Fremdkapital ist) finanzieren. Diese Papiere sind mit einer festen Laufzeit – zwischen drei und sieben Jahren – ausgestattet und in der Regel recht hoch verzinst. In den Jahren 2014 und 2015 wurden jährlich Zinsen zwischen 6,75 % und 8,5 % gezahlt.[166] Zu einem vereinbarten Zeitpunkt werden sie vom ausgebenden Unternehmen zum Nennwert zurückgekauft. So hat die kanadische Seaspan im März 2014 345 Millionen US-$ aufgenommen. Im Juni desselben Jahres folgte Scorpio Tankers mit einer Anleihe über 300 Millionen. In beiden Fällen zielte man mit einem Ausgabepreis von nur 25 US-$ pro Papier auch auf Kleinanleger. Für die ausgebende Reederei ergibt sich der Vorteil, dass diese Finanzierungsmittel nicht durch Schiffswerte gesichert sind und dass sie im Falle einer Verwertung oder Insolvenz zwischen dem Fremd- und Eigenkapital rangieren. Sie werden also nur mit einer Unternehmensgarantie besichert – umfangreiche Kreditvereinbarungen (»Covenants«) entfallen. Dennoch ist das Unternehmen, da es sich um an der Börse handelbare Produkte handelt, zur strukturierten Veröffentlichung von Unternehmenszahlen verpflichtet. Sollte der Emittent bei Fälligkeit nicht in der Lage sein, das Papier zum Nennwert zurückzuerwerben, muss er die Anleihe refinanzieren – und dies wahrscheinlich zu mindestens ähnlich hohen Zinsen. Es bleibt also für ihn weiterhin teures Geld. Sollte die Reederei während der Laufzeit nicht in der Lage sein, wenn die Schiffe nicht mal ihre Betriebskosten verdienen, den Zinsverpflichtungen nachzukommen, so liegt hier ein Verschulden – ein »default« – vor, denn Anleihen werden nicht wie Eigenkapital aus dem Gewinn zu bedienen sein. Für den Käufer dieser Anleihen mögen die hohen Zinsen und der vereinbarte Rückkaufszeitpunkt ein Vorteil sein – es besteht aber das Risiko, dass im Falle einer Insolvenz sein Papier teilweise oder ganz verloren ist. Von Anleihen machen insbesondere die Schifffahrtsunternehmen Gebrauch, die in den letzten Jahren große Neubauprogramme aufgelegt haben und denen nun die liquiden Mittel fehlen, weitere Werftanzahlungen zu bedienen, da sie ansonsten Probleme haben, das erforderliche Eigenkapital für die Schiffe beizusteuern. Das Geld wird also in der Regel häufig nicht für ein neues Geschäfts- oder Wachstumsmodell verwendet, sondern gebraucht, um die Reederei aus einer finanziellen Klemme – zumindest temporär – zu befreien.

Mit ähnlichen Zielen hat im Juni 2013 die Rickmers Holding eine Fünf-Jahres-Anleihe zu 8,875 % über 275 Millionen € aufgelegt, bei einer Stückelung von 1.000 € ein Papier eher für institutionelle Anleger. Im Laufe des Mai 2017 ist der Kurs (Ausgabe = 100 %) auf 6,5 gefallen. Nachdem die Rickmers Reederei den Zinszahlungen nicht mehr nachkommen konnte, musste

166 Vergl. Lambros Papaeconomou in Lloyd's List vom 3.2.2015, »Will baby bonds deliver?«

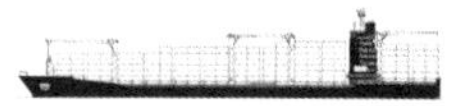

sie Insolvenz anmelden. Klar ist also, dass in einer lang anhaltenden Krise auch Anleihen ein Schifffahrtsunternehmen nicht retten können, wenn diese nicht bedient werden.

Auch die Hapag-Lloyd AG hat in der Vergangenheit Anleihen platziert ((a) 2010–2017 – 250 Mio. $ zu 9,75 %; (b) 2013–2018 – 400 Mio. € zu 7,75 % (c) 2014–2019 – 250 Mio. € zu 7,50 % (d) 2017–2022 – 250 Mio. € zu 6,75 %)). Alle Anleihen valutieren um ihren Ausgabekurs oder im Plus. Hier zeigt sich, dass die Anleger deutlich mehr Vertrauen in das solidere Geschäftsmodell einer traditionellen Linienreederei mit Zugang zu Ladung haben. Eine hoch verzinste Anleihe wurde vorzeitig zurückgezahlt und durch eine niedriger verzinste ersetzt, um Zinsen zu sparen.

Auch vergleichsweise kleinere Reeder können ihre Flotten in Kooperation mit Großreedereien erweitern, wenn sie deren Alttonnage gegen Rückchartern übernehmen. Für den Verkäufer ergibt sich die Möglichkeit, Liquidität für Neubauten zu verschaffen, ohne auf seine Alttonnage zu verzichten. Der Käufer der Schiffe finanziert das Geschäft in der Regel dann mit geliehenem Geld, bei dem die Rückcharter die Sicherheit darstellt. Eines der ersten Geschäfte dieser Art war die sogenannte »Anglo Saxon Petroleum Sale and Charter back«-Vereinbarung aus dem Jahre 1927. Shell benötigte finanzielle Mittel, um ein größeres Neubauprogramm von Motortankern zu bewältigen. Sie verkauften 28 ca. zehn Jahre alte Dampfschiffe und charterten diese wieder ein. In diesem Fall waren lediglich 20 % bis 25 % der Kaufsumme durch die Käufer sofort zu leisten, während der Rest über fünf Jahre zu 5 % Zinsen zurückfloss. (Stopford, 2007, S. 272) Hiervon profitierten vor allen Dingen norwegische Reeder, die 20 dieser Einheiten übernahmen.[167] Vor einigen Jahren hat die Hammonia Reederei GmbH drei 1996 gebaute Containerschiffe von Maersk gegen eine langfristige Charter übernommen und im deutschen KG-Markt platziert.

In den letzten Jahren ist ein Hype um das Geld von Private Equity Funds (PEF) entstanden, der mittlerweile deutlich abgekühlt ist. »Das Interesse von Privat Equity Fonds an der Schifffahrt (Oaktree, Carlisle, Blueshore Global Equity, Monarch Alternative, Nordic Capital, Eaton Park Capital, etc.), welches in den Jahren 2012-2013 explodierte, hat sich jetzt reduziert und konzentriert sich auf Spezialbereiche. Weil Equity Fonds die erwarteten Erträge nicht erreicht haben und viele eine negative Verzinsung hatten, steht ihr Engagement in der Schifffahrt auf dem Prüfstand.«[168]

Der Ansatz von Private Equity Funds ist, Renditen zu erwirtschaften, die deutlich über der durchschnittlichen Kapitalverzinsung liegen. Dies ist jedoch nur dann möglich, wenn Investitionen auch schnell wieder abgezogen werden können, das Kapital also dorthin umgelenkt werden kann, wo mehr Geld zu erwirtschaften ist. Da hohe Renditen weiteres Kapital anlocken, wird es dort dann auch zu Überinvestitionen kommen, die Erträge werden also sinken. Der Ansatz,

167 »Haakon With Andersen refers to the purchases from Anglo-Saxon Petroleum Co. as ›the breakthrough for Norwegian owners‹ in the oil transport trade, while Egeland claims that ›no other single event has had such a positive effect on the Norwegian shipping industry‹.« Siehe Tenold, Stig, »Norway's Interwar Tanker Expansion – A Reappraisal«, Bergen 2007, Internet: https://www.nhh.no/Admin/Public/Download.aspx?file=Files%2FFiler%2Finstitutter%2Fsam%2FDiscussion+papers%2F2006%2F36.pdf

168 Ted Petropoulos, An overview of the Global Ship Finance industry, speech held on the 28th Annual Ship Finance & Investment forum 2015, London, 1st December 2015, aus dem Internet: http://www.petrofin.gr/Upload/28thShipFinanceInvestmentForum-London-Ted_Petropoulos.pdf Im englischen Original: »Private equity funds' interest in shipping (Oaktree, Carlisle, Blueshore Global Equity, Monarch Alternative, Nordic Capital, Eaton Park Capital, etc.) which exploded in 2012-2013, has now reduced/concentrated into specialized sectors only. As equity funds have not achieved their rewards and many are showing negative returns, their commitment to shipping and patience is expected to be tested.«

günstig zu erwerben und zu Höchstpreisen zu verkaufen, kann ein Geschäftsmodell für andere Branchen sein, widerspricht jedoch der Struktur der Schifffahrt, wo die Rendite erst nach 20 bis 25 Jahren endgültig feststeht. Nur Unternehmen, die permanent mit neuen Geschäftsmodellen ihre Mitbewerber überflügeln, können Extraprofite erwirtschaften, was für die Schifffahrt nicht gilt. Zwar hat die Schifffahrt in den letzten zwei Dekaden von einem Globalisierungsschub profitiert, und die ständig steigende Nachfrage nach Transportdienstleistungen führte zu überdurchschnittlichen Gewinnen, aber diese rasante Wachstumsphase ist vorüber, insbesondere weil China sein Wirtschaftsmodell verändert. Die Zeiten, in denen hohe Renditen erzielt werden konnten, sind vorbei – nach der Schifffahrtskrise wird es ein »new Normal« mit eher durchschnittlichen Renditen geben, die mit Sicherheit für PEFs nicht attraktiv sind.

Von den PEFs ist das Privatgeld wohlhabender Menschen zu unterscheiden, da diese in der Regel einen längeren Anlagehorizont haben, also nicht so schnell überdurchschnittliche Renditen erwarten, welche die Gläubiger erwirtschaften müssen.

All die oben beschriebenen Möglichkeiten der Kapitalaufstockung gab es sicher schon lange, diese waren aber eher die Ausnahme als die Regel in Nordwest-Europa oder in Griechenland.

Der Kernbereich der Schiffsfinanzierung bleibt jedoch weiterhin die Sache der Banken – und dies blieb über die Jahre hinweg relativ stabil. Immer noch stellen Kreditinstitute fast die Hälfte aller Mittel, die in der Schifffahrt gebunden sind. Auch wenn in den letzten Jahren neue Finanzquellen eröffnet wurden, wurden Investitionen meist nicht ohne Banken getätigt.

Die größten Schiffsfinanzierer der Welt

Bank	Region	Dec-16	Dec-15	Dec-14	Veränd. 16-15
DnB	Europa	21,0	26,5	28,3	–5,5
Bank of China	Asien	20,0	21,0	20,0	–1,0
Korea Exim	Asien	18,0	19,0	17,0	–1,0
KfW	Europa	18,0	18,5	19,8	–0,5
ICBC (2016 excl. Leasing)	Asien	8,0	18,0	17,5	–10,0
Nordea	Europa	13,0	17,5	18,3	–4,5
China Exim	Asien	18,5	17,0	14,0	1,5
HSH Nordbank (Kernbank)	Europa	7,0	16,0	22,0	–9,0
DVB	Europa	15,2	15,0	15,5	0,2
Credit Suisse	Europa	14,0	14,5	12,8	–0,5
BNP Paribas	Europa	15,1	13,5	12,8	1,6
BTMU (Bank of Tokyo-Mitsubishi)	Asien	14,5	13,0	15,0	1,5
Nord LB	Europa	17,6	13,0	13,8	4,6
Citibank	Amerika	10,3	12,5	8,3	–2,2
SMBC (Sumitomo Bank)	Asien	10,5	11,5	10,0	–1,0
China Development Bank	Asien	12,0	11,0	n/a	1,0
Commerzbank	Europa		10,5	16,0	–10,5
ABN Amro	Europa	11,9	10,5	8,5	1,4
Crédit Agricole	Europa	11,0	10,0	10,0	1,0
RBS	Europa		9,0	14,2	–9,0
HSBC	Asien	6,0	8,0	10,0	–2,0

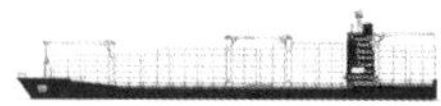

Die größten Schiffsfinanzierer der Welt

Bank	Region	Dec-16	Dec-15	Dec-14	Veränd. 16-15
Deutsche Bank	Europa	6,0	8,0	8,1	–2,0
ING	Europa	8,7	8,0	7,5	0,7
Bremer Landesbank	Europa	6,5	7,3	8,2	–0,8
Danish Ship Finance	Europa	6,0	7,0	6,6	–1,0
Korea Development Bank	Asien	5,0	7,0	n/a	–2,0
Standard & Chartered	Europa	6,0	6,0	5,5	0,0
Danske Bank / Fokus Bank	Europa	6,0	5,0	4,0	1,0
SEB	Europa	8,5	5,0	4,5	3,5
DBS (Developmant Bank of Singapore)	Asien	3,5	5,0	5,0	–1,5
Unicredit	Europa	4,7	4,5	6,2	0,2
Bank of America Merril Lynch	Amerika	5,0	4,5	n/a	0,5
Japan Bank for International Co-Operation	Asien	4,0	4,0	4,0	0,0
Santander	Europa	3,0	4,0	5,0	–1,0
CIT Group	Amerika		4,0	2,0	–4,0
Piraeus Bank	Europa	2,7	3,1	3,9	–0,4
Swedbank	Europa	3,5	3,0		0,5
Nation Bank of Greece	Europa	2,4	2,5	3,2	–0,1
Commonwealth Bank of Australia	Australien	3,3	2,5	2,5	0,8
Société Générale	Europa	3,0	2,0	2,0	1,0
Lloyds Banking Group	Europa			2,5	0,0
NIBC	Europa			2,5	0,0
Alpha Bank	Europa	2,2		2,4	2,2
Deka	Europa			2,0	0,0
CIC	Europa	2,0			2,0
JP Morgan	Amerika	1,8			1,8
TOTAL Top 40		**355,3**	**397,9**	**391,5**	**–42,6**
Andere Banken			77,1	83,5	
Gesamt		???	**475,0**	**475,0**	0,0
% Top 40			83,8%	82,4%	

Quelle: Petrofin Research – Daten inkl. Offshore aber ohne Oil-Rigs and Werften

Interessant ist die regionale Zusammensetzung der schiffsfinanzierenden Banken. Waren im Jahr 2010 von den zehn größten Schiffsfinanzierern noch neun europäische Banken (erst auf dem zehnten Platz befand sich die Bank of Tokyo), so sind mittlerweile vier asiatische Banken in diesen Kreis aufgerückt – drei chinesische und eine koreanische. Der Anteil der europäischen Banken ist über die Jahre erheblich zurückgegangen:

Schiffsfinanzierung – Anteil europäischer Banken (Top 40)

2010	2011	2012	2013	2014	2015	2016
83,12%	81,69%	75,13%	71,61%	70,55%	62,30%	60,49%

Der vormals größte Schiffsfinanzierer der Welt, die HSH Nordbank, hat ihr Kreditportfolio von 58 Mrd. $ (2010) auf 7 Mrd. $ (2016) zurückgefahren, wobei hier zu berücksichtigen ist, dass es sich bei der letzten Zahl nur um die Ausleihungen der Kernbank handelt, die sogenannte Abbaubank nicht in die Betrachtung einbezogen wird.[169] Zwischenzeitlich ist das Kreditengagement weiter abgebaut worden, und dies wird auch in nächster Zukunft so weitergehen. Die Commerzbank hat ihre Kredite im gleichen Zeitraum von 38,8 auf 10,5 Mrd. $ (2015) zurückgefahren – sie hat den völligen Ausstieg aus der Schiffsfinanzierung verkündet und wird in den Zahlen des Jahres 2016 in der obigen Tabelle nicht mehr genannt. Ähnliches gilt für die Royal Bank of Scotland – auch sie wird sich nicht mehr in der Schifffahrt engagieren und hat ihren Bestand von 30,0 auf 9 Mrd. $ (2015) zurückgefahren.[170]

Der Aufstieg der ostasiatischen Banken hat vor allen Dingen damit zu tun, dass insbesondere in China und Südkorea die Vergabe von Schiffskrediten ein wirtschaftspolitisches Instrument ist, sind doch diese beiden Länder die größten Schiffbaunationen und ist die Kreditvergabe in der Regel an lokale Bauaufträge gebunden. Demgegenüber unterliegen gerade europäische Banken bestimmten Kreditvergaberestriktionen (z.B. Basel III, Anforderungen an Eigenkapitalunterlegung), die Schiffskredite für sie unattraktiver machen. Für sie stehen darüber hinaus unternehmerische Renditeanforderungen im Vordergrund.

Die europäischen Banken haben im Markt für Schiffsfinanzierung im Zeitraum zwischen 2010 und 2016 an Boden verloren – von 83 % auf 60 %. Herausragend ist der Niedergang der deutschen Kreditinstitute, die 2010 noch 154 Milliarden US-$ in ihren Büchern hatten und 2016 sich mit 75 Mrd. mehr als halbiert haben. Lediglich die kleineren Märkte wie Frankreich, Benelux und Griechenland haben relativ wenig Geschäft verloren – ihr Portfolio ist von 63 auf 56 Milliarden gefallen.[171]

Petrofin Research fragt gegen Ende eines jeweiligen Jahres die größten Schiffsfinanzierer nach ihren Zukunftserwartungen. Bemerkenswert ist, dass sich im Verlauf der Schifffahrtskrise das Bild immer mehr getrübt hat, dass also die Erwartung, dass die Schifffahrtsmärkte ins Gleichgewicht kommen, immer weiter in die Zukunft prognostiziert wird.[172]

Ende 2008 gingen noch mehr als 90 % der Banken davon aus, dass die Frachtenmärkte sich nach einem Jahr wieder erholen würden. 2015, acht Jahre nach Ausbruch der Krise, sieht das Bild schlechter aus. Im Bulkerbereich rechnen die meisten Banken nicht mit einer Erholung in den nächsten zwölf Monaten (82 %), für die Containerschifffahrt sehen dies 73 % so, und im Tankermarkt erwartet keine (!) Bank steigende Raten – 68 % jedoch fallende Märkte.

Tendenziell wird ein Ende der Krise immer später gesehen:

169 Bischoff u.a. gehen per Ende 2015 bei der HSH Nordbank von 15,4 Mrd. Euro (= 16,8 Mrd. $) »non performing loans« aus. Die Mehrzahl – so darf vermutet werden – sind Schiffskredite, die in der »restructuring unit«, also der »Bad Bank« gehalten werden. Damit ist das Schiffskreditportfolio wohl doppelt so hoch – siehe Joachim Bischoff et. al. Finanz-Zombie: Drama HSH-Nordbank, Hamburg 2016, S. 30.

170 »It should be noted that, although the Royal Bank of Scotland and Commerzbank may still have some shipping portfolio left, we have not included them this year, as they are selling these loans or the vessels at a fast pace.« Ted Petropoulos, Key Developments and Growth in Global Ship-Finance, July 2017 – Internet: http://www.petrofin.gr/Upload/Petrofin_Global_Bank_Research_and_Petrofin_Index_of_Global_Ship_Finance-end2016.pdf

171 Vergl.: Ted Petropoulos, Key Developments and Growth in Global Ship-Finance, July 2017 Internet: www.petrofin.gr

172 Ted Petropoulos, diverse Vorträge über Schiffsfinanzierung – Vorstellung der Bankenbefragungen durch Petrofin-Research-Unterlagen können auf der Homepage eingesehen werden.

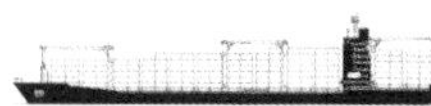

Wann wird das Marktgleichgewicht in der Schifffahrt erreicht sein?

Fragedatum	Im nächsten Jahr	Im folgenden Jahr	In drei Jahren	Später
2012	0%	50%	43%	7%
2013	5%	55%	20%	20%
2014	9%	41%	45%	5%
2015	5%	36%	50%	9%

Quelle: Banker's Survey by Petrofin – Dry Bulk Sector

Das Erreichen eines Marktgleichgewichts im Segment der trockenen Massengüter nach zwei Jahren sehen gegenwärtig nur noch 36 % der Banker, 2012 war dies noch die Hälfte. Umgekehrt erwartet jetzt die Hälfte erst nach 36 Monaten einen Ausgleich (von 43 % in 2012).

Ob alles Geld jemals wieder zu seinen Eigentümern zurückkehrt, darf bezweifelt werden. Einen besseren Zugang zu für eine Flottenerneuerung notwendigem Eigenkapital haben also heute Unternehmen, die erstens über eine bestimmte Flottengröße verfügen, zweitens ein überzeugendes Geschäftsmodell vorlegen können, drittens eine moderne Betriebsorganisation haben und die viertens ihre Geschäftsentwicklung auch transparent und an international gültigen Standards ausgerichtet veröffentlichen.

Auch wenn die oben genannten Zahlen schon einige Jahre alt sind und auch wenn es sich um Schätzungen handelt, die von Theodor Petropoulos, dem Gründer und Inhaber des Forschungsinstituts Petrofin, erhoben wurden, so zeigt sich, dass Schifffahrt ein extrem kapitalintensiver Wirtschaftsbereich ist. Schiffe sind die größten je von Menschen geschaffenen beweglichen Bauwerke, deren Kosten nach Millionen Dollar zählen. So liegen die Herstellungskosten eines Großcontainerschiffes von 13.000 TEU Tragfähigkeit zwischen 166 und 116 Mio. $, die eines VLCCs zwischen 76,5 und 150 und die eines LNG-Tankers zwischen 190 und 210 Mio. $.

Schiffs-Neubaupreise (ex Werft) 2000 bis 2017 in Mio. $

Schiffstyp	2000	2005	2008	2012	2015	2017
Tanker VLCC (300–320k dwt)	76,5	122,5	150,0	93,0	95,5	81,0
Tanker MR Tanker (47–51k dwt)	29,5	43,5	47,5	34,0	35,5	32,5
Bulker Capesize (170–180k dwt)	40,5	59,5	88,0	46,0	48,5	42,0
Bulker Supramax (51–62k dwt)	20,5	31,0	42,0	24,3	24,8	22,3
Container (13,000 TEU)			166,0	107,0	116,0	109,0
Container (2,750 TEU)	29,5	50,0	50,0	30,5	30,5	26,0

Quelle: Preise gemäß Clarkson Research – Herbst 2005, Dezember 2011 und Frühjahr 2017

Wenn man bedenkt, dass diese Einheiten eine durchschnittliche wirtschaftliche Lebensdauer von 20 bis 25 Jahren haben, so wird klar, dass Reeder im Betrieb hohe Geldsummen aufbringen müssen, um dieses Kapital in einem überschaubaren Zeitraum ersetzen zu können – Abschreibungen machen einen großen Teil ihrer Gewinn- und Verlustrechnungen aus. Laufende Tilgungen und Zinszahlungen belasten die liquiden Mittel und können in Krisenzeiten wie heute schnell zu Überschuldung führen.

Reedereien können diese erforderlichen Investitionen allerdings – wie gesagt – fast nie aus Eigenmitteln erbringen, sind also auf Fremdgeld angewiesen, um die Flotte zu erhalten oder zu erweitern oder um marktgerechte und technisch moderne Schiffe im Markt anbieten zu können. Banken sind die wesentlichen Geldgeber für die Schifffahrt und stellen bei einem Neubau in der Regel 60 bis 70 %, teilweise jedoch – in Boomzeiten – bis zu 100 % der finanziellen Mittel. Dies ist eine unverzichtbare Hilfe für den Reeder, um seine Flotte zu modernisieren oder zu erweitern. Für die Banken ist dies nicht uninteressant, ist doch die Vergaben eines Schiffskredits für sie ausgesprochen attraktiv, da es sich um hohe Investitionen bei relativ geringem Verwaltungsaufwand handelt, vorausgesetzt, der Kredit wird wie vereinbart auch bedient, es kommt also nicht zu Ausfällen. Es ist also nicht nur der Reeder, der Geld erbittet, sondern es sind auch die Kreditinstitute, die rentierliche Anlagen suchen und ihr Geld diesem nur zu gerne anbieten. Eine Beispielrechnung zeigt dies deutlich:

Rendite eines Schiffskredits aus Bankensicht

	Jahr 1	Jahr 2	Jahr 3	Jahr 4	Jahr 5	Jahr 6	Jahr 7
Kreditstand (,000 $)	100.000	85.714	71.429	57.143	42.857	28.571	14.286
Rückzahlung Kredit (,000 $)	14.286	14.286	14.286	14.286	14.286	14.286	14.286
LIBOR Annahme	2,0 %	2,0 %	2,0 %	2,0 %	2,0 %	2,0 %	2,0 %
Marge über LIBOR	1,5 %	1,5 %	1,5 %	1,5 %	1,5 %	1,5 %	1,5 %
Zinseinnahmen Bank (,000 $)	1.500	1.286	1.071	857	643	429	214
Eigengeld Bank in %	8,0 %	8,0 %	8,0 %	8,0 %	8,0 %	8,0 %	8,0 %
LIBOR Zahlungen Bank (,000 $)	160	137	114	91	69	46	23
Provision Bank (1 %)	1.000						
Verwaltungskosten Bank	500,0	100,0	100,0	100,0	100,0	100,0	100,0
Netto Einnahmen Bank	2.160,0	1.322,9	1.085,7	848,6	611,4	374,3	137,1
Eigengeld Bank (,000 $)	8.000,0	6.857,1	5.714,3	4.571,4	3.428,6	2.285,7	1.142,9
Rendite auf Eigenkapital Bank (vor Verlustrückstellung)	**27,0 %**	**19,3 %**	**19,0 %**	**18,6 %**	**17,8 %**	**16,4 %**	**12,0 %**
Verlustrückstellung (in %)	0,7 %	0,7 %	0,7 %	0,7 %	0,7 %	0,7 %	0,7 %
Verlustrückstellung (,000 $)	700,0	600,0	500,0	400,0	300,0	200,0	100,0
Einnahmen nach Verlustrückstellungen	1.460,0	722,9	585,7	448,6	311,4	174,3	37,1
Rendite auf Eigenkapital Bank (nach Verlustrückstellung)	**18,3 %**	**10,5 %**	**10,3 %**	**9,8 %**	**9,1 %**	**7,6 %**	**3,2 %**
Durchschnittliche Eigenkapitalrendite Bank							**9,8 %**

173

Die Rendite für die Bank über die Jahre gesehen dürfte man aus heutiger Sicht als überdurchschnittlich bezeichnen. Insbesondere das Kreditvolumen bei gleichem Verwaltungsaufwand macht hier den Reiz für die Banken aus. Bei einem Kredit von 50 Mio. $ liegt die durchschnittliche Rendite nur noch bei 4,4 % (gegenüber 9,8 %, s.o.) – bei einem Kreditvolumen von 200 Mio. $ ergibt sich für die Bank 10,8 %.

Wichtig ist auch die erforderliche Eigenkapitalunterlegung, also der Betrag, den die Bank aus Eigenmitteln aufbringen muss und nicht refinanzieren kann. Im oben genannten Beispiel

173 Entwickelt aus: Stopford, 2007, S. 290

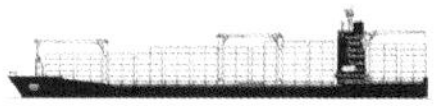

sind dies 8 %. Steigt das Ausfallrisiko von Schiffskrediten, so sind möglicherweise 12 % durch die Bank selbst aufzubringen. In diesem Fall sinkt die Rendite auf 7,7 %.

Wenn auch Schifffahrtsfremde in der Vergangenheit und in der heutigen Situation dazu beigetragen haben, die Krise zu verschärfen und zu verlängern, so sind diese Geldquellen wichtig für die Entwicklung einer Handelsflotte, wie das britische (Negativ)Beispiel zeigt. Der Ansatz, sich Fremdkapitals zu bedienen, führte in der Krise 1920–21 zu Insolvenzen, woraufhin ein mehr konservativer Ansatz bei der Anschaffung von Tonnage den Verlust der Weltführerschaft in der Schifffahrt nach sich zog – Geld wurde nicht mehr geliehen, und die Bedeutung der britischen Handelsflotte nahm ab. »Es ist in Erinnerung zu rufen, dass das Wachstum der Dampfschifffahrtsgesellschaften in ihren Anfangsjahren durch Ressourcen der Reeder sowie Geld, das sie von ihren Freunden aufnehmen konnten, finanziert wurde. [...] Dennoch war Geldleihen im 19. Jahrhundert durchaus üblich und blieb so bis zur Depression 1904-11. In dieser Phase scheiterten stark überschuldete Reedereien und finanziell vorsichtige Unternehmer, die die großen Schifffahrtlinien kontrollierten, nahmen sich die Lektion zu Herzen. Geldleihen wurde zu einem Anathema.«[174] (Sturmey, 1962, S. 397f)

Für die Schifffahrt liegt ein Paradox vor, wie Stopford richtig feststellt (Stopford, 2007, S. 270f) – obwohl dieser Wirtschaftszweig eine hohe Volatilität aufweist, obwohl die hohe Kapitalbindung ein Risiko an sich für jeden Investoren darstellt, obwohl die beteiligten Schifffahrtsunternehmen meist keine transparenten Strukturen haben, obwohl es verschachtelte Eigentumsverhältnisse über Ländergrenzen gibt, finden sich Geldgeber, die sich schnell überzeugen lassen, mit großen Summen die finanziellen Mittel zur Verfügung zu stellen. »The industry has suffered from too much finance.« (Stopford, 2007, S. 269) Geldgeber, die häufig nicht den Unterschied zwischen einem Containerschiff, einem Rohöltanker oder einem Massengutfrachter wirklich kennen, die die (Teil)Märkte und ihre Mechanismen nicht verstehen, pumpen Geld in diese Branche einfach, weil sie aus der Vergangenheit überdurchschnittliche Renditen erkennen und diese auch für die Zukunft erwarten. Als Sicherheiten wurden (und werden) dann das das Schiff akzeptiert und eine Charter mit einem erstrangigen Charterer. Doch beides bietet keine wirkliche Garantie, dass die Investition auch ihre Ertragserwartungen erfüllt. So kann der Schiffswert schon bei Ablieferung deutlich unter dem Anschaffungspreis liegen. Ein Schiff, für das 160 Mio. $ bezahlt wurde, ist bei Ablieferung von der Werft nur noch 120 Mio. $ wert. Aus Bankensicht schon dann eine bedrohliche Situation, wenn wir zum Beispiel eine 70%ige Finanzierung unterstellen, denn schon bei Antritt der ersten Reise ist das Verhältnis zwischen der Schiffshypothek und dem Wert nicht mehr bei 70 %, sondern bei 93 %. Schon jetzt müssten bei der Bank die Alarmglocken läuten, denn ein Verhältnis von Kredit zum Wert (das sogenannte »Loan-to-Value«-Verhältnis) sollte eigentlich nicht über 80 % steigen. Hat das Schiff vielleicht dann eine Fünf-Jahres-Charter mit einer guten Adresse und danach noch weitere Optionen zur Verlängerung, so sind nur diese ersten fünf Jahre wirklich sicher, denn weitere Optionen liegen im Ermessen des Charterers, können also verfallen, wenn der Markt fällt. Nehmen wir weiter an, dass nach den fünf Jahren der Reeder zwar seine Kredite regelmäßig und wie festgelegt getilgt hat, das Schiff also mit einer Restvaluta von – sage – 85 Mio. $ zu Buche steht, jedoch nur noch einen Verkaufswert von 70 Mio. $ hat, so liegt der »Loan to Value« (LTV) bei

174 Im englischen Original: »It will be recalled that the early growth of steamship companies was financed from resources of shipowners plus the money they could raise from their friends. [...] However, in the nineteenth century borrowing was common and remained so until the depression of 1904-11. In this period heavily indebted lines failed and the financially conservative men who then controlled the major shipping lines observed the failure and took the lesson to heart. Borrowing became an anathema.«

120 %. Die Bank müsste jetzt, besteht sie auf einem LTV von 80 %, wie dies im Kreditvertrag festgelegt ist, vom Reeder 29 Mio. $ fordern, damit dieses Verhältnis wiederhergestellt wird. Der Reeder hat diese Mittel jedoch nicht, denn der geringe Marktwert weist ja gerade auf eine schlechte Schifffahrtskonjunktur hin, in der kaum ein Schifffahrtsunternehmen das erforderliche Geld hat. Von Reederseite wird nun in Bezug auf den LTV nicht mit dem Markt-, sondern mit dem Ertragswert argumentiert, wird also angeführt, dass die zukünftig zu erwartenden Einnahmen einen deutlich über dem jetzigen Verkaufswert liegenden langfristigen Anlagewert (Long Term Asset Value – LTAV) ergeben. Es entsteht nun eine wirklich bedrohliche Situation – der Charterer erklärt die Mietoption nicht –, er bekommt ein vergleichbares Schiff deutlich günstiger. Er nimmt sich entweder ein anderes Schiff, oder er verhandelt die Charterrate mit dem bestehenden Reeder neu und schießt zu einer marktgerechten – niedrigeren – Rate ab. Daraufhin kann der Reeder den Bankkredit nicht mehr voll bedienen – möglicherweise nicht einmal die Zinsen hierauf zahlen, von Tilgungen ganz zu schweigen. Die Bank müsste daraufhin ihre Bücher in Bezug auf diesen Kredit bereinigen, also Verluste ausweisen. Der Kredit wird für Reeder und Bank zu einer deutlichen Belastung. In den Kreditvereinbarungsklauseln, den sogenannten Covenants, werden daher Anforderungen an die kreditnehmende Reederei festgelegt. Neben dem oben schon beschriebenen Verhältnis zwischen dem Kreditvolumen und dem Schiffswert (LTV, also dem Beleihungsauslauf) ist die Eigenkapitalquote, die durch den Kreditnehmer zu erbringen ist, von entscheidender Bedeutung, sagt sie doch etwas über seine Bereitschaft aus, auch eigenes Geld ins Risiko zu setzen. Die Banken verlangen hier heute in der Regel ein höheres eigenes Engagement. Die Endfinanzierung eines Neubaus wird nur noch mit Eigenkapital von deutlich über 30 % zu erlangen sein. Für die Banken ist auch wichtig, dass im laufenden Betrieb das Unternehmen die vereinbarten Zins- und Tilgungsverpflichtungen erbringen kann. Über einen Schuldendienstdeckungsgrad (Debt Service Coverage Ratio) wird regelmäßig festgestellt, ob das Ergebnis vor Zinsen und Abschreibungen (EBITDA) plus der verfügbaren liquiden Mittel (Bank/Kasse) ausreichen, um Zinsen und Tilgungen zu bedienen. Zum Beispiel kann die Bank verlangen, dass

$$\frac{EBITDA + Liquide\ Mittel}{Zinsen + Tilgung}$$

immer ein Verhältnis von 1/3 ergeben muss. Da in unterschiedlichen Ländern teils erhebliche Zinsunterschiede für Kredite vorliegen, räumen Kreditverträge manchmal die Möglichkeit eines Währungswechsels ein. So kann es vom Zinsniveau her sehr attraktiv sein, ein Darlehen in Schweizer Franken oder in Japanischen Yen aufzunehmen. Dennoch bergen diese Geschäfte bei Umrechnung immer ein erhebliches Kursrisiko. Banken stellen über die sogenannte 105-%-Klausel sicher, dass die Kreditvaluta nur bis zu 5 % über dem ursprünglichen Wert liegen darf. Sollte der Wert darüber liegen, ist die Differenz vom Kreditnehmer auszugleichen. Bei der fortlaufenden Überprüfung der Finanzkennzahlen kann hier ein Frühwarnsystem implementiert werden.

Um einen möglichen Kreditausfall den Umständen entsprechend zu minimieren, beurteilen die Banken im Rahmen einer Bonitätsprüfung das Risiko jeder einzelnen Schiffsinvestition, Überwachen die Entwicklung des kreditnehmenden Unternehmens über die gesamte Betriebszeit und stellen während dieser bestimmte allgemeine und finanzielle Anforderungen. Aus dem Prozess der internen Risikobewertung durch die Bank ergibt sich dann auch das Rating, welches die Bank dem jeweiligen Kredit gibt, woraus sich dann die erforderliche Eigenkapitalunterlegung und der Zinsaufschlag (= die Marge) auf die Ausleihung ergeben.

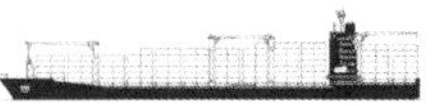

Für die Reedereien bedeuten die vorab geschilderten Auflagen erhebliche organisatorische Veränderungen. Dies gilt natürlich insbesondere für Gesellschaften, die sich Publikumsgelder besorgen wollen – aber nicht nur für diese. Bereits 2012 hat das Wirtschaftsprüfungsunternehmen KPMG festgestellt: »Die Reedereien müssen Strategien entwickeln und Prozessstrukturen schaffen, die zu einem kapitalmarktfähigen Unternehmen gehören.«

Transparenter Unternehmensaufbau	• Transparenz der gesellschaftsrechtlichen Struktur • Orientierung an Geschäftsbereichen und klare, konzernweite Zuständigkeiten • Trennung private Sphäre des Inhabers von Unternehmenssphäre
Corporate Governance	• Beirats-/Aufsichtsratsfunktion • Performanceorientierte Vergütungsstruktur
Risikomanagement	• Internes Kontrollsystem, Risikofrüherkennungssystem und Risikomanagement • Interne Revision, Rechtsabteilung
Rechnungswesen und Controlling	• Zeitnahe Erstellung Einzel- und Konzernabschluss • Bankenreporting zur Einhaltung von Covenants • Einführung Konsolidierungssystem und Buchführung nach IFRS • Erhöhung der Geschwindigkeit der Jahresabschlusserstellung (Fast Close)
Budgetierung	• Integrierte Unternehmensplanung • Planungsgenauigkeit
Branchenspezifische Compliance	• Sicherheit • Umweltschutz

(KPMG, 2011, S. 24)

Für die meisten deutschen unternehmergeführten Reedereien dürfte das Erreichen aller oben empfohlenen Ziele schwierig sein, denn die hiermit verbundenen Administrationskosten – sowohl bei der Implementierung als auch im Betrieb – übersteigen deren Ressourcen oder passen schlicht nicht in ihre Unternehmenskultur. KPMG: »Die Unternehmen, mit denen wir gesprochen haben, sind Familienunternehmen. Die Strukturen sind von steuerlichen Überlegungen und der bekanntermaßen großen Scheu vor Transparenz nach außen geprägt. In allen Diskussionen über Corporate Structures und Transparenz müssen diese Aspekte deutlicher werden und die Herausforderung, die in dem erforderlichen Kulturwandel liegt, muss stärker berücksichtigt werden«. (KPMG, 2011, S. 51)

Viele Schiffe werden nur noch von den Banken am Leben gehalten – wir haben dies mehrfach betont –, da diese erwarten, dass ein Verkauf zum jetzigen Zeitpunkt ihnen zu große Verluste bescheren würde, sie warten auf einen Zeitpunkt, zu dem sie mit möglichst geringen Schäden aus dem Investment aussteigen können.

Somit sind auch die erhofften steigenden Märkte nicht die Rettung für viele Reedereien. Denn wenn die Schiffswerte die Restforderungen der Banken aus den Schiffshypotheken übersteigen oder sich diesen annähern, ist spätestens der Zeitpunkt gekommen, an dem die Banken auf einen Verkauf der Schiffe drängen. Übersteigen die Schiffswerte diese Marke auch in absehbarer Zeit nicht, werden die Banken ebenfalls gezwungen sein, ihr Portfolio zu bereinigen.

Rechtlich sind die Banken gezwungen, ihre Kredite, die in Verzug geraten sind, mit höherem Eigenkapital zu unterlegen, was vielen Instituten Schwierigkeiten bereitet. Eine kurz- und mittelfristige Lösung kann darin bestehen, einen Teil des bisherigen Kredits abzuschreiben, aus dem Rest mehrere Teile (Tranchen) zu machen und die hochrangigen dann an andere Kreditinstitute zu verkaufen. Für das ganze nunmehr reduzierte Risiko wird ein neuer Schuldner gesucht, mit dem dann neu begonnen werden kann. Auf diese Art haben bisher eine Reihe von deutschen Schiffen den Besitzer gewechselt, und es konnten viele – nicht alle – Schiffe in der deutschen Handelsflotte gehalten werden. In der Regel wenden sich die Banken mit solchen Projekten an größere Adressen, denen zugetraut wird, dass sie die Schifffahrtskrisen überstehen werden. Dies trägt zu einer Marktbereinigung in der Schifffahrt bei, obschon es am grundsätzlichen Problem der Überkapazitäten nichts ändert.

Nur die Reeder, die immer ihren finanziellen Verpflichtungen gegenüber den Banken nachgekommen sind, auch wenn die Schiffe aus dem Betrieb heraus hierzu nicht in der Lage waren, die in den guten Jahren finanzielle Ressourcen angehäuft und im Unternehmen belassen haben, können diese abschmelzen und dürfen darauf hoffen, die Krise zu überstehen. Sie sind es auch, die in der jetzigen Lage mehr Schiffe unter ihre Kontrolle bringen können, da sie sich den Banken als verlässliche Partner empfohlen haben. Für ausschließlich auf KG-Modelle basierte Unternehmen – zumal mit Flotten von bis zu zehn Schiffen – gilt dies nicht.

Größeren und gut geführten Reedereien stehen – neben der klassischen Bankfinanzierung und Anleihen – mittlerweile noch andere Finanzierungsmöglichkeiten offen. Diese alternativen Finanzierungsformen nehmen im Bereich der Schifffahrt eine immer größere Rolle ein. »2008 wurden 84 % der Schiffsfinanzierung durch Banken gestellt, aber dies ist 2016 auf 63 % gefallen«, wie Jacob Berman ausführt.[175]

Insbesondere Export-Kredit-Agenturen ((allen voran die bereits genannte Export-Import Bank of China (CEXIM)) machen gegenwärtig mehr als 33 % der Schiffsfinanzierung aus, im Interesse der Stützung der jeweiligen Schiffbaubetriebe. Käufer von Schiffen können so in den Genuss von Werftkrediten kommen und müssen kein oder nur wenig Eigenkapital vor Ablieferung des Schiffes stellen.

Im von einer Niedrigzinsphase geplagten Japan wurde Ende der 1990er-Jahre ein Leasingmodell entwickelt, das zuerst in der Luftfahrt und seit 2012 auch für die Schifffahrtsbranche nutzbar gemacht werden kann. Bei diesem »Japanese Operating Leases with Call Option« (JOLCO) genannten Modell wird das Eigenkapital (ca. 30 %) von japanischen Anlegern gestellt, die dann über Abschreibungen ihre Steuerlast reduzieren können – ähnlich wie vor der Einführung der deutschen Tonnagesteuer auch hier üblich. Der Rest der Finanzierung wird dann durch eine japanische Bank gebracht. Mit diesen Mitteln wird dann das Schiff über eine spezielle Einschiffsgesellschaft finanziert und dem Reeder im Rahmen einer Bare-Boat-Charter zur Nutzung überlassen. Neben dem niedrig verzinsten Bankkredit wird das Eigenkapital der japanischen Anleger über eine geringe Dividende vergütet, sodass sich bei einer 100%igen Finanzierung ein geringerer Kapitaldienst als bei einer normalen (70%igen) Bankfinanzierung ergibt. Die laufende Kapitalrückführung über die Bare-Boat-Charter wird in der Regel durch eine größere Schlusszahlung (sogenannter »Balloon«) am Ende der Laufzeit reduziert.[176]

All den neuen Finanzierungsmodellen gemeinsam ist, dass sie den Reedern durch Vergabe von viel Fremdgeld bei der Finanzierung ihrer Schiffe entgegenkommen. Sie bergen aber auch erhebliche Risiken, denn fremdes Geld muss immer vor dem Eigenkapital zu festgelegten Terminen zurückgeführt werden, während das Kapital der Anleger (Eigenkapital) in der zweiten

175 Vergl. Jacob Berman, »Embracing new way of thinking in funding shipping projects«, November 2016 – Internet: http://www.tms-shipfinanceandtrade.com/wp-content/uploads/Jacob-Berman.pdf

176 Vergl.: David Osler, »Owners turning to Japanese leasing structure for funding«, in Lloyd's List vom 10. August 2017.

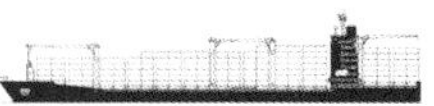

Reihe steht und oft erst nach Liquidierung des Projekts an die Geldgeber zurückfließt. Die Schiffsgesellschaften setzen sich also unter einen Druck, die Zinsen und Tilgungen Fremder zu bedienen. Dies wird gerade dann problematisch, wenn in stark schwankenden Märkten – zeitweise – nicht die erforderliche Liquidität in der jeweiligen Gesellschaft vorhanden ist. Dann muss entweder mit den Fremdkapitalgebern eine Restrukturierungsvereinbarung getroffen werden oder die Eigentümer müssen eigenes Geld zuschießen.

Sollte eine Schiffsinvestition bei ihrer Initiierung eine höhere Rendite versprechen, als das Fremdkapital an Zinsen verlangt, so ist der Reiz groß, mit einem vergleichsweise kleinen eigenen Engagement dann viel Fremdgeld aufzunehmen, um die Eigenkapitalrendite zu steigern – betriebswirtschaftlich spricht man hier von »Leveragen (= Hebeln)« oder »Gearing«.

Ein vereinfachtes Beispiel möge dies zeigen. Angenommen, ein Reeder investiert 25 Millionen US-$ in ein Schiff und betreibt dieses zehn Jahre lang. Danach wird es für 40 % des Ankaufswerts verkauft. Während der Betriebsphase steigen die Betriebskosten jährlich um 2,5 %, wobei das Schiff einmal zu 500.000 US-$ zur Überholung in die Werft muss. Die Chartereinnahmen sind hier die einzige Variable. Bei Auflegen des Projekts rechnet der Reeder mit – durchgängigen – Tageseinnahmen von 16.000 US-$. Sollte er nun das Schiff vollständig mit eigenem Geld kaufen, so ergäbe sich eine Eigenkapitalrendite von 11,6 %. Er kann aber zu einer Bank gehen, die ihm 2/3 der Investition finanziert und dafür 6 % Zinsen pro Jahr verlangt. In diesem Fall wäre also die Rendite aus der Investition (11,6 %) höher als der Fremdkapitalzins (6 %). Wenn er sich nun 67 % der Investitionssumme leiht, würde seine Eigenkapitalrendite von 11,6 % auf 18,2 % steigen – sein Geld vermehrt sich stärker. Er kann mit dem nicht verwendeten eigenen Geld nun auch noch mehr Schiffe erwerben.

Sollte sich die Einnahmesituation jedoch nicht so darstellen wie geplant, so kippt der Hebel dann in die andere Richtung. Bei einer kompletten Eigenfinanzierung würden Einnahmen von nur noch 10.000 US-$ am Tag immer noch eine positive Rendite von 0,4 % generieren. Die 25 Millionen Eigenkapital erwirtschaften über die Laufzeit gerade einmal 798.445 US-$. Im Falle der teilweisen Fremdfinanzierung wird jedoch schon Geld verloren, die Eigenkapitalrendite liegt bei -4,9 %. Von den 8,3 Millionen Eigenkapital sind mehr als die Hälfte verloren. Noch dramatischer stellt sich die Situation dar, wenn die Charterraten noch niedriger sind. Und neben der Rendite spielen natürlich die laufenden Zahlungsverpflichtungen eine große Rolle. Während bei einer 100%igen Eigengeldfinanzierung der laufende kumulierte Cash-Flow immer positiv ist, muss schon bei einer Charterrate von 10.000 US-$ am Tag im ersten Jahr nachgeschossen werden. Das Schiff »verbrennt« nicht nur Geld, es muss auch von den Eigentümern aufgebracht werden.

Eigenkapitalrendite bei unterschiedlicher Finanzierung

Allgemeine Parameter

Investition	25.000.000
Laufzeit	10 Jahre
Restwert Investition bei Laufzeit Ende	40,00 %
Betriebskosten pro Tag	4500
Steigerung Betriebskosten p.a.	2,50 %
Verwaltungskosten pro Jahr	120.000
Kosten Werftzeit nach 5 Jahren	500.000
Fremdkapitalzinsen	6 %

	Rendite bei Finanzierung		Netto Geldrückfluss bei	
Charterrate pro Tag	**100% Eigengeld**	**33% Eigengeld**	**100% Eigengeld**	**33% Eigengeld**
16.000	11,6 %	18,2 %	22.338.445	16.838.445
10.000	0,4 %	–4,9 %	798.445	–4.701.555
7.500	–4,7 %	–13,9 %	–8.176.555	–13.676.555
6.000	–8,0 %	–19,3 %	–13.561.555	–19.061.555

Eine Lehre hieraus kann nur sein, mit fremdem Geld möglichst vorsichtig umzugehen, um in wirtschaftlich schwierigen Zeiten nicht in Liquiditätsengpässe zu kommen.

Für die gegenwärtige Situation bedeutet dies, dass es besser ist, Schiffe mit einem hohen Eigenkapitalanteil zu erwerben und zu betreiben. Ein Erfolg oder Misserfolg zeigt sich dann nach der Beendigung des Engagements.

Bei einer 100%igen Eigenfinanzierung kann das Projekt schon vom ersten Betriebstag an eine positive Liquidität erwirtschaften, sofern es mehr als die laufenden Betriebs- und Verwaltungskosten verdient. Eine Insolvenz ist damit so gut wie ausgeschlossen.

 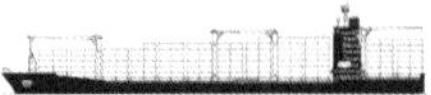

12. Konzentrationsprozesse in der Schifffahrt

Die Welthandelsflotte besteht aus ca. 79 Tsd. Schiffen (über 300 BRZ), die von ca. 7.500 Reedern disponiert werden. Auch wenn die Branche insgesamt recht fragmentiert ist, so gibt es gerade in Asien sehr große Schifffahrtsgesellschaften, die über Flotten von mehreren Hundert Schiffen verfügen und eine breite Palette unterschiedlicher Typen anbieten können. Deutsche Reeder haben deutlich kleinere Flotten, und keines dieser Unternehmen zählt zu den großen 20. Es lassen sich jedoch auch in Deutschland in den letzten Jahren Konzentrationsprozesse feststellen.

Insbesondere in der Linienschifffahrt gibt es schon seit vielen Jahrzehnten teilweise eine sehr intensive Zusammenarbeit zwischen den einzelnen Unternehmen. Als geringste Stufe der Zusammenarbeit kann die Abstimmung der Fahrpläne innerhalb eines Verkehrs angesehen werden. Die beteiligten Reedereien laufen dann nicht am selben Tag einen jeweiligen Hafen an, sondern zeitlich versetzt. Die Konkurrenz um Ladung wird so etwas entzerrt. Bereits 1875 wurde die erste Linienschifffahrtskonferenz für die Route zwischen Großbritannien und Calcutta gegründet. Im Konferenzsystem stimmen die beteiligten Reedereien ihre Frachtraten ab und versprechen sich, diese nicht zu unterschreiten. Die Kunden, also die verladende Wirtschaft gewinnt dadurch einen verlässlichen Verkehr und erhält – im Falle, dass sie immer auf Konferenzschiffen ihre Ladung transportiert – manchmal auch einen Treuerabatt auf die gezahlte Fracht[177]. Für die Reeder bedeutet der Beitritt zu einer Konferenz relativ stabile Raten, da zumindest von der Verkaufsseite keine oder wenig Konkurrenz herrscht. Die Verlader haben eine feste Kalkulationsgrundlage und auch in Zeiten hoher Nachfrage verlässliche Raten. Konferenzen sind – zumindest nach deutschem Recht – Kartelle. Bis 2008 wurden diese aufgrund der Internationalität und der Vielzahl von nicht-konferenzgebundenen Anbietern im selben Verkehr trotzdem geduldet. Für die Linienreeder war die Aufhebung der Freistellung von Schifffahrtskonferenzen vom Kartellverbot durch die EU jedoch kein wirklicher Schlag, denn unter den Konferenzen haben sich seit einigen Jahrzehnten Konsortien aus mehreren Reedereien gebildet, die teilweise deutlich enger zusammenarbeiten. In diesen Konsortien teilen sich die Reedereien auch den Laderaum auf ihren jeweiligen Schiffen. So sind dann auf dem Schiff einer Reederei auch Stellplätze oder Frachtraum für die Konsortialpartner reserviert, die diese sich also gegenseitig verkaufen. Hintergrund ist so die verbesserte Ausnutzung der Schiffe. Man kann auch größere Einheiten einsetzen, da die Schiffe ja geteilt werden. Für einzelne Unternehmen ist dann nicht einmal der Einsatz eigener Tonnage erforderlich. In einer weiteren Stufe werden auch Hafenkosten geteilt – also gepoolt. Noch weiter kann die Kooperation gehen, wenn Schiffskosten miteinander verrechnet werden oder sogar für bestimmte Regionen ein gemeinsames Marketing vereinbart wird. Dies war in der Zeit vor der Jahrtausendwende zum Beispiel beim Konsortium ANZECS (Australia New Zealand Europe Container Service) oder SAECS

177 Fracht sowie Frachtraten stehen in der Schifffahrt immer für eine Geldgröße, also nicht die zu transportierende Ladung, sondern das Geld, welches für den Transport zu zahlen ist. Dies weicht von der Umgangssprache ab, die Fracht und Ladung häufig in eins setzt.

(Southern Africa Europe Container Service) der Fall. Diese Konsortien wurden gegründet, als es galt, die hohen Investitionssummen im Zusammenhang mit der Containerisierung der jeweiligen Verkehre für die Reeder zu rechtfertigen. Heute ist diese sehr enge Form der Kooperation in der Schifffahrt nicht mehr vertreten. In der Regel vermieten sich die Schifffahrtsunternehmen gegenseitig nur noch Stellplätze auf ihren Schiffen und bieten gemeinsame Liniennetze an. Die Vermarktung der Stellplätze verbleibt allerdings bei den jeweiligen Reedereien.

Fanden auch schon in der Phase des Wachstums bis 2007 Marktkonsolidierungen statt, so konnten in den Jahren bis 2013 keine bedeutenden Verschmelzungen in der Containerschifffahrt beobachtet werden. Doch seitdem ist abermals eine Marktbereinigung feststellbar – und zwar auf hohem Niveau. So hat CMA CGM Gruppe die Reederei APL von der in Singapur ansässigen NOL-Gruppe übernommen. Kurz davor wurde die kleinere Linienreederei OPDR von CMA gekauft. Hapag-Lloyd hat im Jahr 2014 die Fusion mit der chilenischen CSAV auf den Weg gebracht. Hamburg-Süd erwarb die – ebenfalls chilenische – CCNI. Die beiden chinesischen Reedereien COSCO und China Shipping haben fusioniert. Der neue Konzern wird mit ca. 1,6 Mio. TEU zur viertgrößten Containerreederei der Welt aufsteigen. Die Linienaktivitäten werden unter COSCO geführt, während China Shipping die Containerschiffe und das Containerequipment hält und an COSCO vermietet. Die trockenen Massengutaktivitäten werden ebenfalls bei COSCO bleiben, während China Shipping für die Öltanker und LNG-Verkehre zuständig ist[178]. Im April 2016 wurden dann Pläne über ein Zusammengehen von Hapag-Lloyd mit der in Dubai ansässigen UASC (United Arabic Shipping Company) bekannt, deren Mehrheitsgesellschafter arabische Staatsfonds sind. Hapag-Lloyd ist in Bezug auf die disponierten Stellplätze auf den Schiffen (eigene und gecharterte) die größere Reederei, die UASC verfügt jedoch über deutlich größere und modernere Schiffe.[179] Die Fusion wird – so erwartet man – bis 2018 abgeschlossen sein. UASC wird in diesem Fall einen Anteil von einem Drittel an der neuen Gesellschaft haben. Ende 2017 wurde dann bekannt, dass die Oetker-Familie ihre Tochter Hamburg-Süd an die dänische Maersk-Gruppe verkaufen wird, wobei der Kaufpreis 4 Milliarden US-$ betragen soll.

Konzentration in der Containerschifffahrt

Jahr	Käufer	Ziel	Jahr	Käufer	Ziel
1996	P&O	Nedlloyd	2002	Hamburg-Süd	Ellerman
1996	CMA	CGM	2003	Hamburg-Süd	Kien Hung
1997	Hanjin	DSR Senator	2005	Maersk	P&O Nedlloyd
1997	NOL	APL	2005	CMA-CGM	Delmas
1998	Evergreen	Lloyd Triestino	2005	Hapag-Lloyd	CP Ships
1998	Hamburg-Süd	Alianca	2007	Hamburg-Süd	Costa Container Lines
1999	Maersk	Safmarine	2014	Hapag-Lloyd	CSAV
1999	Hamburg-Süd	Transroll Nav.S.A.	2014	Hamburg-Süd	CCNI
1999	Maersk	Sea-Land	2015	CMA-CGM	OPDR
2000	CSAV	Norasia	2015	CMA-CGM	NOL

178 Vergl: Alphaliner – Weekly Newsletter, Volume 2015, Issue 50, 9.12.2015 to 15.12.2015, Singapore, London 2015

179 So liegt die Durchschnittsgröße der eigenen Schiffe von UASC bei 10.982 TEU, die von Hapag-Lloyd nur bei 7.229 TEU.

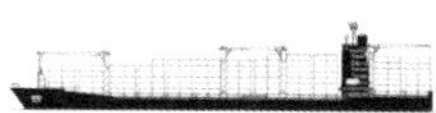

Konzentration in der Containerschifffahrt

Jahr	Käufer	Ziel	Jahr	Käufer	Ziel
2015		COSCO/China Shipping CL	2017	Hapag-Lloyd	UASC
2017	Maersk	Hamburg-Süd	2017	COSCO	OOCL
2017		MOL/NYK/K-Line	2017		14 Koreanische Linienreedereien

[180]

Für die ähnlich große Orient Overseas Container Line (OOCL), die in den Händen der Hongkong-chinesischen Tung-Familie liegt, ist die Chinesische COSCO-Gruppe im Sommer 2017 bereit, 6,3 Milliarden US-$ zu zahlen. Damit wird COSCO auf den dritten Platz der Containerlinienreedereien aufrücken. Ein Platz, den sie wohl wieder an die verdrängte CMA CGM abgeben wird, wenn diese die angekündigten Neubauten mit einer Stellplatzkapazität von jeweils 22.000 TEU übernehmen wird. Für COSCO als auch OOCL ergibt diese Übernahme Sinn, denn allen voran spielt in einem Massengeschäft wie der Containerschifffahrt Größe die entscheidende Rolle. Selbst wenn OOCL in letzter Zeit mit ihren 21.000-TEU-Schiffen hochmoderne Einheiten in den Markt gebracht hat, so blieb das Unternehmen mit ca. 600.000 TEU angebotener Kapazität nur ein mittelgroßer Player im Konzert der ganz Großen und war als Familienunternehmen nicht in der Lage, in Zukunft mit dem Wachstumstempo der Mitbewerber Schritt zu halten. »Wie es der Vorstandsvorsitzende CC Tung ausdrückte: ›Die Kapitalbasis, die notwendig ist, um erfolgreich zu operieren und einen Platz unter den führenden Marktteilnehmern zu etablieren, ist zunehmend größenabhängig‹, da die größten Linien den anderen davonziehen.«[181]

Kurze Zeit später wird 2017 bekannt, dass sich alle 14 koreanischen Linienreedereien – mit Unterstützung der Regierung und des nationalen Reederverbandes – 2018 zusammenschließen werden. Diese »Korean Shipping Partnership (KSP)« wird damit zur achtgrößten Reederei aufsteigen. Nur die Hyundai Merchant Marine und die KMTC Line gehören zu den Top 20, und zwölf der 14 Unternehmen sind nur im inner-asiatischen Verkehr tätig, aber auch hier findet eine Konzentration statt, um die wirtschaftliche Lage der Beteiligten zu stabilisieren und Wachstum möglich zu machen. Darüber hinaus verspricht man sich Kosteneinsparungen über Dienststraffungen und Rationalisierung der Hafenfolge.

All dies wird zu einer Neuorganisation der Allianzen führen, darüber hinaus sind weitere Fusionen in der Zukunft nicht ausgeschlossen. Der Weg zu einem Oligopol ist vorgezeichnet.

180 Vergl.: »Navigating a Future for Container Shipping«, Vortrag von Anthony Firmin am 13. Juni 2015 aus Anlass des 30-jährigen Bestehens des Costas Grammenos Centre for Shipping, Trade and Finance an der CASS Business School der Universität von London. Diese Übersicht ist um die aktuellen Entwicklungen ergänzt.

181 Janet Porter, »What does $6.3bn buy?, in: Lloyd's List, 8. August 2017. Im englischen Original: »As OOIL chairman CC Tung said, ›the capital base necessary to operate successfully, and to establish a place among the leading industry participants, is becoming increasingly sizeable‹ as the biggest lines pull away from the rest.«

Zu Beginn des Jahres 2016 existieren vier große Zusammenschlüsse in der Linienschifffahrt, wie aus der Tabelle ersichtlich.

Linienschifffahrtskonsortien (Februar 2016)

Unternehmen	TEU*
2M Consortia	
APM-Maersk	3.015.279
Mediterranean Shg Company	2.672.345
Total	**5.687.624**
G6-Alliance	
Hapag-Lloyd	920.559
OOCL	578.398
MOL	561.201
NYK Line	479.489
Hyundai Merchant Marine	393.665
APL (NOL)	531.696
Total	**3.465.008**
Nicht-Konsortium-gebunden	
Hamburg-Süd Gruppe	647.996
PIL (Pacific Int. Line)	348.337
Zim	357.857
Wan Hai Lines	216.365
Total	**1.570.555**

Unternehmen	TEU*
CKYHE-Alliance	
Evergreen Line	927.428
COSCO Container Line	854.160
Hanjin Shipping	615.162
Yang Ming Marine Transport Corp.	514.400
K Line	380.273
Total	**3.291.423**
Ocean-3-Alliance	
CMA CGM Group	1.805.507
UASC	549.124
China Shipping Container L.	707.179
Total	**3.061.810**

Total Container Flotte (Top 100)	100,0 %	19.022.947
Alle Konsortien	81,5 %	15.505.865
Top-20-Linien	89,8 %	17.076.420

** Angebotene TEU, auf eingecharterten und eigenen Schiffen*
Quelle: Alphaliner

Damit werden über diese Kooperationen ca. 80 % des gesamten Containerverkehrs abgewickelt. Zählt man die unabhängigen großen Reedereien noch dazu, so kontrollierten die größten 20 Reedereien 2016 86,5 % des gesamten containergebundenen Marktes.

Nachdem den zwischenzeitlich eingetretenen Veränderungen stellt sich Lage schon anders dar. Aus vier Allianzen sind drei geworden. 1) Das 2M Konsortium mit den Partnern Maersk und MSC (den beiden größten Linienreedereien), dem die koreanische Hyundai Merchant Marine beigetreten (Rang 13) ist – sie gehörte vorher zur G6-Alliance. 2) Die Ocean-Alliance, hervorgegangen aus dem Ocean-3-Konsortium, mit den Partnern CMA-CGM, den fusionierten chinesischen Staatsreedereien COSCO und China Shipping, Evergreen sowie OOCL. 3) THE Alliance, der Hapag-Lloyd (und damit UASC), die drei großen japanischen Linienreedereien (NYK, MOL, K-Line) und Yang Ming angehören. THE Alliance vereinigt damit erstmals alle drei großen japanischen Linienreedereien, was eine Konsolidierung in dieser bedeutenden Schifffahrtsnation darstellt. Bis April 2018 wollen die drei ihre Linienschifffahrtsaktivitäten in ein Joint-Venture einbringen – eine Idee, die bereits im November 2011 vom Mitsui-Präsident Koichi Muto als Option ins Spiel gebracht wurde. Von dieser Fusion erhoffen sich die Partner vor allen Dingen Kosteneinsparungen bei der Weiterentwicklung der Informationstechnologien und der Verwaltung. Dennoch kann sich aus dieser Verbindung für die Beteiligten auch eine Gefahr ergeben, denn die japanischen Reedereien haben ihre Kunden bereits jetzt unter

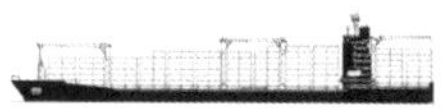

sich aufgeteilt, sodass eine neue organisatorische Struktur möglicherweise Mitbewerber aus anderen Ländern anlockt, die die Verlader auf sich ziehen könnten.[182] Neben diesen bereits beschlossenen Kooperationen sind nach wie vor Spekulationen über ein Zusammengehen der beiden großen taiwanesischen Linien – Evergreen und Yang Ming – virulent.

Linienschifffahrtskonsortien (Mai 2017)

Unternehmen	TEU*	Unternehmen	TEU*
2M Consortia		**THE Alliance**	
APM-Maersk (incl. Hamburg-Süd)	3.884.669	Hapag-Lloyd (incl. UASC)	1.550.799
Mediterranean Shg Company	3.053.470	MOL/NYK Line/K Line	1.481.862
Hyundai Merchant Marine (as frm. 04/17)	396.227	Yang Ming Marine Transport Corp.	585.206
Total	**7.334.366**	**Total**	**3.617.867**

Unternehmen	TEU*
Ocean-Alliance	
CMA CGM Group (incl. APL)	2.244.870
COSCO Container Line (incl. CSCL)	1.717.597
Evergreen	1.022.831
OOCL	676.570
Total	**5.661.868**

Unternehmen	TEU*
Nicht-Konsortium-gebunden	
PIL (Pacific Int. Line)	363.562
Zim	326.615
Wan Hai Lines	219.224
X-Press Feeders Group	157.657
KMTC	126.235
IRISL Group	100.580
Total	**1.293.873**

Total Container Flotte (Top 100)	100,0 %	19.870.022
Alle Konsortien	83,6 %	16.614.101
Top-20-Linien	90,3 %	17.942.058

** Angebotene TEU, auf eingecharterten und eigenen Schiffen*
Quelle: Alphaliner

Ein Vergleich der beiden obigen Tabellen der Linienschifffahrtskonsortien zeigt, dass Konzentrationsprozesse sich fortsetzen. Darüber hinaus werden die Konsortien zusammen fast 84 % der Marktmacht auf sich vereinigen – gegenüber 79 % in 2016.

Die großen 20 Containerlinien bieten nun zusammen mehr als 94 % der Tonnage an – eine Steigerung von fast 4 % in gerade einmal zwölf Monaten.

Seit dem Jahr 2000 lässt sich diese Konzentration aus den Statistiken von Alphaliner sehr gut nachvollziehen. Hat sich seitdem die Flotte der 100 größten Containerlinien (ausgedrückt in angebotenen TEU) von 5,0 Millionen TEU auf 20,2 Millionen TEU fast vervierfacht, so sind die Top 10 hierunter um den Faktor 6,7 gewachsen, haben die Top 3 um mehr als das Siebenfache zugelegt. Dies ist natürlich nicht ausschließlich auf »organisches« Wachstum, sondern meist auf die oben genannten Zukäufe und Fusionen zurückzuführen.

182 Vergl.: »Carrier alliances come full circle« in Alphaliner, Weekly Review, Volume 2016 Issue 20 (11.05.2016 to 17.05.2016) sowie »Come together at once – can consolidation really result in long-term profitability?«, in Lloyd's List, 3.11.2016

Keine Reederei bot im Jahr 2000 mehr als eine Millionen TEU an – in naher Zukunft werden dies sieben Konzerne sein.

TOP 20 Containerlinien

Datum: September 2000

Linie	TEU
Maersk-SL + Safmarine	682.411
Evergreen Group	317.940
P & O Nedlloyd	301.686
Hanjin Shipping	246.397
Mediterranean Shg Co	229.074
APL	213.790
COSCO Container Lines	210.289
NYK	170.907
CP Ships Group	148.745
CMA-CGM Group	141.652
Mitsui-OSK Lines	137.379
Zim	135.199
K Line	124.655
OOCL	120.096
Hyundai	109.303
Hapag-Lloyd Group	108.156
CSAV Group	105.035
China Shipping	103.876
Yang Ming	103.358
Hamburg-Süd Group	76.614
Andere Reeder (21-100)	1.296.445
Total Top 100	**5.083.007**
% Top 3	26 %
% Top 10	52 %
% Top 20	74 %

Datum: September 2005

Linie	TEU
Maersk-SL + Safmarine	1.590.901
Mediterranean Shg Co	718.753
Evergreen Group	442.564
CMA-CGM Group	427.900
APL	325.345
China Shipping	321.584
Hanjin Shipping	307.653
COSCO Container Lines	306.200
NYK	300.373
OOCL	236.789
CSAV Group	233.712
K Line	224.327
Hapag-Lloyd Group	212.607
Mitsui-OSK Lines	211.117
Zim	206.531
CP Ships Group	187.203
Yang Ming	184.040
Hamburg-Süd Group	181.477
Hyundai	148.681
PIL (Pacific Int. Line)	133.354
Andere Reeder (21-100)	1.380.693
Total Top 100	**8.281.804**
% Top 3	33 %
% Top 10	60 %
% Top 20	83 %

Datum: Oktober 2010

Linie	TEU
Maersk-SL + Safmarine	2.116.300
Mediterranean Shg Co	1.827.450
CMA-CGM Group	1.193.582
Evergreen Group	609.356
Hapag-Lloyd Group	589.877
APL	589.229
CSAV Group	557.071
COSCO Container Lines	527.675
China Shipping	470.936
Hanjin Shipping	467.613
Mitsui-OSK Lines	405.981
NYK	389.272
Hamburg-Süd Group	369.071
OOCL	359.319
K Line	323.648
Yang Ming	319.241
Zim	316.399
Hyundai	282.272
PIL (Pacific Int. Line)	252.359
UASC	212.116
Andere Reeder (21-100)	2.523.735
Total Top 100	**14.702.502**
% Top 3	35 %
% Top 10	61 %
% Top 20	83 %

Datum: Juli 2015

Linie	TEU
APM-Maersk	3.099.820
Mediterranean Shg Co	2.620.872
CMA CGM Group	1.742.445
Hapag-Lloyd	980.611
Evergreen Line	950.357
COSCO Container L.	860.989
China Shipping	693.281
Hanjin Shipping	622.440
MOL	613.327
Hamburg-Süd Group	598.491
OOCL	592.701
APL	560.597
Yang Ming	514.524
NYK Line	489.576
UASC	441.965
K Line	394.736
PIL (Pacific Int. Line)	385.212
Hyundai	371.719
Zim	353.455
Wan Hai Lines	228.888
Andere Reeder (21-100)	1.835.569
Total Top 100	**18.951.575**
% Top 3	39 %
% Top 10	67 %
% Top 20	90 %

Datum: Dezember 2016

Linie	TEU
APM-Maersk	3.289.124
Mediterranean Shg Co	2.825.907
CMA CGM Group	2.133.736
COSCO Container Lines	1.582.076
Evergreen Line	994.201
Hapag-Lloyd	957.788
Hamburg-Süd Group	605.705
OOCL	575.560
Yang Ming	565.766
UASC	538.108
NYK Line	514.277
MOL	500.921
Hyundai	455.859
PIL (Pacific Int. Line)	365.223
K Line	349.677
Zim	303.838
Wan Hai Lines	219.988
X-Press Feeders Group	153.045
KMTC	126.351
IRISL Group	99.867
Andere Reeder (21-100)	1.845.914
Total Top 100	**19.002.931**
% Top 3	43 %
% Top 10	74 %
% Top 20	90 %

Datum: Nach bekannten Fusionen

Linie	TEU
APM-Maersk (incl. Hamburg Süd)	4.076.760
Mediterranean Shg Co	3.057.304
COSCO (incl. OOCL)	2.457.888
CMA CGM Group	2.439.139
Hapag-Lloyd (incl. UASC)	1.516.227
NYK/MOL/K Line	1.397.476
Evergreen Line	1.039.786
Korea Shipping Partnership	667.148
Yang Ming Marine Transport Corp.	587.815
PIL (Pacific Int. Line)	372.226
Zim	355.129
Wan Hai Lines	235.076
X-Press Feeders Group	148.532
SITC	98.619
IRISL Group	94.387
Zhonggu Logistics Corp.	94.168
Arkas Line / EMES	70.456
Sinotrans	67.013
Quanzhou An Sheng Shg Co	65.891
Simatech	65.533
Andere Reeder (21-100)	1.280.112
Total Top 100	**20.186.685**
% Top 3	48 %
% Top 10	87 %
% Top 20	94 %

Quelle: Alphaliner

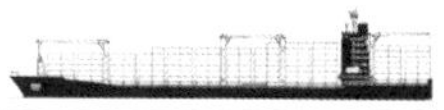

So bestechend, wie die Argumente für ein Zusammengehen auch sind – gemeinsame und bessere Nutzung des vorhanden Schiffsraums und des Containerequipments insbesondere auf einer Multi-Trade-Basis, die Bündelung der Inlandsaktivitäten und die Minimierung von Leertransporten bei nicht ausgeglichenen Verkehren, eine schlankere Verwaltung, die Zusammenfassung von Vertriebsaktivitäten sowie einheitliche IT-Systeme –, erst nach Jahren wird sich zeigen, ob eine Fusion zwischen zwei Schifffahrtsunternehmen oder die Übernahme eines Mitbewerbers langfristig wirklich diese Früchte trägt. Nicht kompatible Schiffe innerhalb der neuen Flotte, kulturelle Unterschiede der Belegschaften insbesondere bei transnationalen Fusionen, die bis zu schädlicher interner Konkurrenz gehen können, notwendige Erweiterungen oder gar Neuinvestitionen in Informationssysteme und die finanzielle Beseitigung von Altlasten können gewichtige Hindernisse für einen Erfolg sein. Und nicht zuletzt die Kosten einer Fusion, allen voran der Kaufpreis für das zu übernehmende Unternehmen, können erhebliche Belastungen nach sich ziehen. »Jedoch sollten Linienreeder – und ihre Finanziers – umsichtig sein wegen der Kosten der Konsolidierung verstärkt durch Schulden. Und obwohl Geld in den internationalen Finanzmärkten immer noch relativ billig zu haben ist, haben die Carrier in den letzten fünf Jahren klägliche Ergebnisse produziert, und Geldgeber werden einen Risikoaufschlag erwarten, um dieses Risiko zu decken. Wenn der Containermarkt sich in nächster Zeit nicht zugunsten der Linien entwickelt, könnten Reeder mit gestiegener Schuldenlast in Schieflage geraten [...] Ein Anstieg der Fremdverschuldung kombiniert mit Schwierigkeiten bei der Integration nach beschlossener Fusion könnte ein Desaster für diese Reeder bedeuten, denn die fusionierten Einheiten könnten nicht in der Lage sein, die notwendige Rendite zu erwirtschaften, um die Schulden zu bedienen.«[183]

Sollte eine Fusion nicht oder nicht in einem überschaubaren Zeitraum auch operativ gelingen, so besteht das Risiko, dass die eingesetzten finanziellen Mittel – Hapag-Lloyd übernahm zum Beispiel 2005 für 1,7 Milliarden Euro die kanadische CP Ships-Gruppe, CMA-CGM zahlte 2,4 Milliarden US-$ für APL – nicht zurückfließen und der Käufer mit einer hohen Schuldenlast zu kämpfen hat. Er gerät dann in finanzielle Schwierigkeiten und wird möglicherweise selbst zum Übernahmekandidaten.

Auch die Bildung eines Konsortiums von unabhängigen Reedereien ist nicht ganz ohne Probleme. So sind Veränderungen in der Dienststruktur nur mit der Billigung aller Partner möglich. Auch werden die anzulaufenden Häfen und deren Folge gemeinsam beschlossen. Hier können einzelne Reedereien durchaus unterschiedliche Strategien verfolgen, da die Ausgestaltung eines Dienstes für die jeweilige Reederei ein wichtiges Marketingargument ist. Es kann auch sein, dass größere Linienreeder an Hafenumschlagsbetrieben beteiligt sind und sich damit Präferenzen ergeben, die von anderen so nicht gesehen oder akzeptiert werden.

Wie dem auch sei, die Schifffahrtskrise beschleunigt Konzentrationsprozesse, und solange die Reedereien keine oder nur marginale Renditen erwirtschaften, werden Fusionen weiter-

183 AlixPartners, Container Shipping Outlook 2016 – Overcapacity Catches Industry in Undertow, Januar 2016 – aus dem Internet: http://www.alixpartners.com/en/Publications/AllArticles/tabid/635/articleType/ArticleView/articleId/1927/categoryId/46/Container-Shipping-Outlook-2016.aspx Im englischen Original: »However, carriers—and their financial backers—have to be wary of the cost of consolidation fueled by debt. And even though money is still relatively cheap in the global financial markets, the carrier industry has produced dismal results in the past five years and lenders will be looking for a premium to cover those risks. If the market for container shipping services does not turn in favor of carriers in the near term, carriers with increasing costs for servicing their debt could be at risk [...] An increase in debt coupled with a difficult postmerger integration could spell disaster for those carriers, because combined entities may be unable to generate the returns necessary to service their debt.«

hin an der Tagesordnung sein, denn die Gläubiger oder Anteilseigner werden über kurz oder lang mit den Schifffahrtsunternehmen die Geduld verlieren und auf eine Lösung drängen. Sei es – wie oben beschrieben –, dass der singapurianische Staatskonzern Temasek die konstant schlechten Ergebnisse ihrer Beteiligung NOL (APL) zum Anlass nimmt, diese Reederei zu verkaufen, sei es, dass die chinesische Regierung die beiden großen international agierenden Unternehmen COSCO und China Shipping zusammenführt oder dass ein Schifffahrtsunternehmen komplett die Unterstützung verliert und somit in die Insolvenz geht, wie dies Ende August 2016 der Hanjin Line passiert ist. Nachdem zwischen 2012 und dem ersten Quartal 2016 bei Hanjin insgesamt 2.343 Milliarden koreanische Won Verluste (vor Steuern) aufgehäuft wurden (ca. 2,04 Milliarden US-$)[184], war die Reederei nicht mehr zu halten. Der siebtgrößte Linienreeder musste Insolvenz anmelden. Um eine Arrestierung der 100 Containerschiffe zu verhindern, wurden die Schiffe teilweise auf See gehalten oder nach Korea zurückbeordert. Auch wenn die Hanjin-Flotte nur ca. 3 % der Gesamttonnage aller Containerreedereien ausmachte, hat die Insolvenz doch erhebliche Folgen für die Partner und die verladende Wirtschaft gehabt. Waren im Wert von – geschätzt – 14 Milliarden US-$, die sich auf den Schiffen befanden, konnten nicht rechtzeitig dem Empfänger übergeben werden und wurden teilweise nur freigestellt, als der Ladungsbesitzer die Umschlagskosten noch einmal beglich. Die Tonnageprovider Danaos und Seaspan, die insgesamt elf Schiffe an Hanjin verchartert haben, hatten Ende August 2016 Charterrückstände von 53 Millionen US-$ zu verzeichnen[185]. Der Wert aller Mietverträge allein für diese beiden Unternehmen beläuft sich nach Schätzungen auf ca. 800 Millionen US-$. Doch auch die deutschen Reedereien NSB, Rickmers und Peter Döhle hatten ihre Schiffe an Hanjin vermietet. Alle Charterschiffe von Hanjin wurden über kurz oder lang an die Eigner zurückgegeben, und diese mussten für ihre Einheiten neue Beschäftigungen suchen – zu meist deutlich reduzierten Raten, wie man vermuten darf.

Für die deutsche Schifffahrt sind dies keine guten Nachrichten, denn deren wesentliches Geschäftsmodell besteht ja in der Vercharterung von Tonnage an Linienreeder. Der Sinn von Konsortien und Fusionen in der Linienschifffahrt besteht aber gerade darin, die eingesetzte Tonnage möglichst effektiv zu nutzen. Also werden die jeweiligen Linienreedereien über kurz oder lang die eingecharterte Tonnage (also auch die von deutschen Unternehmen) an die Eigner zurückgeben, insbesondere wenn diese ihren Ansprüchen nicht mehr entspricht. Es wird sich also die Tendenz durchsetzen, dass die Linienreedereien einen relativ höheren Anteil von eigener Tonnage in die Dienste einbringen oder aber Stellplätze auf den Schiffen ihrer Partner nutzen. So wird es mehr und mehr dazu kommen, dass nur die Tonnageprovider noch eine Zukunft haben, die schon in der Konzeptionsphase und beim Bau der Schiffe mit den Linienreedern zusammenarbeiten, die nach Ablieferung der Einheiten das Betriebsrisiko übernehmen – wobei die Linienreeder die Schiffe langfristig auf Charter nehmen. Für die Linienreedereien ergibt sich hieraus der Vorteil einer Schonung von Eigenkapital und für den Tonnageprovider der von gesicherten Einnahmen über viele Jahre. Dies ist im Wesentlichen das Geschäftsmodell der kanadischen Seaspan Gruppe. Wer sich hier als Trampreeder ins Spiel bringen will, muss über erhebliches Eigenkapital verfügen oder zumindest Zugang zu anderen finanziellen Ressourcen haben. Auch hier spielt dann die Größe des jeweiligen Unternehmens eine entscheidende Rolle.

184 Vergl. die wirtschaftlichen Ergebnisse von Hanjin unter: http://www.hanjin.com/hanjin/CUP_HOM_1779.do?sessLocale=en

185 Vergl. »Is Hanjin the wake-up call that container shipping needs?« in: Lloyd's List, The intelligence, October 2016

Obwohl schon arg gebeutelt, hat die deutsche Reedergemeinschaft zur Jahreswende 2016/17 noch immer 4,3 Millionen TEU, d.h. 23 % der weltweit eingesetzten Containerschiffstonnage unter ihrer Kontrolle. Aus der Bundesrepublik heraus wird damit die mit Abstand größte Flotte an Containerschiffen betreut. Auf dem zweiten Platz folgt Singapur mit 1,7 Millionen TEU, und auch hier gibt es einige große Bereederer, die einen deutschen Hintergrund haben.

Da die deutschen Containerreeder fast alle ihre Schiffe im Chartermarkt andienen müssen und dieser Vielzahl von kleinen mittelständischen Unternehmen nur wenige Linienreeder gegenüberstehen, finden auf der Vermarktungsseite ebenfalls zunehmend Kooperationen statt. Dies vermindert die Konkurrenz der Anbieter von Tonnage. So sind in den letzten Jahren große Makler entstanden, die die Flotten von mehreren Reedereien befrachten. Contchart Hamburg/Leer verchartert die Schiffe der Reedereien Thein & Heyenga, Ahrenkiel und MPC (jetzt eine Firma), sowie der insolventen Reederei Hermann Buss, die 120 Schiffe im Markt anbieten. Aus den Maklern Stüwe & Co., Ernst Russ und der Befrachtungsabteilung für kleine Containerschiffe der Peter Döhle Schiffahrts-KG ist Ernst Russ Shipbroker entstanden, deren Containerschiffsportfolio aus mehr als 200 Einheiten mit bis zu 1.300 TEU besteht. H. Schuldt Shipbrokers vermarktet die Flotten der Norddeutschen Vermögen und der Reederei NSB – insgesamt mehr als 100 größere Containerschiffe. Bereits 2013 haben die Reedereien Bernhard Schulte und »Nord« – Klaus E. Oldendorff mit der O&S Chartering ein Unternehmen zur gemeinsamen Vermarktung ihrer Containerschiffe gegründet. Diese Gesellschaft ist zwischenzeitlich und mit dem Beitritt der Borealis Maritime zur Hanseatic Unity Chartering (HU) GmbH & Co. KG umfirmiert. Laut ihrer Homepage werden Ende 2016 147 Schiffe (119 davon Containerschiffe) befrachtet.[186]

Es wären aber noch weitere Konzentrationen denkbar, wenn die Charter(Tramp-)Reeder ihre gesamte Tonnage aus einer Hand anbieten würden. Einheiten könnten entstehen, die mehrere Hundert Schiffe verwalten und – in der Krise – gegebenenfalls dann auch Schiffe zulasten und auf Kosten der Gesamtflotte aus dem Markt nehmen würden, also auflegen oder verschrotten und die Gewinne oder Verluste poolen. Dies würde aber bedeuten, dass die deutschen Reeder ihre Selbstständigkeit teilweise aufgeben und unternehmerische Entscheidungen miteinander abstimmen müssten. Darüber hinaus sind in Fällen, in denen sehr große wirtschaftlich Einheiten entstehen, auch kartellrechtliche Fragen zu berücksichtigen.

Doch auch in der trockenen Massengutfahrt gibt es Konzentrationsprozesse, schien dieser Teilbereich der Schifffahrt doch eigentlich immer hiervon unbetroffen und schien es doch, dass hier – in aller Härte – sich die Kräfte von Angebot und Nachfrage Bahn brechen würden. Im Eisenerztransport haben sich unlängst die drei chinesischen Staatsunternehmen COSCO, China Merchants Group und die ICBC Financial Leasing Co. entschlossen, 30 Valemax-Bulk-Carrier bei vier chinesischen Werften zu bestellen. Der Umfang dieses Geschäfts wird mit 2,5 Milliarden US-$ beziffert. Dieser Schiffstyp – mit einer Tragfähigkeit von 400.000 dwt der größte Massengutfrachter der Welt – wurde vom brasilianischen Minenkonzern Vale entwickelt, um die Transportkostendifferenz gegenüber den australischen Mitbewerbern zumindest teilweise auszugleichen. Vale wollte von diesem Typ 60 Schiffe bauen lassen; es kamen am Ende jedoch nur 18 in Fahrt, die obendrein – obschon teilweise in China gebaut – in chinesischen Häfen anfangs ein Anlaufverbot hatten. Dieses ist zwar aufgehoben, Vale hat sich aber zwischenzeitlich von den Schiffen getrennt und diese an chinesische Reeder, unter anderem COSCO, verkauft. Zusammen mit den bestellten Neubauten, die ab 2018 in Fahrt kommen

186 Siehe Internet: http://hanseatic-unity.co/start/#Hanseatic_Unity (Abruf 14.11.2016)

sollen, dürfte – so schätzen Maklerkreise in London und Singapur – China ca. ein Drittel der eigenen Eisenerzimporte kontrollieren und damit auch die Frachtraten in diesem Bereich auf Jahre hin steuern können. »›At the peak of the market in 2007 and 2008 we used to pay daily freight rates in excess of $ 200,000 for a Capesize vessel,‹ an executive at one Chinese Valemax buyers said. ›We are taking steps for this not to happen again when the market recovers.‹« [187] Neben den unmittelbaren wirtschaftlichen Gründen für dieses Geschäft sind es eben auch politische Aspekte, die hier eine Rolle spielen, insbesondere wenn es um die Abhängigkeit von Transportkosten, also Frachtraten geht. Darüber hinaus werden die Schiffe auf chinesischen Werften gebaut, was diesen in der Krise willkommene Aufträge verschaffen dürfte.

Insgesamt lassen sich also auch für die Tanker- und trockene Massengutfrachterbranche Konzentrationen feststellen – wenn auch nicht so ausgeprägt wie in der Containerschifffahrt. Laut Clarkson Research konnten die größten 50 Tankerreeder ihre Position relativ verbessern (von 43 auf 55 %). Nachdem eine Reihe von – unter anderem deutschen – mittelständischen Reedern in den letzten Jahren verstärkt auf Bulker gesetzt haben, liegt auch hier der Anteil der 50 größten Unternehmen wieder auf dem Niveau vor der Krise.

Tanker – Bulker – Top 50 Flotten im Zeitvergleich

Tankerflotten	2005 (Herbst)	2010 (Herbst)	2017 (Frühj.)
Top 50	154.139	219.426	323.870
Gesamtflotte (,000 tdw)	359.044	467.955	587.040
Top 50 in %	43 %	47 %	55 %

Massengutfrachterflotten	2005 (Herbst)	2010 (Herbst)	2017 (Frühj.)
Top 50	136.224	187.946	310.470
Gesamtflotte (,000 tdw)	346.857	514.437	802.510
Top 50 in %	39 %	37 %	39 %

Quelle: Clarkson Research – Shipping & Market Outlook, div Ausgaben

Größe und Wachstum werden zu entscheidenden Strategien zum Überleben von Reedereien werden, wobei dies nicht unbedingt die Konzentration von Kapital bedeuten muss. Formen unterschiedlicher Kooperation zwischen ansonsten selbstständigen Unternehmen können Vorteile bei der Vermarktung, im Einkauf, bei der Nutzung von Infrastrukturen, der Rekrutierung von Personal (auf den Schiffen oder an Land), beim Bau von Schiffen oder deren Mittelbeschaffung generieren.

Ganz generell können auch Kooperationen zwischen Reedern auf der einen Seite und der verladenden Wirtschaft auf der anderen zu stabileren Marktverhältnissen beitragen. In den frühen 1930er-Jahren wurde diese Idee auch erfolgreich auf die Tankschifffahrt angewendet. H.T. Schierwater entwickelte den nach ihm bekannten Plan. »The Schierwater plan involved laying up tankers entered into the scheme. The tankers which remained in trade would, from the expected higher freight returns, contribute 10 per cent of their freight income to reward the owners of ships put into lay-up. The plan was given additional bite because the oil company charterers, concerned that the quality of the tanker stock should not fall due to underfund-

187 Vergl.: Wall Street Journal, 10.03.2016 – »Chinese Shipping Majors Splash $2.5 Billion for 30 Giant Valemax Vessels« by Costas Paris

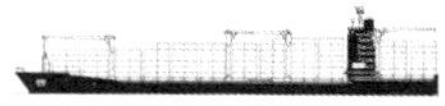

ing, supported it and gave charter preference to ships entered into the scheme.« (Newton, 2002, S. 52) Der Plan war deshalb so erfolgreich, weil die Lage der Reeder in der großen Weltwirtschaftskrise verzweifelt war – immerhin lagen 15 % der Tankerflotte auf, bei den nicht Ölkonzernen gehörenden Schiffen (den sogenannten Independent Tankers) waren es sogar 40 %. Und darüber hinaus fand das System auch den Zuspruch der Tankerkunden, also der Ölkonzerne, die an qualitativ hochwertigen Schiffen interessiert waren. Noch einmal – Anfang der 1960er-Jahre – wurde dieses Aufliegerprogramm erfolgreich umgesetzt, als nach der Wiedereröffnung des Suezkanals 1957 der Markt ebenfalls zusammenbrach.

13. Perspektiven des Schifffahrtsstandorts Deutschland

Trotz Konzentration und Kooperation dürfte es auch in Zukunft noch einen Platz für kleinere, privat geführte deutsche Reedereien geben, sofern diese in einem speziellen Markt agieren und hier eine vielfältige oder sehr kundenindividuelle Leistungspalette anbieten oder über eine spezielle regionale Expertise verfügen. Denken und handeln, Verlässlichkeit und Berechenbarkeit sowie persönliche Haftung sind unternehmerische Werte, die auch zukünftig noch gefragt sein dürften. Gerade in speziellen Märkten sind jahrzehntelange Erfahrung und Expertise notwendig, um auf die Anforderungen der Kunden zu beiderseitigem Nutzen optimal eingehen zu können. Darüber hinaus können die Reputation von Reedereien und ihr bisheriges Verhalten bei der Bedienung von Krediten ausschlaggebend sein, wenn es um neues Fremdkapital geht. Obschon es sich bei einer Schiffshypothek um einen sogenannten Realkredit handelt, er also durch das Objekt Schiff gesichert ist, berücksichtigen kreditgebende Banken auch die hinter dem Objekt stehenden Personen und Firmen, die für diese Kredite meist auch persönlich einstehen, obwohl dies gesellschaftsrechtlich anders sein kann.

Die Leistungspalette erweitern oder sich spezialisieren, wird in Zukunft ein entscheidender Erfolgsfaktor für deutsche Reedereien sein. Dieser Frage muss sich jeder Unternehmer stellen. Insbesondere bei inhabergeführten Firmen kommt er nicht darum herum, die Leitlinien und die Strategie persönlich vorzugeben. Dies ist ein Vorteil, denn die Interessen der Geschäftsführung – also des Managements – und die des Eigentümers sind hier deckungsgleich, und sie sind in der Regel langfristig angelegt. Während geschäftsführende Gesellschafter (also Eigentümer) meist in Generationen denken, beschränkt sich der Fokus von angestellten Geschäftsführern von Publikumsgesellschaften häufig nur auf deren Vertragslaufzeit, in der es um die Einhaltung oder Verbesserung bestimmter Finanzkennzahlen geht. Krisen durchzustehen und dabei auch die Mitarbeiter im Auge zu behalten, mit denen man teilweise schon seit Jahrzehnten zusammenarbeitet, ist in Privatunternehmen deutlich ausgeprägter.

Ein weiterer Vorteil privat geführter (Schifffahrts)Betriebe sind in der Regel sehr schlanke Strukturen und Hierarchien. Und selbst wenn es viele Leitungsebenen gibt, so ist der Unternehmer immer auch – und meist auch für einfache Angestellte – nicht nur präsent, sondern auch ansprechbar. Neue Ideen können so ihren Weg durchs Unternehmen finden. Diese Strukturen führen dazu, dass die Möglichkeit besteht, schnell zu handeln, denn der Inhaber kann intern auch an Gremien vorbei seinem »letzten Wort« Geltung verschaffen. Dies darf jedoch nicht dazu führen, dass eine Reederei ohne strukturelle Ausrichtung nur auf den Inhaber fokussiert ist. Auch wenn er das letzte Wort haben muss, müssen die Mitarbeiter klare gegeneinander abgegrenzte Verantwortung übernehmen können – muss der Einzelne sich im Team erkennen können. Wenn an Mitarbeitern oder ganzen Abteilungen vorbeigearbeitet wird, hat das Unternehmen das Problem, dass es möglicherweise die falschen Menschen in bestimmten Positionen angestellt hat.

Meist werden Privatreedereien auch von Menschen geführt, die ihr Geschäft »von der Pike auf« gelernt haben und darum einen sehr guten Einblick auch in die Basisarbeit eines

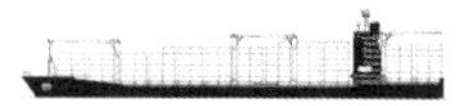

Schifffahrtsunternehmens haben. Sie können Entscheidungen ihres Managements und auch der unteren Ebenen beurteilen. Häufig sind sie die Schnittstelle zu den wichtigsten Kunden und sollten in der Lage sein, sich deren Anforderungen zu stellen und diese im Betrieb zu kommunizieren. Es können sich aus der Erfahrung eines Unternehmers jedoch auch Probleme ergeben, wenn hier die in der Vergangenheit gelernten goldenen Regeln den Blick für eine sich verändernde Schifffahrt verstellen und wenn sich der Eigentümer in die Details der Tagesarbeit einbringt, insbesondere dann, wenn die Firma stark gewachsen ist und die schlichte Größe neue Formen der Führung erforderlich macht.

Ein großes Problem für die deutschen Privatreeder kann auch die Nachfolgereglung sein. »Es ist nicht ungewöhnlich, wenn auf einen brillanten, verständigen Eigentümer eine nächste Generation von mittelmäßigen folgt und, wenn dies erfolgt, die Leistung des Schifffahrtsunternehmens abnimmt.«[188]

Neben diesem Problem können auch mit der Nachfolgefrage verbundene Geschwisterstreitigkeiten zu einer Gefahr für den Fortbestand des Unternehmens werden, insbesondre dann, wenn das Kapital geteilt wird, weil sich die Parteien nicht auf eine gemeinsame Fortführung einigen können. Hier könnten Beiräte in strategischen Fragen eine Kontinuität herstellen.

Für die Zukunft einer (deutschen) Reederei, insbesondere einer inhabergeführten, ist es wichtig, sich für die Zeit nach der Schifffahrtskrise auszurichten. Lorange legt hier den Schwerpunkt auf vier Geschäftsmodelle (Archetypen), in denen Unternehmen ihre Perspektiven finden können. Schematisch lässt sich sein Modell folgendermaßen darstellen (Lorange, 2009, S. 87):

	Eigentum	**Betrieb**	**Ladungs(Kunden)orientiert**	**Innovation**
Konzept	Eigentum an Schiffen	Schiffsmanagement	Transport (und/oder) Logistik (und/oder) Befrachtung	Marktanalysen, Technische Entwicklung
Erfolgsfaktoren	Zugang zu Finanzquellen Zeithorizont (kurz/lang) Durchhalten oder »Asset play«	Kosteneffizienz Zugang zu Crew Einkaufskonditionen Messbare Qualität (KPIs)	Kundenorientierte Konzepte (Problemlösungskompetenz) Kundennähe	Verständnis globaler Trends
Bedingungen	Eigen- und/oder Fremdkapital	Gelebte, effiziente und transparente Prozeduren und Strukturen (ISM, ISO)	Kontakt zu Verladern, internationale Vernetzung	Technisches Know-how, Volkswirtschaftliche Weitsicht, Kreativität
Beispiele	Seaspan Döhle Suisse Atlantique	V Ships Wallem Anglo-Eastern	Maersk, Hapag-Lloyd Oldendorff Clarkson Barry Rogliano Salles Ernst Russ Shipbroker	Platou Research HSVA
Unternehmenskultur	Unternehmerisch, flache Hierarchien, zentralistisch	Regelorientiert, strukturiert	Sehr strukturiert Sehr regelorientiert Fremd(=Kunden)gesteuert	Offen, kreativ

[189]

188 Im englischen Original: »It is not uncommon for a brilliant, insightful owner to be succeeded by mediocre next generation members and, when this happens, the performance of shipping companies fades« (Lorange, 2009, S. 238).

189 Das Modell ist aus der Originaltabelle entwickelt und hier auf die vorliegende Fragestellung angepasst.

Es ist für ein in der Schifffahrt tätiges Unternehmen also wichtig, sich auf eines (oder zwei) dieser oben aufgezeigten Modelle auszurichten. Dies insbesondere darum, weil die oben schematischen angedeuteten Modelle auch unterschiedliche, teils gegensätzliche Unternehmenskulturen mit sich bringen. Wieder einmal ist es – nach Lorange – dann die Frage, was eine in der Schifffahrt tätige Firma wirklich gut kann, wo sie also über Alleinstellungsmerkmale verfügt. Hierbei sind folgende Aspekte von entscheidender Bedeutung:

1. Welche Unternehmenskultur gilt im Unternehmen, welche Veränderungen sind möglich oder gewünscht – insbesondere bei Inhaberwechsel (Nachfolge)?
2. Soll eine möglichst breite Palette von Dienstleistungen angeboten werden, oder beschränkt man sich auf die Kernkompetenz(en)?
3. In welchen Bereichen kann das Unternehmen bestehen – vor allen Dingen gegenüber der Konkurrenz (aus Ostasien), wo hat es Alleinstellungsmerkmale?
4. Welche Veränderungen sind möglich durch Teilverkäufe, Zukauf, Kooperationen oder Verschmelzungen?
5. Sind finanzielle Ressourcen vorhanden, um eine Neuausrichtung des Unternehmens erfolgreich durchführen zu können? Können diese durch (Schiffs)Verkäufe, durch Erschließung neuer Finanzquellen oder durch zusätzliches Eigenkapital geschaffen werden?
6. Welche Kompetenzen, welche »Skills«, sind bei den Mitarbeitern im Unternehmen vorhanden, welche können entwickelt oder zugekauft werden?

In jedem Fall müssen diese Fragen von der Geschäftsleitung gestellt und die Antworten in einem – möglicherweise mehrere Jahre dauernden – Prozess dann umgesetzt werden. Die Koordination dieser Veränderung liegt in den Händen des Inhabers und/oder der des angestellten Top-Managements.

In einer im Jahr 2016 im Auftrag des Hamburger Senats erarbeiteten Studie des Fraunhofer Instituts und der Wirtschaftsprüfungsgesellschaft Ernst & Young über den Schifffahrtsstandort Hamburg (Fraunhofer Institut/Ernst & Young, 2016) wurde – exemplarisch auch für andere deutsche Schifffahrtszentren – unter anderem das wirtschaftliche Umfeld der Branche untersucht. Hier wurden in einer sogenannten SWOT-Analyse[190] die wesentlichen Grundlagen für eine weitere Entwicklung der Schifffahrt aus Sicht der Bundesrepublik Deutschland hervorgehoben. Auch wenn diese Untersuchung einige fachliche Mängel aufweist und terminologisch defizitär ist – so darf bezweifelt werden, ob die regionale Beschäftigungsfunktion und die sich daraus ergebenden volkswirtschaftlichen Multiplikatoren wirklich so zu unterstellen sind –, arbeitet sie doch die wesentlichen Aspekte heraus.

Besonders hervorgehoben wird die – gerade gegenüber anderen internationalen Schifffahrtszentren – breite Aufstellung der (Hamburger) Schifffahrtsbranche. Im Wettbewerb mit Singapur, Rotterdam, Oslo, Shanghai, London und Zypern nimmt Hamburg (= Deutschland) hinter Singapur den zweiten Platz ein. Gerade die »kurzen Wege« zwischen den am Seetransport Beteiligten sind ein Wert und eine Kultur, die es – mit Unterstützung der öffentlichen Hand – zu erhalten und gegen Mitbewerber zu verteidigen gilt. Träger sind hier die Beschäf-

190 SWOT-Analyse – ein Ansatz zur Beurteilung von Kernkompetenzen (Strength) oder Schwächen (Weakness), Potenzialen (Opportunities) und Herausforderungen/Bedrohungen (Threats) für die strategische Ausrichtung von Unternehmen und Branchen.

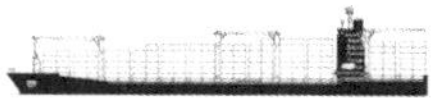

tigten – Mitarbeiter und Unternehmer –, deren Qualifikation und Motivation gestärkt werden sollte.

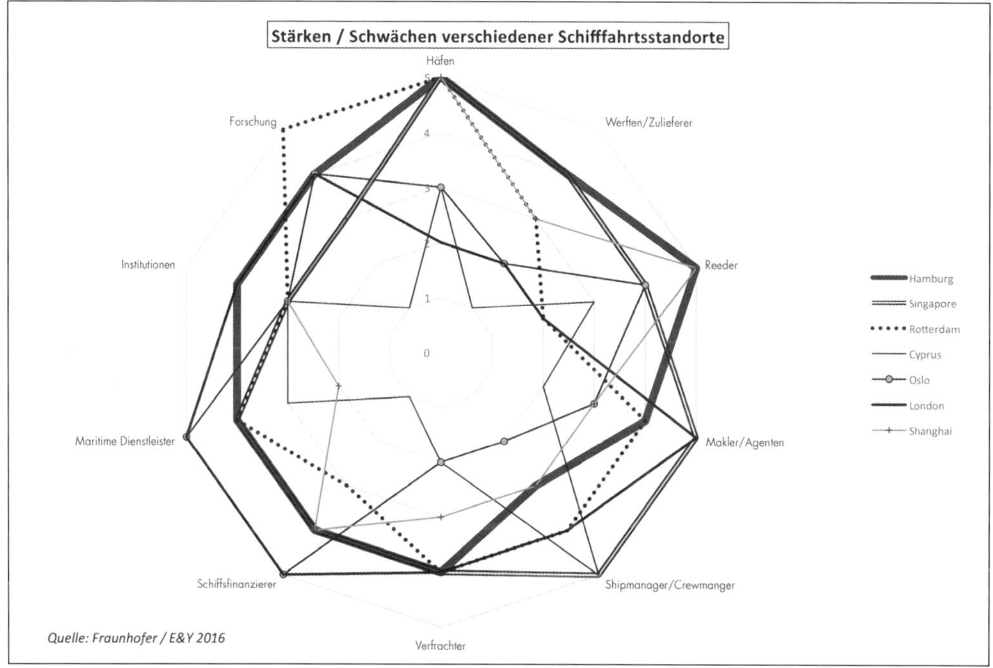

Quelle: Fraunhofer / E&Y 2016

Visuell lässt sich die gute Vernetzung des deutschen maritimen Clusters an der obigen Radar-Grafik darstellen. Tatsächlich lassen sich für Hamburg sehr starke Positionen im Bereich Hafen und Schiffseigner feststellen, aber auch in den anderen für die maritime Branche wichtigen Geschäftsfeldern werden bedeutende Funktionen vor Ort erbracht.

Eine Vielzahl von mittelständisch ausgerichteten und inhabergeführten Reedereien hat in der Schifffahrtskrise erhebliche Privatmittel in ihre Firmen zurückgeführt, um deren Überleben zu sichern. Hohe Ausbildungsstandards der Mitarbeiter und langjährige Erfahrung, ein generell gutes Investitionsklima mit wirtschaftlich sicheren Rahmenbedingungen in einer der führenden Ökonomien der Welt mit einer sehr starken Exportwirtschaft sowie eine insgesamt hohe Lebensqualität in einer hochtechnisierten Infrastruktur sind herausragende Stärken des Standorts Hamburg, wie überhaupt Deutschlands. (Fraunhofer Institut/Ernst & Young, S. 75)

Der Verband Deutscher Reeder hebt unter Verweis auf eine von Oxford Economics erstellte Studie (Oxford Economics, 2014) hervor, dass in Europa mehr als 480.000 Arbeitsplätze von der deutschen Seeschifffahrt abhängen, die eine Wertschöpfung von 30 Milliarden Euro erbringen.[191]

Demgegenüber stehen als Schwächen der Kostendruck in einem Hochlohnland, Schwierigkeiten der Erlangung einer Kapitalmarktfähigkeit der meist mittelständischen Unternehmen, der Rückzug einiger deutschen und europäischen Banken aus der Schiffsfinanzierung und ein geringer Ladungszugang der Schifffahrtsunternehmen, die ihre Schiffe meist verchartern und nicht selbst betreiben, auch wenn es mit Hapag-Lloyd und der inzwischen durch die dänische

191 Vergl. Internet: http://www.reederverband.de/daten-und-fakten/infopool.html

Maersk-Gruppe erworbenen Hamburg-Süd zwei Reedereien gibt, die zu den zehn größten Container-Reedern zählen, auch wenn die Oldendorff-Gruppe mit mehr als 500 Bulkern zu den weltweit führenden Transporteuren für Massengüter gehört. Bemerkenswert für regionale Konzentrationsprozesse ist, dass Oldendorff mittlerweile den Firmensitz von Lübeck nach Hamburg verlegt hat.

Chancen, das maritime Cluster zu stärken, bestehen im weiteren Ausbau der Innovationsförderung sowie in der Stärkung der Attraktivität Deutschlands für die Ansiedlung ausländischer Marktteilnehmer – immerhin »haben mehr als 50 der Top-100-Linienreedereien Hauptsitz, Europazentrale Deutschlandzentrale oder Niederlassung am Schifffahrtsstandort Hamburg. Die Reedereien unter den Top 20 sind vollständig vertreten, über die Hälfte mit Hauptsitz oder Europazentrale.« (Fraunhofer Institut/Ernst & Young, S. 22)

Als manifeste Risiken können demgegenüber die weitere Verlagerung der Wachstumsmärkte in den asiatischen Raum und damit auch der Schifffahrtsaktivitäten dorthin ausgemacht werden. Darüber hinaus ist fraglich, ob eine große Anzahl der von deutschen Reedern betriebenen Schiffe in Zukunft noch den Anforderungen an technische Auslegung und Energieeffizienz wird genügen können und somit im Markt zu halten ist.

Auf lange Sicht, wenn man die letzten 25 Jahre als Betrachtungszeitraum nimmt, ist die Entwicklung der deutschen Handelsflotte eine Erfolgsgeschichte. Insbesondere in den 1990er-Jahren und in der ersten Dekade dieses Jahrhunderts ist die aus Deutschland heraus bereederte Flotte stärker gewachsen als die Welthandelsflotte. Hierbei werden nicht nur die unter der Bundesflagge betriebenen Einheiten einbezogen, sondern auch diejenigen, die die Flagge von offenen Registern führen, jedoch deutschen Reedereien zugerechnet werden können, da die Schifffahrtsbetriebe ihren Sitz in der Bundesrepublik haben.

Handelsflottenentwicklung – in tdw

am 1.1....	Deutsche Flotte (tdw)	Welthandelsflotte (tdw)	Deutschland in %	Deutschland Rang
2016	119.181.405	1.791.584.400	6,7%	4
2015	122.035.632	1.734.561.367	7,0%	4
2014	127.238.000	1.676.853.000	7,6%	4
2013	125.778.528	1.613.755.905	7,8%	4
2012	125.626.708	1.391.792.319	9,0%	3
2011	114.772.646	1.251.649.458	9,2%	3
2010	103.895.669	1.112.804.327	9,3%	4
2009	104.953.712	1.104.959.028	9,5%	3
2008	94.222.787	1.038.296.589	9,1%	3
2007	85.043.000	978.557.000	8,7%	3
2006	71.517.000	906.753.000	7,9%	3
2005	57.910.000	839.633.000	6,9%	3
2004	48.987.132	776.731.181	6,3%	4
2003	40.749.471	767.592.380	5,3%	6
2002	37.919.467	759.298.765	5,0%	6
2001	32.872.646	749.599.346	4,4%	7
2000	29.314.256	732.535.086	4,0%	7

Handelsflottenentwicklung – Anzahl Schiffe

am 1.1....	Deutsche Flotte (tdw)	Welthandelsflotte (tdw)	Deutschland in %
2016	3.456	41.822	8,3%
2015	3.645	41.002	8,9%
2014	3.811	40.246	9,5%
2013	4.027	39.466	10,2%
2012	3.989	39.722	10,0%
2011	3.798	38.347	9,9%
2010	3.627	38.412	9,4%
2009	3.522	37.836	9,3%
2008	3.206	36.313	8,8%
2007	2.964	34.822	8,5%
2006	2.786	32.814	8,5%
2005	2.615	31.097	8,4%
2004	2.468	29.791	8,3%
2003	2.302	30.228	7,6%
2002	2.220	30.465	7,3%
2001	2.107	30.508	6,9%
2000	1.943	30.344	6,4%

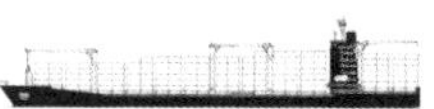

Handelsflottenentwicklung – in tdw

am 1.1....	Deutsche Flotte (tdw)	Welthandelsflotte (tdw)	Deutschland in %	Rang
1999	27.000.092	725.381.780	3,7%	7
1998	21.616.024	702.385.069	3,1%	9
1997	18.059.551	680.044.448	2,7%	9
1996	17.266.785	671.183.950	2,6%	10
1995	16.239.719	661.672.379	2,5%	10
1994	16.603.288	654.922.603	2,5%	10
1993	16.118.678	640.547.312	2,5%	10
1992	15.523.440	636.177.912	2,4%	10
1991	12.746.265	595.724.105	2,1%	10
1990	12.820.204	571.482.089	2,2%	10

Handelsflottenentwicklung – Anzahl Schiffe

am 1.1....	Deutsche Flotte (tdw)	Welthandelsflotte (tdw)	Deutschland in %
1999	1.792	29.693	6,0%
1998	1.576	29.119	5,4%
1997	1.462	28.754	5,1%
1996	1.430	28.841	5,0%
1995	1.384	28.448	4,9%
1994	1.201	28.053	4,3%
1993	1.169	27.680	4,2%
1992	1.143	27.731	4,1%
1991	899	26.631	3,4%
1990	847	25.768	3,3%

Quelle: UNCTAD – Review of Maritime Transport, diverse Ausgaben

Die deutsche Handelsflotte hat sich in diesem Zeitraum vom zehnten Platz (nach Ladefähigkeit in tdw) auf den dritten vorgearbeitet und ist in den letzten Jahren leicht zurückgefallen. Doch hinter dieser Statistik zeigt sich – beim Vergleich der Entwicklung der deutschen mit der Welthandelsflotte – eine interessante Tendenz. Während bis zum Jahr 2005 die jährlichen Wachstumsraten der deutsche Flotte immer weit überdurchschnittlich waren, bricht diese Entwicklung danach ab. Für die Welthandelsflotte ist diese Entwicklung anders. Hier beschleunigt sich das Wachstum bis in die Gegenwart. Damit ist evident, dass der Schifffahrtsstandort Deutschland an Bedeutung verloren hat.

Die dynamischste Entwicklung der bundesrepublikanischen Handelsflotte war in der ersten Dekade dieses Jahrhunderts zu verzeichnen, während danach – vor allen Dingen durch Schiffsverkäufe ins Ausland und weniger durch direkte Verschrottungen – die Flotte insgesamt nur noch mäßig gewachsen ist, während die Entwicklung der Welthandelsflotte an Fahrt gewonnen hat.

Jährliches Wachstum der deutschen und der Welthandelsflotte

Zeitraum	Deutschland	Welt
1990 bis 2016	9,0%	4,5%
1990 bis 2000	8,6%	2,5%
2000 bis 2005	14,6%	2,8%
2005 bis 2010	12,4%	5,8%
2010 bis 2016	2,3%	8,3%

Neben der griechischen Handelsflotte ist die deutsche die bedeutendste innerhalb Europas, wobei insgesamt die EU-europäischen Reeder (inklusive Norwegen) 2014 – trotz abnehmender Tendenz – mit ca. 40% noch immer die größte Flotte weltweit stellen. (Oxford Economics, 2014, S. 3)

Die wirtschaftliche Bedeutung einer Handelsflotte geht weit über die Disposition von Schiffen hinaus. Erstens schafft sie direkte Beschäftigung an Land und an Bord der Schiffe. Zweitens generiert die Branche direkt Wertschöpfung, leistet also einen Beitrag zum Bruttosozialprodukt der jeweiligen Ökonomien. Drittens ergeben sich aus der wirtschaftlichen Tätigkeit für die Gesellschaften Steuereinnahmen.

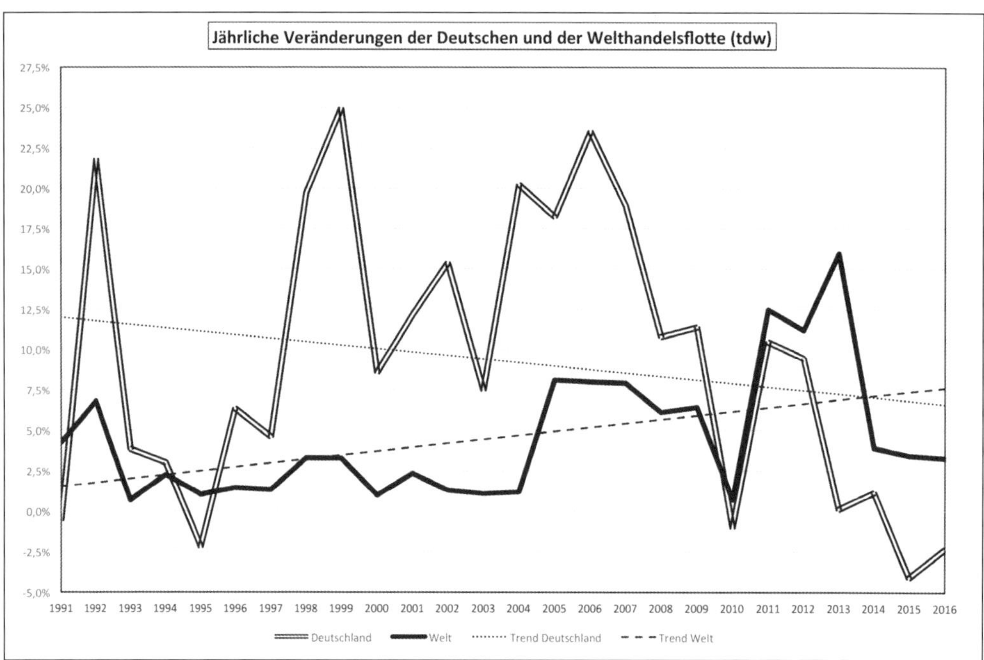

Neben diesen direkten Aspekten ergeben sich ähnliche Impulse für Unternehmen, die mit der Schifffahrt auch auf einer indirekten Ebene, also im maritimen Cluster, verbunden sind, die als Zulieferer und Abnehmer der Transportleistungen auftreten. Hierzu gehören Schiffbau und -Reparatur, Hafenbetriebe, Finanz- und Versicherungsdienstleister, Hersteller von Schiffsanlagen, Produzenten von Betriebsmitteln für Schiffe und viele andere. Alle diese Unternehmen schaffen ebenfalls Arbeitsplätze, generieren Steuereinnahmen und tragen zur Wertschöpfung bei.

In einem noch größeren Kreis induzieren die wirtschaftlichen Tätigkeiten der Schifffahrt wirtschaftliche Effekte für fast alle Bereiche der Ökonomie, denn die in dieser Branche Tätigen treten allgemein als Nachfrager von Produkten und Dienstleistungen auf.

Die bereits erwähnte im Jahr 2014 veröffentlichte Studie des Oxford-Economics-Institutes (Oxford Economics, 2014),[192] die im Auftrag des europäischen Reederverbandes erstellt wurde, unterstreicht die oben genannten Auswirkungen in einer Input-Output–Analyse.

Insgesamt sind in der Schifffahrt direkt 590 Tausend Menschen in der EU beschäftigt, über die oben beschriebenen Effekte auf direkt oder indirekt verbundene Wirtschaftssubjekte ergibt sich eine Zahl von knapp 2,3 Millionen. Der gesamte Beitrag zum Bruttoinlandsprodukt in der

192 Die Studie kann aus dem Internet abgerufen werden unter: http://llsa.lt/images/articles/naudinga_info/2014-04-01%20Oxford%20Economics%20Shipping%20value.pdf. Eine Aktualisierung (2015) über: http://www.oxfordeconomics.com/my-oxford/projects/294334

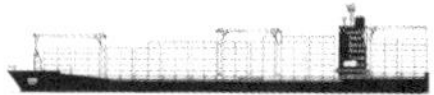

EU wird auf 145 Milliarden Euro geschätzt, das Steuer- und Sozialversicherungsaufkommen auf 41 Milliarden.

Von den 590 Tausend direkt in der Schifffahrt beschäftigten Mitarbeitern entfallen

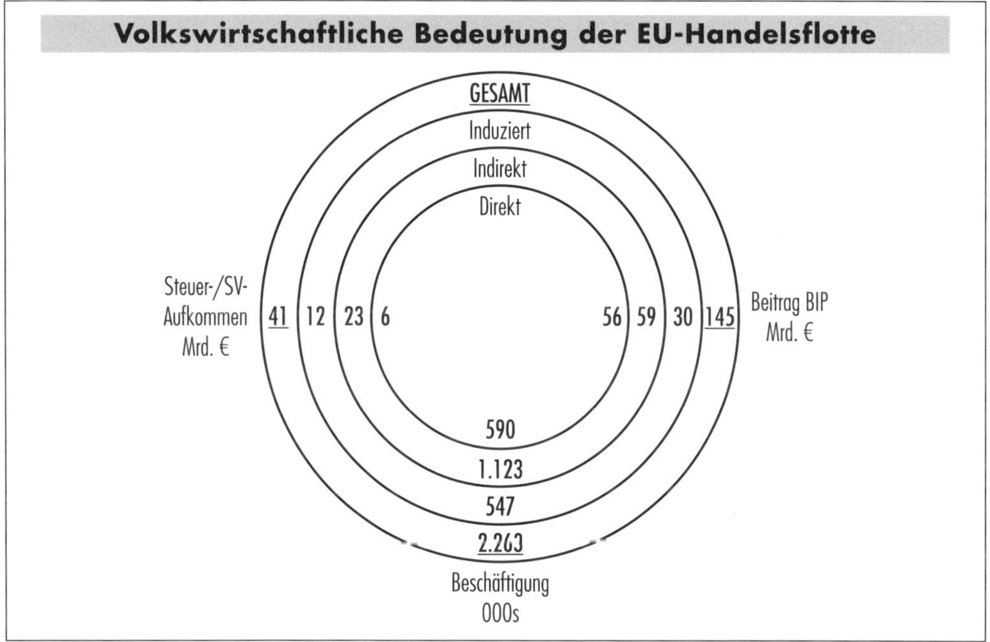

120.000 auf Arbeitsplätze an Land, während 470.000 Seeleute sind. Von diesen wiederum sind ca. 40 % EU-Bürger, mithin also 188.000.

Die Bruttowertschöpfung der Schifffahrt, also der Beitrag zum Bruttoinlandsprodukt innerhalb der EU (inkl. Norwegen), beträgt ca. 56 Milliarden Euro, auf den einzelnen Mitarbeiter bezogen etwa 88.000 Euro (pro Jahr). Insgesamt liegt die durchschnittliche Wertschöpfung pro Kopf in der EU mit 53.000 Euro deutlich darunter. Damit zeichnet sich die EU-Schifffahrt als eine hoch produktive Branche aus. »Diese hohe Produktivität bedeutet, dass die Schifffahrt überdurchschnittlich zum europäischen Bruttoinlandsprodukt beiträgt, bezogen auf den einzelnen Mitarbeiter, womit sie hilft, den Lebensstandards zu erhöhen.«[193] (S. 33)

Da die meisten EU-Staaten aufgrund der internationalen Konkurrenzsituation, in der sich die nationale Schifffahrt befindet, für ihre Reedereien Steuerbegünstigungen über ein System der Tonnagebesteuerung gewähren, ergibt sich das Steuer- und Sozialversicherungsaufkommen im Wesentlichen aus den Abzügen für die beschäftigten Mitarbeiter. Im Konkreten sind dies die Einkommensteuer, Beträge zu den nationalen Sozialversicherungen, die Mehrwertsteuer aus dem Konsum sowie Gewerbesteuer. Die Einkommens-Unternehmensbesteuerung der Reedereien spielt – wie gesagt – eine nur sehr geringe Rolle, durch die Steuerberechnung auf Basis der Nettotonnage eines Schiffes ist sie zur »Nicht«-Steuer geworden. Insgesamt beläuft sich der direkte Steuerbeitrag der Schifffahrt in der EU auf ca. 6 Milliarden Euro.

193 Im englischen Original: »High productivity means the shipping industry contributes an above-average amount to Europe's GDP for each worker employed and therefore helps to raise living standards.«

Wie schon angedeutet, ergeben sich für die Beschäftigungs-, Wertschöpfungs- und Steuerfunktion Effekte auch auf andere mit der Schifffahrt direkt oder indirekt verbundene Wirtschaftszweige. Über diese sogenannten Multiplikatoreffekte kann die gesamte Bedeutung der Schifffahrtsaktivitäten erfasst werden.

Multiplikatoreffekt der EU-Schifffahrt

	Beschäftigung (,000 s)		BIP (Mrd. €)		Steuern/Sozialabgaben (Mrd. €)	
Jahr	2012	2013	2012	2013	2012	2013
Total	2.263	2.200	145	147	41	n/a
Direkt	590	615	56	56	6	n/a
Multiplikator	3,8	3,6	2,6	2,6	6,8	n/a

Quelle: Oxford Economics, 2014, 2015

So ergibt sich aus der obigen Tabelle, dass von der EU-Schifffahrt mehr als zwei Million Menschen in der EU leben. Anders betrachtet, leben von einem in einer Reederei angestellten Mitarbeiter 3,6 Menschen. Dieser Faktor dürfte insbesondere in den Küstenregionen Europas noch deutlich höher ausfallen, ein Aspekt, der in der von Oxford Economics vorgelegten Studie jedoch nicht herausgearbeitet werden konnte.

Aus der Studie lassen sich auch Erkenntnisse speziell auf das deutsche maritime Cluster entwickeln. In der deutschen Schifffahrt waren 2012 86.000 Menschen beschäftigt. Hiervon waren nach Angaben des Verbands Deutscher Reeder 24.000 an Land angestellt, während 62.000 zur See fuhren.[194] Während man bei den Landangestellten voraussetzen darf, dass diese sozial- und steuerpflichtigen Beschäftigungsverhältnissen nachgehen und im Wesentlichen Deutsche oder EU-Bürger waren, gilt das für die Seeleute nicht. Die Knappschaft Bahn See zählt in ihrer statistischen Auswertung zum seemännischen Personal für das Jahr 2012 (31.12.) 7.588 Deutsche sowie 5.923 Ausländer, für die Sozialabgaben abgeführt wurden, d.h. in der Regel EU-Ausländer[195]. Geht man darüber hinaus – wie Oxford Economics – davon aus, dass 60 % aller auf EU-Schiffen beschäftigten Seeleute nicht EU-Europäer sind (Oxford Economics, 2014, S. 28), so sind 31.600 Deutsche (oder in Deutschland arbeitende EU-Bürger) direkt in der Schifffahrt beschäftigt. Zusätzlich 17.200 EU-Bürger, die sowohl der deutschen Sozialversicherungspflicht unterliegen (s.o.) als auch unter einer nicht-EU-Flagge für einen deutschen Reeder fahren. Mehr als 37.000 Mitarbeiter kommen demnach aus dem EU-Ausland.

Beschäftigungsfunktion der deutschen Schifffahrt (,000 2012)

	Total	Deutschland	Rest EU	Außerhalb
Direkt EU	48,8	31,6	17,2	
Direkt (incl. nicht-EU)	86,0			37,2
Indirekt	285,0	215,0	70,0	
Induziert	101,0	63,0	38,0	
TOTAL	**472,0**	**309,6**	**125,2**	**37,2**
Multiplikator	9,7	9,8	7,3	1,0

Quelle: Oxford Economics, 2014 – eigene Kalkulationen

194 Vergl. Homepage des VDR. Siehe Internet: http://www.reederverband.de/daten-und-fakten/infopool.html
195 Vergl. Knappschaft Bahn See, Dezernat VI.1.6, Bochum 22.01.2013, Progr.: VSSK002 – Tabelle 2a

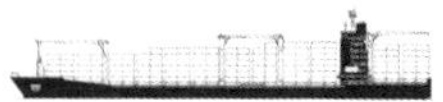

Im Gegensatz zu vielen anderen europäischen Ländern ist die – behauptete – Verbindung zwischen den Reedereien und der nationalen und EU-Volkswirtschaft für Deutschland sehr eng, sodass sich hier ein sehr hoher Multiplikatoreffekt der Beschäftigung ergibt – insgesamt 9,7 gegenüber 3,8 (siehe Tabellen oben). So bevorzugen deutsche Reeder auf ihren Schiffen häufig die Installation von deutschem Equipment, obschon die Schiffe ja kaum noch in Deutschland gebaut werden. Aus der eher mittelständisch geprägten Struktur der Branche ergibt sich darüber hinaus, dass bei der Belieferung mit Verbrauchsgütern, wenn möglich ebenfalls auf Bekanntes – also Deutsches – zurückgegriffen wird. Nach wie vor dominieren bei der Neu- oder Umfinanzierung deutsche Banken, werden deutscher Rechtsbeistand und deutsche Steuerberater herangezogen. Schiffsreparaturen werden, wenn es das Fahrtgebiet und die Infrastruktur zulassen, ebenfalls häufig von deutschen Unternehmen ausgeführt. Insbesondere bei den technischen Fragestellungen greifen deutsche Reeder auf ihre über Jahrzehnte aufgebauten lokalen Beziehungen zurück. Ob dies jedoch auch in Zukunft noch gelten wird, wenn die Preise außereuropäischer Produkte und Dienstleistungen gegenüber der – behaupteten – höheren Qualität deutscher Waren immer mehr in den Vordergrund rücken, bleibt abzuwarten. Viele Schifffahrtsunternehmen könnten sich aus der wirtschaftlichen Notwendigkeit, die Profitabilität zu erhalten, für Produkte und Dienstleistungen aus Drittstaaten entscheiden.

Eine weitere wichtige Rolle bei der indirekten Beschäftigungsfunktion der Schifffahrt spielen in der Oxford-Economics-Studie und beim Verband Deutscher Reeder die Hafenumschlagsbetriebe. Sicher bilden Häfen und Schiffe im Seetransport eine Einheit – ohne Schiffe gäbe es keinen Hafenumschlag. Dennoch darf bezweifelt werden, dass es hier einen wesentlichen nationalen Zusammenhang gibt. Wo Waren umgeschlagen werden, hängt nicht vom deutschen (Tramp)Reeder ab, sondern von den Linienreedern oder den Warenhändlern. Hafenanläufe und Hafenfolge bestimmen sich also nach dem schnellsten und effizientesten Weg für die Ladung und nicht nach nationalen Präferenzen. Einzig mag es eine engere Verbindung zwischen deutschen Reedern und deutschen Im- und Exporteuren geben, die dann zu Geschäften führt und zum Umschlag in deutschen Häfen. Ein deutscher Linienreeder wird sicher – sofern alle anderen Bedingungen stimmen – mit seinen Schiffen auch deutsche Häfen anlaufen oder wird im Konsortium darauf achten, dass seine Partner dies auch tun, ein direkter Zusammenhang zwischen dem Reedereisitz und von Beschäftigung im Hafen scheint jedoch sehr weit hergeholt. Welchen Anteil die Hafenwirtschaft an der hier untersuchten Studie hat, wird nicht dargelegt, sodass dieser nicht aus der Betrachtung herausgerechnet werden kann. Klar dürfte jedoch sein, dass es erstens einen Multiplikatoreffekt der Schifffahrt gibt, dass dieser jedoch zweitens nicht so hoch ist wie errechnet und in der Oxford-Studie präsentiert.

Eine ähnliche Rechnung hat Oxford Economics auch für die Wertschöpfung (also eine Geldgröße – nicht eine Beschäftigungsfunktion) in Bezug auf die deutsche Schifffahrt aufgemacht.

Beitrag der deutschen Schifffahrt zum EU-BIP

	Total	Deutschland	Rest EU
Direkt	11,1	11,1	0,0
Indirekt	13,6	11,2	2,4
Induziert	5,4	3,7	1,7
TOTAL	**30,1**	**26,0**	**4,1**
Multiplikator	2,7	2,3	

Quelle: Oxford Economics, 2014 S. 36/37

Hier liegt der Multiplikator in etwa im Schnitt der Gesamtbetrachtung. Bezieht man diese Wertschöpfung vom 30,1 Milliarden Euro auf die Gesamtzahl der Beschäftigten (472.000), so ergibt sich ein Wert pro Beschäftigten von knapp 64.000 Euro. Die direkt von den deutschen Reedereien an Land und auf den Schiffen angestellten Mitarbeiter (86.000) erwirtschaften bei 11,1 Milliarden Euro 129.000 pro Person. Dies ist deutlich über dem EU-Durchschnitt der direkten Wertschöpfung, der bei 95.000 liegt.

Die deutsche Handelsflotte ist in den letzten 25 Jahren enorm gewachsen – dies wurde hier schon mehrfach betont, und auch Oxford Economics hebt dies hervor – keine bedeutende Handelsflotte der Welt kann auf diese Erfolgsgeschichte zurückblicken. Dieses Flottenwachstum wurde entscheidend durch die Einführung der Tonnagesteuer – die es in fast allen europäischen Ländern gibt – und Maßnahmen zur Reduzierung der Einkommensbesteuerung der Seeleute ausgelöst. In der Bundesrepublik können Reeder seit 1999 für diese Abweichung von der Regelbesteuerung optieren. Diese staatliche Unterstützung war in vielen europäischen Ländern als Mittel zum Erhalt einer Flotte unter der jeweiligen Landesflagge gedacht. Nicht so in Deutschland. Hier zielte das Gesetz vor allen Dingen auf den Erhalt und den Ausbau des Schifffahrtsstandorts ab, weshalb es deutschen Reedern weiterhin erlaubt blieb, ihre Schiffe auszuflaggen, sofern diese im deutschen Schiffsregister eingetragen sind und aus Deutschland heraus betreut werden. Dies ist der Grund, warum (s.o.) die bundesrepublikanische Handelsflotte zwischen 1989 und 2016 jährlich um 8,7 % (942 % über den gesamten Zeitraum) mehr als doppelt so schnell gewachsen ist wie die Weltflotte (jährlich 4,1 %). Hätte es die Einführung der Tonnagesteuer nicht gegeben, so wäre die deutsche Flotte heute deutlich kleiner, ihre Beschäftigungsfunktion wesentlich geringer.

»Um ein gegensätzliches Szenario zu schätzen, könnte man annehmen, dass wenn die staatlichen Hilfen nicht eingeführt wären, die deutsche Handelsflotte sich auf demselben Wachstumspfad wie 1994 bis 1998 entwickelt hätte. Dies hätte eine um 68 % geringer Schifffahrt zur Folge. [...] Der direkte Beitrag der deutschen Schifffahrt zum Bruttoinlandsprodukt würde lediglich 4 Mrd. € ausmachen. Es hätte 65.000 weniger Beschäftigte in der deutschen Schifffahrt im Jahr 2012 gegeben.«[196] (S. 49) Überträgt man dies auf die Beschäftigungsfunktion, wie oben dargelegt, so fänden also nicht 86.000 Menschen in ihr eine direkte Beschäftigung, sondern nur 21.000, so läge der gesamte Beschäftigungseffekt des maritimen Clusters nicht bei 472.000, sondern nur bei 204.000 – mithin 268.000 Arbeitsplätze weniger.

Die Verfügbarkeit von finanziellen Ressourcen gerade in Deutschland, die Suche nach Geldanlagen, die in den letzten Jahren in Südkorea und vor allen Dingen in der Volksrepublik China aufgebauten Werftkapazitäten, die heute dazu geführt haben, dass der Wachstumsdruck auf die Welthandelsflotte so groß ist, die Metamorphose des Schiffes von einem gebrauchswertorientierten Medium zu einem Finanzprodukt haben in den letzten Jahrzehnten dazu geführt, dass die Märkte mit neuen Schiffen strukturell überbaut wurden. Hieran hatte bisher ein wirtschaftlich starkes Land wie Deutschland einen erheblichen Anteil. Das Überangebot in allen wesentlichen Bereichen (Containerschifffahrt, trockene Massengüter und Tankschifffahrt) hat aber dazu geführt, dass der Erstbetreiber eines Schiffes in den letzten Jahren meist mit diesem kaum Geld verdienen

196 Im englischen Original: »To estimate the counter-factual scenario, it is assumed that if the state aid measures had not been implemented, the German controlled fleet would have continued to grow at the rate observed between 1994 and 1998. As a result, by 2012 the fleet would have been 68 per cent smaller than the actual size observed 2012. [...] The direct contribution of the German shipping industry to German GDP in 2012 would have been just €4 billion. There would also have been around 65,000 fewer jobs in the German shipping industry 2012.«

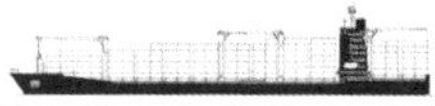

kann. Auch die Schiffe, die nach Ausbruch der Krise zu günstigen Konditionen in Erwartung eines baldigen Aufschwungs bestellt wurden, haben einen erheblichen Wertberichtigungsbedarf, waren dann doch zu teuer. Erst ein Käufer der, nachdem das ursprünglich investierte Eigenkapital verloren ist und auch die finanzierenden Banken erhebliche Verluste hinnehmen mussten, das Schiff zum aktuellen Marktwert erwerben kann, hat die Chance auf einen rentablen Weiterbetrieb, sofern dieses Schiff vom Markt angenommen wird, also modernen Standards entspricht. Insbesondere im Markt für Zweithand-Schiffe sind griechische und asiatische Unternehmen aktiv. Mehr als ein Viertel aller Schiffe, die 2014 verkauft wurden, gingen an griechische oder chinesische Reeder. Und während die deutsche Handelsflotte in den letzten Jahren seit 2011 durch Insolvenzen, Zwangsverkäufe oder Verschrottungen mehr als 1.200 Schiffe verloren hat und in der Rangliste der Flotten der Welt vom dritten auf den vierten Platz zurückgefallen ist, ist die griechische Flotte gewachsen und belegt seit einigen Jahren vor Japan den ersten Platz. Den dritten Platz kann heute die Volksrepublik China für sich reklamieren. Dass die Verminderung der deutschen Flotte noch vergleichsweise gering ausgefallen ist, liegt daran, dass eine Vielzahl von Schiffen aus Notverkäufen, wie im Falle einer Insolvenz, – bisher – nur innerhalb Deutschlands den Reeder gewechselt haben. Dies liegt daran, dass die finanzierenden Banken, die über diese Einheiten verfügen, tendenziell eine deutsche (Zwischen)Lösung präferieren. Tatsächlich ist die Anzahl der Schiffsmanager ebenfalls – und zwar stärker – zurückgegangen. Ca. 20 % der Betriebe haben aufgegeben oder sind mit anderen verschmolzen, die durchschnittliche Flottengröße ist allerdings nicht gewachsen, da der Schrumpfungsprozess sich durch alle Betriebsgrößen zieht.

Die deutsche Handelsflotte Frühjahr 2010/2017

	2010	Feb 2016	Mai 2017	Veränderung
Gesamtflotte	3.816	3.453	3.046	–770
Anzahl Manager	354	294	283	–71
Flotte p. Manager	10,8	11,7	10,8	–0,0

Quelle: Eigene Datenbank

Nach wie vor ist die deutsche Reedereilandschaft sehr fragmentiert – nur drei Unternehmen verfügen über mehr als 100 Einheiten, mehr als die Hälfte haben eine Flotte von weniger als fünf Schiffen.[197]

Unternehmensgröße deutscher Reedereien (Mai 2017)

Anzahl Schiffe	Reeder
Mehr als 100 Schiffe	3
50 bis 99 Schiffe	9
20 bis 49 Schiffe	29
10 bis 19 Schiffe	38
5 bis 9 Schiffe	54
2 bis 4 Schiffe	75
1 Schiff	75
Summe	**283**

Quelle: Eigene Datenbank

197 In dieser Statistik ist noch nicht berücksichtigt, dass Hapag-Lloyd durch die geplante Fusion von 70 Schiffen auf 112 Schiffe wachsen dürfte.

Obwohl Deutschland mit seiner Handelsflotte immer noch den vierten Platz weltweit einnimmt, spielen die deutschen Unternehmen für sich genommen keine so bedeutende Rolle.

Unter den Containerlinienreedereien nimmt Hapag-Lloyd den fünften Platz ein – mit 110 Schiffen jedoch weit hinter dem Marktführer Maersk, der 308 Schiffe im Eigentum hat (inklusive der Flotte von Hamburg-Süd). Der Zweitplatzierte, die Mediterranean Shipping Company (MSC), hat 200 eigene Einheiten.[198] Die Fusion zwischen der China-COSCO Shipping und der in Hongkong ansässigen OOCL wird diesen Konzern auf den dritten Platz der Linienreedereien vorrücken lassen. Er hat dann 188 eigene Containerschiffe.

Etwas besser sieht es bei den Containercharterreedereien aus. Hier haben von den zehn größten immerhin fünf ihren Sitz in Deutschland – angeführt von der Peter Döhle Schiffahrts-KG, die neben 106 eigenen Schiffen über ihre Maklerei noch mehr als 200 weitere Containerschiffe anderer Unternehmen am Markt anbietet.

Weder im Bereich der Tank- noch der trockenen Massengutschifffahrt sind deutsche Reeder (Manager) in der Spitzengruppe vertreten. So liegt die Dr. Peters-Gruppe, die in den vergangenen 20 Jahren recht erfolgreich Schiffsbeteiligungen aufgelegt hat, mit 16 Tankern nur auf dem 42. Platz. Die größte Tankerflotte hat mittlerweile mit 128 Schiffen die chinesische China-COSCO Gruppe. Unter den großen Reedereien, die trockene Massengutfrachter betreiben, befindet sich auf Platz 12 die Reederei Oldendorff Carriers mit einer Flotte von 80 eigenen Schiffen – tatsächlich operiert dieses Unternehmen laut eigenem Internetauftritt (Juni 2017) insgesamt 600 Schiffe. Keine weitere deutsche Bulkschifffahrtsreederei befindet sich unter den Top 50.

Besonders stark ist die Flotte der deutschen Vollcontainerschiffe im Vergleichszeitraum dezimiert worden. In diesem Segment, in dem die deutschen Reeder immer noch die größte Flotte weltweit stellen und das damit auch von entscheidender Bedeutung für den bundesdeutschen Schifffahrtsstandort ist, sind 332 Schiffe verloren gegangen. Und es darf erwartet werden, dass dieser Trend sich weiter fortsetzen wird.

Containerflotte – Welt und Deutschland (Mai 2017)

Größenklasse	Weltflotte		»Idle«-Flotte			Deutschland	
TEU	Anzahl	in %	Anzahl	in %	in % von Total	Anzahl	in %
7.500–21.000	875	17,4 %	12	6,9 %	1,4 %	167	13,6 %
5.100–7.499	458	9,1 %	7	4,0 %	1,5 %	127	10,3 %
3.000–5.099	887	17,6 %	46	26,3 %	5,2 %	242	19,7 %
2.000–2.999	620	12,3 %	15	8,6 %	2,4 %	198	16,1 %
1.000–1.999	1.242	24,7 %	48	27,4 %	3,9 %	303	24,6 %
<= 999	950	18,9 %	47	26,9 %	4,9 %	193	15,7 %
Total	**5.032**	**100,0 %**	**175**	**100,0 %**	**3,5 %**	**1.230**	**100,0 %**

Quelle: Alphaliner, Monthly Monitor, Mai 2017 – Eigene Datenbank

Noch werden mit 1.230 Einheiten 24 % aller Containerschiffe (5.032) aus Deutschland heraus betreut. Doch bei den größeren Schiffen spielen deutschen Manager eine untergeord-

198 Vergl. die Flottengröße großer Schifffahrtsunternehmen – Clarkson Research, Shipping Review & Outlook, Spring 2017; S. 187 ff.

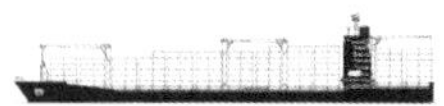

nete Rolle. Während weltweit – nach Anzahl – 17,4 % der Schiffe größer als 7.500 TEU sind, sind es in der deutschen Handelsflotte nur 13,6 %. Im Mai 2017 haben die größten deutschen Schiffe knapp über 14.000 Stellplätze. Von den 182 Einheiten über 13.300 werden nur sieben aus Deutschland heraus bereedert.[199]

Ein Blick auf die aufgelegten Schiffe zeigt, dass die Großcontainerschiffe unterdurchschnittlich bei den unbeschäftigten Schiffen vertreten sind, 1,4 % der Flotte liegen im Frühjahr 2017 auf. Durchschnittlich sind 3,5 % der Flotte »idle«. Die Schiffe der Panamax-Klasse (3.000 bis 5.099 TEU) werden vom Markt zurzeit nicht angenommen – 5,2 % dieser Einheiten sind ohne Beschäftigung –, es sind dies die Schiffe mit den relativ meisten Aufliegern. Und gerade hier liegt ein Schwerpunkt der deutschen Containerschifffahrt, sind doch knapp 20 % dieser Klasse zuzuordnen. Sicher hat die Eröffnung der neuen Schleusen des Panamakanals diese Flotte nicht gerade beliebter gemacht.

Bezogen auf das Schiffseigentum errechnet Alphaliner im Mai 2017, dass von den 4.985 Containerschiffen, die von den 100 größten Linienreedereien disponiert werden, 2.666 eingechartert sind (53 %), sind also im Besitz von Tonnageprovidern – 58 % dieser Flotte (595 Einheiten) sind deutsche Schiffe. Berücksichtigt man, dass 86 % (151 von 175) der unbeschäftigten Tonnage den Trampreedern gehören (Alphaliner), so kann man erwarten, dass die Hauptlast der Probleme weiter von deutschen Reedern getragen wird.[200]

Ein allgemeiner Blick auf die Struktur der Welt- und der deutschen Handelsflotte zeigt, dass deutsche Reeder relativ weniger Schiffe in den beiden großen Schiffsklassen – Tanker und Massengutfrachter – disponieren. Diese machen in der Welthandelsflotte mehr als 65 % aus ,während es bei den deutschen nur ca. 22 % sind. Und dies kann für die strategische Ausrichtung des Schifffahrtsstandorts zu einem Problem werden. Denn natürlich sind auch die oben genannten Schiffe von der Schifffahrtskrise betroffen, aufgrund des geringeren Konzentrationsgrades bieten sich jedoch für Trampreeder hier mehr Chancen, ihre Schiffe in Beschäftigung zu bringen.

Struktur der Welt- und der deutschen Handelsflotte (Mai 2017)

	Welthandelsflotte			Deutsche Handelsflotte		
Schiffstyp	Anzahl	,000 BRZ	in % (BRZ)	Anzahl	,000 BRZ	in % (BRZ)
Tanker	14.262	392.864	30,7 %	326	8.073	9,8 %
Massengutfrachter	11.134	439.965	34,4 %	428	17.933	21,8 %
Containerschiffe	5.032	216.422	16,9 %	1.230	48.747	59,2 %
Stückgut/MPP/RoRo	14.758	99.923	7,8 %	801	5.938	7,2 %
Offshore/Schlepper	7.948	10.080	0,8 %	78	123	0,1 %
Passagierschiffe	4.207	37.999	3,0 %	66	1.270	1,5 %
Spezialschiffe/Andere	21.087	83.372	6,5 %	117	243	0,3 %
TOTAL	**78.428**	**1.280.624**	**100,0 %**	**3.046**	**82.327**	**100,0 %**

Quelle: Eigene Datenbank

199 Vergl. Alphaliner – Monthly Monitor, Mai 2017 sowie die eigene Flottendatenbank

200 Einige Containerschiffe gehören auch deutschen Linienreedern (i.W. Hapag-Lloyd und Hamburg-Süd) – diese werden hier nicht herausgerechnet.

Die Abwärtsentwicklung der deutschen Handelsflotte wird weitergehen. Das KG-finanzierte Modell der geschlossenen Schiffsfonds, das das Wachstum in den letzten Jahrzehnten getragen hat, befindet sich – nachdem eine Vielzahl von Kleinanlegern ihr Geld verloren haben – in der Abwicklung. Die Reputation dieser Art von Mittelbeschaffung ist auf lange Sicht dahin. Tatsächlich haben diese Fonds in den letzten 15 Jahren rein zyklisch investiert und haben Schiffe zu völlig überhöhten Preisen mit geringer Eigenkapitalunterlegung erworben. Darüber hinaus sind aufgrund der komplexen Verwaltungsstrukturen und der Renditeforderungen einer Vielzahl von Beteiligten erhebliche zusätzliche – weiche – Kosten entstanden, die die Objekte nun belasten.

Es dürfte klar sein, dass selbst in einer besseren konjunkturellen Situation wie noch vor 15 bis 20 Jahren eine Reederei wie die E.R. Schiffahrt GmbH & Cie. KG, die 1998 gegründet wurde und die heute ca. 90 Schiffe in Fahrt hat, dieses Wachstum nicht aus eigenen liquiden Mitteln hätte finanzieren können. In diesem Fall haben die Anleger des KG-Marktes den Löwenanteil zur Aufbringung des Eigenkapitals beigetragen.

Die Zeitschrift »Finanztest« hat in ihrer Oktober–Ausgabe des Jahres 2015 Immobilien-, Umwelt, Medien- und Schiffsfonds seit 1972 analysiert. Die Bilanz vieler dieser Investitionen – Schiffsfonds eingeschlossen – ist vernichtend. Bezogen auf die Prognosen hat nur eine verschwindende Minderheit die in Aussicht gestellten Ergebnisse erreicht.[201]

Performance deutscher KG-Schiffsfonds seit 1972

			Eigenkapital mit …		Prognose erfüllt …		Gesamtergebnis (Mio.€)	
	Anzahl Fonds	Eigenkapital (Mio €)	Gewinn (%)	Verlust (%)	Ja (%)	Nein (%)	Erwarteter Gewinn	Aktueller Verlust
Abgeschlossen	431	6.873	23,6 %	76,4 %	8,3 %	91,7 %	5.074	–2.883
Noch aktiv	170	5.691	13,8 %	86,2 %	1,8 %	98,2 %	5.575	–2.737

Quelle: Finanztest 10/2015

Insgesamt haben nicht einmal 10 % die Renditeprognosen erfüllt (8.3 % bzw. 1,8 %). Verluste haben drei Viertel bis knapp 90 % aller Investments (bisher[202]) eingefahren. Insgesamt wurden 10,6 Mrd. Euro den Anlegern versprochen – herausgekommen sind jedoch kumulierte Verluste von 5,6 Mrd. Euro.

201 Finanztest, 10/2015, S. 43ff

202 »Bei den … noch laufenden Fonds haben wir [d.i. Finanztest, K4] die Zahlen der bisherigen Ausschüttungen sowie die Kurse verglichen, mit denen die Fondsanteile zuletzt an der Zweitmarktbörse gehandelt wurden. Bis zum Ende der Laufzeit kann sich das Ergebnis also noch verbessern – aber auch verschlechtern.« (Finanztest 10/2015, S. 43)

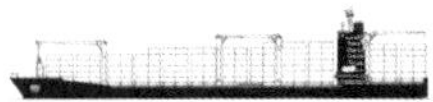

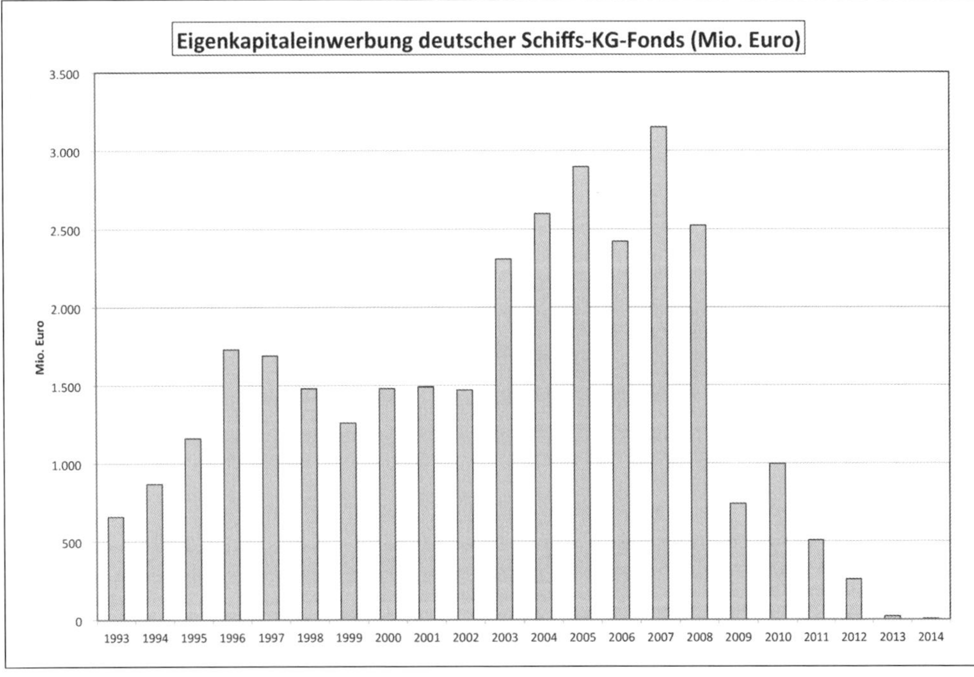

203

Andererseits sucht auch zukünftig privates Sparkapital von Kleinanlegern rentierliche Anlagemöglichkeiten, von denen es beim gegenwärtigen Niedrigzinsniveau wenige gibt. Sollten also Schiffsfonds in Deutschland wieder eine Perspektive haben, so müssten diese als Mehrschiffsgesellschaften eine gewisse Risikostreuung bieten, sie sollten in zukunftsfähige Schiffe – Neubauten oder Zweithandeinheiten – investieren, über eine hohe bis sehr hohe Eigenkapitalunterlegung verfügen und von ihrer rechtlichen und organisatorischen Struktur einfach gehalten sein. Darüber hinaus müsste dem Anleger – nach definierten Bedingungen – das Recht eingeräumt werden, zu oder ab einem bestimmten Zeitpunkt sich von seinem Engagement zu trennen.

Der Zusammenbruch des deutschen KG-Systems zeigt sich auch gut an der Altersstruktur der Handelsflotten. Zwar sind Schiffe deutscher Reeder im Durchschnitt noch immer jünger als die der gesamten Weltflotte, jedoch sind Schiffe, die jünger als zehn Jahre sind, mittlerweile nicht mehr so stark im Management deutscher Reeder – zumal, wenn es sich um die ganz jungen unter fünf Jahren handelt. Ein Hinweis auf eine nachlassende Investitionstätigkeit. Besonders stark vertreten sind die Schiffe, die zwischen zehn und 20 Jahre alt sind, also die vom KG-Modell finanzierten Einheiten.

203 Zahlen aus einem Vortrag von Jochen Döhle am 13. Juni 2015 aus Anlass des 30-jährigen Bestehens des Costas Grammenos Centre for Shipping, Trade and Finance an der CASS Business School der Universität von London.

Alter der Welt- und der deutschen Handelsflotte (Mai 2017)

	Welthandelsflotte			Deutsche Handelsflotte		
Alter (Jahre)	Anzahl	,000 BRZ	in % (BRZ)	Anzahl	,000 BRZ	in % (BRZ)
00–04	18.890	57.482	4,5%	116	298	0,4%
05–09	11.268	300.057	23,4%	309	15.002	18,2%
10–14	17.732	446.732	34,9%	1.163	34.894	42,4%
15–19	10.819	236.069	18,4%	844	22.199	27,0%
20–24	7.297	138.546	10,8%	396	7.673	9,3%
25–29	6.363	70.949	5,5%	168	2.011	2,4%
30–99	6.059	30.790	2,4%	50	249	0,3%
TOTAL	**78.428**	**1.280.624**	**100,0%**	**3.046**	**82.327**	**100,0%**
Durchschnittsalter		18,7			11,6	

Quelle: Eigene Datenbank

Noch beträgt das Durchschnittsalter in der deutschen Handelsflotte 11,6 Jahre – gegenüber 18,7 Jahre weltweit. Aber dieser von Verband Deutscher Reeder häufig hervorgehobene Aspekt wird in kurzer Frist nicht mehr gelten, denn bei den Neubauten liegt Deutschland weit zurück – die Flotte wird stärker veralten als die der Mitbewerber. Sind im Mai 2017 11,77% Neubauten – gemessen in BRZ und verglichen mit den in Fahrt befindlichen Einheiten – weltweit im Zulauf, so macht dieser Prozentsatz in Deutschland nur 4,22% aus. Nun könnte argumentiert werden, dass in der gegenwärtigen Lage Neubauten generell schlecht in die ohnehin schon überbauten Märkte passen. Jedoch ist es erstens wichtig, dem Welthandel neue Schiffe anzubieten, die den zukünftigen Anforderungen an Effizienz und Ökologie genügen und zweitens werden Unternehmen, die nicht oder nur wenig investieren, sich absehbar vom Markt verabschieden. Schiffe sind endliche Investitionen und verschwinden nach 15 bis 25 Jahren vom Markt – und mit ihnen dann die Reeder, die nicht weiter auf neue Einheiten setzen.

Neubauten insgesamt und für deutsche Reeder (Mai 2017)

in ,000 BRZ	Welt	Deutschland	in %
In Service	1.280.624	82.327	6,43%
In Bau/Geplant	150.735	3.475	2,31%
in %	11,77%	4,22%	

Anzahl	Welt	Deutschland	in %
In Service	78.428	3.046	3,88%
In Bau/Geplant	4.755	131	2,75%
in %	6,06%	4,30%	

Quelle: Eigene Datenbank

Grundsätzlich müssen die deutschen Reeder, wollen sie auch zukünftig ihre Position in der Weltschifffahrt halten, sich stärker an der Realökonomie ausrichten. Neue und größere, effektivere Schiffe, vernetzte Schiffe, die neuesten Energieeffizienz- und Umweltanforderungen genügen, werden im Markt benötigt und tragen auch weiter dazu bei, dass Seetransport das wirtschaftlich und ökologisch sinnvollste Medium beim Handel in einer globalisierten Welt bleibt. Neue Schiffe,

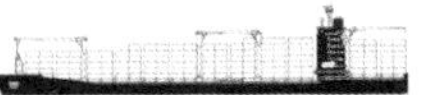

die entstehen, oder Schiffe, die diesen Bedingungen angepasst werden müssen, benötigen viel Kapital, aber die Idee, dass aus Geld per se mehr Geld wird, ist falsch. Die Strategie, sich auf die die Entwicklung neuer Finanzierungs- und Eigentümerstrukturen zu verlegen, wird langfristig scheitern, obschon sie in der gegenwärtigen Lage das Überleben der Betriebe sichern kann. Wirtschaft bleibt aber an die Basis der Arbeit gebunden, und das heißt in diesem Fall an die Erbringung einer realen Transportdienstleistung. Für deutsche Reeder, die ja diese Dienstleistung meist nicht selbst erbringen – Ausnahmen sind die Linienreedereien und die Reeder, die Zugang zu Ladung haben –, kann die Strategie nur der engere Kontakt zu dieser Ladungsseite sein. Deren zukünftigen Pläne nicht nur zu verstehen, sondern sich ihnen auch als Partner für die Finanzierung und den Betrieb der Schiffe zu empfehlen, bedeutet, mit ihnen gemeinsam die zukünftigen Flotten zu konzipieren. Es heißt auch, Schiffe nicht mehr spekulativ mit Blick auf die Chance, fremdes Eigenkapital einzuwerben, zu bauen und dann eine langfristige Charter zu suchen, sondern vor Bestellung der Einheiten schon ein Betriebskonzept mit dem späteren Schiffsbetreiber vereinbart zu haben. Sicher hätte man in einem solchen Fall in der Hochkonjunktur seine Gewinne nicht maximiert, man wäre aber auch bisher deutlich besser durch die Krise gekommen.

Es ist immer schwierig, die Größe einer nationalen Handelsflotte zu bestimmen. Wie viele Schiffe die deutschen Reeder disponieren oder betreuen, kann letztendlich nicht exakt benannt werden. Eine Indikation gibt aber schon die Statistik des Bundesamts für Seeschifffahrt und Hydrographie. Hier werden alle in der Bundesrepublik in den lokalen Schiffsregistern geführten Schiffe gezählt – unabhängig von der Flagge, unter der sie fahren. Bei international aufgestellten deutschen Reedereien kommen sicher noch Schiffe hinzu, über deren Betrieb – letztendlich – aus Deutschland heraus entschieden wird, die jedoch formaljuristisch keinen rechtlichen Bezug zu Deutschland haben. Das BSH zählte in der Spitze Ende 2011 3.784 Schiffe. Nach nur fünf Jahren, also Ende 2016, waren es noch 2.630. Im ersten Halbjahr 2017 ist die Flotte noch

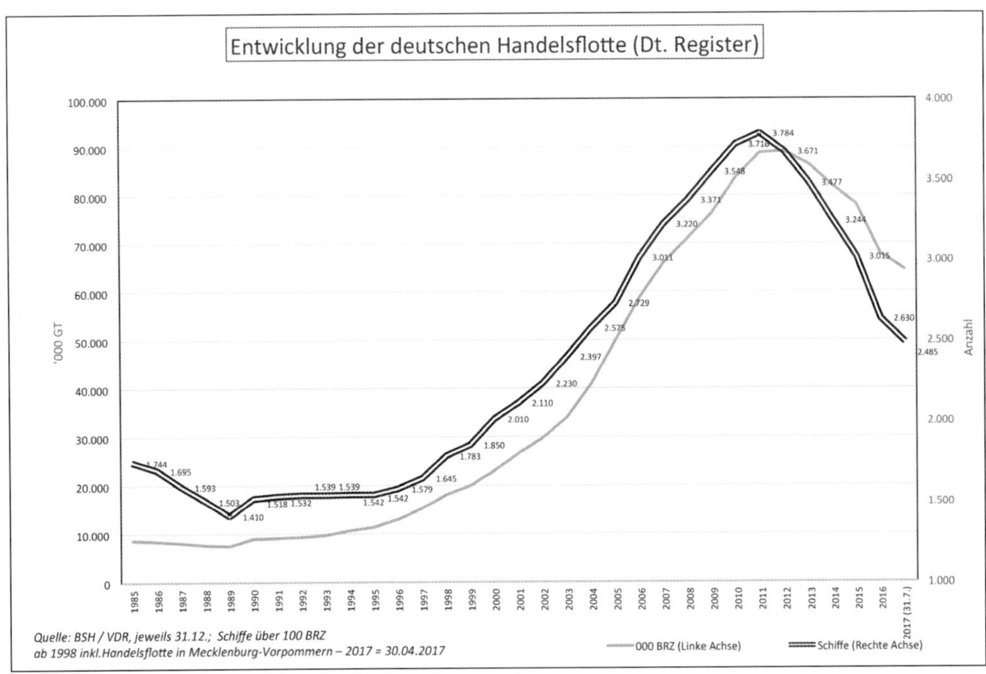

Quelle: BSH / VDR, jeweils 31.12.; Schiffe über 100 BRZ
ab 1998 inkl. Handelsflotte in Mecklenburg-Vorpommern – 2017 = 30.04.2017

einmal um 145 Schiffe zurückgegangen. Damit sind der deutschen Handelsflotte 1.299 Schiffe verloren gegangen, sie ist um knapp ein Drittel geschrumpft. Berücksichtigt man, dass noch sehr viele Schiffsgesellschaften in einer extrem problematischen wirtschaftlichen Lage sind und dass die Banken diese Schiffe verkaufen wollen, so ist es wahrscheinlich, dass diese Entwicklung auch in der nächsten Zukunft anhalten wird. Die Flotte wird wahrscheinlich auf unter 2.000 Schiffe zurückfallen. Dieser dramatische Trend erscheint jedoch dann möglicherweise in einem nicht ganz so dunklen Licht, wenn man weiß, dass die Flotte 1989 gerade einmal 1.410 Schiffe umfasste. Mit der Einführung der Tonnagesteuer Ende der 1990er-Jahre, als die als KG-Modelle bezeichneten geschlossenen Schiffsfonds auch für Kleinanleger attraktiv wurden, setzte dann der Höhenflug ein. In den 15 Jahren zwischen 1997 und 2011 wuchs die Handelsflotte um 2.200 Schiffe – im Jahresdurchschnitt also um 150 Einheiten.

Mit dieser Verkleinerung einhergehen wird eine Veränderung der Unternehmensstruktur. Neben größeren, international aufgestellten und kapitalmarktfähigen Reedern mit deutlich über 100 Schiffen wird es weiterhin einige familiengeführte Privatreeder, die 50 bis 100 Schiffe disponieren, geben und eine deutlich reduzierte Anzahl von Kleinunternehmen mit Flotten von unter 10 Schiffen – diese werden die Hauptlast des Schrumpfungsprozesses tragen, denn sie sind weder in der Lage, aus eigener Kraft Eigenkapital zu stellen, noch sind die von ihnen bereederten KG-Modelle hierzu bereit, da die Anleger fürs Erste jegliches Vertrauen in die Zukunft der Branche verloren haben.

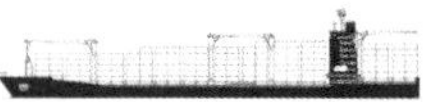

14. Wege aus der Krise? – Aspekte eines nachhaltigen Seetransports

Realökonomisch gedacht, geht es um die Frage, ob deutsche Reeder weiterhin in den Teilmärkten der Schifffahrt und mit der Organisation ihrer Betriebe ein Alleinstellungsmerkmal aufweisen können – vor allen Dingen in Bezug auf die angebotenen Schiffe, aber auch, was die betriebliche Ausrichtung betrifft. Dies in Anerkenntnis der Tatsache, dass es immer noch eine Schifffahrtsgemeinde in anderen Ländern geben wird, die die Dienstleistung Seetransport günstiger anbieten können wird. Deutsche Reeder können also nur mit Qualität punkten. Ganz konkret geht es um die Frage, ob das Know-how, das in Deutschland über die letzten Jahrzehnte aufgebaut wurde, weiterhin genutzt werden kann, um auch in der Zukunft den maritimen Standort zu erhalten. Es geht nicht so sehr um die finanziellen Ressourcen, um das Geld, um die Investoren, die heute ohnehin international aufgestellt sind und die in einem reichen Land wie der Bundesrepublik als vorhanden unterstellt werden können. Es geht um die Frage, ob aus Deutschland heraus Impulse entwickelt werden können, die die Schifffahrt aus der strukturell schwierigen Lage befreien können.

In der letzten Dekade haben die deutsche Reeder und Anleger mit deutschem Geld ihren Beitrag dazu geleistet, dass die Welthandelsflotte den ständig wachsenden Anforderungen an Transport und Globalisierung gerecht werden konnte – haben aber auch dazu beigetragen, den Markt zu überbauen, sodass es im zweiten Jahrzehnt dieses Jahrhunderts zu viele Schiffe gibt, haben die Krise, in der sich die Schifffahrt befindet und die, was ihre Länge und ihre Tiefe betrifft, die größte je erlebte ist, auch mit hervorgerufen und verschärft.

Die mit der Schifffahrtskrise entstandenen Plattformen, die in Schieflage geratene Schiffsgesellschaften zusammenfassen und auf einige wenige Reeder konzentrieren könnten, sind kein Zukunftsmodell für deutsche Reeder, obwohl sie sicher einigen neue Perspektiven für einen überschaubaren Zeitraum eröffnen. Für eine immer noch mittelständisch geprägte und inhabergeführte Branche wie die deutsche bieten diese mehr von den Finanzmärkten getriebenen Lösungen keine langfristige Zukunft. Gerade Familienunternehmen denken in Generationen und sind nicht so stark am kurzfristigen Gewinn orientiert. Doch für einen Übergangszeitraum können die den Plattformen und Auffanggesellschaften angebotenen maritimen Dienstleistungen Liquidität generieren und somit den Erhalt dieser Unternehmen sichern und erhalten.

Langfristig müssen sich deutsche Reeder jedoch eher wie die sprichwörtlichen schwäbischen Maschinenbauer verstehen, die ihre Märkte weniger durch geringe Produktpreise denn durch Innovationen erhalten oder erweitern – denn für ein Hochlohnland muss klar sein, dass es nur durch beste Produkte oder Dienstleistungen bestehen kann. Machen, was alle anderen machen oder können, kann hier kein zukunftsfähiges Modell sein.

Doch die Zeiten, in denen sich mittlere und große Schifffahrtsunternehmen eigene Konstruktionsabteilungen leisteten und in denen die Produkte (Schiffe) selbst entwickelt wurden, sind seit Jahrzehnten vorbei. Heute vertraut man bei neuen Schiffen auf die von Werften angebotenen Produkte, die von international tätigen Konstruktionsbüros entworfen werden. Standardschiffe werden nach Katalog bestellt und lediglich mit bestimmten Aggregaten nach

Wahl des Reeders »getuned«. Forschung und Entwicklung findet in Bezug auf diese Aggregate noch bei den Zulieferern für Schiffsequipment statt, die einzelnen Reedereien betreiben diese nicht mehr. Doch gerade hier liegt für deutsche Unternehmen ein enormes Potenzial. Die Kunst des Schiffbaus liegt darin, mit minimalem Einsatz von Ressourcen ein optimales Schiff zu bauen – in Bezug auf seine Kosten, seine Tragfähigkeit, seine Geschwindigkeit, seine Energieeffizienz und seine Umweltverträglichkeit.

Forschung und Entwicklung könnten – steuerfinanziert – durch universitäre und andere öffentliche Institutionen gemeinsam mit Reedern oder Reederverbänden für die deutsche Schifffahrt die nötigen Impulse geben. Der Einsatz neuer Technologien sollte, an den allgemeinen Zielen der Politik ausgerichtet, gefördert werden, denn die eigenen finanziellen Möglichkeiten der Branche reichen nicht aus, um das wirtschaftliche Risiko ausschließlich allein zu tragen. So berichtet Lloyd's List, dass die japanische Regierung bis mindestens 2020 acht Projekte fördert, die die Marktreife von unbemannten Schiffen zum Ziel haben, unter Einbindung von Reedern, Werften, Zulieferern und Forschungseinrichtungen[204]. Ein Weg, der auch in Deutschland beschritten werden sollte.

Darüber hinaus darf die Schifffahrt bei der Erreichung der formulierten Klimaziele nicht allein gelassen werden. Die Entwicklung von alternativen Antrieben und Treibstoffen kann von einzelnen Reedereien nicht selbst geleistet werden. Wenn Schwefel, Stickoxide und Treibhausgase im Betrieb von Schiffen reduziert werden müssen, wenn das Einschleppen fremder Organismen in lokale Biotope verhindert werden soll und die Schiffe über ein Ballastwassersystem verfügen müssen, so ist im Interesse der Allgemeinheit auch die Allgemeinheit gefordert, die Kosten dieser Maßnahmen mitzufinanzieren.

Flüssiggas als Treibstoff kann für einen Übergangszeitraum dazu beitragen, einen Teil der Klimaziele zu erfüllen. Insbesondere für auf kurzen und mittleren Strecken operierende Reedereien ist hier jedoch die Sicherstellung einer Infrastruktur wichtig. Neue Schiffe, die entweder als »LNG ready« gebaut werden, die im Betrieb sowohl Ölprodukte als auch Gas einsetzen können oder die ausschließlich LNG als Antrieb nutzen, müssen auch die entsprechenden Treibstoffe vorfinden. Die Entwicklung von (weitgehend) emissionsfreien Treibstoffen wie Wasserstoff und Biomasse, kann – als Grundlagenforschung – nur durch die öffentlichen Hände erfolgen.

Ohne neue technisch-organisatorische Impulse kann unser Wirtschaftssystem und mithin auch eine auf privatwirtschaftlicher Grundlage betriebene Schifffahrt nicht überleben. »Der fundamentale Antrieb, der die kapitalistische Maschine in Bewegung setzt und hält, kommt von den neuen Konsumgütern, den neuen Produktions- und Transportmethoden (sic), den neuen Märkten, den neuen Formen der industriellen Organisation, welche die kapitalistische Unternehmung schafft. [...] Dieser Prozess der schöpferischen Zerstörung ist das für den Kapitalismus wesentliche Faktum. Darin besteht der Kapitalismus und darin muß auch jedes kapitalistische Gebilde leben.« (Schumpeter, 1942, 2005, S. 137f) Damit wird deutlich, dass hinter konjunkturellen Phänomenen, die ausgehend von den Beobachtungen von Clement Juglar (1819 – 1905) in der Regel einen Zeitraum von sieben bis elf Jahren umfassen, strukturelle Veränderungen wirken, die die gesamte Wirtschaftsentwicklung in neue Bahnen lenken und die überhaupt erst die Überlebensfähigkeit unseres Wirtschaftssystems ausmachen.[205]

204 Vergl. Lloyd's List, Max Ting Yao Lin; »Yard Talk | Japan's digitalization«, vom 20.06.2017

205 Vergl. hierzu die zusammenfassende Darstellung bei Bachinger, Karl u. Matis, Herbert, »Entwicklungsdimensionen des Kapitalismus – Klassische sozioökonomische Konzeptionen und Analysen«, Wien 2009, hier der Teil über Joseph A. Schumpeter, S. 539–670

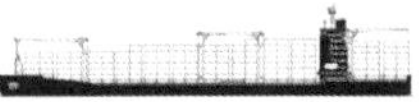

Diese »langen Wellen«, die über einen Zeitraum von ca. 60 Jahren wirken, wurden erstmals vom sowjetischen Wirtschaftswissenschaftler Nikolai D. Kondratieff 1928 analysiert und sind seither mit seinem Namen verbunden. Auslöser dieser Zyklen waren jeweils Innovationen. Den ersten – industriellen – Zyklus verortet Kondratieff zwischen 1778 und 1842. Er ist durch die Entwicklung der Baumwollindustrie und die Erschließung Großbritanniens durch Schifffahrtskanäle gekennzeichnet. Der zweite Kondratieff-Zyklus (1843–1897) wurde geprägt durch den Eisenbahnbau und mit ihm die Verbesserungen der Stahlerzeugung und der Dampfmaschinen. (Bachinger, Karl und Matis, Herbert, 2009, S. 592f) Auf den Aspekt, dass die Impulse, die den Zyklus hervorbringen, nicht unbedingt auch mit hoher Profitabilität einhergehen müssen, verweist Eric Hobsbawm: »Viele der Eisenbahnstrecken waren und blieben – am Transportbedürfnis gemessen – widersinnig und brachten, wenn überhaupt, nur sehr geringe Profite ein.« (Hobsbawm, 1968; 1974, S. 113) So wurden riesige Vermögen vertan, die zusätzlich noch durch die gestiegenen Baukosten vernichtet wurden. »Briten, die überschüssiges Kapital besaßen – ermuntert von Planern, Bauunternehmern und anderen, die nicht am Betrieb der Eisenbahnen, sondern am Planen und Bauen verdienten -, ließen sich nicht abschrecken von den steigenden Baukosten.« (S. 115) Doch immerhin war der Eisenbahnbau die Initialzündung für Stahlerzeugung und Dampfmaschinenbau, mit dem die britische Industrie zur Weltführerschaft aufstieg. Der dritte Kondratieff-Zyklus wird dann zu Beginn des 20. Jahrhunderts in den USA und Deutschland geprägt durch die Elektroindustrie und darüber hinaus durch das Automobil (USA) und die Chemieindustrie (Deutschland), während in Großbritannien Finanzinvestitionen dominierten. Neben mehr technischen Aspekten ist diese Phase auch durch das Aufkommen großer Trusts gekennzeichnet und neue Produktionsmethoden, die mit dem Namen Henry Ford verbunden werden (»Fordismus«). Verlängern könnte man diese Zyklen um die Nachkriegskonjunktur, die über die Produktion von Massenerzeugnissen insbesondere die Lebensverhältnisse breiter Bevölkerungsschichten verbesserten. Anschließend hieran ist die Entwicklung der Computer- und Informationstechnologie bezeichnend.

Auch wenn Stopford für die Schifffahrt hier keine synchrone Entwicklung feststellen kann, so sieht er ebenfalls hinter dem mittelfristigen Wechsel von Prosperität, Rezession, Depression und Erholung längerfristige Tendenzen. »Unglücklicherweise stimmen diese Kondratieff-Zyklen nicht gut mit den langfristigen Frachtenzyklen überein. [...] So war 1790 zum Beispiel der Höhepunkt eines langen Schifffahrtszyklus, nicht der Beginn eines Aufschwungs [...] in der Periode von 1869 bis 1914 erlebten wir eine Abwärtsspirale der Frachtraten, getrieben durch die gestiegene Effizienz der Dampfschiffe und dem Verschwinden der weniger effizienten Segelschiffe. Ähnlich von 1945 bis 1995, wo durch die Mechanisierung des Massengut- und Linienschifffahrtsgeschäfts immer größere Schiffe eingesetzt wurden und effiziente Ladungsumschlagstechnologie zu real fallenden Frachtraten führte. Diese langen Wellen verdienen einen Platz in unserer Analyse, wenngleich wir sie nicht präzise definieren können.«[206] (Stopford, 2007, S. 96) Doch weder Kondratieff noch Schumpeter geht es bei der Analyse von Konjunkturzyklen um ein Preisniveau (hier Frachtraten), sondern um effektivere Produktion,

206 Im englischen Original: »Unfortunately these Kondratieff cycles do not fit well with the long-term freight cycles [...] For example, 1790 was a peak in the long shipping cycle, not the beginning of an upswing [...] the period from 1869 to 1914 saw a downward spiral in freight rates which was driven by the increasing efficiency of steamships and the phasing out of the much less efficient sailing ships. Similarly, from 1945 to 1995 the mechanization of the bulk and liner shipping businesses using bigger ships and more efficient cargo-handling technology produced a fall in real freight rates. So these long cycles deserve a place in our analysis, even if we cannot define them precisely.«

mithin also einen gebrauchswertorientierten qualitativen Aspekt. Wirtschaftswachstum, das auch hervorgerufen werden kann durch ein Wachstum der Bevölkerung, wird klar unterschieden von Wirtschaftsentwicklung. Dass heute – neben der deutlichen Verbesserung der Qualität von Gütern – immer weniger (Arbeits)Zeit aufgewendet werden muss, um diese bezahlen zu können, ist ein Merkmal des dynamischen Kapitalismus.[207]

Was bedeutet nun dieser Verweis auf Schumpeters bzw. Kondratieffs Zyklentheorie für die Schifffahrt? Zunächst einmal, dass hinter dem Auf und Ab der Frachtraten, dem Angebot und der Nachfrage nach Seetransport- und Tonnageleistungen sich langfristige Trends Bahn brechen, die zu erkennen für Reedereien und Transporteure lebenswichtig sein können. Wo befinden wir uns also in der Entwicklung des Seetransports, ändert sich die Dynamik der Globalisierung, können neue technische Erkenntnisse nutzbar gemacht werden, um die Produktivität der Schifffahrt zu steigern und gegebenenfalls neue (Schifffahrts)Märkte zu schaffen, so, wie die Entwicklung der Containerschiffe den Handel nicht nur kostengünstiger gemacht, sondern ihn teilweise – in Bezug auf bestimmte Produkte – erst ermöglicht hat. Für Innovationen im Konsumgüterbereich ist dies augenfällig – die Entwicklung von Heimcomputern, Mobiltelefonen und später Smartphones hat nicht nur unsere Welt verändert, sie hat auch Renditechancen eröffnet und Arbeitsplätze geschaffen.

Kaum ein Schifffahrtsunternehmen – zumal kein deutsches – verfügt jedoch über die finanziellen Ressourcen, technologische Entwicklungen als »kreativer Zerstörer« (Schumpeter) anzustoßen. Reeder sind wohl eher auf die Rolle des »Nachmachers« verwiesen. Doch umso wichtiger ist es, Trends hier rechtzeitig zu erkennen, um sich in der Schifffahrtsbranche Vorsprünge zu erarbeiten.

Vorsprünge können erreicht werden, indem energieeffiziente Schiffe eingesetzt werden – optimal geringe Treibstoffverbräuche schaffen finanzielle Vorteile im Betrieb, die – je nach Ölpreis und Schiffstyp – mehrere Tausend US-$ pro Tag betragen können. Diese Vorteile können zwischen Seetransporteur (Verfrachter) und Tonnagegesteller geteilt werden. Dann kann ein Reeder, der über diese Schiffe verfügt, noch profitabel fahren, während andere schon in der Verlustzone operieren.

Vorsprünge können erreicht werden, in dem alternative emissionsarme Treibstoffe verwendet werden können. Schiffe, die permanent oder überwiegend in SECAs oder ECAs eingesetzt werden sollen, müssen diese Normen erfüllen – andere sind von diesen Verkehren ausgeschlossen. Darüber hinaus könnte die Politik Schiffe, die nicht die gewünschten – wenngleich nicht gesetzlich vorgeschriebenen – Abgasnormen erfüllen, in den Häfen finanziell stärker belasten, also mit zusätzlichen Abgaben belegen.

Vorsprünge können erreicht werden, indem moderne Informations- und Kommunikationstechnologien genutzt werden. »Big data« führt zu einer besseren Vernetzung der Schiffe mit den Vorteilen für die »Just-in-time«-Logistik aber auch für einen effizienteren Schiffsbetrieb und eine bessere Versorgung der Schiffe. Satellitengestütze Systeme können den Endabladern

207 »Königin Elisabeth besaß seidene Strümpfe. Die kapitalistische Leistung besteht nicht typischerweise darin, noch mehr Seidenstrümpfe für Königinnen zu erzeugen, sondern sie in den Bereich der Fabrikmädchen zu bringen als Entgelt für fortwährend abnehmende Arbeitsmühe.« (Schumpeter, 1942, 2005, S. 114)

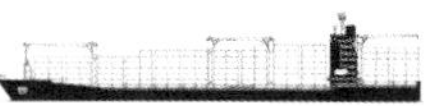

und Empfängern wesentlich genauer die Ankunftszeiten ihrer Ladung benennen. Sensoren an Bord der Schiffe können rechtzeitig bevorstehende Ausfälle an die Besatzung, Inspektion und Ersatzteillieferanten melden, um Unterbrechungen und Ausfallzeiten zu vermeiden. Diese vom Schiff gelieferten Daten stehen häufig auch den Charterern zur Verfügung und schaffen Transparenz, die für den Reeder Herausforderungen darstellen, denn hierüber kann die Seemannschaft vom Kunden beurteilt werden.

Vorsprünge können erreicht werden, indem Schiffe mit einer optimalen Größe innerhalb der Teilmärkte angeboten werden. Großtanker mit bis zu einer Million Ladetonnen könnten seit den 1970er-Jahren gebaut werden, die größten, Ende der 1970er-Jahre in Fahrt gekommenen Einheiten hatten dann weniger als 600.000 tdw – heute ist der gängige VLCC ca. 320.000 tdw groß. Großcontainerschiffe haben heute mehr als 21.000 Stellplätze. Ist dies – auch und gerade im Lichte von sich verändernden Verkehren und Ladungsströmen – schon das Maximum, auch wenn schiffbaulich deutlich größere Schiffe gebaut werden könnten? Sollte es sich bewahrheiten, dass sich ein Trend zur regionalen Versorgung mit Konsumgütern durchsetzt (der Intra-Asien-Verkehr weist die dynamischsten Wachstumsraten auf), so könnte die maximal einsetzbare Anzahl der Großcontainerschiffe in sehr naher Zukunft erreicht sein. Die zurzeit sehr geringe Anzahl an Bestellungen des Großflugzeugs Airbus A380 und Überlegungen, die Produktion einzustellen, zeigen im Luftverkehr, dass auch hier wirtschaftlich sinnvolle Grenzen erreicht sind.

Vorsprünge können erreicht werden, indem rechtzeitig erkannt wird, welche Güter überhaupt transportiert werden sollen. Wird der Verbrauch der sprichwörtlichen »Klimakiller« – allen voran Kohle, aber auch Öl – in Zukunft zurückgefahren, so werden auch die Schiffe, die auf diese Ladungen spezialisiert sind, Schwierigkeiten haben, Märkte für den Transport zu finden. Dies beträfe dann Rohöltanker und größere Massengutfrachter mit einer Tragfähigkeit von mehr als 60.000 Tonnen. Die richtigen Schiffe anzubieten und mit den Verfrachtern – letztendlich mit den Händlern – langfristige Partnerschaften einzugehen, ist ein wesentlicher Schlüssel zum Erfolg.

Vorsprünge können erreicht werden, in dem neue Entwicklungen in der Transport- und Umschlagstechnologie erkannt werden. Da Schifffahrt jedoch als abgeleitete Dienstleistung in ein globales Logistiksystem eingebunden ist, werden Impulse hier von außerhalb der Branche kommen müssen. Zurzeit sind neben den bestehenden Schiffsklassen keine anderen Typen in Sicht. Langfristig könnten jedoch unbemannte Schiffe eine Alternative sein. Der Weg hierhin ist jedoch noch sehr weit, denn es ist zwar technisch nicht unlösbar, ein Schiff ohne direkte menschliche Hilfe zum Ziel zu bringen, zumal die Verkehrsdichte auf den Ozeanen weit weniger problematisch ist als auf unseren Straßen. Dennoch verlangt ein Schiff während des Betriebs ständige Wartung und Pflege, die zurzeit noch nicht durch Roboter erbracht werden kann. Auf dem Weg zum unbemannten Schiff könnte jedoch durch den weiteren Einsatz von Technik die Anzahl der Besatzungsmitglieder reduziert werden.

Vorsprünge können erreicht werden, indem die Schifffahrtsunternehmen sich auch intern neu aufstellen, indem effiziente, schlanke und professionelle Organisationen Verschwendung von Ressourcen und Reibungsverluste vermeiden. Strukturell sind Schifffahrtsunternehmen international tätig und erfordern Strukturen, die für Kunden, Mitarbeiter und gegebenenfalls

Investoren wirtschaftlich logisch und transparent sind. »Organisation schafft Nähe« – verlässliche, gelebte und durchgängig gültige Grundsätze und Vorgaben ermöglichen es einem Unternehmen, an verschiedenen Standorten eine optimale und gleichbleibende Qualität von Dienstleistung zu erbringen. Voraussetzungen hierfür sind der Einsatz einer einheitlichen Informationstechnologie mit zeitgemäßer Datenverarbeitung, klare Regeln für den Betrieb von Schiffen, ein überprüfbar optimaler Einkauf von Waren und Dienstleistungen, ein integriertes und an allen Standorten genutztes betriebliches Rechnungswesen, um Stärken und Schwachstellen zu erkennen und diese zu kommunizieren, sowie eine offene Kommunikation in den Unternehmen – um nur einige Aspekte zu nennen. Voraussetzungen dieser Art können jedoch nur von Unternehmen ab einer gewissen Größe wirtschaftlich sinnvoll umgesetzt werden, weshalb es für kleinere Reedereien wahrscheinlich eine Zukunft nur in sehr begrenzten Nischenmärkten geben wird, sofern diese überhaupt überleben.

Vorsprünge können erreicht werden, indem deutsche Reedereien an vorderster Front sind, wenn es gilt, Sicherheit in der Schifffahrt zu erhöhen. Nach wie vor und trotz erheblicher Anstrengungen ist die Rate der Todesfälle auf Schiffen (weltweit) zehnmal höher als in der Industrie der entwickelten Länder.[208] Reeder müssen erkennen, dass im Zusammenspiel von Menschen, Technologie und Organisation Unfälle nur durch permanentes Training, aber auch durch die Einführung einer Sicherheits-Kultur, in der offen kommuniziert und gegenseitig gelernt wird, minimiert werden. Dieser Ansatz muss von (Top)Management gefördert und gelebt werden. Die Landorganisation einer Reederei muss sich diesen Problemen stellen, auch weil die Seeleute auf den Schiffen meist nicht nur anderen Nationalitäten, sondern auch anderen Kulturen angehören. Beide Parteien müssen von Unfällen und insbesondere aus Nahezu-Unfällen lernen. Eine Atmosphäre der Offenheit und des Besser-machen-Wollens muss von der Unternehmensleitung gefördert werden. In der Konsequenz sollten schwere Unfälle vermieden werden, sollte der Bordbetrieb ohne nennenswerte Ausfallzeiten und ohne vermeidbare zusätzliche Kosten ablaufen. Dies ist auch im wirtschaftlichen Interesse von Schiffseignern und Charterern.

Vorsprünge können letztlich auch erreicht werden, wenn deutsche Schifffahrtsunternehmen in den Ergebnissen von Hafenstaatenkontrollen eine Chance sehen, sich von Reedereien anderer Länder abzuheben und auf die hohe Qualität ihrer Dienstleistung zu verweisen. Denn die Daten dieser Schiffsüberprüfungen sind über das Internet für jeden frei einsehbar. Insbesondere das Paris MoU und das Tokyo MoU bieten jedem die Möglichkeit, nach den Flotten einzelner Reedereien zu suchen und deren Güte einzusehen.[209] Unzulänglichkeiten, Arrestierungen oder gar ein generelles Hafenanlaufverbot für einzelne Schiffe sind hier aufgeführt und verweisen auf die Qualität des Reeders oder der Flagge. Doch auch wenn insgesamt die deutschen Reeder Schiffe betreiben, die unterdurchschnittliche Auffälligkeiten zeigen, so sind noch weitere Anstrengungen notwendig, um die möglicherweise höheren Betreuungskosten hierzulande zu rechtfertigen und mit international tätigen Großreedereien zumindest gleichzuziehen.

208 »The current crew fatality rate in shipping is 10 times higher than for industry workers in OECD countries (Organisation for Economic Co-operation and Development) which is 0.6 fatalities per 100 million work hours. Seafarers have the right to a safe workplace.« (DNV/GL, The Future of Shipping – a broader View, 2014, S. 18)

209 Siehe: www.parismou.org oder http://www.tokyo-mou.org/

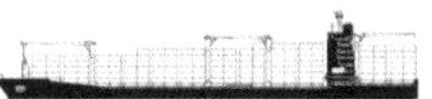

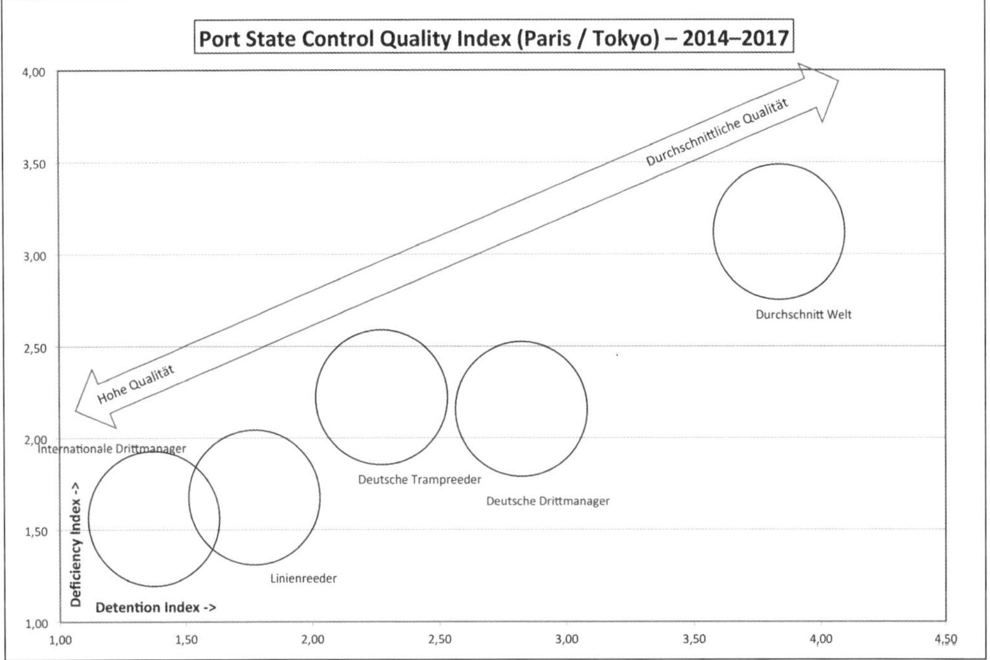

Denn das Schaubild oben zeigt, dass die großen international tätigen Drittmanager, die mehrere Hundert Schiffe für ihre Kunden betreuen, hocheffizient arbeiten und insgesamt eine hervorragende Qualität abliefern – mit vergleichsweise wenigen Ausfällen und Mängeln. Ebenfalls zur Spitzengruppe gehören die Linienreedereien, deren Reputation vom reibungslosen Service abhängt. Deutsche Trampreeder, also die Unternehmen, die ihre Schiffe an andere vermieten – hier vor allen Dingen wiederum die Linienreeder –, bieten in dieser Spitzengruppe eine gute, aber nicht sehr gute Qualität. Gleiches gilt für die Ableger der – ansonsten im Durchschnitt deutlich besseren – internationalen Manager. Wenn Qualität, die sich ja nicht nur auf die Ladung, sondern auch auf das Schiff und vor allen Dingen auf dessen Besatzung auswirkt, nicht nur in Sonntagsreden ein Thema ist, dann haben deutsche Reeder hier noch etwas zu tun – zu ihrem eigenen Nutzen.

Vorteile können erreicht werden, indem Schiffe auch wirtschaftlich effizienter werden. Hierbei geht es nicht allein um »billige« Schiffe, die im Rahmen einer Asset-play-Strategie dann auch zum günstigsten Zeitpunkt erworben werden, sondern um Schiffe, die sich optimal in die Liefer- und Wertschöpfungskette einbringen lassen. Insgesamt macht der eigentliche Seetransport – je nach beförderter Ware – nur sieben bis elf Prozent des gesamten Warenwerts aus, wobei die größte Kostenposition die Treibstoffe sind. Effizienzpotenziale liegen in der Vernetzung von Schiffseignern, Charterern, Hafenbetreibern und Inlandslogistikern. Alle Beteiligten müssen erkennen, dass das Schiffssystem nur ein Teil dieser Kette ist. Die Nutzung von Informationstechnologien kann sicherstellen, dass das Schiff zum richtigen Zeitpunkt zum Laden oder Löschen bereitsteht, und kann dafür sorgen, dass die Waren effektiv und umweltverträglich von den Schnittstellen (Häfen) transportiert werden. Reeder, die solche Schiffe im Markt anbieten und die sich in enger Abstimmung mit den anderen Unternehmen in der Logistikkette befinden, die also die erforderlichen IT-Systeme auf ihren Einheiten installiert haben, werden ihren Mitbewerbern überlegen sein – Kostenvorteile, die sich aus der besseren Integration der Schiffe in die Logistikkette ergeben, sollten zwischen Eigner und Charterer geteilt werden.

All diese Aspekte, die in den kommenden Jahren und möglicherweise Jahrzehnten die Schifffahrt beschäftigen werden, können von der Schifffahrt allein nicht gelöst werden. Wenn es richtig ist, dass Schifffahrt heute mehr denn je ein vernetztes System ist, so müssen auch alle, die ein Interesse an der Steigerung ihrer Effizienz und ihrer Nachhaltigkeit haben, diese Entwicklung unterstützen. Es ist immer ein Problem, etwas Neues zu entwickeln und der erste zu sein – häufig sind gerade die Pioniere diejenigen gewesen, die bankrottgegangen sind, während andere ihre Ideen übernommen und die Früchte geerntet haben. Die Kosten und die Risiken der jetzt anstehenden Problembewältigungen müssen geteilt werden. Die Politik muss die Reeder (finanziell) fördern, die das Wagnis eingehen, neue und bessere Schiffe zu bauen, sie muss in Grundlagenforschung investieren und deren Erkenntnisse im Rahmen einer Kooperation den Schiffseignern zur Verfügung stellen. Die Verlader (Ladungsinhaber, Ablader) müssen mit den Verfrachtern (Ladungstransporteure) langfristige Logistikkonzepte entwickeln. Die Verfrachter müssen den Tonnageanbietern eine langfristige Investitionssicherheit bieten – über längere Charterverträge, sodass jeder in dieser Wertschöpfungskette das für ihn tragbare Risiko übernimmt.

Schifffahrt wird es immer geben, und sie ist ein wichtiger Treiber des Fortschritts und Wohlstands für alle Menschen auf diesem Planeten. Deren gegenwärtige Krise legt jedoch nahe, dass nur langfristiges, vernetztes und nachhaltiges Handeln aller Beteiligten sowohl die wirtschaftlichen Probleme als auch die globalen Fragen wird lösen können. Die deutschen Reeder, obwohl eher konservativ und traditionell ausgerichtet, doch mit dem nötigen Know-how und der nötigen Weitsicht ausgestattet, können hier einen wesentlichen Beitrag leisten.

Grundsätzlich dürfte nach dem Gesagten klar sein, dass auch ein Schifffahrtsunternehmen in einem wirtschaftlichen Umfeld agiert, welches sich ständig verändert. Manchmal kommen diese Änderungen evolutionär daher und werden von den Beteiligten nicht sofort bemerkt –, manchmal sind es – wie zurzeit – wirtschaftliche Krisensituationen, die eine Neuausrichtung erforderlich machen. Klar dürfte jedoch sein, dass der häufig schon totgesagte Kapitalismus deshalb überlebt hat, weil er sich ständig verändert und neu erfunden hat, weil er neue Produkte und Dienstleistungen, aber auch effektivere Organisation hervorgebracht hat. Nach der Schifffahrtskrise wird vieles nicht mehr so sein wie vordem. Nur wer neue Wege findet oder rechtzeitig mitgeht, kann langfristig überleben.

Leben lässt sich nur rückwärts verstehen, muss aber vorwärts gelebt werden.
(Sören Kierkegaard)

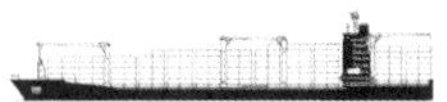

Bibliografie

Bachinger, Karl und Matis, Herbert. (2009). *Entwicklungsdimensionen des Kapitalismus – Klassische sozioökonomische Konzeptionen und Analysen.* Wien.

Beth, H., Hader, A., & Kappel, R. (1983). *25 Jahre Weltschiffahrt.* Zürich: Finanzierungsgesellschaft VIKING.

BIMCO/ISF. (2010). *Manpower 2010 Update.* Bagsvaerd: BIMCO.

BIMCO/ISF. (2015). *Manpower Report – The global supply and demand for seafarers in 2015.* Bagsvaerd: BIMCO.

BP. (June 2016). *Statistical Review of World Energy June 2016.* Von http://www.bp.com/en/global/corporate/about-bp/energy-economics/statistical-review-of-world-energy.html abgerufen

Clarkson Research Services. (Spring 2015). *Shipping Review & Outlook.* London.

Detlefsen, G. (1997). *Deutsche Reedereien – Band 6.* Bad Segeberg: Verlag Gert Uwe Detlefsen.

DNV/GL. (2014). *The Future of Shipping – a broader View.* Hovik.

DNV/GL. (2016). *What's on the regulatory agenda – Including news from the 69th session of MEPC, 96th session of MSC and 29th IMO Assembly.* Oslo.

Drewry Maritime Research. (2014). *Ship Operating Costs – Annual Review and Forecast – Annual Report 2014/15.* London.

Drewry Maritime Research. (2016). *Ship Operating Costs – Annual Review and Forecast – Annual Report 2016/2017.* London.

Ducruet, Cesar and Notteboom, Theo. (2015). Developing Liner Service Networks in Container Shipping. In: Song, Dong-Wook and Panayides, Photis M., *Maritime Logistics* (2nd Edition Ausg., S. 446). London: Kogan Page.

DVB Research & Strategic Planning. (2004). *The Bulk Carrier Market Outlook – A survey on the imbalance of Bulkcarrier tonnage, raw amterials and the China factor.* (S. Oldendorf, Hrsg.) Rotterdam.

Fraunhofer Institut/Ernst & Young. (2016). *Schifffahrtsstandort Hamburg – Stärken, Herausforderungen und Zukunftsperspektiven.* Hamburg. Von http://www.cml.fraunhofer.de/content/dam/cml/de/documents/Studien/Schifffahrtsstandort_Hamburg_Studie.pdf abgerufen

Hahn, B. (2009). *Welthandel – Geschichte, Konzepte, Perspektiven.* Darmstadt: Wissenschaftliche Buchgesellschaft.

Helander, S. (1928). *Die internationale Schiffahrtskrise und ihre weltwirtschaftliche Bedeutung.* Jena: Verlag Gustav Fischer.

Hobsbawm, E. (1968; 1974). *Industrie und Empire – Britische Wirtschaftsgeschichte seit 1750* (Bd. 1). Frankfurt am Main: Suhrkamp.

Institut für Seeverkehrswirtschaft und Logistik (Hg). (1979). *Liner Shipping in the Eighties (Symposium held at Bremen in October 1979).* Bremen.

Institut für Seeverkehrswirtschaft und Logistik. (2010). *Shipping Statistics Yearbook.*

Japan Ship Exporters' Association. (2013). *Shipbuilding and Marine Engineering in Japan 2013.* Tokyo.

KPMG. (2011). *Alternative Schiffsfinanzierung – Rahmenbedingungen der Schiffsfinanzierung im Wandel – auf der Suche nach einem neuen Kurs?* Hamburg.

Krüger-Kopiske, K. (1984). *Das Problem der Ausflaggung – Ursachen, Wirkungen, Gegenmaßnahmen unter besonderer Berücksichtigung der bundesdeutschen Situation.* Bremen.

Krüger-Kopiske, K. (2007). Cost Management. In: Christel Heideloff, Thomas Pawlik, *Handbook of Container Shipping Management – Volume 2.* Bremen: Institute of Shipping Economics and Logistics.

Krüger-Kopiske, K. K. (2005). *Deutsche Tankschiffe.* Hamburg.

LaRocco, L. (2012). *Dynasties of the Sea.* Stamfort, Connecticut: Marine Money.

Lloyd's Register, QinetiQ, University of Glasgow. (2013). *Global Marine Trends 2030.* London: Lloyd's Register.

Lorange, P. (2009). *Shipping Strategy – Innovating for Success.* Cambridge: Canbridge University Press.

Moore Stephens. (2013). *OpCost 2013.* London.

Newton, J. (2002). *A Century of Tankers.* London: Intertanko.

OECD/ITF. (2015). *The impact of Mega-Ships.* Paris: OECD.

Oxford Economics. (2014). The economic value of the EU shipping industry – A report for the European Community Shipowners' Association (ECSA). Oxford.

Pein, J. (2011). *Giganten der Meere – Die größten Tankschiffe der Welt.* Hamburg: Koehlers Verlagsgesellschaft.

Rochdale, R. V. (1970). *Committee of Inquiry into Shipping.* London: Her Majesty's Stationary Office.

Royal Institute of Naval Architects. (var. Editions). *Significant Ships.* London.

Sanmann, H. (1965). *Seeverkehrsmärkte.* Göttingen: Vanderhoeck & Ruprecht.

Schumpeter, J. (1942; 2005). *Kapitalismus, Sozialismus und Demokratie.* Tübingen: A. Francke.

Shukla, P. (1984). Containerisation – a Third World View. In Institut für Seeverkehrswirtschaft und Logistik, *Conference Report International Symposium on Liner Shipping.* Bremen.

Stopford, M. (2007). *Maritime Economics* (3 Ausg.). London: Routledge.

Sturmey, S. (1962). *British Shipping and World Competition.* London: The Athlone Press.

Tenold, S. (2006). *Tankers in Trouble – Norwegian Shipping and the Crisis of the 1970s and 1980s* (Bd. Research in Maritime History No. 32). St. John's: International Maritime Economis History Association.

World Bank. (2010). *Ship Breaking and Recycling Industry in Bangladesh and Pakistan.*

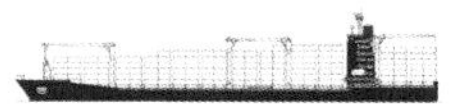

Autorenvita

Karsten Kunibert Krüger-Kopiske (»K4«), Jahrgang 1959, Kapitänssohn aus Bremen, begann nach dem Studium der Volkswirtschaftslehre seine berufliche Laufbahn 1985 bei Hapag-Lloyd und wechselte danach zu den Deutschen Afrika-Linien. Seit 2011 ist er für die Peter Döhle-Gruppe tätig. Nach sieben unter eigenem Namen veröffentlichten Büchern und einem wissenschaftlichen Text über Kostenmanagement in der Schifffahrt ist dies seine neunte Publikation. Im Gegensatz zu seinen bisherigen Arbeiten, die auch in vielen anderen Büchern und Zeitschriften erschienen sind, stehen nicht detailgenaue Seitenrisse von Schiffen im Zentrum, sondern die Analyse der gegenwärtigen Lage der weltweiten Handelsschifffahrt.